Christian Adam

Das plastische im Homer

Einleitung zu diesem Dichter vom künstlerischen Standpunkte aus

Christian Adam

Das plastische im Homer
Einleitung zu diesem Dichter vom künstlerischen Standpunkte aus

ISBN/EAN: 9783743638907

Hergestellt in Europa, USA, Kanada, Australien, Japan

Cover: Foto ©ninafisch / pixelio.de

Weitere Bücher finden Sie auf **www.hansebooks.com**

AUTHOR:

ADAM, CHRISTIAN

TITLE:

DAS PLASTISCHE IM HOMER

PLACE:

MUNCHEN

DATE:

1869

Adam, Christian
Das plastische im Homer, einleitung zu diesem dichter vom künstlerischen standpunkte aus, von Christian Adam ... München, Straub, 1869.
157 p. 21½ cm.

"Programm des K. Maximilians-gymnasiums zu München ..."

Das

Plastische im Homer.

Einleitung zu diesem Dichter vom künstlerischen Standpunkte aus

von

Christian Adam,
k. Studienlehrer.

Programm

des

k. Maximilians-Gymnasiums zu München

zum

Schlusse des Schuljahres **1868/69.**

MÜNCHEN
Akademische Buchdruckerei von F. Straub.
1869.

Quellen und Hilfsmittel: *K. O. Müller*, Archäologie der Kunst. Dr. *Fr. Kugler*, Handbuch der Kunstgeschichte. *Schnaase*, Geschichte der bildenden Künste bei den Alten. *E. Förster*, Geschichte der deutschen Kunst. *Tischbein*, Homer in Zeichnungen nach Antiken. *Overbeck*, Pompeji in seinen Gebäuden, Alterthümern und Kunstwerken. *Brunn*, die Kunst bei Homer und ihr Verhältniss zu den Anfängen der griechischen Kunstgeschichte. *Winckelmann*, Kunstgeschichte. *L. Preller*, griechische Mythologie. *G. E. Burkhardt*, Handbuch der klassischen Mythologie nach genetischen Grundsätzen. *C. Fr. Nägelsbach*, die homerische Theologie. *K. Lehrs*, populäre Aufsätze aus dem Alterthum, vorzugsweise zur Ethik und Religion der Griechen. *G. W. Nitzsch*, die Sagenpoesie der Griechen, kritisch dargestellt. *Nitzsch*, Beiträge zur Geschichte der epischen Poesie der Griechen. *Nitzsch*, erklärende Anmerkungen zu Homer's Odyssee. *Lauer*, Geschichte der homerischen Poesie, nebst Bruchstücken homerischer Studien. *Friedreich*, die Realien in der Iliade und Odyssee. *G. Bernhardy*, Grundriss der griechischen Litteratur. *C. L. Cholevius*, Geschichte der deutschen Poesie nach ihren antiken Elementen. *G. E. Lessing*, Laokoon. *F. G. Welcker*, kleine Schriften. *Fr. Jacobs*, vermischte Schriften. *A. v. Humboldt*, Kosmos. *A. Passow*, de comparationibus Homericis. *E. Schulze*, Verzeichniss der homerischen Epitheta.

Das Plastische in Homer.

Isokrates nennt den λόγος εἴδωλον ψυχῆς.

Ebenso richtig kann man die Literatur und Kunst eines Volkes sein Spiegelbild nennen; denn in den Produkten der Wissenschaft und in den Gebilden der Kunst kommt das innerste Wesen, kommen alle geistigen Eigenschaften des Schaffenden zum äusseren Ausdruck. Gilt dieses im Allgemeinen selbst von den Werken der modernen Literatur, denen freilich theils die mehr in den Vordergrund sich drängende Subjektivität ein individuelleres Gepräge aufdrückt, theils das universellere Umfassen alles dessen, was nach Raum und Zeit bei den verschiedenen Völkern sich entfaltet hat, einen mehr verallgemeinernden, verflachenden und unbestimmten Charakter verleiht: so trifft es ganz besonders zu bei den Produkten des griechischen Volkes, das ganz und gar auf eigenen Füssen stehend lediglich aus dem lebendigen Borne eigner Kraft geschöpft hat. Zwar wird kaum geläugnet werden können, dass die griechische Cultur in ihren frühesten Anfängen mit orientalischen Elementen zusammenhing; denn wenn auch trotz des entschiedenen Zeugnisses von Herodot und von anderen erleuchteten Griechen, welche nach jahrelangem Reisen und Vergleichen ihre Landsleute für Jünger der asiatischen Völker erklärten, Forscher der Neuzeit es unternommen haben, jenen Zusammenhang ganz oder theilweise aufzuheben und die Sagen von Kadmos, Kekrops und Danaos als aller Realität entbehrende Phantasiegebilde der ägyptischen Priester*) hinzustellen, hervorgegangen aus der eitlen Sucht, als Träger jeglicher Cultur, so namentlich der griechischen, zu erscheinen: so weisen doch die ältesten Denkmäler der Kunst, der Charakter der uralten Mythen, die Resultate der Sprachenvergleichung, auch die religiösen Sagen und Vorstellungen so deutlich auf die Verwandtschaft mit dem Orient hin, als dass man an einer ursprünglichen Einheit zweifeln könnte. Allein die hellenische Natur hat vermöge der ihr innewohnenden Genialität jene Elemente, die ihr von auswärts zuflossen, innerlich so verarbeitet und umgeformt, dass sie eben nicht mehr als fremde Zuthat erschienen, sondern als organische Gebilde, die sich naturgemäss aus dem heimischen Boden griechischer Anschauung und Gesittung entwickelt haben. Die Ideen und Dogmen des orientalischen Cultus sind des starren und mysteriösen Charakters bald entkleidet worden; die Symbolik der schaffenden Naturkraft erscheint schon bei Homer vollständig zurückgetreten und hat einer langen Reihe von menschlich gedachten Göttergestalten Platz gemacht; die Sprache, eine Tochter des Sanskrit, hat sich ihrer Mutter ebenso bald entfremdet, in ungewöhnlich viele Dialekte verzweigt, einen immensen Formen- und Wörterreichthum geschaffen und eine völlig selbstständige, kunstvolle Syntax begründet; was vollends die Kunst betrifft, wurde das Masslose und Ausschweifende des Orients allmählig eingedämmt, und es begann jener Geist zu walten, der in klarem Gleichgewichte die schöpferische Phantasie, das bildende Gefühl und den abmessenden Verstand harmonisch beherrscht.

*) Brunn weist in seiner Abhandlung „die Kunst bei Homer und ihr Verhältniss zu den Anfängen der griechischen Kunstgeschichte" nach, dass die Griechen, zumeist die Jonier Kleinasiens, von den Asiaten die Schrift der Kunst entlehnt und ihre Vorbilder nicht sowohl aus dem auf sich selbst zurückgezogenen Aegypten als von denjenigen Völkern genommen haben, mit denen sie zunächst, sei es direkt, sei es durch Vermittlung der Phönikier, in nähere Berührung traten, nämlich den kleinasiatischen.

Wie nun der griechische Genius die fremden Stoffe, die er aufgenommen, mit dem ihm eigenen Gestaltungstriebe sich ganz und gar assimilirt hat, so führte ihn anderseits die nämliche originelle Kraft auf bisher unbekannte Bahnen und half ihm in allen Zweigen der Kunst und Wissenschaft jene unsterblichen Werke schaffen, auf die alle gebildeten Völker der folgenden Jahrhunderte mit Staunen und Bewunderung geblickt haben.

Diese Schöpfungen aber athmen alle, wenn auch die organische Bildung nach dem Keime noch so weit auseinanderging, ein und denselben antiken Geist. Waren sie doch trotz der unendlichen Differenz in den äusseren Verhältnissen, welche die Hellenen umgaben und in ihrer Lebens-, Denk-, Sprech- und Glaubensweise eigenthümliche Schattirungen hervorbrachten, trotz der von der Natur gegebenen und von ihnen selbst ausgeprägten Stammesunterschiede ein und demselben Boden gemeinsamer Interessen und Bestrebungen entsprossen, auf der Grundlage einer harmonischen, auf Gymnastik und Musik basirenden Erziehung emporgewachsen und in den Aeusserungen des öffentlichen Lebens gleichmässig genährt worden. Die Individuen waren gleichsam zu einem einzigen Körper zusammengeschmolzen, und wie bei diesem irgend eine That auf dem einheitlichen Zusammenwirken aller Glieder beruht, so sind auch die Schöpfungen des griechischen Genius nicht als das Werk von Einzelnen, sondern als Resultat der Arbeit des ganzen Volkes und eben desswegen als der reinste Ausdruck hellenischen Geistes und hellenischer Anschauung zu betrachten.

Wenn wir nun die Erzeugnisse der griechischen Literatur genauer ins Auge fassen, so finden wir die Verbindung des Idealen mit dem Realen, des Geistigen mit dem Sinnlichen in wunderbarer Harmonie vollzogen. Es offenbart sich in ihnen die innigste Hingabe an die Natur, ein objektives Ergreifen der Dinge, wie sie sind und erscheinen, ein gründliches Eingehen in alle Verhältnisse des physischen und moralischen Lebens. Daraus floss dann jene ausgeprägte Ueberzeugung, dass die äusseren Güter der Inbegriff jeglicher Glückseligkeit seien, und der instinktive Trieb nach behaglichem Lebensgenuss. Diese Breite des Daseins, die auch den Göttern wohnliche und heitere Tempel geschaffen hat, und das begeisterte Umfangen der Natur ist es, was den griechischen Produkten den ewig frischen Duft naiver Unbefangenheit und Wahrhaftigkeit verleiht. So sehr aber auch das griechische Wesen mit der Natur zusammenhing, so floss es doch nicht auseinander und ging in den Dingen auf, sondern wusste sie durch die Form zu bemeistern. Denn es hat der Grieche den empirischen Stoff mit Sicherheit ebenso wie mit Freiheit behandelt und in den Rahmen vollendeter Kunstdarstellung gebracht. „Wie er, um mit Winkelmann zu reden, in den plastischen Figuren auch in den feinsten und mühsamsten Arbeiten, dergleichen auf den geschnittenen Steinen ist, seinen Contour auf die Spitze eines Haares gesetzt hat“, so fand er auch in den übrigen Formen, durch welche er sein geistiges Wesen zum Ausdruck gebracht, mit feinem Gefühle die äusserste Grenze, bis zu welcher er vorgehen durfte. Er war ja ein aufmerksamer Schüler seiner Meisterin, der Natur, und lauschte ihr und ihren im Kreislauf wiederkehrenden Erscheinungen die Gesetze des Masses, des Rhythmus und der Symmetrie ab. So bot sich ihm für jede Vorstellung von selbst das passende Kleid, für jeden Gedanken der treffende Ausdruck, für jede Stimmung das entsprechende Colorit: es herrscht mit einem Worte eine wunderbare Uebereinstimmung zwischen Inhalt und Form. Dieser Zusammenklang aber erzeugt ungezwungene Leichtigkeit und Klarheit, das Kriterium vollendeter Meisterschaft. Alle diese Eigenschaften finden theils ihre Begründung, theils wenigstens ihre Unterstützung in dem plastischen Vermögen, womit die Griechen vor allen andern Völkern ausgestattet waren. Diese bildende Kraft äusserte sich in allen ihren künstlerischen und literarischen Produkten, ist aber besonders fassbar in der ursprünglichsten Form der Poesie, im Epos.

Trieb zur Mythen- und Sagenbildung. Als die Jonier durch die Achaier von der Nordküste des Peloponneses vertrieben auf den Inseln und den Gestaden Vorderasiens eine neue Heimat gesucht und gefunden hatten, beschränkte sich ihr Handel zunächst auf die Nachbarschaft; besonders traten sie in Verbindung mit den nördlich von ihnen sesshaften Aioliern, mit denen sie sogar an den Grenzen ihrer Gebiete in Smyrna sich gemeinsam niederliessen und eine Gemeinde bildeten. War auch ihr Handelsverkehr anfangs nur passiv, insoferne damals die Phönikier bei ihrer unbestrittenen Seeherrschaft nicht nur die Erzeugnisse ihrer eigenen Industrie, sondern auch das, was Aithiopien, Arabien, Indien und die fernsten Länder des westlichen Europas hervorbrachten, den Küsten jener griechischen Kolonien zugeführt haben, so traten sie doch aus dieser Passivität bald heraus. Die so ungemein günstige Lage ihrer Wohnsitze, in welche das ägäische Meer zahlreiche Buchten schnitt und vortreffliche Häfen senkte, lud sie in frühester Zeit zur Schifffahrt ein. Ihre Beweglichkeit und geistige Regsamkeit, ihr Drang nach Mittheilung und eine lobenswerthe Neugierde liess sie trotz des gesegneten Landes und des schönen Himmels der Levante nicht ruhig sich genügen, sondern trieb sie bald dazu, die Meeresfläche zu durchmessen und mit entfernten Völkern und Stämmen Verbindungen anzuknüpfen.

Eine hervorragende Rolle spielten hierin die reichen Städte Milet, Samos und Phokaia. Wie ersteres durch zahlreiche Kolonien, welche es rings um den Pontos Euxinos auf günstig gelegenen Punkten anlegte, jenes unwirthliche Meer zu einem gastlichen machte und dadurch die Schätze des nördlichen Asiens erschloss, so drang letzteres gegen Süden und Westen vor die Geheimnisse der europäischen und nordafrikanischen Küstenstriche eröffnend. Zugleich mit den verschiedenen Produkten aber brachten die Jonier aus jenen weit entlegenen Ländern einen reichen Stoff von fremden Sagen und Mythen heim, der sich dann auf griechischem Boden eingebürgert und mit dem schon vorhandenen einheimischen Vorrath vermengt hat. An dieser Mythenbildung nahm das ganze Volk Theil; es legte seine Ideen und Anschauungen in ihnen nieder; es verkörperte durch sie seine religiösen Begriffe und Vorstellungen. Da aber die Stimmung zu allen Zeiten nicht die gleiche war, so haben auch die Mythen, die so biegsam waren wie Wachs, im Laufe der Zeiten manche Umänderung erfahren. Es war diese Mythenbildung eine fortgesetzte, unbewusste Volkspoesie. Und gerade die Jonier wurden hierin durch die Gunst der äusseren Verhältnisse wie durch innere Befähigung mächtig unterstützt. Auf nicht allzu ausgedehntem Raume von starken Bewegungen wenig erschüttert, entwickelten sie eine freie volksthümliche Verfassung und ein behagliches Stillleben. Der durch Handel, Schifffahrt und Gewerbfleiss erworbene Reichthum steigerte ihre geistige Lebendigkeit. Mit immer frischer Lust versenkten sie sich nun in die Wunder der Natur und in das Andenken der Grossthaten von entschwundenen Heroen und Heroengeschlechtern. Bei der Darstellung aber der einen wie der andern führte die Phantasie über den bewussten Verstand das Scepter. Jene war es, welche Geschehenes und Ersonnenes, Wahrheit und Dichtung wundersam in einander flocht, welche Göttliches und Menschliches vermischend bei der Geburt der Helden, ihrer Erziehung, ihren Kreuz- und Querzügen, ihren Thaten und Leiden, kurz in allen Ereignissen und Schicksalen ihres Lebens die Götter unmittelbar walten liess und so den historischen Thatsachen einen wunderbaren Hintergrund verlieh. Eben diese Kraft hat dann auch die Manifestationen des göttlichen Wesens und den mannigfaltigen Wechsel der Erscheinungen in der Natur nach ihrer eigenen Weise aufgefasst. Das Volk hat nämlich die ursprüngliche Verehrung, welche die Götter als Symbole der in der Natur wirkenden Kräfte nahm, fallen lassen und die Kräfte selbst vergöttert, indem es ihnen vorerst zur Andeutung ihrer Macht verschiedene Namen beilegte und sie dann mit dem Charakter ausstattete, welcher jenem Beinamen und der Art und Weise, wie sich ihre Wirkung äusserte, am meisten entsprach. So erschloss sich ihnen ein ebenso unerschöpfliches Gebiet der Mythenbildung, als die Natur selbst unerschöpflich in ihren Manifestationen und Wandlungen ist, und die Anzahl der neuen selbstständigen Wesen erwuchs zu einem das ganze Universum erfüllenden Göttergeschlechte. Denn überall in der Natur sahen, vernahmen und ahnten sie höhere Wesen: so in den Elementen des Feuers, der Luft, des Wassers, der Erde und des glänzenden Aethers, in den Lichtern des Himmels, besonders den bedeutendsten derselben, in Sonne und Mond, im Rollen des Donners und Leuchten des Blitzes, im Brausen des Windes und Meeres, im Rauschen des Baches und Säuseln der Blätter am Baume: nicht minder auch in der Befruchtung der Erde durch den Himmel, im Keimen, Blühen und Reifen des dem Boden anvertrauten Samenkornes, sowie überhaupt in der jährlichen Erneuerung der ganzen Schöpfung. Da aber eben diese mit dem Menschen enge zusammenhängt, so wurden auch jene also vergötterten Kräfte mit ihm und seinen Verhältnissen bald in die innigste Verbindung gebracht. So erscheinen diese Götter ausgerüstet mit hoher Machtvollkommenheit und mit all den Eigenschaften, welche der jeweiligen Lage und Stimmung der Menschen entsprechen, in unendlich potenzirtem Grade versehen als Lenker der menschlichen Geschicke, indem sie den Sterblichen aus der unerschöpflichen Quelle ihrer Götterkraft die diesen zur Lösung ihrer Aufgabe nothwendige Fähigkeit mittheilen und in ihr Thun und Treiben mit Rath und That eingreifen. Und wie der Begriff des göttlichen Wesens in der Natur in ebenso viele Einzelgötter auseinandergefallen ist, als jene im regelmässigen Wechsel der Jahreszeiten Formen zum Ausdruck brachte, so haben sich auch auf dem Gebiete des menschlichen Lebens die Götter in die Vorsteherschaft der einzelnen Verhältnisse, Funktionen und Berufsarten getheilt. Von ihnen geht Scepter und Gewalt, körperliche und geistige Tüchtigkeit, Ackerbau und Gesetzgebung, Verstand und Weisheit, die Gabe der Weissagung, Musik und Poesie, Kunst und Wissenschaft aus; sie sind die Schirmer des Staates und der Familie, der Ehe und des Eigenthums, des Hauses und Herdes, die Vorsteher über Gastfreundschaft, Handel, Krieg und Frieden. Kurz es gibt keine Seite des privaten wie des öffentlichen Lebens, die nicht auf einen oder mehrere Götter zurückgeführt worden wäre.

Bei dieser so mannigfaltigen und natürlichen Mythenbildung nun, die auf dem objektiven und phantasievollen Sinn des ganzen Volkes begründet war, haben die ausgezeichnetsten des Volkes, Dichter und ganze Dichterschulen sich in hervorragender Weise betheiligt. Sie stellten sich gleichsam an die Spitze der geistigen Bewegung und brachten die Ideen, Gefühle und

Stimmungen ihrer Zeit in ein festes, sicheres Geleise. Vor allen aber war es Homer, der den vorhandenen Mythenstoff erfassend theils den Anschauungen seiner Vorgänger sich anschloss, theils aber auch von der genialen und originellen Kraft seines Wesens getrieben den bisherigen Weg verliess und neue, selbstständige Bahnen betreten hat. Denn wie bei späteren Dichtern, besonders den Tragikern, viele Mythen einen ganz anderen Charakter haben, als ihnen ursprünglich eigen war, so hat auch Homer manche überlieferte Form in seiner Weise umgegossen und ihr ein anderes Gepräge verliehen. Mit ungetrübter Lust gibt er sich dieser Mythenbildung hin, Fremdes und Nationales, Göttliches und Menschliches zu einem reichen, bunten Gemälde vereinigend.

Die Sänger vor Homer begnügten sich damit, die einzelnen Mythen in eine künstlerische Fassung zu bringen. Sie griffen in den reichen Vorrath, nahmen ein oder das andere Stück, wie es ihnen in den Wurf kam, heraus und stellten es in Liedern von nicht bedeutendem Umfange in anschaulicher Erzählung dar. Es knüpften sich aber jene Mythen namentlich an die religiösen Festversammlungen der Stämme und Gemeinden. Hier, wo man sich um das Heiligthum irgend einer Gottheit schaarte, um in erster Linie seinem religiösen Gefühle Ausdruck zu geben, konnte es nicht fehlen, dass gar bald auch die Gottesverehrung in den Bereich der Dichtung gezogen wurde. In rhythmischer Darstellung vergegenwärtigte man sich die Entstehung und den Zweck der Festfeier, brachte die Gottheit mit den Gründern und Theilnehmern des Festes in unmittelbare Verbindung und pries die Wohlthaten, welche dieselbe den unter dem Schatten ihres Heiligthumes und Kultus ruhenden Bewohnern der Umgegend in reichlichem Masse spendete. Mit diesen heiligen Legenden aber standen diejenigen Mythen in engem Zusammenhang, welche den Ursprung von Städten, die Einrichtung von Verfassungen und die gesammte sagenhafte Vorzeit einer Landschaft oder Gemeinde auf einen Gott zurückführen und in den durchsichtigen Schleier mehr oder weniger umständlicher Genealogien hüllen. Haben diese Sagen auch keinen Anspruch auf thatsächliche Wahrheit, so beruhen sie doch wenigstens auf einer realen Basis, die freilich durch die wundersamen Phantasien der Sänger oft bis zur Unkenntlichkeit verwischt wird. Einen Hauptvorwurf aber bildete bei jenen Festversammlungen der Inhalt der gesammten hellenischen Jugendzeit, der den Heldenliedern zu Grunde lag. In freien Wettgesängen wurden die Schicksale und Thaten jener altgriechischen Recken, eines Herakles, Theseus, Bellerophontes, Meleagros, der Argonauten und Trojakämpfer, mit fremdländischem Stoffe verwoben, immer aber durch die Bilder der Einbildungskraft unbewusst geschmückt, dem lauschenden Volke vorgetragen, und dieses freute sich der Sagen und nahm sie als unverfälschte Wahrheit hin; erschienen ihm doch seine Vorfahren als ein vor allen andern bevorzugtes Geschlecht. Die Nähe des Schauplatzes, wo das vereinigte Griechenland an Asien Rache nahm für die ihm angethane Schmach, mag wohl die Ursache sein, dass man sich mit besonderer Vorliebe den Stoffen zuwendete, welche auf den trojanischen Krieg und auf das Geschick derer Bezug haben, die mit ihm in irgend einem Zusammenhange stehen. Da lag aber der Gedanke nicht fern, alle Lieder, welche Thun und Denken eines und desselben Helden darstellen, zu sammeln und zu einem Ganzen zusammenzufügen; aus diesem Streben, die einzelnen Partien in den Fluss einer organisirten Dichtung zu bringen und die von da und dort herbeigeholten Striche zu einem kleinen Gemälde zu vereinigen, erwuchs die Rhapsodik. Dieses Aneinanderflechten der Lieder war nicht etwa ein mechanisches, so dass sich nur äusserlich Glied an Glied reihte, ohne einen bestimmten Grundgedanken erkennen zu lassen, sondern es gingen die Rhapsoden bereits einer bewussten Einheit nach. Der Stoff war nicht spröde; er fügte sich unter der gestaltenden und ordnenden Hand des Meisters und liess seiner eigenen Schöpferkraft noch den freiesten Spielraum. Denn wie bei einem Gemälde, soll es nicht den Eindruck eines unfertigen Ganzen machen, die Tinten nicht unvermittelt neben einander glänzen, sondern in einander verarbeitet Uebergänge und motivirte Farbentöne erzeugen, so musste der Rhapsode die Lücken, welche sich bei der Zusammenstellung jener Heldenlieder nothwendig ergaben, aus der eigenen Fülle seiner Einbildungskraft ergänzen. Vermehrte sich auf diese Weise der Stoff, so waren anderseits auch schon theilweise die Ausgangspunkte gegeben, von denen aus man zum künstlerischen Epos gelangen konnte. Und es war nun Homer, der das gesammte Gebiet der Sagen und Mythen mit sicherem Blick beherrschend den so verschieden gearteten Stoff plastisch gestaltet und zur harmonischen Einheit geführt hat. Zur Grundlage seiner grossartigen Schöpfung machte er die Blüthe des hellenischen Ritterthums, die Grossthaten und Schicksale der Aeolier und ihrer achäischen Anführer, welche nach langem heldenmüthigen Kampfe das Dardanidenreich zerstörten, und deren Ruhm über die Grenzen ihrer engeren Heimat bald hinausdringend namentlich bei den benachbarten, leicht erregten Joniern ein begeistertes Echo fand. Aus der endlosen Zahl der Helden selbst hob er wieder die zwei hervorragendsten, die Repräsentanten der Tapferkeit und Klugheit, aus, um sie als

Hauptfiguren mitten in seine zwei grossen Gemälde zu stellen. Diese beiden, Achilleus und Odysseus, bilden den eigentlichen Kern des Ganzen, den Brennpunkt, in welchem sich alle Strahlen sammeln und vereinigen. Ihr Fühlen und Denken, ihr Reden, Thun und Leiden entwickelt sich in gewaltigen Umrissen auf dem mittleren und Hauptfeld, ohne dass es den übrigen Personen benommen wäre, auf zahlreichen Nebenfeldern, und noch dazu oft in der ausführlichsten Weise, ihre Thätigkeit zu entfalten. Diese Nebenfelder sind aber nach einem klaren einheitlichen Plan angelegt und stehen alle mit dem Hauptfeld in engerem oder entfernterem Zusammenhang. Denn auch da, wo untergeordnete Figuren und Gruppen nicht unmittelbar in die in den zwei Hauptgestalten verkörperte sittliche Idee, aus welcher der Dichter die fein verschlungenen Fäden herausspinnt, einzugreifen, sondern ausserhalb des Rahmens der streng geschlossenen Composition stehend und sich selbst Zweck für ihr unabhängiges Wirken einen eigenen Schauplatz aufzuschlagen scheinen, dienen sie doch dazu, die Gesammtwirkung des Bildes zu erhöhen, die Leistungen der Hauptfigur zu steigern und diese durch geeignete Vertheilung von Licht und Schatten desto plastischer hervortreten zu lassen. Und selbst die grösseren oder kleineren Episoden, die wie der Katalogus, die Teichoskopie, der Zweikampf des Paris mit Menelaos, die Aristie des Diomedes, Agamemnon und anderer Helden den Gang der Ereignisse eher aufhalten als fördern, und die noch unmotivirteren Theile, wie die Dolonie und Theomachie, spannen gerade dadurch, dass sie den Lauf der Erzählung verschränken, nicht wenig das Interesse des Lesers, eröffnen eine reiche Welt epischen Stoffes und gewähren gleichsam Ruhepunkte, zu den tragischen Geschicken anderer Helden und heroischer Völker abzuschweifen. Und wenn auch diese Glieder nicht in organischer Entfaltung aus dem Körper des Gedichtes selbst herausgewachsen, sondern ihm erst später von begabten Bildnern angeschweisst worden sind, so ist doch „der Eindruck dieser Dissonanzen nicht so stark, dass der Leser in der epischen Stimmung gestört und ihm das Gefühl verschiedenartiger Massen erweckt wird.“ Im nämlichen Sinne bemerkt Hermann: „Ein Geist weht durch das Ganze, Ein Ton klingt überall durch, Ein Bild von Gedanken, Sprache, Rhythmus steht überall fest.“ Gehen wir nun daran, den Bau der Gedichte einer kurzen Betrachtung zu unterziehen; denn gerade in der Anlage des Ganzen und in den grossartigen Umrissen manifestirt sich die plastische Kraft Homers nicht weniger als in der Ausführung der einzelnen Figuren und Scenen.

Zweck und Inhalt seiner beiden Meisterwerke deutet der Dichter im ersten Verse derselben an. Die Ilias beginnt mit den Worten: „Göttin, singe vom Grolle des Peleiaden Achilleus.“ Dieser Zorn des grössten der Helden vor Troja ist die leitende Idee. Geht in manchen Partien der rothe Faden verloren, und sieht man sich durch zwar nicht störende, aber doch überflüssige Beiwerke vom eigentlichen Thema abgezogen, so ist dieses eben nur scheinbar; denn jener Groll äussert sich in passiver und activer Weise, und es ist vom Dichter mit feiner Berechnung angelegt, dass er die negativen Wirkungen der Leidenschaft, wenn ich mich des Ausdrucks bedienen darf, durch Hereinziehen zahlloser Kämpfe und Helden in breiter Erzählung hinausdehnt, um dann das Erscheinen des in Aktion tretenden Achilleus in einer desto schnelleren Aufeinanderfolge von ergreifenden Momenten abzuwickeln. Uebrigens wird jenes Zornes in allen Gesängen, in denen sich nicht Alles um ihn wie um den Angelpunkt dreht, wenigstens im Vorübergehen gedacht, und wenn der dritte Gesang allein davon eine Ausnahme macht, so zeigt sich dadurch, dass Helena bei der Mauerschau von den hervorragenden griechischen Führern den Achilleus verschweigt, um so nachdrücklicher der grollende Held in der Perspective. Wie der erste Vers das Motiv, so gibt das erste Buch der Ilias eine meisterhafte Exposition und führt den Leser gleich mitten in die Situation hinein. Chryses, der Priester des Apollon, kommt in das Schiffslager der Achäer, um seine Tochter loszukaufen, welche auf einem Beutezug in die Hände der Griechen gefallen und dem Heerführer Agamemnon zugetheilt worden war. Als er aber trotz der übereinstimmenden Meinung des Heeres, Agamemnon solle das herrliche Lösegeld annehmen, von diesem mit barschen Drohungen abgewiesen wurde, fleht er zu seinem Gott, er möge die Danaer seine Thränen durch seine Geschosse büssen lassen. Dieser schickt auch eine verderbliche Seuche, und neun Tage hindurch brennen unausgesetzt die Todtenfeuer im achäischen Lager. Da beruft Achilleus auf Eingebung der Here das Volk zur Versammlung, in welcher er den Seher Kalchas, als dieser aus Furcht, den gewaltigen Heerführer zu verletzen, mit der Sprache nicht herauswill, durch das Versprechen seines kräftigsten Schutzes gegen jeden, auch den mächtigsten aller Achaier, bestimmt die Ursache der Pest und die Mittel, wie sie gehoben werden könne, zu verkünden. Agamemnon sagt mit zornfunkelnden Augen dem Seher grimmige Worte, erklärt sich aber gleichwohl zur Rettung seines Volkes bereit, das liebgewonnene Mädchen seinem Vater zurückzugeben, sofern ihm Ersatz dafür werde. Indem nun diese unberechtigte Forderung von Achilleus in ihr gehöriges Licht gestellt wird, gerathen die beiden Herrscher in einen heftigen Wortwechsel, in dem sie sich gegenseitig mit Schmähungen überhäufen. Ja

Achilleus, der immer das Heer zu verlassen und nach seinem Phthia heimzukehren droht, wird durch das Wort des Agamemnon, er werde selbst in des Achilleus Zelt gehen und sich dessen Ehrengeschenk, die schönwangige Briseïs, zum Ersatz für die ihrem Vater zurückgeschickte Chryseïs herausholen, so erbittert, dass er das mächtige Schwert aus der Scheide zieht und seinen Gegner durchbohrt hätte, wenn nicht Athene schnell auf Geheiss der für beide besorgten Here vom Himmel herabgekommen wäre und den Wüthenden einiger Massen besänftigt haben würde. So macht dieser nur durch einen Strom von Schmähungen seinem grimmigen Herzen Luft. Zwar versucht es nun der süssredende Nestor die getrennten Gemüther mit einander auszusöhnen; sein Beginnen ist aber fruchtlos. Die Versammlung löst sich auf. Der Atride entsendet unter Führung des Odysseus Chryseïs auf hurtigem Schiffe, heisst jedoch zu gleicher Zeit seine Herolde Talthybios und Eurybates in das Zelt des Myrmidonenführers gehen und von ihm das Ehrengeschenk, die Briseïs, wie er früher schon gedroht, wirklich abfordern. Achilleus wehrt den Herolden die Wegführung seiner Sklavin nicht, macht aber ihren Herrn für all das Weh, das in Folge dessen über die Achaier kommen werde, verantwortlich im vollen Bewusstsein seiner Stärke, die bisher von den Schiffen das schmähliche Verderben abgewehrt. Sofort eilt er sich weinend an den grauschäumenden Meeresstrand, ruft durch seine Klagen die Göttin Thetis, seine Mutter, aus den Tiefen der Salzflut herauf und bestimmt sie, nachdem er erzählt, welche Schmach ihm widerfahren, in den Olymp emporzusteigen und durch eindringliche Bitten den Kroniden zu bewegen, dass er den ihm zugefügten Schimpf räche und den Troern so lange Sieg verleihe, bis die Achaier ihm noch grössere Ehren erwiesen als zuvor. Kronion nickt mit dunklen Brauen der Schmeichelnden Gewährung ihrer Bitte zu, aber nicht ohne einiges Widerstreben; denn er fürchtete Zank und Hader mit Here, der Todfeindin der Trojaner. Richtig hatte auch diese die geheime Unterredung ihres Gemahls mit Thetis bemerkt, und Zweck und Inhalt derselben wohl vermuthend tadelt sie unter echt weiblichen Vorwürfen seine Geheimthuerei und Verschlossenheit gegen ihre Person. Zeus aber droht ihr mit Entziehung seiner Liebe und schliesslich sogar mit den unnahbaren Händen. Da fühlt sich Hephaistos berufen, durch zärtliche Ermahnung seiner Mutter, in welcher er mit grosser Naivetät gedenkt, wie schlecht ihm selbst einst sein Hader mit dem gewaltigen Vater der Götter bekommen, den Mission zu verwischen, der das Mahl der seligen Götter so herbe unterbrochen. Unter heiterem Gelächter von allen Seiten kredenzt der Liebenswürdige seiner Mutter und den übrigen Göttern, im Saale geschäftig herumtummelnd, das süsse Nektar. So löst sich der Familienzwist im hohen Olymp. Achilleus aber zürnt, von den Achaiern getrennt, bei seinen Schiffen, ohne je mehr in die Versammlung oder Schlacht zu gehen.

Der Dichter hat mit dieser Exposition die Grundlinien gezogen, auf denen er das glänzende Gebäude aufführen will; die Linien sind aber so weit und grossartig angelegt, dass er darin verschiedenartige Gelasse einrichten kann, ohne etwa fürchten zu müssen, es gehe dadurch der einheitliche Gedanke verloren und zersplittere sich in ein Conglomerat von fremden und zusammenhanglosen, wenn auch an und für sich noch so vollendeten Theilen. Streben doch alle Glieder, die ornamentalen so gut wie die stützenden, zu dem das Ganze krönenden Giebel empor. Homer hat in dem eben skizzirten Gesang eine unendlich tiefe Perspective eröffnet, und der Leser sieht bereits in der Ferne nebelhafte Gebilde aufdämmern, die allmählig Gestaltung gewinnen und der Reihe nach auf den Schauplatz ihrer Thätigkeit treten; er fühlt, dass es langwierige und heftige Kämpfe, die den Helden beider Heere reichliche Gelegenheit zur Auszeichnung geben, absetzen, dass das Kriegsglück auf dem weiten Schlachtfeld ungewiss hin und herwogen, kurz dass die Krisis nicht in allzu naher Zukunft werde herbeigeführt werden, und dieses um so mehr, da ja auch die Götter, wie Hephaistos sagt, sich der Sterblichen halber ereifern und ihr Interesse der einen oder andern Partei zuwenden. Ahnungsvoll ist man im Voraus auf die vielen Hemmungen gespannt, welche die Ausführung des unabänderlichen Rathschlusses des obersten Gottes zwar verzögern, aber nimmermehr hintertreiben und aufheben können.

So entwickelt denn Homer von Gesang II an eine lange Reihe von brillanten Schlachtenbildern und Kampfscenen, in denen bald grosse Massen, bald einzelne Helden wuchtig an einander prallen, und als wollte er die durch Getöse, Wunden und Blut aufs äusserste gespannten Nerven des Lesers wieder beruhigen, verflicht er in jene Scenen der Aufregung und des Schreckens friedlichere Motive von tiefer Empfindung und ungemein zarter, feiner Stimmung, indem er vom blutgetränkten Schlachtfeld hinwegführt an die Stätten des Friedens und der Liebe, an den Herd der Familie und zu den Altären der Götter. Zu diesen lieblichen Bildern zählt vor Allem die Episode von Glaukos und Diomedes, die schon daran, den Zweikampf zu beginnen, in dem zuvor noch eingeleiteten Gespräche sich als Gastfreunde erkennen und die Waffen mit einander tauschen, noch mehr aber die unmittelbar darauf folgende Schilderung von Hektor, die dessen fromme und ritterliche Gesinnung, so wie die innige Liebe seines offenen Gemüthes mit unübertrefflichen Zügen malt und unser Mitgefühl für ihn und die Seinigen im höchsten Grade zu erregen geeignet ist. Auch versäumt es Homer nicht, dann und wann in den Olymp emporzusteigen und das Walten der Unsterblichen zu betrachten, sei es dass diese auf dem Schlachtfeld verwundet dorthin zurückkehren, um ihre Wunden sich heilen zu lassen, oder dass sie in grosser Versammlung über das Thun und Treiben der Sterblichen ihr Urtheil sprechen oder einen neuen empfindlichen Schlag vorbereiten. Denn sie nehmen an ihren Geschicken unmittelbaren Antheil, und die Erfolge vor Troja erscheinen als Reflexe der von ihnen gefassten Gedanken und Beschlüsse. Wenn es ihnen Zeus nicht ausdrücklich verbietet, so schweben sie auf die Wahlstatt nieder, geleiten ihre Günstlinge und feuern sie zum Kampfe an, und diesen ist es nun nicht mehr so schwer, unter ihrer sichern Aigido Wunder der Tapferkeit zu verrichten. Von den Helden selbst, die nacheinander auftreten, sind unzählige nur mit wenigen Pinselstrichen abgethan, andere in grösseren, farbenreichen Gemälden ausgeführt.

Den Reigen eröffnen gerade diejenigen, welche die Veranlasser des Krieges waren; denn als die Griechen nach eingenommenem Frühmahle sich in der Ebene zur Schlacht aufgestellt hatten, und auch die Troer nahe gekommen waren, forderte Alexandros im Angesichte beider Heere die tapfersten Argiver zum Kampfe heraus. Sowie er aber Menelaos unter den Vorkämpfern erscheinen sah, fuhr ihm der Schrecken in die Glieder, und blass zog er sich hinter die grossen Massen der Troer zurück. Allein Hektor lässt nicht ab, ihm unter wohlverdienten Schmähungen seine Feigheit vorzuhalten, bis er sich zum Zweikampf bereit erklärt. An dessen Ausgang wird unter feierlichem Schwure die Beendigung des ganzen Krieges geknüpft; denn Priamos wird vom skaischen Thore, wo ihm die auf Göttergeheiss eben erschienene Helena die griechischen Helden bezeichnet, herbeigerufen und beschwört nebst Agamemnon nach Schlachtung zweier Opferthiere den Vertrag. Im Kampfe zieht Paris den Kürzern, und der feige Prahler wird, nachdem er von Menelaos fast erwürgt worden wäre, nach Verlust seines Helmes von Aphrodite wohlbehalten in sein Gemach zurückgebracht und ergibt sich der Liebe mit der entführten Gattin seines Gegners, während ihn dieser einem Thiere gleich durch das Getümmel auszuwittern sucht. Nicht ohne Absicht sind diese beiden contrastirenden Momente, Licht und Schatten, neben einander gereiht. Das empörte sittliche Gefühl verlangt eine Sühne für solch bodenlose Unmännlichkeit, und diese Sühne wird gegeben in der nun folgenden Niederlage der Troer. Die auf diese ergrimmte Athene nämlich verleitete nach einem vorhergegangenen Götterrathe den Pandaros, auf Menelaos einen Pfeil abzuschiessen und so den Waffenstillstand zu brechen. Da durchrennt, während Machaon mit der Heilung Menelaos beschäftigt ist, Agamemnon die Reihen der Seinigen, die Helden zum Kampfe anfeuernd. Auf allen Linien entbrennt die Schlacht. Es geschehen Wunder der Tapferkeit; allen voran aber stürmt der fürchterliche Diomedes, dem selbst die Götter nicht widerstehen können; denn Aphrodite und Ares werden von ihm verwundet und ziehen sich in den Olymp zurück. Die Troer weichen, und Hektor lässt seine Mutter Hekabe und die troischen Frauen für die Rettung der Stadt beten. Von da an tritt allgemach der Wendepunkt ein. Nachdem das gleichschwebende Zünglein der Wage durch den zwar glänzenden, aber unentschiedenen Zweikampf Hektors mit Ajas gleichsam angedeutet worden, wie um den ersten Act der Schlacht bedeutsam abzuschliessen, auf beiden Seiten die Bestattung der Todten folgt, durchmacht der Blitzstrahl des Donnerers das Achaiervolk, und die Schale mit ihrem Todesverhängnisse sinkt zu Boden. Wie sehr sie sich nun auch anstrengen mögen, angefeuert durch die heroischen Thaten eines Diomedes, Teukros und anderer, stets werden sie von den siegestrunkenen Feinden unter Hektors Führung in ihre Verschanzungen zurückgedrängt, der bereits die stolze Drohung ausstösst, sie sammt ihren Schiffen zu vernichten. In dieser Noth gedenkt man des zürnenden Helden, und Agamemnon erklärt sich reuevoll bereit, ihm nicht nur seine Sklavin zurückzugeben, sondern ihn auch noch obendrein durch reiche und kostbare Geschenke zu versöhnen. Odysseus, Phoinix und Ajas übernehmen die Mission. Allein weder die kunstgerechte Rede des ersteren, noch die einschmeichelnden, manche Reminiscenz aus Achilleus frühester Jugendzeit auffrischenden Worte seines Erziehers, noch endlich die kurze derbe Ansprache von Ajas machen Eindruck auf des Zürnenden Herz. Dieser bewirthet die Abgesandten zwar sehr freundlich, bleibt aber trotz ihres Klagens und Drängens unerbittlich und unversöhnlich. Wir fühlen es wohl schon durch, dass, wie Agamemnon für jene unüberlegte That des Uebermuthes und Eigennutzes in dem Grade büsst, dass er sich fast flehend zu den Füssen seines beleidigten Gegners wirft, so auch Achilleus die bitteren Folgen seines Trotzes und seiner Halsstarrigkeit in Kurzem werde tragen müssen. Denn die Genugthuung, welche der oberste Heerführer bot, war so gross, dass auch die unbändige Leidenschaft eines Achilleus sich dadurch hätte befriedigt erklären können. Er war glänzend gerächt; schon schliefen die Troer vor dem Lager der Achaier, und diese schicken als Gesandte, dass er sich ihrer in der äussersten Bedrängniss erbarme, ihm so nahe stehende Männer. Indem er nun auf seinem trotzigen Sinne beharrt, da nahen sich, wie Phoinix gedroht hat, die Bitten dem Zeus Kronion und flehen, es möge ihm die Ate folgen, damit er in seiner Verblendung büsse. Diese bleibt nicht aus, und eben darin liegt das unendlich Tragische in seinem Geschicke, dass, während sein Feind in Folge verübten Unrechtes von den Feinden geschlagen wird, er in ungezähmter Rache für jenes erlittene Unrecht sich selbst die am Leben nagende Wunde beibringt.

Von da ab drängen die Ereignisse zu rascher Entscheidung und stehen auch in einem viel strafferen Zusammenhang, wenn wir von der *Δολώνεια* absehen wollen, welche die Geduld des Lesers auf eine harte Probe stellt, den gewaltigen durch Achilleus' abschlägige Antwort hervorgerufenen Eindruck verwischt und ihn gerade in dem Augenblick, da er mit concentrirter Spannkraft sich auf grosse den Helden mittelbar oder unmittelbar berührende Dinge vorbereitet hat, zu einem seine Aufmerksamkeit theilweise wieder zersplitternden Handstreiche wegführt. Mit Tagesanbruch beginnt die Schlacht aufs Neue. Agamemnon waffnet sich und wirft Alles vor sich nieder. Trotz einer bedeutenden Verwundung wüthet er noch fort mit Speer und Schwert und Feldsteinen, bis er von Schmerz übermannt das Schlachtfeld verlassen muss. Nun folgt Schlag auf Schlag. Diomedes, Machaon und Eurypylos werden von Paris, Odysseus von Sokos verwundet, mit Mühe den Händen der siegenden Troer entrissen und in das Schiffslager entführt. Achilleus steht eben auf dem hohen Spiegel seines Schiffes und sieht von da die schwere Arbeit und beweinenswerthe Verfolgung. Wie nun Nestor mit einem Verwundeten vorüber saust, und der Pelide in diesem Machaon zu erkennen glaubt, schickt er seinen Freund Patroklos in Nestors Zelt, um sich zu erkundigen. Und dieses war ihm der Beginn seines Unheils; denn Nestor sucht den weichherzigen Patroklos zu bewegen, wenn sein Freund durch all' diesen Jammer ungerührt bleiben sollte, selbst die Myrmidonen mit Achilleus' Waffen gerüstet ins Gefecht zu führen. Während unterdessen jener den schwer verletzten Eurypylos, den er auf seinem Rückweg traf, voll Mitleid in sein Zelt bringt und verbindet, waren die Troer bereits bis zur Mauer vorgedrungen, und der verzweifelte Kampf, in dem sich besonders die beiden Ajas und Teukros, von feindlicher Seite Sarpedon und Hektor auszeichnen, endet damit, dass diese nach theilweiser Zerstörung der Mauer und Sprengung des Thores in das Lager einbrechen und die Danaer in ihre Schiffe verscheuchen. Da, bei dieser letzten Station muss der letzte wüthende Kampf entbrennen. Es muss vollends klar werden, ob man wirklich ohne des Zürnenden Hilfe mit den Feinden nicht fertig werden könne. Darum raffen aber auch die Fürsten die letzte Kraft zusammen und erheben sich zu Thaten, die alle früheren weit hinter sich lassen; selbst die Verwundeten erscheinen wieder auf dem Schlachtfeld, um zu fechten oder wenigstens die Ihrigen zur äussersten Tapferkeit anzuspornen. Und dass ja der Erfolg nicht ausbleibe, stehen ihnen die Götter mehr als je schirmend zur Seite; Here, die den Troern stets grollende, übernimmt es sogar, ihren Gemahl in listiger Weise einzuschläfern, damit Poseidon den Griechen wirksamere Hilfe leisten könne. Allein wie eine Flamme vor ihrem Sterben noch einmal hell aufflackert, um dann für immer zu erlöschen, so dringen auch die Achaier mit dem Muthe, den die Verzweiflung eingibt, noch einmal gegen die Feinde vor, viele Helden erlegend, um sodann unaufhaltsam auf ihre Schiffe zurückgeworfen zu werden. Vergeblich handhabt Ajas eine 22 Ellen lange Harpune, womit er von Verdeck zu Verdeck springt und die Troer abzuwehren sucht. Hektor erfasst bereits das Schiff des Protesilaos; seine Leute sind daran, Feuer anzulegen; die äusserste Noth ist über die Achaier hereingebrochen; sie sehen schon ihre Flotte verbrannt, ihre Leichen den Hunden und Vögeln als Beute vorgeworfen. Da, in diesem furchtbar kritischen Augenblicke tritt Patroklos, den schon längst die Schmach der Danaer gejammert, vor seinen Freund hin, sich doch einmal des armen Volkes zu erbarmen. Und was Tags vorher den Abgesandten mit ihren reichen Geschenken und noch reicheren Versprechungen nicht gelungen, das gelingt nun diesem wenigstens in so weit, dass Achilleus ihm gestattet, in seiner Rüstung an der Spitze der Myrmidonen die Feinde anzugreifen. Ja, als Hektor den Ajas entwaffnet hatte, und die Flamme sich über das Schiff hin ergoss, ordnet er selbst die Schaar seiner Myrmidonen und treibt den Freund zur Eile an. Damit er aber an seinem Leben nicht gefährdet werde, gibt er ihm Verhaltungsmassregeln, dass er sich nicht zu weit gegen die Stadt vorwage, sondern mit der Verjagung der Troer von den Schiffen begnüge. Gerade diese zärtliche Sorgfalt, die Achilleus für seinen Liebling an den Tag legt, erfüllt uns mit trüber Ahnung, wenn wir ihn unmittelbar darauf mit der grössten Tollkühnheit mitten da hinein stürmen sehen, wo das dichteste Getümmel war. Seinen Waffen kann Niemand widerstehen; wer ihm begegnet, sinkt durchbohrt auf die vielnährende Erde; selbst die erprobtesten Vorkämpfer, wie der Lykier-Fürst Sarpedon und Hektors Wagenlenker, Kebriones, fallen unter seinen tödtlichen Streichen. Wie eine Herde furchtsamer Schafe schlägt er die Troer aus dem Felde und drängt sie an die Stadt zurück; diese selbst ist in Gefahr, gegen den Willen der Götter erobert zu werden; denn Patroklos, uneingedenk der Warnung seines Freundes und von seinem Geschicke getrieben, schwingt sich viermal die Mauer empor,

und nur Apollon ist noch im Stande, dem Wüthenden Einhalt zu thun. Da aber mitten in seiner Siegeslaufbahn tritt die Katastrophe ein. Der Gott betäubt und entwaffnet ihn im Augenblicke der äussersten Kraftentwicklung, so dass er machtlos den feindlichen Geschossen preisgegeben endlich dem Angriffe von Euphorbos und Hektor erliegt. Um seinen Leichnam entspinnt sich einer der hartnäckigsten Kämpfe, an dem sich Menelaos und Aias, Aineias und Hektor in erster Linie betheiligen. Letzterem war es gelungen, während der Atride sich um Hilfe umsah, dem Getödteten die Rüstung abzuziehen; und als er darauf selbst mit der unsterblichen Wehr geschmückt auf dem Kampfplatz erschien, setzte er den um die Leiche dichtgescharten Achaiern so heftig zu, dass Menelaos in seiner Verzweiflung den Nestoriden Antilochos an Achilleus absendet, er möge den Leichnam seines Freundes zu den Schiffen retten. Wie Antilochos, der selbst mit dem Peliden eng befreundet ist und bei der Kunde von des Patroklos Verhängniss seiner tiefen Trauer Ausdruck gegeben hat, die schreckliche Mähre bringt, überlässt sich Achilleus den Ausbrüchen des wüthendsten Schmerzes, streut Asche auf sein Haupt und wirft sich vernichtet in den Staub hin. Seine ganze Umgebung, die Sklavinnen, die er erbeutet, Antilochos, der Unglücksbote, stimmen in seine Klagen ein, und diese wecken auch in den Tiefen des Meeres den Widerhall. Denn seine Mutter Thetis schluchzte laut auf mit den Nereiden allen, soviel ihrer den Abgrund des Meeres bewohnten. Diese namenlose Trauer um den Getödteten hat etwas ungemein Rührendes; sie eröffnet mehr, als es lange Tage des ungestörten Glückes vermocht hätten, des Peliden Liebe und Treue, regt unser Mitleid auf und versöhnt uns wieder mit seinem verderblichen Eigensinn, wenn wir sehen, dass von all' dem Weh, das sich wie eine lange Kette daraus entwickelte, das empfindlichste auf sein eigenes Haupt gefallen. Die Spannung der Leidenschaften und der Widerspruch grosser Interessen, der sich auf allen Blättern der Ilias wie ein rother Faden hinzieht, hat gerade hier seinen Höhepunkt erreicht. Schmerz, Zorn, Rache, Gegenwart, Vergangenheit und Zukunft treiben in Achilleus' Seele wild durcheinander. Der Entschluss, seinen Freund durch den Tod Hektors zu rächen, steht im ersten Augenblicke fest; der Trieb aber zur Befriedigung dieses Rachegefühls kommt in Konflikt mit der Feindschaft gegen Agamemnon und das ganze Achaierheer, das, will er seinen Rachedurst im Blute Hektors stillen, gerade dadurch von seinem gefährlichsten Gegner befreit wird. Bei diesem Kampfe massloser Leidenschaften dämmert allmählig das Gefühl der Reue über die Vergangenheit, und er wünscht, dass die Eris aus der Gesellschaft der Götter und Menschen vertilgt würde. Der Entschluss, den Mörder seines geliebten Hauptes zu tödten, gewinnt die Oberhand, und so fügt es sein tragisches Geschick, dass er das, wozu er vordem, noch im Besitze des Freundes, durch reiche Geschenke und Abgesandte seines ihn um Verzeihung bittenden Gegners nicht hatte bestimmt werden können, jetzt ohne Freund, ohne Geschenke, ohne Genugthuung von selbst unternimmt. Und er wäre am liebsten gleich, auch ohne Waffen, in den Kampf gezogen, wenn ihn nicht seine Mutter Thetis zurückgehalten und eine neue Rüstung von Hephaistos versprochen hätte. — Unterdessen geht es noch immer heiss um die Leiche des Patroklos her, und wenn auch schon der Rückzug zu den Schiffen in der Weise angetreten war, dass Menelaos und Meriones den Entseelten auf ihren Schultern tragen, während die beiden Aias die nachstürmenden Troer zurückdrängten, so schien doch alle ihre Anstrengung eine vergebliche zu sein; denn Hektor, der heute seinen Sieg zur Vollendung bringen wollte, strebte unwiderstehlich an, des Patroklos Haupt vom zarten Nacken zu trennen und auf den Pfählen der Mauer aufzupflanzen. Eben noch zu rechter Zeit trat Achilleus unbewaffnet auf Geheiss der Iris durch den Wall zum Graben vor, seine furchtbare Stimme erhebend. Und wie vor einer geisterhaften Erscheinung zerstoben da alle Troer. Die Achaier aber legten den Patroklos trauernd auf Betten; und Achilleus erhob, nachdem er den Leichnam vom blutigen Staub hatte reinigen und die Wunden mit neunjähriger Salbe anfüllen lassen, jene unendlich rührenden Todtenklagen, welche durch den Jammer der Myrmidonen verstärkt die ganze Nacht hindurch erklangen. Die kommenden Ereignisse aber deutet er in seinen Klagen an, wenn er sagt: „Nicht eher werde ich dich feierlich bestatten, als bis ich Hektors Waffen und das Haupt des übermüthigen Mörders dir hieher gebracht; auch zwölf edle Troerjünglinge will ich vor deinem Scheiterhaufen tödten, im Zorn ob deiner Ermordung." Am folgenden Morgen bringt Thetis die versprochenen Waffen, bei deren Verfertigung Hephaistos seine ganze Meisterschaft aufgeboten hatte, und sichert den Leichnam des Patroklos auf ihres Sohnes Bitte vor Verwesung. Dieser aber beruft die Achaier zur Versammlung, söhnt sich im Angesichte des ganzen Heeres mit Agamemnon aus und verlangt sogleich die Schlacht. Nur mit Mühe kann ihn Odysseus noch so lange hinhalten, bis das Heer das Frühmahl eingenommen; denn sein Herz verlangt Mord und Blut und schreckliches Röcheln der Sterbenden.

In diesem Gefühl der Rache mischt sich nur noch das eine der Trauer, die bei Allem, was er thut und spricht, immer wieder durchbricht und in laute Klagen sich ergiesst. Für Anderes hat er kein Interesse mehr, selbst nicht für die kostbaren ihm zur Sühne gebotenen Geschenke und für die schönwangige Briseïs, für die er doch ehedem alles in die Schanze geschlagen, und die, wie Agamemnon schwört, unberührt von dessen Händen ihm ins Zelt zurückkehrte. Ohne Speise und Trank zu sich zu nehmen, aber gestärkt durch Nektar und Ambrosia, welche Athene ihm in die Brust einflösste, rüstet er sich mit den göttlichen Waffen und jagt seine Rosse laut aufschreiend voran.

Der bisherige Verlauf der Dinge, das tragische Geschick des Helden, der Verlust seines Freundes und die Trauer um denselben haben unsere tiefste Sympathie wachgerufen, und diese wird noch gesteigert durch das Bewusstsein Achills selbst und die Prophezeiung der in die Schlacht ziehenden Rosse, die ihm einen baldigen Tod verkünden. Die düstere Stimmung aber, welche über dem Schicksale desselben sich so gelagert hat, vermindert nicht etwa, sondern erhöht noch wo möglich die Spannung und bildet einen grauen Hintergrund, auf dem sich die nun folgenden farbenreichen Scenen um so schärfer abheben werden. Auf die heroische Figur des Peliden ist in einer langen Entwicklung direkt und indirekt vorbereitet worden: seine unwiderstehliche Tapferkeit haben Troer und Achaier unzählige Male anerkannt; letztere waren ohne dieselbe an den Rand des Verderbens gerathen, erstere durch seine blosse Erscheinung und seinen Ruf auseinandergestoben; und als er nach Ablegung seiner Feindschaft mit dem Atriden „die heldenmüthigen Achaier erregte, eilten zur Versammlung auch die, welche zuvor im Schiffslager verblieben, und die Steuerleute, welche das Ruder der Schiffe lenkten, auch die Schaffner der Schiffe, die Vertheiler des Brodes“. So sind die Erwartungen auf das höchste gespannt, und der Augenblick ist gekommen, da der Furchtbare selbst auf die Scene tritt, um Thaten zu liefern, die die *κλέα* der übrigen Helden in Dunkel legen müssen. Das Ausserordentliche seiner Leistungen wird auch durch die Götter angedeutet und gehoben. Mehr als je in den früheren Kämpfen äussern sie ihre Theilnahme und stürzen, indem Himmel und Erde beben, gleichsam als wollten sie zu den folgenden Auftritten ein Vorspiel liefern, selber feindlich auf einander los. Aineias ist es, den Apollon zuerst in den Kampf gegen Achilleus hetzt. Da aber auf Vorschlag des Poseidon alle Götter das Schlachtfeld verlassen und sich in Gruppen zusammensetzen, um ruhig dem Schauspiel zuzusehen, so ist das Schicksal des Aineias bald entschieden. Der Pelide hätte ihm mit dem Schwerte das Leben genommen, wenn er nicht von Poseidon, über viele Reihen der Männer und Rosse wegfliegend, bis an die Grenze des stürmischen Krieges getragen worden wäre. Vom nämlichen Glück konnte Hektor sagen, den Apollon entrückte und in dichten Nebel hüllte, als er, seinen Bruder Polydor zu rächen, den Kampf mit dem Peliden aufgenommen hatte. Voll Unmuth hierüber wüthet dieser in den Reihen der Troer, die unnahbaren Hände mit Blut und Staub besudelt, und jagt sie wilden Gedränges hinein in die rauschenden Fluten des Xanthos. Da wählt er sich, nachdem sein Arm im Morden müde geworden war, zwölf Jünglinge aus, bindet ihnen die Hände mit den Riemen ihrer eigenen Panzer und lässt sie zu den Schiffen abführen, um sie, wenn das Werk gethan, als Opfer am Grabe seines Patroklos zu schlachten. Sofort springt er wieder in den Strom, durchbohrt den um Gnade flehenden Priamiden Lykaon, dem er schon früher einmal, als er in seine Hände gefallen war, das Leben geschenkt hatte, und erwürgt, unter Spottreden auf die Stromgötter, nebst vielen anderen Paionen ihren Führer Asteropaios, den Enkel des Stromgottes Axios. Die Verwegenheit, womit Achilleus die lieblichen Gewässer des Xanthos mit Leichen füllte, obendrein noch die höhnenden Worte nahm der Stromgott sehr übel auf, und als jener, trotz seines Versprechens, nur mehr auf dem Gefilde sich herum zu tummeln, doch wieder in die Fluten sprang, da schwollen diese wüthend an und rollten gegen den Helden, wohin er sich auch wenden mochte, mit solcher Wucht, dass es der Stärkung durch Poseidon und Athene bedurfte, um nicht zu unterliegen. Da aber Xanthos von seinem Grimme nicht abliess, sondern sogar in Verbindung mit dem herbeigerufenen Simois gegen Achilleus wild emporwirbelte, da ergoss auf Here's Bitten Hephaistos ein unermessliches Feuer und trieb die Stromgötter zu Paaren. Auch die andern Götter rennen nunmehr zum gegenseitigen Kampfe an; es dröhnt der weite Erdkreis, und der Himmel klingt wie vom Drommetenschall. Grosse Ereignisse werfen ihren Schatten vorwärts. So wird hier der letzte entscheidende Schlag Achilleus', der in der Ermordung des tapfersten aller Troer gipfelt, durch den Entscheidungskampf der Götter vorbereitet. Dieser endet mit der Niederlage der Himmlischen, welche für Troja stehen. Während aber die Besiegten erzürnt, die Sieger mit hohem Ruhm gekrönt in den Olymp zurückkehren, scheucht Achilleus die auf den Tod gehetzten Troer über das Blachfeld gegen die Mauern hin, und Priamos, die Noth der Seinigen gewahrend, lässt die Thore öffnen, durch welche sich diese im dichten Gewimmel retten. Hektor allein zwang die verderbliche Moira dort vor Ilion und dem skaiischen Thore zu bleiben. Vergeblich ist das Flehen des Vaters, vergeblich die Klagen der Mutter, welche ihn von der Mauer herab beschwören, zum schützenden Thore einzugehen.

Hektor bleibt ungerührt und erwartet entschlossen seinen Gegner. Sowie er aber den furchtbaren Peliden, welcher mittlerweile von der Verfolgung Apollons zurückkam, — denn dieser hatte ihn, um den Troern die Flucht in ihre Stadt zu erleichtern, in Gestalt des Lykaon weit abgelenkt — nahe auf sich zuschreiten sah, da packte ihn jäher Schrecken, und er liess das Thor hinter sich. Achilleus aber eilt ihm flüchtigen Fusses nach und jagt ihn dreimal um die Stadt mit dem Haupte seinem Volke zuwinkend, ja nicht herbe Geschosse gegen Hektor zu schleudern, damit nicht ein anderer ihm den Ruhm vorwegnehme. Als sie aber das vierte Mal zu den Quellen gekommen waren, da sank Hektors Tag des Verhängnisses tief zum Hades, sein Schutzgott Apollon, der bisher seine Knie gestärkt, verlässt ihn, und die ihm feindliche Gottheit Athene hat nun freies Feld. Diese reizt ihn in der Gestalt seines Bruders Deiphobos zum Kampf, und in diesem wird er nach kurzer Zeit von seinem Gegner durch einen Speerwurf in den Hals erlegt. Zwar hatte er wiederholt gebeten, seine Leiche nicht zu verunglimpfen, sondern den Troern zurückzugeben, das letzte Mal sogar in dem Mitleid erregenden Augenblicke, da er den tödtlichen Stoss schon empfangen und röchelnd im Staube lag; allein der Pelide, masslos in seiner Leidenschaft, von ebenso heftigem Hasse wie inniger Liebe brennend, und ebenso unersättlich in der Rache wie im Schmerze, zog ihm die blutige Rüstung von den Schultern, durchbohrte ihm die Sehnen beider Füsse, die von der Ferse zum Knöchel laufen, band ihn dann mit dadurch gezogenen Riemen an seinen Siegeswagen und schleifte ihn unter dem Jubelgesang der Achaier durch Blut und Staub hinab zu den Schiffen. Von den Mauern Ilions ertönen während dieses grausigen Schauspiels die herzzerschneidenden Klagen von Priamos und Hekabe, der Andromache und dem ganzen Volke, welche den trefflichsten Sohn, den edelsten Gatten, den festesten Hort der Stadt bejammern.

Diesem ergreifenden Drama folgt ein gemüthvolles Nachspiel, das den eben erzeugten Eindruck nicht etwa abschwächt, sondern mildert. Denn die darin dargestellten Momente führen von der äussersten Erregung und Wuth in das wohlthuende Geleise der Menschlichkeit hinüber, und wie unser durch Achilleus' unbändige Rache verletztes Gefühl sich wieder mit ihm aussöhnt, wenn wir ihn beim Anblicke und den Bitten des greisen Priamos weich werden sehen, so finden wir auch in der Gewissheit vom endlichen Schicksal Hektors eine gewisse Befriedigung; denn dieser hat durch seine hervorragenden Eigenschaften unser Interesse in dem Grade gewonnen, dass ein Stachel in unserer Seele zurückbliebe, wenn wir ihn, statt einer feierlichen Bestattung gewürdigt zu werden, den Hunden zum Frasse dienen sähen, wie Achilleus so oft gedroht hat. So findet das Drama in den Klagen um die geliebten Todten und in ihrer glänzenden Bestattung einen würdigen Abschluss.

Achilleus nämlich hatte nicht sobald die Schiffe erreicht, als er mit seinen Myrmidonen dreimal um den Leichnam des Patroklos die Rosse lenkte und seine männermordenden Hände auf die Brust des Freundes legend laut zu klagen begann. Während dann jene am köstlichen Leichenmahle sich erquickten, wurde er selbst von den Führern der Achaier zu Agamemnon geleitet, wo er das ihm bereitete Bad ausschlug, an dem Gastmahl aber mit dem Bedeuten Theil nahm, dass man am nächsten Morgen Holz aus dem Walde zum Scheiterhaufen seines Freundes herbeiführe. Dieser erscheint ihm, als er am Meeresufer von sanftem Schlafe umfangen war, und verlangt ein schleuniges Grab, damit er die Thore des Hades durchschreite. Achilleus streckt die Hände verlangend nach ihm aus; aber wie Rauch schwand die Seele schwirrend in die Erde hinab. Des andern Tages schleppte man vom Ida hochwipflige Eichen, die dort unter des Meriones Leitung gefällt worden waren, an den Meeresstrand und errichtete auf der von Achilleus für Patroklos und ihn selber bezeichneten Stelle einen kolossalen Scheiterhaufen. In voller Wehr folgten die Myrmidonen der mit Locken ganz überdeckten Leiche und legten sie auf das Gerüste; Achilleus aber fügte Oel und Honig, vier Rosse, zwei Hunde und die 12 erwürgten Troer hinzu, zündete unter Wehklagen den Scheiterhaufen an und umschlich, während die von der Iris herbeigerufenen Winde Alles in Asche legen, die ganze Nacht hindurch unaufhörlich seufzend die traurige Stätte. Am folgenden Morgen lässt er die Gebeine seines Freundes in eine goldene Urne sammeln und ordnet am hoch aufgeworfenen Grabeshügel feierliche Leichenspiele an, die den ganzen Tag in Anspruch nehmen. Nachdem da die bedeutendsten Helden neuen Ruhm geerntet und kostbare Preise davongetragen hatten, eilten sie sich zerstreuend nach ihren Schiffen, um an Speise und Schlaf zu denken. Aber Achilleus gedachte seines trauten Freundes; schlaflos und in Thränen gebadet wirft er sich auf seinem Lager herum. Mit dem Erscheinen der Morgenröthe erfasst ihn wieder plötzliche Wuth; er spannt die schnellen Rosse an den Wagen und schleift Hektor dreimal um den Grabhügel des Patroklos. Und so oft von da der Morgen graute, verübt er an der Leiche seines Feindes die nämliche grausame Misshandlung. Apollon aber schützte diese mit der goldenen Aigis nicht nur vor Entstellung, sondern beredet auch die Unsterblichen, sich des Misshandelten endlich anzunehmen. Zeus lässt aus der

Meeresgrotte Thetis holen, damit sie ihren Sohn zur Herausgabe des Leichnams an Priamos bewege. So fällt derselben Göttin, welche im Eingange des Gedichtes durch ihre Einwirkung auf Zeus die Verwicklung herbeigeführt hatte, die Rolle der Versöhnung zu. Achilleus hatte auf die Botschaft seiner Mutter nur das eine Wort zu sagen: „So sei es denn, wenn wirklich der Olympier selbst es im Ernste gebot". Unterdessen trifft Priamos, von Iris aufgefordert, Anstalten zu dem gefährlichen Unternehmen, das Zelt des Peliden im Lager aufzusuchen und sich von ihm unter Spendung unermesslicher Lösegeschenke seines Sohnes Leichnam zu erbitten. Hermes steht ihm schützend zur Seite. Des unglücklichen Greises Rede und Aufenthalt im Zelte des schrecklichen Würgers, sowie dessen mitleidiges und ehrfurchtsvolles Gefühl gegen das graue Haupt gehören wohl zu dem Schönsten, was die ganze Composition bietet. Diese Scenen tilgen alles Herbe, das etwa noch von früheren Auftritten zurückgeblieben sein sollte, vollends aus. Priamos führte die Leiche noch in derselben Nacht, da ihm Achilleus in seinem Zelt eine Lagerstätte angewiesen hatte, nach Troja zurück und liess sie während des elftägigen ihm bewilligten Waffenstillstandes feierlich bestatten. Um Hektors Scheiterhaufen ertönte keine geringere Klage, als sie um des Patroklos Todtenmal erklungen war.

Nicht minder plastisch als die Ilias ist die Odyssee angelegt. Hier erscheint der Dichter in einem noch höheren Grade vollkommen Meister seines Stoffes. Die Composition ist fest geschlossen, die einzelnen harmonisch ineinandergreifenden Glieder streben in klarer Fügung zum einheitlichen Ganzen, alle Gruppen, Scenen und Personen stehen im strengsten Zusammenhang und bringen, der Hauptidee sich geschickt unterordnend, den mit mancherlei Ungemach kämpfenden Odysseus zur klaren, fassbaren Gestaltung. Während Homer nämlich in der Ilias den Streit gewaltiger Leidenschaften ausprägt, die in der Hauptfigur des jugendfeurigen, masslosen Achilleus ihren Ziel- und Höhepunkt erreichen, und auf dem eng begrenzten Schauplatz vor den Mauern Trojas aufgeregte Scenen voll Pathos und wogende Kämpfe der achaiischen Anführer entrollt, nur hie und da mit einem aus dem einheimischen Gebiete entnommenen Mythus verflochten: liefert er uns hier das nicht weniger farbenreiche, aber ruhiger gestimmte Gemälde eines Helden, der im langjährigen Ringen mit dem Geschicke Herr über sich selbst geworden ist und durch die mannigfachsten und herbsten Erfahrungen geläutert in allen Verhältnissen des Lebens Beispiele von Mässigung, Klugheit und Tapferkeit, von Vaterlandsliebe, Rechtsgefühl und Ehrfurcht gegen die Götter gibt. Denn wie dort dem Pathos, so ist hier dem Ethos der weiteste Spielraum geöffnet. Bilder von glänzenden Gelagen, gefährlichen Abenteuern, heiteren Spielen und Familienfesten bis herab zum gemüthlichen Stillleben gleiten der Reihe nach an dem Leser vorüber. Der Schauplatz dehnt sich unermesslich aus, und es entwickeln sich so naturgemäss aus den Irrfahrten, in welche der Dichter ohne Zweifel auch ihm gerade passende Theile aus den νόστοι der anderen Heerführer herübergenommen hat, jene Verhältnisse im bunten Wechsel, die dem Odysseus Gelegenheit geben, im Gegensatz zur Unbesonnenheit der Genossen seine geistige Grösse zu zeigen. Diese Irrfahrten sind es aber gerade auch, welche dem fremden Sagenstoff die Thüre aufgeschlossen haben, so dass er, im Gegensatz zur Ilias, massenweise in diese epische Dichtung hereindrang. Was von den Phoinikiern Wunderbares dem neugierigen Volk der Jonier mitgetheilt oder von diesem selbst aus den fabelhaften Ländern des Südens und Westens heimgebracht worden war, erscheint hier zu einem reichen brillanten Mosaik ausgelegt. Wenn aber Homer den heimischen Boden verlässt und in diese phantastische Welt von Märchen und Zaubereien einführt, so steigert er dadurch nicht nur das Interesse für Odysseus, indem wir sehen, wie er sich aus allen auch noch so sehr bedenklichen und schwierigen Situationen glücklich herauswindet, sondern gewinnt auch eine lange Kette von spannenden und hemmenden Motiven, die sich aber nicht, wie in der Ilias an eine Reihe von nebengeordneten Personen, sondern an die Hauptfigur selbst knüpfen. Diese fremden Elemente, diese wunderbaren Sagen von fernen Ländern sind alle in die Mitte der Dichtung gedrängt. Anfang und Ende derselben aber bewegen sich auf dem vaterländischen Boden von Ithaka und stellen in künstlich geschlungenen Fäden die Strafe der Frevler im Hause des Odysseus dar. So zerfällt das ganze Gedicht lokal und sachlich in zwei Haupttheile, von denen der eine den in aller Welt herumirrenden, der andere den an den Frevlern seiner Familie und seines Eigenthumes Rache nehmenden Odysseus behandelt. Wenn wir aber hier auch Anknüpfungspunkte an die Ilias finden, indem wir da wie dort durch Beleidigungen das Gefühl der Rache erweckt und diese schliesslich vollzogen und befriedigt sehen, so unterscheiden sich doch beide Werke in der Anlage und Ausführung weit von einander. Eine nähere Betrachtung der Odyssee wird dieses klar machen.

Während dort Achilleus gleich mit Beginn der Dichtung in einer heftigen Scene auf die Bühne tritt, um dann für lange Zeit nach erlittener Kränkung vom Schauplatz zu verschwinden, ist hier Odysseus in den ersten vier Gesängen unseren Augen vollends entrückt; da aber auf den

Abwesenden sowohl im Himmel als auf der Erde bedeutsam hingewiesen wird, so erscheint er in kunstreich angelegter Perspektive und lässt unsere Erwartung und Theilnahme für ihn stetig zunehmen, bis er im Vordergrunde selbst auftaucht. Mehr als neun Jahre irrt er bereits seit der durch seine List bewerkstelligten Eroberung von Troja umher; alle Helden, die mit ihm ausgezogen, waren heimgekehrt; er allein, von Poseidon verfolgt, kann seine Heimat nicht erreichen. Da erbarmen sich seiner endlich die Götter, und Athene, seine Beschützerin, benützt die Abwesenheit des unversöhnlichen Poseidon und bestimmt Zeus in der Götterversammlung, Hermes nach der Insel Ogygia, wo die Nymphe Kalypso den Odysseus gegen seinen Willen lange Jahre zurückhält, mit dem Auftrage zu entsenden, sie solle seiner Abfahrt kein Hinderniss in den Weg legen. Sie selbst enteilt nach Ithaka und erscheint in der Gestalt des Taphierkönigs Mentes, eines alten Gastfreundes von Odysseus, an der Schwelle seines Palastes, wo gerade die übermüthigen Freier sich am Steinspiele ergötzten. Während nun diese, dem Eintretenden wenig Aufmerksamkeit schenkend, ihres Herzens Gelüste mit fremdem Eigenthume befriedigen, und bald den Freuden des üppigen Mahles, bald dem Spiel und Gesang sich ergeben, bewillkommt der über das Treiben des frechen Schwarmes längst ergrimmte Telemachos den Gast und setzt sich mit ihm ausserhalb des Getümmels zum vertraulichen Gespräche nieder, in welchem Athene die Sehnsucht des Sohnes nach dem Vater noch mehr erregt und in ihm den Entschluss bestärkt, die Freier aus dem Hause zu weisen und selbst auf Erkundigung des so lange Abwesenden auszuziehen. Sein Vertrauen wird durch das wunderbare Verschwinden des Gastes, in welchem er die Göttin ahnt, noch um ein Bedeutendes gehoben. Mit einem Muthe, der sonst so jugendlichem Alter nicht eigen, tritt er nun vor die Freier hin, indem er ihr ungebührliches Benehmen tadelt und ihnen sein Haus zu meiden befiehlt. Wird er auch von diesen dafür nur mit Hohn und Spott überschüttet, so beruft er doch am nächsten Morgen eine Versammlung, in welcher er nur noch entschiedener gegen die Verderber seines Vermögens vorgeht und das Volk um ein Schiff bittet, damit er zu Pylos und Sparta Erkundigungen über seinen Vater einziehen könne. Mit dem alten Spotte antworten auch hier die Freier. Der hervorragendste von ihnen, Antinoos, wirft gar die Schuld auf Penelope; denn diese halte sie mit schönen Worten und trügerischer Verfertigung eines Leichentuches für ihren Schwiegervater Laertes hin, ohne ernstlich an Vermählung und Hochzeit zu denken. Nachdem so die Versammlung einen für Telemachos keineswegs günstigen Ausgang genommen, verfügt er sich an das Meeresgestade und betet etwas kleinlaut zu seiner Gönnerin Athene. Diese erscheint ihm in Gestalt des Mentor, dem Odysseus bei seiner Abreise von Ithaka sein ganzes Haus empfohlen hatte, und gibt ihm unter gelinden Verweisen seiner Muthlosigkeit Verhaltungsmassregeln an die Hand. Während dann sie selbst durch die Strassen der Stadt eilt, um Schiff und Mannschaft in Bereitschaft zu setzen, steigt Telemachos mit der dem Hause treu ergebenen Eurykleia in die Vorrathskammer hinab und wählt da den für die Reise nöthigen Bedarf aus; zugleich nimmt er dieser einen Eid ab, der Mutter vor dem elften oder zwölften Tage nichts zu sagen, damit sie sich nicht zu sehr um ihn abhärme. Die Sonne ging unter. Die Freier bezwang frühzeitiger Schlaf. Athene und Telemachos bestiegen das Schiff und steuerten durch die Wogen nach Pylos. Da trafen sie am Gestade des Meeres eben den greisen Nestor, wie er dem Poseidon schwarze Stiere opfert. Dessen jüngster Sohn, Peisistratos ladet sie freundlich zum Festmahl ein. Als nach Beendigung desselben Telemachos sich dem Nestor zu erkennen gibt und bittet, ihm vom Schicksal seines Vaters verlässige Kunde mitzutheilen, erzählt der redselige Alte zwar mit grosser Umständlichkeit von dem Schicksale anderer Helden, die vor Troja gekämpft und dort ihren Tod gefunden oder die Rückfahrt angetreten hatten; insbesondere malt er nicht ohne Nebenbeziehung auf die im Hause des Odysseus so schnöde wirthschaftenden Freier den tragischen Empfang Agamemnons durch seine verführte Gemahlin Klytaimnestra und deren Buhlen Aigisthos, sowie die später ausgeführte Rache des Orestes weiter aus; von Odysseus weiss er leider nur so viel, dass er zwar mit ihm von Troja bis nach Tenedos gefahren sei, aber schon da sich von ihm getrennt habe. Wenn übrigens überhaupt jemand Kunde von ihm habe, so müsse es Menelaos sein, der erst jüngst als der letzte aus der Fremde zurückgekehrt sei. Er empfehle daher dem Telemachos zur Erreichung seines Zweckes die Fahrt nach Sparta. Athene billigt diesen Rath und enthüllt sich durch plötzliches Verschwinden in der Gestalt eines Adlers als Göttin. Telemachos aber bringt als Gast die Nacht im Hause Nestors zu und reist am folgenden Tage mit dessen Sohn Peisistratos nach einem feierlichen der Athene dargebrachten Opfer nach Sparta zu Menelaos. Dieser, der gerade die Vermählung zweier Kinder feiert, nimmt die Fremden gastfreundlich auf und erzählt, als Telemachos sich nicht enthalten kann, die Pracht und den Glanz des Palastes zu bewundern, aus welchen Ländern er auf seiner langen Heimfahrt alle diese Schätze gewonnen habe. Da er aber auch anfügt, wie durch den Gedanken an den Tod und das Missgeschick so vieler ihm nahestehender Helden, besonders des Agamemnon und

Odysseus, seine jetzige Behaglichkeit gar oft getrübt werde, fühlt Telemachos eine verwandte Saite in seiner Seele angeschlagen, so dass er sich der Thränen nicht erwehren kann.

Als nun Menelaos aus diesen Thränen ahnt, wen er vor sich habe, die eintretende Helene mit scharfem Weiberblick die Aehnlichkeit zwischen Sohn und Vater wahrnimmt, und Peisistratos vollends Gewissheit in die Vermuthung bringt, löst sich alles in Klagen und Thränen um Odysseus auf, die erst durch ein dem Weine beigemischtes Zaubermittel der Helene, sowie durch ihre und ihres Gemahles Erzählung von Odysseus Bravourstücken in Troja einiger Massen gemildert werden. Am andern Tage befragt Menelaos seinen Gast um den Zweck seiner Reise und weissagt, wie er von der Frechheit der Freier hört, diesen den sichern Tod von der Hand des Odysseus. In längerer Episode führt er dem lauschenden Telemachos seine Landung auf der ägyptischen Insel Pharos vor, sowie die durch List glücklich vollendete Bezwingung des Meergreises Proteus; der habe ihm selbst seine Rückkehr verkündet, das traurige Verhängniss von Aias und Agamemnon geoffenbart, von Odysseus aber bemerkt, dass er auf einem Eiland von der Nymphe Kalypso mit Gewalt zurückgehalten werde. Nachdem Menelaos mit seinen Enthüllungen zu Ende gekommen, ladet er den Telemachos zu einem längeren Aufenthalt ein; dieser erklärt jedoch, wieder rasch nach Pylos zu seinen Genossen zurückkehren zu müssen und nimmt als Gastgeschenk nur einen silbernen Mischkrug an. Mittlerweile hatten die Freier seine Abreise erfahren. Erstaunt über den Trotz und Muth des Jungen denken sie auf seinen Untergang, und Antinoos besteigt mit zwanzig der Erlesensten ein Schiff und legt sich in der Nähe von Ithaka auf die Lauer, um den Heimkehrenden abzufangen und zu ermorden. Durch den Herold Medon erhält Penelope zugleich Kunde, sowohl von der Abfahrt ihres Sohnes als auch von dem verruchten Anschlag der Freier auf sein junges Leben. Sie bricht darüber mit ihren Dienerinnen in lautes Klagen aus und entschlummert endlich ermüdet unter heissen Gebeten an Athene für die Rettung ihres Sohnes.

Bisher erscheint das Bild des Odysseus nur in dunklen, unbestimmten Umrissen; die treue Liebe und Standhaftigkeit seiner Gemahlin, der Uebermuth der in seinem Eigenthum schwelgenden Freier, die Sehnsucht seines Sohnes, die fürsorgliche Ergebenheit seiner Schaffnerin Eurykleia und seines Vertrauensmannes Mentor, sowie die Erzählungen von Nestor, der Helene und Menelaos: alles dieses konzentrirt sich um den einen, noch unsichtbaren Mittelpunkt. Dieser gewinnt nun Fleisch und Blut und tritt als vollendetes Heldenideal auf den Schauplatz des schicksals- und thatenreichen Lebens. Dabei versetzt uns aber der Dichter nicht etwa an den Anfang der wunderbaren Irrfahrten des Odysseus, sondern er führt diesen unmittelbar in die Gegenwart herein, indem er ihn nur noch einen gewaltigen Sturm bestehen lässt, der ihn schliesslich an das Land der Phaiaken wirft; die Vergangenheit weiss er durch die episodische Erzählung, die Odysseus am Hofe des Alkinoos von seinen überstandenen Abenteuern liefert, nicht wenig geschickt einzuflechten, während er die Vorbereitung zu den künftigen Ereignissen, die in der Uebung der Rache an den Freiern und in der Erkennungsscene gipfeln, schon von Anfang an gegeben hat. So entsteht ein lebensvolles, einheitliches, wohl abgerundetes Gemälde, aus welchem die Figur des leidenden und handelnden Odysseus durch grossen Farbenreichthum und markirte Zeichnung scharf heraustritt.

Am nämlichen Tage, da Athene von Ithaka in den Olymp zurückgekehrt war, sandte Zeus auf ihr Drängen Hermes in die Grotte der Nymphe Kalypso, dass sie den Odysseus ziehen lasse. So wehe ihr auch dieser Befehl thut, entschliesst sie sich doch zum Gehorsam, aber nicht, ohne zuvor noch einen letzten einschmeichelnden Versuch zu machen, ihn durch Schilderung der Gefahren der Reise und durch das Versprechen der Unsterblichkeit an sich zu fesseln; da aber Odysseus, der die ganzen Tage am Gestade sass und nassen Auges über die öde Meeresfläche hinschaute, auf der Heimkehr beharrte, versah sie ihn selbst mit Werkzeugen zum Baue eines Flosses, sowie auch mit der nöthigen Reisekost und sandte ihm milden, günstigen Fahrwind nach. Schon erschienen ihm die schattigen Berge vom Lande der Phaiaken, als der aus Aithiopien zurückkehrende Poseidon, der ihn erblickt, alle Winde zugleich loslässt und sein Schiff durch die Wucht der hereinstürmenden Wellen zertrümmert. Da in dieser kritischen Lage rettet er sich durch den Schleier der mitleidigen Leukothea auf einem Balken seines Flosses und erreicht endlich, nachdem der heillose Sturm sich gelegt, schwimmend ein felsenloses Ufer gerade da, wo ein Strom ins Meer mündete. Hier sinkt er ohnmächtig zusammen. Als ihm Athem und Empfindung wiederkehrte, wirft er dem Auftrage der Leukothea gemäss deren Schleier in den Strom und legt sich zuerst am Strande in die Binsen; von dem Frost der Nacht jedoch getrieben wählt er sich auf einer benachbarten waldigen Höhe ein Lager von abgefallenem Laub und fällt bald in einen tiefen Schlaf, aus dem er erst hoch am Tage durch das Geschrei der Königstochter Nausikaa und ihrer Gespielinnen geweckt wurde.

Diese hatte nämlich im Traume von Athene aufgemuntert am Morgen von ihrem Vater einen mit Maulthieren bespannten Wagen erbeten, um die für die Hochzeit bestimmte Wäsche an den Fluss hinaus zu fahren und dort zu reinigen. Als dieses Geschäft vollendet und die Wäsche zum Trocknen am Meeresufer ausgebreitet war, führten die Mädchen nach eingenommenem Mahle ein Spiel auf. Da lenkte Athene den Wurf der Königstochter so, dass der Ball ins Wasser fiel. Nach ächter Mädchenart erhoben die Gespielinnen ein gewaltiges Geschrei, in Folge dessen Odysseus erwachte. Lange berieth er nun bei sich, was er thun sollte; zuletzt bittet er mit einer einschmeichelnden, meisterhaften Rede die Königstochter, ihm ein wenn auch noch so schlechtes Tuch zur Bedeckung zu geben und ihm den Weg zur Stadt zu zeigen. Nausikaa, mitleidig wie sie war und obendrein durch das kluge Wort des Fremden gefesselt, ruft ihren Dienerinnen, die vor dem nackten Manne davon gelaufen waren, ihn zu baden. Diesen Dienst nimmt jedoch der schamhafte Odysseus nicht an. Er wäscht sich selbst im Strome rein von Salz und Schaum und erscheint dann gesalbt und mit den von Nausikaa geschenkten Kleidern angethan in der ganzen Fülle männlicher Schönheit, so dass die Jungfrau den Wunsch nicht unterdrücken kann, es möge ihr einmal vom Schicksal ein solcher Gemahl erkoren sein. Als sie dann die Heimkehr antreten, folgt Odysseus der wagenlenkenden Gönnerin auf deren Geheiss nur bis in die Nähe der Stadt, um nicht der Jungfrau üblen Ruf zu erregen. In einem Hain der Athene verhält er sich betend so lange, bis er jene im Palaste ihres Vaters angekommen glauben konnte. Gegen Abend aber macht auch er sich auf den Weg zum Palast, von der Göttin in dichten Nebel gehüllt und in der Gestalt eines einen Krug tragenden Mädchens begleitet. Ungesehen schreitet er durch die feenhaften Gärten und Säle des Phaiakenkönigs. Erst als er vor der Königin Arete im Staube lag und bittend ihre Knie umschlungen hielt, ihm Entsendung in seine Heimat zu gewähren, zerfloss das göttliche Dunkel, und staunend sahen die Phaiaken den Mann, die eben im Begriffe waren, das Mahl zu beschliessen und dem Hermes die letzte Spende zu bringen. Odysseus nahm durch sein gewandtes Benehmen schnell die ganze Umgebung für sich ein; er wird als Gastfreund erklärt, ihm zu Ehren kreisen noch einmal die Becher, und Alkinoos kündet, ehe die phaiakischen Fürsten sich entfernen, für den kommenden Tag eine grosse Versammlung an, in welcher über die Heimsendung des Fremdlings Beschluss gefasst werden solle. Im kleineren Kreise erzählt dieser sodann veranlasst durch die Königin, welche in seinem Gewande die Kleider ihrer Tochter Nausikaa erkennt, seine Leiden und Erlebnisse der letzten Tage. In der Versammlung des folgenden Morgens empfiehlt Alkinoos den Phaiaken, ein neu gezimmertes Schiff in das Meer zu ziehen und mit 52 auserlesenen Jünglingen zu bemannen, die den Fremdling, der von Anmuth strahlend auch mit zur Versammlung gekommen war, in seine Heimat geleiten sollen. Vor der Abfahrt aber veranstaltet der König noch ein glänzendes Abschiedsmahl, und bei diesem entfalten sich alle Vorzüge, welche die Phaiaken vor den andern Sterblichen voraus haben; denn der Fremdling soll eine hohe Meinung von seinen Gastfreunden und eine süsse Erinnerung an seinen Aufenthalt bei ihnen mit nach Hause nehmen. Die einen zeigen ihre Kraft im Faust- und Ringkampf, die andern ihre Gewandtheit im Sprung und Wettlauf, wieder andere bewähren sich im Diskuswerfen oder im graziösen Tanze. Auch Odysseus wird zur Theilnahme an den Kampfspielen eingeladen; er lehnt es jedoch ab mit dem Bemerken, dass ihm gegenwärtig mehr Sorge und Kummer als Spiel am Herzen liege. Als er aber deshalb eine hämische Rede von Euryalos hören musste, fertigte er diesen erst mit treffenden Worten ab, ergriff sodann, ohne seinen Mantel abzulegen, eine Scheibe und schleuderte sie mit solcher Gewalt, dass sie weit über alle Zeichen hinausflog. Doch damit liess er es nicht bewenden; einmal in Harnisch gebracht spielt er etwas ruhmredig auf manche seiner vor Troja ausgeführten Thaten an und fordert im Bewusstsein seiner Ueberlegenheit alle Phaiaken mit Ausnahme seines Gastfreundes zu jedem beliebigen Kampfe heraus. Da ergriff wohl Staunen alle Phaiaken, und sie schwiegen. Durch Gesang und Tanz wurde der Misston bald wieder verwischt. Alkinoos liess die von den Häuptlingen gegebenen Gastgeschenke mit den seinen in eine kostbare Lade legen, und der beschämte Euryalos verehrt dem Helden zum Beweise seines Respektes sogar sein silberbebuckeltes Schwert. Unterdessen war dem Gast ein Bad bereitet worden. Nachdem er sich da erquickt hatte und nach einer freundlichen Unterredung mit Nausikaa in den Saal zurückgekommen war, liess man sich aufs neue an der wohlbesetzten Tafel nieder. Auch der blinde Sänger Demodokos ward durch den Herold hereingeführt und sang, nachdem er von dem Fremden durch ein erlesenes Stück vom weisszahnigen Schweine ausgezeichnet worden, auf dessen Wunsch von dem hölzernen Pferde und der Zerstörung Trojas. Odysseus ward weich, als die Erinnerung an der Achaier und Troer Schicksal aufgefrischt wurde, und heisse Thränen netzten ihm seine Wangen. Da konnte Alkinoos seine Neugierde, die durch die Erscheinung des Fremden, seine Erzählung und Gewandtheit in Rede und That, besonders aber durch die geheimnissvollen Thränen bei des Demodokos Gesang immer höher gestiegen war, nicht länger unterdrücken, und fragte ihn theilnehmend, wer er sei, von welchem Lande er stamme und welche Leidensschule er etwa durchgemacht habe.

Indem nun Odysseus dieser Aufforderung Folge leistet, entwirft er eine lebensvolle Schilderung von wunderbaren Abenteuern, die ihn und seine Mannschaft in die gefährlichsten Lagen brachten und damit endeten, dass er nach Verlust aller seiner Gefährten allein auf der Insel Ogygia landete. So gewinnt hier der Dichter den doppelten Vortheil, durch Einschieben von äusserst spannenden Motiven den Fortschritt der Handlung aufzuhalten, anderseits den Leser in weniger langweiliger Weise mit der ganzen Vergangenheit von der Zerstörung Trojas an d. h. mit den langjährigen Irrfahrten bekannt zu machen. Denn dadurch dass der Betheiligte selbst erzählt, gestaltet sich der Stoff offenbar viel plastischer, lebendiger und frischer; man vergisst die Vergangenheit, diese wird zur Gegenwart, ähnlich wie in einem Gemälde, dass man mit einem Blick umspannt, vergangene Thaten und Verhältnisse in die Gegenwart übersetzt erscheinen. Trotz der langen Episode also, die den Leser von einer überstandenen Gefahr in die andere führt, geht ihm das Gefühl der Gegenwart nicht verloren. Wird er auch in entfernte, fabelhafte Regionen mit fortgerissen und in entschwundene Zeiten zurückverschlagen, so hat er doch immer den gegenwärtigen Odysseus vor Augen, der beim Abschiedsmahle sitzend bereits daran ist, das seiner Ankunft harrende Schiff zu besteigen und nach kurzer Fahrt als Rächer seines Hauses auf Ithaka zu landen. Prägt aber der Dichter dadurch, dass er selbst zurücktretend den Helden aus der Unmittelbarkeit der Anschauung schöpfen und von seinen durchgefühlten und durchgelebten Situationen erzählen lässt, die einzelnen Scenen und Bilder markirter und greifbarer aus, so fördert er auch die plastische Darstellung des Helden, indem dieser selbst durch charakteristische Schilderung seines Fühlens und Denkens, Redens und Thuns in den so verschieden gearteten schwierigen Lagen seines vielbewegten Lebens gleichsam einen Strich um den andern zur ausdrucksvollen Modellirung und feinen Nüancirung seines Porträts fügt.

Die Irrfahrten des Odysseus bilden mitten in der Dichtung ein Ganzes für sich, ein vollständiges, abgerundetes Bild, das man auch herausnehmen könnte, ohne den Zusammenhang wesentlich zu stören. Dieses eingeschobene oder untergeordnete Bild bringt dieselbe hohe sittliche Idee zum plastischen Ausdruck wie das Hauptgemälde, nämlich die Aufsicht der Unsterblichen über das Thun und Treiben der Menschen und das göttliche Strafgericht, das, wenn auch langsam, sicher und naturnothwendig den Schuldigen erreicht. Odysseus ist auf beiden Gemälden der Träger dieser Idee, aber in ganz entgegengesetzter Weise. Während er nämlich auf dem Hauptbilde die aktive Rolle spielt, indem er als Werkzeug göttlicher Gerechtigkeit die Freier für alle die Frevel büssen lässt, die sie seit einer Reihe von Jahren durch unverschämte Verprassung fremden Eigenthums, durch Bedrängung der treuen Penelope, durch mörderischen Anschlag auf das Leben des jungen Telemachos, sowie schliesslich durch Verhöhnung und Misshandlung armer Bettler und schutzflehender Fremden auf ihr Haupt geladen: erscheint er hier bei Darstellung seiner auf langer Irrfahrt bestandenen Abenteuer selbst dem göttlichen Zorne und der Strafe des Poseidon verfallen. Diesen Zorn hatte er weniger durch die Rache, welche er für die Schlachtung so vieler seiner Gefährten an Poseidons Sohn, dem Kyklopen Polyphemos, durch seine Blendung nahm, als durch das frevelhafte Wort herausgefordert: „O dass ich doch so gewiss dich des Lebens beraubt in den Hades senden könnte, als auch nicht einmal der Erderschütterer dir dein Auge heilen wird!" Der übermüthigen Rede des sonst so besonnenen Mannes folgte der ihm die trübste Zukunft in Aussicht stellende Fluch des Kyklopen, womit er sich an seinen Vater Poseidon wendet: „Gib, dass der Städtezerstörer Odysseus nicht nach Hause kehre. Aber wenn ihm vom Schicksal bestimmt ist, seine Freunde zu sehen und in seinen wohlgebauten Palast und seine Heimat zu kommen, so möge er spät, unglücklich, nach Verlust aller Genossen, auf fremdem Schiffe heimkehren und Elend in seinem Hause finden." Und der Dunkelgelockte erhörte ihn. Sofort sehen wir auch das unheilvolle Gebet in Erfüllung gehen; der Held tritt eine lange Leidensschule an und büsst hart für den Frevel, der in einem unbewachten, siegestrunkenen Augenblick über seine Lippen gekommen. Auch da, als er am Hofe des Alkinoos seine Wunder und Leiden vorführt, steht er noch unter dem Banne jenes Fluches. — Da er aber auch wieder von den Göttern unterstützt, namentlich aber von Athene, deren Liebling er ist, in besondere Obhut genommen, alle Gefahren glücklich und siegreich überwindet, und sein Charakter auf dieser langen Leidensbahn von allen Schlacken gereinigt und geläutert im Glanze des reinen Goldes leuchtet, so verschwimmt nach und nach im Hintergrund der Gedanke an den auf Odysseus' Gottesfurcht und fromme Gesinnung einen Schatten werfenden und sein Unglück veranlassenden Frevel, und die Phantasie der Hörer ergreift und beschäftigt sich lediglich mit den wundersamen Gestalten, die er der Reihe nach hervorlangt, und mit den gefährlichen Abenteuern, von denen eins dem andern Platz macht. Seine Schuld ist durch die harten Prüfungen längst gesühnt; man vergisst, dass er sie selbst verschuldet hat, und sieht

sie zuletzt als ebensoviele Mittel an, die das Schicksal dem Helden sendet, damit er Gelegenheit zur Auszeichnung habe und sich mit unsterblichem Ruhme bedecke. Und so musste denn Odysseus den lauschenden Phaiaken, wenn er ihnen die zauberische Märchenwelt aufschliesst, die sich um ihn selbst wie um den Angelpunkt dreht, nicht so fast als ein vom Götterzorn verfolgter Mensch, sondern vielmehr als ein bevorzugtes, durch eigne Kraft, Klugheit und Besonnenheit, sowie durch die Huld der Unsterblichen alle Gefahren und Abenteuer überdauerndes Wesen erscheinen. Lasst uns nun diese kurz betrachten.

Vorerst schlägt sich Odysseus auf seiner Rückkehr von Troja noch auf historischem Gebiet herum. Der Wind treibt ihn an Thrakiens Küste ins Land der den Griechen feindlichen Kikonen. Er verwüstet und plündert ihre Stadt Ismaros, muss aber, als sie massenhaft aus dem Innern kamen und auf seine Schaar eindrangen, nach Verlust vieler Leute das Weite suchen. Doch nimmt er etwas mit, was ihm später grosse Dienste leistete; dieses war der wunderbar köstliche Wein, den er von einem Priester Apollons zum Dank dafür geschenkt bekommen hatte, weil er bei der Zerstörung von Ismaros sammt seiner Familie von ihm beschützt worden war. Nach heftig bewegter Fahrt lenkte er um Maleia herum und dachte schon daran, unbeschädigt nach seiner Heimat zu entkommen, als ihn Boreas weiter gegen Süden ans Land der Lotophagen trieb. Da hatte er Mühe, die Gefährten, welche auf Erkundigung ausgezogen und von der geheimnissvollen Frucht genossen hatten, in die Meeresbucht zurückzutreiben und unter den Ruderbänken gefesselt auf dem Schiffe zu halten. Bis jetzt hat ihn auf historischem Boden gewöhnliches Unglück verfolgt. Mit seiner Landung aber auf der Insel der einäugigen Kyklopen betritt er sowohl ein dunkles phantastisches Gebiet und eröffnet eine reiche Welt von Wundern, als auch bereitet er die lange Kette von Missgeschick durch Selbstverschuldung vor. Neugierig erforscht er mit zwölf erlesenen Genossen, während er die andern beim Schiffe zurücklässt, die Insel und gelangt in die Felsengrotte des Polyphemos, der mit einem Theile seiner Schaf- und Ziegenherden eben auf der Weide war. Als dieser heimgekehrt im Scheine des Feuers, das er sich zur Bereitung seines Nachtessens angezündet hatte, die Fremdlinge erblickt, spürt er vor allem listig nach ihrem Schiffe; dann aber erfasst er zwei von ihnen und richtet sie sich als Nachtimbiss zu. Odysseus, der aus dem mit einem ungeheuern Felsblocke versperrten Gefängniss nicht entrinnen konnte und das Häuflein seiner Begleiter durch den Appetit des Kyklopen bald auf ein halb Dutzend reducirt sah, nahm nun an ihm nach einem fein angelegten Plane fürchterliche Rache. In der Abwesenheit des Polyphemos liess er dessen Keule von seinen Genossen glätten, im Feuer härten und unter dem Mist der Höhle verbergen. Am Abend dann, als jener wie gewöhnlich seinem Geschäft und seinem Frasse nachgegangen war, trat er mit dem lieblichen Wein von Ismaros zu ihm hin, und dieser mundete dem Ungeheuer so sehr, dass es davon mehr als genug zu sich nahm und sofort in einen tiefen Schlummer fiel. Da war der Augenblick des Handelns gekommen. Mit der zugespitzten, erst noch im Feuer glühend gemachten Keule bohrten sie ihm das Auge aus. Das Geschrei des geblendeten, von Schmerz und Wuth rasenden Polyphemos tönte schauerlich durch die Nacht. Die benachbarten Kyklopen fanden sich theilnehmend an seiner Höhle ein; da er aber immer rief, Niemand tödtet mich durch List — diesen Namen hatte nämlich Odysseus dem vom Weine Erhitzten angegeben —, so hielten sie dafür, er sei von einer Krankheit des Zeus geschlagen, und entfernten sich wieder in ihre Grotten. Als er am Morgen den Felsblock von der Höhle nahm, und die Herden auf die Weide entsprangen, da betastete er am Eingang sitzend wohl die Rücken der sämmtlichen Widder, damit nicht etwa drauf die ruchlosen Fremdlinge das Freie gewönnen und so seiner Rache entgingen. Odysseus war aber lange klüger als das Ungethüm. Wohl nicht über, sondern unter den Thieren schmuggelte er sich und seine Gefährten zur Mordgrube hinaus und trieb noch überdies die fetten Böcke als Proviant für die weitere Reise zum Schiff hinunter. Erst als dieses eine ziemliche Strecke ins Meer gerudert war, gab er ein Lebenszeichen und schrie höhnende Worte zur Grotte des Polyphemos empor, deren Spott nicht gegen diesen allein, sondern auch gegen dessen Erzeuger Poseidon und seine Macht gerichtet war. Der Kyklope antwortete mit ungeheuren Felsstücken, womit er beinahe auch aus der Entfernung das Schiff zerschmettert hätte, und mit der Verwünschung des Odysseus, deren Kraft und Bedeutung wir oben angezogen haben. Die Busse des Helden beginnt schon bei der nächsten Station. Er landet auf einer Insel, deren Beherrscher Aiolos von Kronion zum Schaffner der Winde bestellt war, nach seinem Willen jeden zu stillen oder anzufachen. Dieser beherbergt ihn freundlich einen Monat lang und entsendet ihn mit dem günstigen Hauche des Zephyrs, während er die andern widrigen Winde, in einem Schlauche fest verschlossen, ihm mitgibt. Nach einer neuntägigen Fahrt kommt bereits Ithaka in Sicht, als der durch Arbeiten und langes Wachen ermüdete Odysseus vom Schlafe übermannt wird. Seine neugierigen Genossen, die in dem Schlauche Schätze verborgen wähnen, öffnen ihn, und da sausen die Winde alle heraus und jagen das

Schiff zur aiolischen Insel zurück. Wie einschmeichelnd er aber auch den Aiolos bittet, seiner Verlegenheit abermals abzuhelfen, dieser will von einem Manne, der den seligen Göttern verhasst ist, nichts mehr wissen; und so irrt denn Odysseus wieder sechs Tage auf unbekanntem Meere herum, bis er zur hochgelegenen Stadt der riesigen Laistrygonen kam. Uebler als irgendwo erging es ihm hier. Er musste eben noch froh sein, mit seinem einzigen Schiffe unter dem Schutze herüberhangender Felsen auf die hohe See zu entkommen; die übrigen Fahrzeuge, welche sich im Hafen dicht neben einander gelagert hatten, wurden von den auf das Geschrei ihres Königs Antiphates herbeieilenden Laistrygonen durch geschleuderte Felsmassen vernichtet, die theilweise zerschmetterte Mannschaft als willkommener Frass weggetragen. Nach kurzer Fahrt erreichte Odysseus den Wohnsitz der Zauberin Kirke. Mit seinen todtmüden Gefährten ruht er zwei Tage und Nächte in einer bergenden Bucht aus; dann besteigt er eine zackige Höhe, um sich von da aus zu orientiren. Da er in der Ferne Rauch aufsteigen sah, blieb wieder nichts anderes übrig, als eine Abtheilung auf Erkundigung in das Innere der Insel zu entsenden. Das Loos trifft den männlichen Eurylochos. Dieser begibt sich mit der einen Hälfte der Mannschaft auf den Weg zum Palaste der Zauberin, kommt aber schon bald wieder allein betäubt und athemlos zum Schiffe mit der schrecklichen Botschaft zurück, dass die übrigen Gefährten durch die Lockungen der Kirke verführt in Schweine verwandelt worden seien. Da lässt sich Odysseus trotz der Bitten und Warnungen des Eurylochos und seiner übrigen Getreuen nicht länger halten. Von Hermes auf dem Wege zur Zauberin mit einem Wunderkraut ausgerüstet und umständlich belehrt, wie er sich bei ihr verhalten solle, macht er alle ihre Zauberkünste, die sie an ihm erproben will, zu nichte und bewegt sie, seinen Genossen ihre frühere Gestalt zurückzugeben. Wie drückten diese ihm die Hände, als sie ihren Führer erkannten! Das ganze Haus ertönte von süssen Klagen, und die Göttin selbst schluchzte gerührt. Auf ihr Verlangen holt er nun auch die beim Schiffe zurückgebliebenen Gefährten in den Palast, und da gab es neue Freudenthränen, neue Entzückungen des Wiedersehens. Es war einmal nach langer Zeit ein heitrer Sonnenblick, der in die trübe Nacht des Leidens und Missgeschickes hereinleuchtete. In der Wohnung der nun freundlichen Göttin erholten sie sich von den früheren Strapazen, indem sie Tag für Tag bis zum vollendeten Jahreskreise da sassen, mit unermesslichem Fleisch und süssem Weine sich labend. Endlich fasste sie das Heimweh mit ganzer Gewalt, und sie mahnten Odysseus, der Heimkehr zu gedenken. Kirke wollte sie nicht gegen ihren Willen im Palaste aufhalten;" zuvor jedoch, sprach sie, müsst ihr noch einen andern Weg vollenden und in die Behausung des Hades und der furchtbaren Persephone gelangen, um die Seele des blinden Sehers Teiresias zu befragen." Odysseus erschrack über diese Zumuthung nicht wenig, wenn ihm auch die Göttin in ihrer zarten Fürsorge die genauesten Verhaltungsmassregeln an die Hand gab; noch mehr aber jammerten seine Gefährten. Betrübt und heisse Thränen vergiessend stiegen sie alle ins Schiff, das ein schwellender Wind bald aus den Blicken der Göttin hinwegtrug. Nunmehr steuerten sie nordwärts an das Ende des Okeanos, wo das von Nacht, Nebel und Wolken umhüllte Land der Kimmerier liegt. Da sollte Odysseus alle Schrecken des Hades durchmachen, aber auch Rettung und Heimkehr nach Ithaka holen. An der von Kirke genau bezeichneten Stelle bringt er die Todtenopfer, schneidet den Schafen den Hals entzwei und lässt das schwarze Blut in die darunter befindliche Grube strömen. Sofort nahen ganze Schaaren der abgeschiedenen Todten, um von dem Blute zu trinken; Odysseus aber wehrt ihnen mit seinem Schwerte näher zu treten, bevor er den Teiresias gefragt. Vor allen andern jedoch flattert der Schatten Elpenors, eines seiner Gefährten, um ihn herum, der erst kurz vor der Abfahrt von Aia vom Dache des Palastes der Zauberin Kirke, wo er vom Weine trunken in der kühleren Atmosphäre Linderung suchte, herabgefallen war und sich das Genick gebrochen hatte. Unbeweint und unbegraben war er von seinen Freunden dort zurückgelassen worden. Inständig bittet er seinen Gebieter, bei der Rückfahrt nach Aia ihn zu bestatten, was Odysseus ihm auch gerne zusagt. Da kam die Seele des Teiresias mit goldenem Stabe, trank vom dunklen Blut und offenbarte ihm sein ganzes zukünftiges Schicksal. Nachdem er ihm noch den Aufschluss gegeben, wie er die Todten zum Reden bringen könne, entschwand er in dem Hause des Hades. Und es nahte nun des Odysseus Mutter Antikleia, welche ihm alle Fragen beantwortete, die sich selbstverständlich um der Seinigen Lage, um Vater, Gemahlin und Sohn, und um die gegenwärtigen Verhältnisse auf Ithaka drehten. Während sie aber solche Gespräche wechselten, hatte sich allmählig eine ganze Schaar von berühmten Frauen bei dem Blute eingefunden. Odysseus liess sie alle nach einander trinken und fragte sodann jede einzeln nach Geschlecht und Schicksal. Als er hierauf auch die Seelen von vielen ihm wohlbekannten Helden traf und sich mit ihnen unterredete, drängten sich unzählige Schaaren von Todten unter unermesslichem Getöse heran. Da fasste ihn bleicher Schrecken, und schnell verliess er die unterirdische Behausung, um mit seinen Genossen das Schiff zu besteigen und zur aiaiischen Insel zurückzufahren.

Kirke blieb ihre Ankunft nicht verborgen. Während sie mit der Bestattung Elpenors beschäftigt waren, kam die Göttin in Begleitung von Dienerinnen herbei, welche Vorrath von Fleisch, Brod und Wein brachten. Doch liess sie sich damit nicht genügen, das Schiff für viele Tage zu verproviantiren, sondern während die übrigen schliefen, nahm sie Odysseus auf die Seite und schilderte, wie sie ihm vorher Winke über sein Verhalten in der Unterwelt gegeben hatte, so jetzt die ihm auf der weiteren Reise drohenden Gefahren und die Art und Weise, wie er diesen entgehen könne. Das nächste Ziel ist Trinakria, die lichtklare Insel, wo die Herden des Sonnengottes Helios von dessen Töchtern, zwei schönlockigen Nymphen, geweidet werden. Zwischen dem unheimlichen Dunkel der Unterwelt aber, von welcher er kommt, und der sonnigen Insel, nach welcher er steuert, liegen viele Schrecknisse, welche er alle durchmachen muss. Zuerst sind es die grausamen Seirenen, die durch die Lieblichkeit ihres Gesangs die vorübersegelnden Schiffer anlocken, um sie zu zerreissen und ihre Gebeine auf blüthenreicher Wiese zu verstreuen. Damit sein und seiner Genossen Leben nicht gefährdet werde, und er trotzdem des Genusses nicht verlustig gehe, lässt er sich mit festen Tauen an den Mastbaum binden, während sich die Genossen mit Wachs die Ohren verkleben müssen. Nicht weniger glücklich kommen sie an den Irrfelsen vorüber, wenn ihnen auch aus lauter Furcht, wie sie die rauchende Brandung sehen und das Getöse vernehmen, die Ruder aus der Hand entfallen. Nun aber müssen sie in die Enge hinein; furchtbar tost der Strudel der Charybdis; bang und bleich schaut alles dorthin, als das Ungeheuer Skylla mit den riesigen Armen sechs Mann auf dem Schiffe packt, zappelnd durch die Luft schwingt und an den Felsen zermalmt. Und dieses war der traurigste Anblick, den Odysseus gehabt, so lange er die Meerespfade verfolgte. Die Schrecken waren aber hiemit überwunden. Die herrliche Insel des Sonnengottes breitete sich vor ihren Augen aus, und es galt nur noch Enthaltsamkeit zu üben und die Rinder des Helios unberührt zu lassen. Wohl traute Odysseus seinen Gefährten nicht und mahnte, der Warnung Kirkes eingedenk, an der Insel vorüberzuschiffen. Da aber Eurylochos und die übrigen um jeden Preis von den jüngst erduldeten Strapazen sich erholen und wenigstens die Nacht am Gestade der Insel ruhend zubringen wollten, so nahm er, Unheil ahnend, ihnen einen Eid ab, dass sich keiner an den Rindern und Schafen des Gottes vergreife, sondern mit dem von Kirke gespendeten Proviant begnüge. Noch in der Nacht erregte Zeus widrige Winde, und diese hielten, einen vollen Monat andauernd, das Schiff auf der Insel zurück. So lange der Vorrath von Brod und Wein ausreichte, legten die Gefährten wohl nicht Hand an die heiligen Rinder; als jedoch der Hunger sie zu quälen begann, benützten sie einmal die Zeit, in welcher Odysseus fern von ihnen schlief, und schlachteten gerade die schönsten Thiere des Helios. Die Hüterin Lampetia enteilte sofort Bericht erstattend zu ihrem Vater, und dieser veranlasste Zeus, an den Gottlosen für den Frevel Rache zu nehmen. Der Sturm kam allmälig zur Ruhe, das Meer ebnete sich und lud zur Weiterfahrt ein. Aber kaum waren sie auf hoher See, als der Orkan wüthender als je losbrach. Ein Blitzstrahl zerschmetterte das Schiff, die erschlagenen Freunde wogten zwischen den Trümmern auf und nieder; Odysseus allein rettet sich auf Kiel und Mastbaum, die er mit dem Bahreil zusammengebunden hatte, entgeht durch Kühnheit und Geistesgegenwart der unter ihm tosenden Charybdis, wohin er nochmal zurückgeschleudert wird, und landet endlich nach neuntägigem Herumirren auf der Insel der Kalypso.

Hiemit endet der Held. Die Phaiaken waren durch die Schilderung so bezaubert, dass sie zu den früheren Geschenken neue fügten und sich alle Mühe gaben, ihren Gast zu ehren. Dieser aber verlangte nach der Heimat. Als daher die Sonne sich neigte, nahm er von Alkinoos und Arete Abschied, bestieg das bereit gehaltene Schiff und lagerte schweigend auf Decken von Wolle und Leinwand; „und während der Kiel rasch durch die Meereswogen schnitt, den Mann tragend, welcher göttergleiche Rathschläge wusste, schlief dieser, der zuvor gar viele Leiden im Herzen erduldet, sich durch Heldenkämpfe und furchtbare Wogen hindurch gearbeitet, nun ruhig, alles Ausgestandene vergessend."

Nitzsch erinnert bei diesem Schlafe geistreich an die Verhüllung Agamemnons bei der Opferung seiner Tochter Iphigenia. Wie nämlich dort der Maler Timanthes das Gesicht des Vaters bei dem furchtbaren Akte, so verhüllte Homer durch den Schlaf in jener Nacht die Empfindungen des heimkehrenden Odysseus. Dieser Schlummer bildet eine bedeutsame Pause in dem Gedichte. Er ist gleichsam der Markstein zwischen dem herumirrenden und rächenden Helden; die Vergangenheit mit ihren Leiden und Irren wird abgeschlossen, die rächende Zukunft angebahnt; jene erscheint dem Odysseus fürder nur mehr wie ein schwerer, schlimmer Traum, der glücklich vorübergegangen; für diese aber soll er sich, während er schlafend zur Heimat fährt, frische Kräfte sammeln.

Als der den Tag ankündende Stern emporstieg, fuhren die Phaiaken im Hafen Phorkys von Ithaka ein und setzten den schlafenden Helden mit den reichen Geschenken in der Nähe einer den Nymphen geweihten Grotte ans Gestade. Sofort enteilten sie dann wieder heimwärts. Allein der erzürnte Poseidon wartete schon bei Scheria und versteinerte das Schiff,*) wie es rasch durch die Wellen dahergefahren kam, um den Phaiaken für alle Zeit die Lust der Heimsendung von Fremdlingen zu benehmen. Als Odysseus aus tiefem Schlafe erwacht, erkennt er seine Heimat nicht wieder; denn Athene hatte rings Nebel ausgebreitet. Er bricht desshalb in laute Klagen aus, dass sein Elend noch nicht zu Ende, und er auch von den Phaiaken getäuscht worden sei. Da naht sich ihm Athene in Gestalt eines jugendlichen Hirten und gibt auf seine Frage nicht etwa die einfache Antwort, dass er wirklich auf dem Boden von Ithaka stehe, sondern auch zugleich eine treue Schilderung der Insel. Odysseus, trotzdem noch voll Misstrauen, gibt sich für einen Kreter aus und erregt durch seine Besonnenheit aufs Neue das Wohlgefallen seiner Beschützerin. Erst als diese sich entdeckt und den Nebel zerstreut, küsst er wonnetrunken den heimatlichen Boden und sendet ein heisses Gebet zu den Nymphen der ihm wohlbekannten Grotte. Nachdem sie hierauf in dieser alle Geschenke geborgen, setzen sie sich am Fusse des heiligen Oelbaumes nieder, um über das Verderben der Freier zu berathen. Damit der Anschlag um so besser gelinge, verwandelt die Göttin den Odysseus, indem sie ihn mit dem Stabe berührt, in einen alten zerlumpten Bettler. Sie selbst enteilt dann nach Lakedaimon, um Telemachos von dort zurückzurufen; Odysseus aber macht sich auf den Weg zum treuen Sauhirten Eumaios.

Nun führt uns der Dichter in die Idylle des Hirtenlebens und entwirft ein allerliebstes Genrebildchen nach dem andern. Kaum tritt Odysseus ins Gehege, welches der Sauhirt selber aus Steinen, Hagedorn und eichenen Pfählen gebaut und in dem er wie ein König schaltet, werfen sich die Hunde mit lautem Gebelle auf ihn. Aber Eumaios stürzt schnell hervor und verscheucht sie drohend mit kleinen Steinen da und dorthin. Dann geleitet er den Bettler in seine Hütte, um ihm dort aus Strauch- und Laubwerk und weichen Fellen ein Lager zu bereiten und mit dem, was er selbst hat, alle Ehre anzuthun. Während er ihn mit Brod, Wein und dem Fleische von zwei zum Gastmahl geopferten Ferkeln bewirthet, entspinnt sich ein längeres Zwiegespräch, in welchem einestheils der Sauhirt das freche Gebahren der Freier gebührend würdigt und seine Treue und Anhänglichkeit an den abwesenden Herrn, an dessen Zurückkunft er schon längst nicht mehr glaubt, klar an den Tag legt, anderseits Odysseus in einer sinnvollen, Wahrheit und Dichtung in einander webenden Erzählung seine Lebensschicksale schildert und in dem Hirten die Hoffnung auf die Wiederkehr seines Herrn zu wecken sucht. Allein dieser, der schon einmal durch einen Aitoler, den er auch gutherzig aufgenommen, getäuscht worden war, glaubte dem Erzähler in dem letzten Punkte, dass nämlich Odysseus bald kommen werde, so wenig, dass er auf eine ihm proponirte Wette nicht einging und dem Bettler deutlich genug bemerkte, nicht darum werde er ihm Ehre und Freundschaft erweisen, dass er ihm mit Lügen schmeichle, sondern aus Mitleid für ihn und aus Ehrfurcht gegen Zeus, den Schirmer der Fremdlinge. Unterdessen war es Abend geworden, und die Unterhirten kehrten mit den Schweinen heim. Eumaios schlachtet das beste davon und bereitet, nicht ohne der unsterblichen Götter und der Rückkehr des Odysseus zu gedenken, für sich, seine Untergebenen und den Fremdling einen fröhlichen Abendschmaus. Nachdem ihm dann Odysseus durch eine geschickte Erzählung einen Mantel gegen den Nachtfrost abgelockt, und sich alles zur Ruhe begeben hatte, geht er zur grossen Befriedigung seines Herrn, während die Uebrigen schlummern, mit Schwert und Speer bewaffnet hinaus, um trotz Nacht und Sturm über die Herden zu wachen.

Während dieses auf Ithaka vorgeht, wird auch die Ankunft von Telemachos vorbereitet. Denn Athene heisst ihn schleunigst von Lakedaimon aufbrechen und, sobald er auf seiner heimatlichen Insel gelandet sei, den Weg zur Hütte des Eumaios einschlagen. Noch in der Nacht erweckt desshalb Telemachos seinen Gefährten Peisistratos, und kaum war die goldenthronende Eos erschienen, so lenken sie schon, von Menelaos mit einem kunstreichen Mischkrug und von Helene mit einem noch kostbareren Gewande beschenkt und von den Segenswünschen beider begleitet, ihr Gespann aus dem Thore und der stark tönenden Halle. Am zweiten Tage darauf erreichen sie Pylos. Da aber Telemach fürchtet, der greise Nestor würde ihn gegen seinen Willen aus Zärtlichkeit allzu lange in seinem Hause hinhalten, so lässt er Peisistratos allein zur Wohnung heimfahren, während er selbst mit den Geschenken rasch in das Schiff steigt. Eben bringt er der Göttin zur Erlangung einer glücklichen Seereise am Steuer eine

*) Es wird sich natürlich eine homerische Geographie nicht herstellen lassen. Diejenigen, welche Corfu für das Scheria der Phäaken halten, finden dort neben dem Flusse, wo Odysseus mit Nausikaa zusammentraf — ein nicht weit von der Stadt Corfu entfernter, zwischen Govino und Manducchio ins Meer sich ergiessender Bach, nach der Meinung des Landvolks aber die Quelle der Kressida, etwa eine Stunde südwestlich von der Stadt gelegen —, auch das von Poseidon versteinerte Phäakenschiff. Als ich vor mehreren Jahren diese reizendste der jonischen Inseln besuchte und von der Stadt einen Ausflug nach dem Pass von Pantaleone unternahm, machte mich mein Führer auf eine Klippe aufmerksam, welche das Schiff des Ulysses heisst. Mit einiger Phantasie brachte ich auch wirklich das Bild eines mit vollen Segeln dahersteuernden Schiffes fertig.

Libation, als der Seher Theoklymenos, welcher wegen eines Mordes aus seiner Heimat Argos geflüchtet, zu ihm herangerannt kommt und um Aufnahme in sein Schiff bittet. Telemachos weist ihm liebreich ein Plätzchen neben sich an und übergibt ihn, nachdem man durch Hilfe der Nacht, und durch einen Umweg den Nachstellungen der auflauernden Freier glücklich entkommen und auf Ithaka gelandet war, einstweilen, bis er selbst in die Stadt käme, der Fürsorge seines Freundes Peiraios. Denn nach der Eingebung Athenes lenkt er seine Schritte vorerst nach der Hütte des Sauhirten Eumaios. Dieser hatte den Tag vorher in einer langen Unterhaltung dem Bettler von seinem Vorhaben, sich unter die Freier zu mischen und durch jegliche Dienstleistung sein Brod zu verdienen, abgerathen, ihn auf die Ankunft Telemachos', der ihm gewiss Kleider geben und ihn, wohin er nur wünsche, bringen lassen werde, vertröstet und von Vater, Mutter und Gemahlin des Odysseus viel erzählt. Auch sein eigenes Geschick, das Sonst und Jetzt, seine Abkunft, Entführung und Erziehung im Hause des Laërtes hatte er nicht unerwähnt gelassen. Gerade bereiten sie jetzt das Frühmahl, als Telemachos von den schmeichelnden Hunden umwedelt in das Gehege tritt. Welche Freude, als der Bettler den Sauhirten auf den Nahenden aufmerksam macht! Hinaus zur Thüre stürzend umschlingt er den Telemachos und bedeckt ihn mit Küssen, etwa wie ein Vater seinen Sohn umarmt, der aus fremdem Lande erst im zehnten Jahre heimkehrt. Die ersten Fragen Telemachos' betreffen naturgemäss das Verhältniss seiner Mutter und ihrer Freier. Beim Eintritt in die Hütte aber wird seine Aufmerksamkeit auf den Bettler abgelenkt. Dieser weicht von seinem Sitze, um ihm Platz zu machen; Telemachos aber nimmt mit einem schnell hergerichteten Lager von grünem Gezweige und Schaffellen vorlieb und erfährt dann, nachdem alle drei zusammen mit übrig gebliebenen Bissen ihren Hunger gestillt hatten, auf seine Fragen von Eumaios alles, was dieser vom Bettler wusste. Als ihm dann der Hirte jenen ganz anvertraut, verspricht er alles für ihn thun zu wollen und ihn im Gehege des Sauhirten mit dem Nöthigen zu versehen; nur möge er es sich nicht beikommen lassen, unter die Freier zu gehen: „denn sie haben eine gar unbändige Frechheit, dass sie nicht ihn verhöhnen, für mich eine schmerzliche Kränkung". Diese Worte Telemachos' weisen sowohl auf die später wirklich folgenden Scenen der Misshandlung hin, welche der Bettler zu Füssen der schmausenden Freier zu erdulden hat, als auch geben sie dem Odysseus Veranlassung, unter dem Ausdruck seiner Indignation über das Gebahren der Freier auch das ruhige Gewährenlassen von Seiten Telemachs gelinde zu tadeln. Dieser aber entschuldigt sich mit der grossen Zahl der Bewerber, gegen die ein Einzelner nichts vermöge. Hierauf ordnet er Eumaios in die Stadt ab, damit er Penelope seine glückliche Ankunft heimlich melde, und diese ebenso geheim die Schaffnerin mit der nämlichen Botschaft zum alten Laërtes auf das Land hinaus sende. Wie diese Sendung ganz und gar motivirt erscheint durch das Bestreben des Sohnes, der Mutter und dem Grossvater die überflüssige Sorge zu benehmen, so dient sie auch noch zu einem höheren Zweck, insoferne Odysseus, welcher von Athene durch Berührung mit dem goldenen Stab seine eigentliche Gestalt wieder bekommen hat, während der Abwesenheit des Hirten sich seinem Sohne zu erkennen geben und mit ihm den Plan zur Bestrafung der Frevler verabreden kann. Dem Eumaios hilft indessen sein Heimlichthun nichts; denn er trifft auf dem Wege zum Palast mit dem Herold zusammen, welcher im Auftrag der von Pylos eben angekommenen Gefährten des Telemachos dessen Mutter die Botschaft bringen soll, dass ihr Sohn noch auf dem Lande weile, während er das Schiff zur Stadt habe fahren heissen. Die Freier erschrecken darüber nicht wenig und sehen auch schon, wie sie in ihrer Verlegenheit vor die Hofmauer gehen, das Auflauerer-Schiff unverrichteter Dinge in den Hafen einlaufen. Aber um nichts mehr stehen sie desswegen von ihrem schwarzen Vorhaben ab. Sie eilen an den Meeresstrand hinunter und verfügen sich von da auf den Markt und zwar sie allein, um einen neuen Anschlag auf Telemachos' Leben zu entwerfen. Wieder ist es besonders Antinoos, welcher sich in der Versammlung durch teuflischen Rath hervorthut, und später, als alle im Palaste des Odysseus zusammengekommen waren, Eurymachos, der die vom Mordplan durch den Herold Medon in Kenntniss gesetzte und darob untröstliche Penelope bei ihrem Erscheinen im Saale durch heuchlerische Freundlichkeit täuscht. Der gegen Abend zurückkehrende Sauhirt trifft den unterdessen wieder in einen Bettler verwandelten Odysseus sammt Sohn eben mit Bereitung der Nachtkost beschäftigt und weiss auf ihre Fragen nach Neuigkeiten aus der Stadt nichts zu sagen, als dass er ein von Schilden und Lanzen starrendes Schiff in den Port habe einlaufen sehen. Telemachos wusste wohl, was das zu bedeuten gehabt, und lächelt, indem er seine Augen zum Vater hinwendet. Gedanken und Gefühle der verschiedensten Art durchzogen beider Gemüth an jenem Abend und in der darauffolgenden Nacht.

Von da an laufen die zerstreuten Fäden der Erzählung zusammen, und alles concentrirt sich allgemach um den Palast des Odysseus. Denn kaum war der Morgen heraufgedämmert, so tritt Telemachos den Weg zur Stadt an und gibt, um keinen Verdacht zu erregen, in fast unfreundlichem Tone Eumaios den Auftrag, auch den Bettler in die Stadt zu führen, dass er sich dort seine Kost erbettle. Als der erste Rausch des Wiedersehens im elterlichen Hause vorüber war, eilt er, der Pflichten der Gastfreundschaft wohl eingedenk, auf den Markt zu Peiraios und holt den unglücklichen Theoklymenos in den Palast, wo er ihn baden und bewirthen lässt. Hierauf erzählt er, während der Herold Medon die Freier zum gewohnten Mahle in den Saal beruft, im kleinen Kreise seiner bekümmerten Mutter, was er auf seiner Reise vom Vater erfahren habe, und der Seher Theoklymenos versichert, auf ein Vogelzeichen gestützt, dass Odysseus sogar schon irgendwo auf heimischem Boden Rache sinnend sitze oder herumschleiche. Während dem wird dieser vom Sauhirten in die Stadt geleitet. Bei einem Brunnen führt sie der Zufall mit dem Ziegenhirten Melanthios zusammen. Diese Begegnung dient dazu, den Contrast der Gesinnung beider Hirten in das klarste Licht zu stellen. Melanthios treibt die besten Ziegen aus der ganzen Herde zum Schmause für sich und die Freier in die Stadt und begnügt sich nicht etwa damit, den vermeintlichen Bettler mit einem Strom von Schmähungen zu überhäufen und auf Odysseus und Telemachos loszuschimpfen, sondern er gibt ihm voll Uebermuth sogar einen Fusstritt an die Hüfte. Eumaios aber begleitet den Armen, den er theils aus Mitleid, theils aus Sorge um seine Herden lieber als Stallknecht draussen bei sich behalten hätte, und fleht bei den rohen Ausbrüchen seines Collegen die Quellnymphen an, Odysseus als Rächer zu schicken. Melanthios sass schon lange beim Mahle unter den Freiern, als der Sauhirt mit dem Bettler langsam zum Palaste angerückt kommt. Schon von weitem dufteten die Speisen und tönt der Leyerklang ihnen entgegen. Während sie sich mit einander berathschlagen, wer zuerst den Saal betreten solle, erfolgt die ebenso rührende als kontrastvolle Episode vom Hunde Argos, der noch nach zwanzig Jahren der Verkümmerung und Noth seinen Herrn erkennt und zu seinen Füssen vom dunkeln Todesverhängnis umfangen wird. Eumaios geht zuerst in den Saal, nimmt sich einen Stuhl und setzt sich auf einen Wink des Telemachos diesem gegenüber. Bald darauf konnte man auch Odysseus, wie es einem in Lumpen gehüllten Bettler ziemt, auf der Thürschwelle sitzen sehen. Telemachos lässt ihm durch den Sauhirten Brod und Fleisch reichen, welches er vor seinen Füssen auf den hässlichen Ranzen niederlegt und sich wohl schmecken lässt, während des Sängers Stimme im Palast ertönt. Als aber nach Beendigung des Gesanges die Freier im Saale lärmen, geht er auf Einladung des Telemachos' und den Rath der Athene von Freier zu Freier, Brodsamen sich erbettelnd. Es geben ihm auch alle mit Ausnahme von Antinoos, welcher, durch Melanthios aufgereizt, statt dem Bettler Brod zu schenken, sich gegen Eumaios als den Unterstützer desselben mit kränkenden Worten wendet. Ja als dieser und noch mehr Telemachos ihm seine Härte verweisen, vollends Odysseus zu wiederholten Malen mit Bitten um Brod in ihn dringt, geräth er so in Wuth, dass er unter Hohnreden auf seine eben erwähnten traurigen Schicksale ihm den Fussschemel an die Schulter wirft. Da erfüllt wohl selbst alle Freier tiefe Entrüstung, während Telemachos starkmüthig seine Thränen zurückhält und Odysseus, sich wieder auf die Schwelle niedersetzend, das verhängnissvolle Wort spricht: „Wenn es Götter gibt und Erinnyen auch für die Armen, so treffe den Antinoos der Tod vor der Vermählung." Auch Penelope hört von der Misshandlung. Durch den Sauhirten, welcher ihr gar viel Rühmliches von dem weit umhergewanderten Bettler erzählt, lässt sie diesen zu sich entbieten, um von ihrem Gemahl Odysseus etwas zu erfahren. Eumaios bringt ihr den Bescheid zurück, dass der Fremdling aus Scheu vor den Freiern erst gegen Abend sich bei ihr einfinden werde; dann verabschiedet er sich von Telemachos und kehrt für die Herden besorgt nach seinem Gehöfte heim. Es dauert nicht lange, so findet sich Penelope durch eine neue Verunglimpfung des Fremdlings bewogen, selbst im Männersaale zu erscheinen. Es kam nämlich ein berüchtigter, stets hungernder Bettler, Namens Iros, der zum allgemeinen Ergötzen der Freier seinen Collegen im Bettelhandwerke von seiner Wiese zu vertreiben sucht und schliesslich unter Zank und Spott grossmäulig zum Faustkampf herausfordert. Odysseus lässt sich finden, schlägt ihn mit zerschmetterten Knochen auf den Boden nieder, schleppt ihn unter dem Hallo der Freier zum Vorhof hinaus und lehnt ihn dort taumelnd an die Mauer. Dadurch hatte er sich so sehr in Respekt gesetzt, dass ihm selbst Antinoos als Siegespreis einen grossen, mit Fett und Blut gefüllten Magen auf die Schwelle, wo er sich wieder ruhig niedergelassen hatte, vorlegt. Amphinomos, der wenigst freche von den Freiern, reicht ihm mit freundlichen Worten den Becher; Odysseus trinkt und „erwiedert ihm mit sinnschwerer Rede von der gefährlichen Sicherheit des Glücklichen. Amphinomos wird nachdenklich, aber es erfasst ihn sein Geschick durch Athene." (Nitzsch: Plan und Gang der Odyssee p LVII.)

Von der Göttin vermittels eines Wunderschlafes mit zauberischen Reizen ausgestattet erscheint Penelope in Begleitung zweier Dienerinnen an der Pfoste des Saales, um Telemachos wegen der schmählichen Behandlung des Fremden, die er geduldet habe, Vorwürfe zu machen und ihrer schmerzlichen Sehnsucht nach Odysseus sowie ihrem Gram über die Verprassung des

Besitzthumes durch die Freier Ausdruck zu geben. Von ihrer Anmuth überwältigt lassen diese sogleich durch die Herolde Geschenke bringen, mit welchen die Herrliche zu ihrem Gemache emporsteigt. Wie freut sich Odysseus über die Klugheit und Treue seiner Gemahlin! Die Schmach aber, die er den Tag über schon erduldet, sollte noch kein Ende nehmen. Verbuhlte Mägde stellen die Feuergeschirre auf, als über dem erneuten Gesang und Tanz der Abend hereingebrochen war. Wie er sich nun anbietet, an ihrer Statt das Feuer zu unterhalten, lohnen ihm die frechen Dirnen, besonders die dem Eurymachos ergebene Melantho, für seine Gutmüthigkeit mit Gelächter und Schmähungen. Noch mehr Hohn wird ihm von Eurymachos zu Theil, als er nach Verjagung der Mägde wirklich die leuchtenden Flammen schürte, und im Feuerscheine sein kahles Haupt erglänzte. Empfindlich getroffen durch die kühne Erwiderung des Bettlers fasst Eurymachos den Schemel und schleudert ihn nach ihm. Da sich aber Odysseus schnell zu den Füssen des Amphinomos niederlässt, fliegt der Schemel dem Mundschenk an die rechte Hand, so dass die Kanne klingend zur Erde fällt, und er selbst schreiend rücklings in den Staub sinkt. Alle verwünschen jetzt den Fremdling; Telemachos jedoch erinnert sie, nach Hause schlafen zu gehen; erst aber als auch Amphinomos zum Aufbruch mahnt, sprengen sie den seligen Göttern und entfernen sich in ihre Wohnungen.

Odysseus aber bleibt im Gemache zurück und trägt mit seinem Sohne, während Athene mit goldener Lampe voranleuchtet, die an den Wänden aufgehängten Waffen aus dem Saale hinweg. Eurykleia hielt unterdessen die Mägde eingesperrt. Als dann auch Telemachos in seine Kammer schlafen gegangen war, tritt Penelope mit ihren Dienerinnen herein, von denen Melantho aufs neue über den fremden Bettler herfällt, aber dafür von Seite ihrer Herrin eine derbe Zurechtweisung findet. In der nun folgenden Unterredung erregt der Fremdling, der sich für den Bruder des Idomeneus von Kreta ausgibt, durch die Erinnerung an Odysseus, den er vor zwanzig Jahren auf Kreta bewirthet habe, sowie durch die Beschreibung seiner Kleider und Gefährten die tiefste Wehmuth im Herzen der treuen Gattin. Seinen tröstenden Worten, ja seinem Schwur, dass er in kürzester Frist vom Lande der Thesproten, wo er ihn unlängst gesehen, mit reichen Schätzen nach Ithaka zurückkehren werde, setzt sie Zweifel und Unglauben entgegen. Um indessen dem Erzähler ihren Dank zu bezeigen, bietet sie ihm ein Bad und warmes Lager an; Odysseus aber verzichtet auf beides und lässt sich nur ein Fussbad aus der Hand einer alten Dienerin gefallen, wozu Penelope die Eurykleia bestimmt. Diese kommt durch Entdeckung der Narbe, die einst auf einer Jagd am Parnassos ein wilder Eber dem Odysseus geschlagen, auf das Geheimniss, wen sie vor sich habe, und will gleich triumphirend der Herrin die Anwesenheit ihres Gemahles verkünden; aber Odysseus verwehrt es ihr entschieden. Als er dann seine Narbe mit den Lumpen verhüllt und den Sessel näher an das Feuer gerückt hatte, knüpft Penelope das Gespräch mit ihm wieder an und erwähnt unter Klagen über die jetzigen unheilvollen Verhältnisse einen merkwürdigen, die Ankunft und Rache des Odysseus an den Freiern klar bezeichnenden Traum. Aber obgleich der Bettler sie im Vertrauen auf die so bestimmte Vorbedeutung bestärken will, gibt sie doch nicht viel darauf und entschliesst sich zuletzt unter seiner Beistimmung, dem unerträglichen Zustande am morgigen Tage ein Ende zu machen und demjenigen von den Fürsten als Braut zu folgen, welcher, wie Odysseus oft gethan, den Pfeil durch zwölf an einander gereihte Aexte schnellen würde. Mit diesem Vorsatze steigt sie in das Frauengemach empor und entschlummert heftig um ihren Gemahl weinend.

Noch war der Morgen nicht angebrochen, so erwacht sie schon wieder und erweckt durch ihre Klagen auch Odysseus, welcher, vor dem Saal auf einer Rindshaut liegend und von der Schaffnerin Eurynome mit einem Mantel bedeckt, einen Theil der Nacht Pläne schmiedend zugebracht hatte und von Athene getröstet endlich in einen tiefen Schlaf gesunken war. Schnell räumt er mit seinem improvisirten Lager auf, um glückliche Zeichen zu Zeus flehend. Siehe, da donnert es plötzlich vom glänzenden Olymp herab, und drinnen im Gemach spricht in diesem Augenblick ein Weizen und Gerste mahlendes Weib das ominöse Wort: „Dass doch zum allerletzten Male die Freier an diesem Tage in Odysseus' Hause das liebliche Mahl einnähmen, welche mir schon durch die anstrengende Arbeit der Mehlbereitung die Kniee gelöst." Bald wird es im Palast lebendig; es soll ja heute das Neumondfest gefeiert werden, und man trifft deshalb früher als gewöhnlich Anstalt zum Mahle. Telemachos eilt wohlbewehrt und von Hunden gefolgt auf den Markt, nachdem er sich bei Eurykleia erkundigt, ob auch für den fremden Bettler während der Nacht wohl gesorgt worden sei. Diese hat vor lauter Arbeit kaum Zeit, die Frage zu beantworten. Während im Saale von den Mägden gefegt und gescheuert wird, treibt der Sauhirt Eumaios und bald darauf auch der Geisshirt Melanthios die fettesten Stücke der Herden zum Festschmaus der Freier in den Hof herein; auch der Rinderhirt Philoitios bringt ein unfruchtbares Rind und gemästete Ziegen herbei. Durch sein Anschliessen an Eumaios und freundliches Anreden des Bettlers, in dem er sein Loos bedauert und die gegenwärtige Wirthschaft im Hause seines Gebieters verwünscht, enthüllt er sich sogleich als treuen Diener und trefflichen Mann, während Melanthios auch jetzt es sich nicht wieder versagen kann, den Bettler zu kränken. Es erscheinen bald auch die Freier, welche durch ein ungünstiges Zeichen von dem schon beschlossenen Mord Telemachos' abgehalten worden waren, um nach ihrer Gewohnheit zu schmausen und zu zechen. Odysseus bekommt von seinem Sohne an der Schwelle einen schlechteren Stuhl und kleinen Tisch nebst Wein und Speisen angewiesen; auch hatte dieser mit den ernstesten Worten jede Schmähung und Kränkung gegen den Bettler untersagt. Als nun trotzdem Ktesippos einen Kuhfuss nach ihm warf, da lodert der Zorn in Telemachos' Brust auf, und es bedarf der ruhigen Worte des Freiers Agelaos, seine Aufregung zu heben. Bald folgt ein neuer Frevel, dieses Mal verübt an der gottgeweihten Person des Sehers Theoklymenos. Als nämlich dieser in jener unvergleichlich grauenvollen Scene, da die Freier von Athene bethört unauslöschliches Gelächter erhoben und in ihrer Verwirrung blutbesudeltes Fleisch assen, von Schatten sprach, die durch Hausflur und Vorhof massenhaft zum Erebos eilen, vertreiben ihn jene, voran Eurymachos, unter Hohn auf seine Prophezeiungskunst aus dem Saale und spotten noch ausserdem über Telemachos, dass er nur verhungerte Bettler und eitle Wahrsager beherberge. Der aber sieht schweigend den Vater an, immer wartend, wann er Hand an die Schamlosen legen würde.

Da erscheint Penelope mit Bogen und Köcher des Odysseus an der Pfoste des Saales und befiehlt dem Eumaios, sie den Freiern zum entscheidenden Wettkampf vorzulegen. Die treuen Hirten weinen beim Anblick der Waffen ihres Herrn laut auf. Telemachos senkt die von den Mägden herbeigetragenen Beile in das aufgegrabene Estrich, scharf nach der Richtschnur ordnend, und versucht seine jugendliche Kraft selbst am Bogen. Auf einen Wink seines Vaters steht er aber davon ab, die Handhabung des Geschosses den Freiern überlassend. Während zuerst der Opferseher Leiodes der Aufforderung des Antinoos gemäss und nach ihm die übrigen mit Ausnahme von Antinoos und Eurymachos sich mit der Spannung des Bogens vergeblich abplagen, obgleich er vom Ziegenhirten durch Fett und Wärme erweicht worden war, entdeckt sich draussen Odysseus unter Enthüllung der grossen Narbe seinen beiden treuen Hirten und gibt ihnen den Auftrag, die Thüren alle wohl zu verschliessen. Bei ihrem Eintritt in den Saal finden sie gerade Eurymachos umsonst mit dem Bogen sich abmühen und über seine Niederlage jammern. Antinoos aber ist pfiffiger. Er hält es für unschicklich, am Feste Apollons ein Geschoss zu spannen, und räth desshalb unter dem Beifall der andern zum Aufschub der Arbeit auf den morgigen Tag. Odysseus' Bitte, seiner Hände Kraft auch an dem Bogen anzustrengen, erregt einen wahren Sturm; denn die Freier fürchteten zwar nicht der Braut, wohl aber des guten Rufes verlustig zu gehen, wenn dem zerlumpten Bettler das gelänge, was sie vergeblich versucht hätten. Penelope jedoch und noch mehr Telemachos, der das Bestimmungsrecht über den Bogen für sich allein in Anspruch nimmt und seine Mutter in ihr Frauengemach verweist, legt sich für den Fremdling ein, und auf sein energisches Geheiss überbringt ihm der Sauhirt trotz Lärm und Drohungen der Freier den Bogen. Odysseus untersucht ihn von allen Seiten, ob das Horn von den Würmern noch nicht zernagt sei, spannt ihn ohne Mühe unter dem Donner des Zeus, legt den Pfeil auf den Bügel und schnellt ihn gleich vom Sitz aus durch die Beile hindurch vom ersten bis zum letzten. Dann mit furchtbarer Ironie zu Telemachos sprechend: „Es ist Zeit den Achaiern auch das Nachtmahl noch am Tage zu bereiten", wirft er das zerlumpte Obergewand ab und springt mit Bogen und Köcher bewehrt auf die hohe Saalschwelle, während sein Sohn mit Schwert und Speer gerüstet sich an seine Seite stellt. Mit den Worten: „Nun wähle ich mir ein anderes Ziel aus, welches noch nie ein Mann getroffen", schiesst er Antinoos, der eben den zweigeöhrten Becher erhebt, durch die Kehle, so dass er lautlos zu Boden sinkt und im Falle seinen Tisch mit den Speisen umwirft. Die Freier lärmen und drohen, wie sie dieses sehen; denn sie meinten, er habe, ohne es zu wollen, den Mann getödtet. Als aber Odysseus sich ihnen zu erkennen gibt und mit wenigen inhaltschweren Worten ihnen ihr Sündenregister vorhält, da erfasst sie alle bleiches Entsetzen. Eurymachos fleht um Schonung, jegliche Schuld auf den getödteten Antinoos wälzend und reichlichen Ersatz versprechend. Allein umsonst; der Rächer ist unerbittlich. Jetzt stürmen die Freier in ihrer Verzweiflung mit gezücktem Schwerte auf den Furchtbaren los: doch Odysseus durchbohrt dem Eurymachos die Brust, und Telemachos rennt dem Amphinomos den ehernen Speer in den Rücken. Hierauf holt dieser, solange noch dem Vater Pfeile zur Abwehr vor den Füssen lagen, Schilde, Rüstungen, Helme und Lanzen herbei, womit sich beide, so wie auch der Sau- und Rinderhirt rüsten, um den Kampf desto leichter zu bestehen. Aber auch Melanthios war auf einem Seitenweg in die von Telemachos offen gelassene Kammer geschlichen und hatte den Freiern Waffen gebracht. Da lauert ihm Eumaios auf einen von Odysseus gegebenen Wink auf, wirft ihn mit Beihilfe des Rinderhirten auf das Estrich und zieht ihn gefesselt mit einem starken Tau an der hohen Säule bis an die Balken hinauf. Nach festverschlossener Thüre eilen sie wieder in den Saal

hinab, um Odysseus im Kampfe zu unterstützen. Diesem beginnt schon nach und nach der Arm von der Arbeit zu erlahmen, da erscheint Athene in Gestalt seines Jugendfreundes Mentor und schwingt sich, nachdem sie ihn mit neuer Kraft belebt, als Schwalbe auf den russigen Balken des Gemaches. Nun sind alle Anstrengungen der Freier vergeblich; so tapfer sie auch anstürmen und so planmässig sie auch immer ihren Angriff auf Odysseus allein richten mögen: es gelingt ihnen nur, Telemachos und Eumaios leicht am Knöchel und der Schulter zu ritzen, während ihrerseits jedesmal vier auf den Boden hingestreckt werden. Als aber Athene die männervernichtende Aigis hoch von der Decke herab schüttelt, da fliehen sie angstvoll durch den Saal; von getroffenen Schädeln erhebt sich ein grauses Röcheln, und der ganze Boden schwimmt in Blut. Der Opferpriester Leiodes umschlingt, um Gnade flehend, Odysseus' Kniee, allein im nächsten Augenblick rollt sein Haupt in den Staub hin. Nur Phemios, der Sänger, und der Herold Medon werden auf Telemachos' Bitte verschont. Letzter hatte sich in seiner Todesangst, umhüllt mit der frisch abgezogenen Haut eines Rindes, unter den Sessel geduckt. Wie schnell sprang er hervor, als er das fürbittende Wort Telemachos' vernahm! Draussen im Hof setzten sich beide an den Altar des Zeus, überallhin ängstlich umsehend und vor dem Tode zitternd. Nachdem so die Frevler alle das verdiente Loos gefunden, lässt Odysseus die Schaffnerin Eurykleia rufen, welche nach seinem Befehl sich während des blutigen Dramas mit allen Mägden eingeschlossen hatte; die treue Person, nicht wenig erstaunt, als sie ihren mit Staub und Blut befleckten Herrn inmitten der erschlagenen Todten sieht, nennt ihm die Dirnen, welche sich der Ausgelassenheit hingegeben und durch ihr freches Wesen den Zorn des Bettlers erregt hatten. Diese müssen nach Anordnung des Odysseus die Leichen in den Hof unter die Säulenhalle tragen und Saal, Sessel und Tische mit Wasser und Schwämmen säubern; sodann werden sie zwischen der Küche und Hofmauer aufgehängt. Melanthios, der allein noch übrig gebliebene und hoch am Balken schwebende, findet den schmerzlichsten Tod von allen durch grausame Verstümmelung. Damit ist die Rache vollzogen.

Auf diese Katastrophe des Mordes und der blutigen Vernichtung folgen die lieblichen Scenen des Wiederfindens und der Vereinigung. Zuerst kehren die beiden Hirten und Telemachos, die treuen Bundesgenossen des Rachewerkes, in den durch Feuer und Schwefel gereinigten Saal zurück; dann stürzen von Eurykleia gerufen die wackern Mägde mit Fackeln in den Händen herein und rühren durch Willkommsgruss und Zeichen der Anhänglichkeit ihren Gebieter bis zu Thränen. Die Gemahlin Penelope aber, welche die Schaffnerin im Triumphe vom Söller hinunterführen will, ist allein misstrauisch. Nach langem Zögern steigt sie in den Saal hinab und sitzt im Glanze des Feuers ebenso lange stumm ihrem Gemahle gegenüber. Der ungeduldige Telemachos tadelt sie wegen dieser Zurückhaltung; nicht so aber Odysseus. Indem er den Unglauben seiner Gemahlin wohl auf Rechnung der hässlichen, ihn entstellenden Lumpen setzt, lässt er sich ein Bad bereiten und tritt ihr dann gesalbt, mit prächtigem Leibrock und Mantel umhüllt und Unsterblichen an Gestalt ähnlich, wieder entgegen. Aber auch jetzt bewahrt Penelope noch eine eiserne Ruhe. Erst als sie durch eine schlaue Versuchung merkte, dass der Fremdling um das Geheimniss des Bettes wisse, welches Odysseus selbst einst über dem den Fuss des Bettes bildenden Stamm eines lebendigen Oelbaumes verfertiget hatte, wirft sie sich weinend ihrem Gemahl an den Hals und bedeckt sein Haupt mit Küssen. Wieviel hatten die beiden Glücklichen nach zwanzigjähriger Trennung nun nicht Alles zu sagen! Bis tief hinein in die Nacht erzählen sie sich von ihren überstandenen Leiden, als Telemachos, die Mägde und Hirten schon längst vom Tanze ruhten, welchen Odysseus unter dem Leierklang des Phemios aufführen liess, um die am Palast Vorübergehenden durch den Schein der Hochzeitfeier zu täuschen. (Es unterliegt wohl kaum einem Zweifel, dass die Inscenesetzung des irreleitenden Tanzes, sowie das ganze 24. Buch ein Zusatz aus späterer Zeit ist, von allen anderen gewichtigen Bedenken abgesehen schon aus dem Grunde, weil alle Fäden der Dichtung in der Rache an den Freiern und in der Erkennungs-Scene der beiden ausdauernden Gatten zusammenlaufen, somit alles, was nun folgt, allein dazu dienen kann, den grossartigen durch die ganze Anlage vorbereiteten und erzielten Eindruck gänzlich abzuschwächen: weil aber einmal dieser Appendix in allen Ausgaben seine Stelle gefunden hat, müssen wir ihm wohl auch seine Berechtigung lassen und die nicht weniger plastischen Momente desselben zur Geltung bringen.)

Aber statt sich im Tanze zu schwingen, werden die Schatten der Freier von Hermes in die Unterwelt hinabgeführt. Da stossen sie sogleich auf eine Gruppe von hervorragenden troischen Helden, um Achilleus geschaart, welcher eben mit Agamemnon in einem Gespräche sich befindet. Der Atride schildert ihm mit glänzenden Farben seinen Heldentod, seine feierliche Bestattung im troischen Lande und vergleicht damit klagend sein eigenes unrühmliches Geschick. Noch um vieles glücklicher aber als Achilleus preist er Odysseus, und dieses um so mehr, als er von Amphimedon, den er unter der Schaar der Seelen der Freier als den Sprössling seines

Gastfreundes Melaneus von Ithaka sogleich erkannt hatte, die Ausdauer der Penelope und die Vorfälle im Hause des Odysseus erfährt. Während die Seelen der Freier im Hades sich unter die übrigen Schatten mischen, lagen ihre Leiber noch unbesorgt und unbegraben im Hofe des Palastes.

Odysseus musste für die Ermordung der Freier blutige Rache von Seite ihrer Angehörigen und Gastfreunde fürchten. Deshalb befiehlt er seiner Gemahlin, sich mit den Mägden im Gemache zu verschliessen; er selbst eilt in aller Frühe mit Telemachos und den Hirten mit ehernen Rüstungen wohl bewehrt hinaus zum Landsitz des greisen Vaters Laërtes. Diesen sucht und findet er, während seine Gefährten im leeren Hause — denn alles Gesinde war draussen bei der Arbeit — zum Frühmahl ein erlesenes Mastschwein herrichten, im wohl angelegten Garten, wie er eben ein Bäumchen umgräbt. Odysseus stellt seinen Vater auf eine harte Probe. Er gibt sich für den Gastfreund seines Sohnes, des Odysseus, aus, den er vor fünf Jahren zu Alybas glänzend bewirthet habe, und erregt dadurch grossen Jammer um den Verlornen. Als jedoch der Alte im Uebermasse seines Schmerzes sein Haupt mit Staub bestreut, kann er seine Gefühle nicht länger bemeistern und fällt dem Vater um den Hals. Die Narbe über dem Knie und die genaue Bezeichnung der verschiedenen Bäume im Garten, welche er einst als Kind von Laërtes zum Geschenk erhalten hatte, überzeugte diesen augenblicklich davon, dass er seinen Sohn vor sich habe. Als der erste Freudentaumel des Wiedersehens sich gelegt hatte, verfügen sie sich in die Wohnung, wo Telemachos und die Hirten schon mit der Zerlegung des Fleisches und Weinmischung beschäftigt waren. Während des Mahles kommt auch Dolios mit seinen Söhnen herbei, welche die alte Sikelerin von der Feldarbeit zum Essen heimrief, und es gibt neue Freudenscenen des Wiedererkennens. Unterdessen hatte sich in der Stadt das Gerücht von dem Verhängniss der Freier verbreitet. Trauernd kommen ihre Angehörigen vor den Palast des Odysseus, tragen die Todten hinaus und bestatten dieselben. Dann aber enteilen sie auf den Markt, wo Eupeithes, der Vater des Antinoos unter Thränen zur Rache gegen den Mörder auffordert. Obwohl der Herold Medon aus eigener Beobachtung auf den sichtbaren Schutz der Götter hinweist, unter dem Odysseus stehe, und der greise Halitherses das über die Freier und deren Väter hereingebrochene Verhängniss ein gerechtes nennt, bricht doch mehr als die Hälfte der Versammlung unter tobendem Geschrei nach dem Landsitze auf. Eben schickt Odysseus nach dem Mahle einen Sohn Dolios' an die Schwelle des Hauses auf die Spähe. Als dieser mit der Botschaft zurückeilt, dass der Schwarm schon herannahe, werfen sich alle, selbst die zwei Alten, rasch in die Rüstung und ziehen dem Feinde entgegen. Ermuthigt von Athene entsendet Laërtes seine Lanze; mit zerschmettertem Kopf sinkt Eupeithes in den Staub hin. Nicht weniger rasen Odysseus und Telemachos mit Schwert und Wurfspiess; ja sie würden alle vertilgt haben, wenn nicht ein vom Kroniden geschleuderter Blitzstrahl dem Kampfe Einhalt gethan hätte. Da schliesst Athene selbst zwischen beiden Parteien Frieden und Bündniss. — Aehnlich also wie die Iliade endet auch die Odyssee mit einem Acte der Versöhnung.

Wir haben in dem Vorausgehenden den kunstvoll angelegten Plan und plastischen Aufbau der beiden homerischen Dichtungen einer kurzen Betrachtung unterzogen. Es ist jetzt unsere Aufgabe, in dem Folgenden auf das Einzelne einzugehen; wir werden da finden, wie der Dichter in Allem und Jeglichen von einem ganz merkwürdigen Formensinn geleitet wird, und wie unter seinem Griffel alle Verhältnisse und Erscheinungen, Gedanken, Ideen und Vorstellungen als plastische Gebilde hervorgehen.

Wenden wir uns zunächst zur Götterwelt.

Plastische Darstellung der gesammten Götterwelt. Theilweise auf das zurückgreifend, was wir schon oben im Abschnitt der Mythenbildung auseinandergesetzt haben, können wir Homers dichterische Thätigkeit in den kurzen Satz zusammenfassen, er habe die gesammte Natur- und Gemüthswelt in die Plastik übersetzt, indem er die Erscheinungen und Wandlungen im Gebiete der Natur, mögen sie sich nun am Himmel, in der Luft, auf Erden oder im Wasser äussern, alle im körperlichen wie im geistigen Leben der Menschen eintretenden Verhältnisse, ja dem abstrakten Gebiete entnommene Begriffe nicht nur zu persönlichen Wesen und Handlungen derselben umgeschaffen, sondern diese auch in so klaren Formen dargestellt hat, dass das später folgende Geschlecht der Künstler an der Hand der von Homer gelieferten Grundzüge und Entwürfe jene wunderbar schönen, menschlich gestalteten, aber durch den verklärenden Hauch der Idealität über das Menschliche wieder hinausgehobenen Götterbilder schaffen konnten. Es wäre nun ein endloses Unternehmen zu zeigen, inwieferne sich im gesammten Göttergeschlecht, wie es uns in den Homerischen Gedichten entgegentritt, die Natur- und Menschenwelt wiederspiegelt; wir müssen uns deshalb auf die Erwähnung derjenigen Götternamen und Mythen beschränken, welche in ganz auffallender Weise auf ihren Zusammenhang mit den Elementen

und Aeusserungen der Natur, sowie mit den Vorkommnissen, Einrichtungen und Bräuchen des menschlichen Lebens und dem unbegrenzten Reiche der Begriffe, Gedanken und Entschliessungen hinweisen.

Die Erde wird dem Homer zur Göttin Gaia, welcher (Γ 104) ein schwarzes weibliches Lamm zum Opfer gebracht wird, und bei der, sowie bei ihrem Gemahl Uranos, dem geräumigen Himmel, Here (Ο 36) und Kalypso (ε 184) einen furchtbaren Eid schwören. Da die Erde fruchtbar ist und viele Gaben spendet (Β 548), so erscheint die Göttin Gaia als gefeierte Mutter einer zahlreichen Nachkommenschaft. Ihre Enkelin ist Demeter, die Göttin der fruchtbringenden Erde, welche (Ε 500) im Zuge der Winde Körner und Spreu absondert, wenn Männer auf heiliger Tenne worfeln. Zum Gemahl hat Demeter Zeus, den Beherrscher aller Erscheinungen in der Luft. Dieser thront daher auch im Aether (Β 412, ο 523), indem der Götterssitz Olymp mit seinen höchsten Gipfeln in den reinen Aether hinaufreicht, sammelt Wolken und zerstreut sie, sendet Regen und Sonnenschein, erregt Stürme und Ungewitter, schleudert den Blitzstrahl und rollt den Donner, dass auch den Unsterblichen davor bange wird. Insoferne der Regen befruchtend auf die Erde fällt, und die zur rechten Zeit eintretenden Naturerscheinungen zum Wachsthum und Gedeihen aller Geschöpfe beitragen, entstammt aus Zeus eine nicht minder zahlreiche Götterfamilie als aus Gaia. Auch über die Winde gebietet er; zum Schaffner derselben hat er den Aiolos auf schwimmender Insel bestellt (κ 22), jeden nach Belieben zu wecken oder zu besänftigen. Daher schläft bald die Gewalt des Boreas und der andern ungestümen Winde, bald verjagen sie (Ε 524) mit brausenden Hauchen anstürmend das schattige Gewölke, bewegen die hochwallende Saat (Β 147) und beugen die Aehren hinab. — Da aber Luft und Wasser sich berühren, so hat auch der Meergott Poseidon Gewalt über sie. Auf seinen Ruf stürmten (ε 295), Odysseus zu verderben, wild einher Euros und Notos, der tobende Zephyros und kalt athmende Boreas, der eine mächtige Woge herantrieb. Athene aber verschloss den andern Winden den Pfad (ε 383); sie gebot allen zu ruhen und sich zu lagern; nur den reissenden Boreas trieb sie auf, um die Wogen zu brechen, bis Odysseus zum Lande der Phaiaken komme. Als das Gerüste, auf dem der erschlagene Patroklos lag, nicht lodern wollte, rief Achilleus (Ψ 192) laut flehend den Boreas und Zephyros; und die schnelle Iris vernahm sein Flehen und trug die Botschaft zu den Winden. Diese schmausten eben in der Behausung des stürmenden Zephyros. Da kam Iris im Flug zur steinernen Schwelle. Als jene sie erblickten, sprangen sie alle auf, und jeder lud sie zum Sitze ein. Als aber diese ihr Anliegen vorgetragen, da erhoben sich jene mit grausvollem Getöse, die Wolken vor sich hertummelnd. Schleunig erreichten sie stürmend die See; und die Woge bäumte sich auf unter dem brausenden Hauch. Zum fruchtbaren Troja gelangt stürzten sie auf den Scheiterhaufen, und das Feuer prasselte mächtig.

Homer lässt sogar, um die windschnellen Bewegungen edler Pferde anzudeuten, den Boreas in ein dunkelmähniges Ross sich wandeln (Υ 221) und Pferde erzeugen, die, so oft sie über ein Feld dahinsprangen, über die Spitzen der Aehren hinflogen, ohne den Halm zu knicken; sprangen sie aber auf dem mächtigen Rücken des Meeres dahin, so netzten sie kaum den Huf in den Spitzen der brandenden Wogen. Ebenso gebar einst die Harpyie Podarge (Π 150) dem Zephyros, als sie an der Strömung des Okeanos auf der Wiese weidete, die Achilleischen Pferde Xanthos und Balios, im Laufe gleich dem Sturme fliegend. Die Harpyien aber, göttliche Ungeheuer, sind auch nichts anderes als rasende Sturmwinde (α 242, Υ 77), welche die Sterblichen nimmer gesehen und nimmer gehört fortreissen.

Wie aber Homers bildende Kraft Himmel, Erde und Luft in persönliche Wesen formt, ebenso personificirt er auch Wasser und Feuer. Der grosse Weltstrom, welcher die Erde rings umfliesst, wird ihm zum alten Vater Okeanos, der an den Enden der ernährenden Erde (Ξ 301) mit seiner Gemahlin Tethys einen Palast bewohnt und an Macht nur dem erhabenen Kronion weicht, dessen Blitz er fürchtet (Φ 198) und den entsetzlichen Donner, wenn er vom Himmel herunterdröhnt. Die Flüsse, unendlich an der Zahl (Φ 196), sämmtliche Wasser des Meeres (Okeaniden), sämmtliche Quellen und weit sprudelnde Brunnen sind seine Kinder. In seinen Sohn Enipeus (λ 238), der als der schönste von den Strömen sich über das Land ausgiesst, verliebte sich Tyro, die Tochter des Salmoneus. Vom Alpheios (Ε 545), der breit durch das Pylierland dahinströmt, entstammten Orsilochos und der Herrscher von Pherai, Diokles. In dem grossen Götterkampf von Troja erhob sich wider Hephaistos der tiefwirbelnde Stromgott (Υ 73), von den Göttern Xanthos, von den Menschen Skamandros genannt. Wie sehr dieser nämliche Gott den übermüthigen Achilleus ins Gedränge brachte, bis er unter dem sengenden Hauche des erfindungsreichen Hephaistos (Φ 355), der die gewaltige Lohe ergoss (342), gebändigt wurde, haben wir bereits früher gesehen. — Die Quellen werden zu schönen Nymphen, Töchtern des Zeus, die in anmuthigen Grotten wohnen; ihr Sprudeln und Murmeln zu lieblichem Gesange, der aus dem Innern tönt. Weniger reizend sind die Gestalten der Skylla (μ 85), eines Meerungethüms mit Drachenschlünden und scharfen Klauen, das in einer Felsenhöhle wohnte, und der Charybdis (μ 102), die Schiff und Mannschaft in ihren verderblichen Strudel hinabschlürfte. Diese zwei Ungeheuer aber führen uns von den Flüssen auf das Meer, dessen Beherrscher Poseidon ist, der Bruder des Zeus, dem er eben so ungerne das Terrain räumt, wie der mächtige Stromgott Okeanos. So spricht er selbst voll Unmuth (O 186): „Denkt er mir Schranken zu ziehen, der ihm an Rang gleich ist? Denn wir sind drei Brüder, Söhne des Kronos und der Rhea, Zeus und ich und Hades, der Fürst im Reiche der Schatten. Dreifach ward alles getheilt; jeder bekam seinen Antheil; mir nun wurde das graue Meer zum beständigen Wohnsitz, als wir das Loos warfen, dem Hades das nächtliche Dunkel. Zeus erlooste den geräumigen Himmel in Aether und Wolken; die Erde aber und der hohe Olympos ist allen gemein." Er sammelt (ε 291) und empört alle Wasser, mit Macht den Dreizack schwingend, ruft Winde gegen Winde, Stürme gegen Stürme in den Kampf und hüllt zugleich Erde und Wasser in Wolken. Aber er gewährt (ζ 362) auch wieder günstigen Wind und glückliche Fahrt. Und wie er die Erde erschüttert, so hält er sie mit seinem Elemente auch wieder zusammen. Der im Aegyptermeere hausende Proteus, der die Tiefen des gesammten Weltmeeres erspäht (δ 385), so wie alle übrigen Meergötter und Ströme sind ihm unterthan. Die Gesammtwirkung der verschiedenen Elemente erscheint plastisch dargestellt zumeist beim Niedersturz des Dammes der Danaer. Poseidon und Phoibos Apollon beschlossen die Mauer niederzustürzen (M 18), indem sie die Wuth der Ströme hinlenkten, so viele ihrer vom Idagebirg nach dem Meere fortfliessen: Rhesos und Heptaporos, Karesos und Rhodios, Granikos, Aisepos, der göttliche Skamandros und Simois. Von allen diesen zugleich wendete Phoibos Apollon die Mündungen und liess neun Tage lang die Flut an die Mauer anstürmen; Zeus regnete in einem fort, um die Mauern schneller ins Meer zu spülen. Und Poseidon selbst, den Dreizack in den Händen, eilte voraus, wälzte den ganzen Grundbau von Baumstämmen und Steinen, den die Danaer mühsam aufgerichtet, in die Wogen, ebnete den Boden am flutenden Hellespont, bedeckte die mächtige Küste von neuem mit Sand, da wo er die Mauer zerstört hatte, und lenkte die Ströme wieder in ihr altes Bette zurück, wo sie vordem ihr schönes Wasser ergossen.

Das Element des Feuers, verkörpert im Hephaistos, haben wir schon oben im Kampfe mit dem Flussgott Skamandros kennen gelernt. Es erübrigt noch, den Erscheinungen am Himmelsgewölbe eine kurze Betrachtung zu widmen.

Die auf- und untergehende Sonne ist dem Homer der den Sterblichen (μ 385) auf nahrungsprossender Erde, so wie den Unsterblichen leuchtende, alles vernehmende und alles schauende (μ 323) Gott Helios, der (H 422) aus des Okeanos tiefem, sanftblauwogenden Strome zum ehernen Gewölbe emporsteigt, flammend (δ 400) am Mittagshimmel einhergeht und, wenn er seine Bahn durchlaufen, sich (λ 18) vom gestirnten Himmel wieder zur Erde wendet und (χ 101) unter das Erdreich hinabsinkt. Als seine Töchter erscheinen die zwei Nymphen Lampetie (die Glänzende) und Phaithusa (die Leuchtende), die auf der Insel Thrinakia die Schafe und Rinder des Vaters, (μ 128) je 350 Stück, die weder zu- noch abnehmen (Tage und Nächte des Mondjahres), bewachen. Bevor die Sonne selbst am Morgen auftaucht, färbt sich der Osten in ein sanftes Roth: das ist die safrangewandige, rosenfingerige, goldthronende Eos. Fern an Okeanos Strom (Ψ 245) schirrt sie ihr bebendes Gespann, die geflügelten Rosse Lampos und Phaëthon; dann entsteigt sie den Fluten des Okeanos (T 1) oder erhebt sich auch vom Lager ihres erhabenen Gemahls, des Tithonos (Λ 1), Licht den unsterblichen Göttern und sterblichen Menschen zu bringen. Wie aber die Morgenröthe den Aufgang der Sonne ankündet, so geht auch Eosphoros, der glänzende Morgenstern, allen voraus (ν 94), das Licht der früh aufdämmernden Eos zu verkünden. „Eos goss sich (Ψ 226) im gelben Gewand über die Meerflut aus, als sich Eosphoros erhoben hatte, um den Tag zu verkünden."

Während diese eben angeführten Götter nur gewisse Tageszeiten bestimmen, in denen sie am klaren Himmel sichtbar sind, ist den Horen ein grösserer Wirkungskreis eingeräumt. Als Wächterinnen des Olympos und des mächtigen Himmels, den sie durch dichtes Gewölk verschliessen (Θ 393) und wieder öffnen, gebieten sie über die Witterung, indem sie bald Regen, bald heiteres Wetter senden. Da aber der regelmässige Wechsel von Regen und Sonnenschein die Jahreszeiten bedingt, so führen die Horen die zahlreichen Tage (ι 162, ω 142), die schwindenden Monde und Jahre; und da der Wechsel der Zeit den Menschen manches Erfreuliche bringt, so heissen sie die vielwillkommenen (Φ 451).

Mit der nämlichen Naivetät und Unbefangenheit aber, womit Homer die Natur und ihre Erscheinungen erfasst und zum Ausdruck gebracht hat, behandelt er auch den **in die Natur hineingestellten Menschen**, indem er die verschiedenen Stadien seines Lebens, die Verhältnisse und Zustände, in denen er sich bewegt, ja seine Gedanken, Pläne und Entschlüsse

mit der lebensvollen, formenreichen Götterwelt in Verbindung setzt. Schon bei der **Geburt** des Menschen greifen die Himmlischen unmittelbar ein, da ja die Eileithyien, die mit ihrer Mutter Here den Olymp bewohnen, — nach (τ 188) ist es nur eine, und diese wohnt am Fluss Amnisos auf der Insel Kreta in einer Grotte — mit helfender Hand die neugebornen Kinder an das Tageslicht bringen (T 103); die Schmerzen, welche die Gebärenden auszustehen haben, sind scharfe Pfeile, von den wehschaffenden Töchtern der Here gesendet (Λ 270). Die frühe Geburt des Eurystheus und die spätere des Herakles ist das gelungene Werk der Here; denn sie eilte (T 113) vom Gipfel des Olymp nach Argos zu Sthenelos Weib und führte deren noch unzeitigen, nur sieben Monate alten Sohn an das Licht, während sie von der Alkmene ihre Töchter, die Eileithyien, entfernte und so ihre Geburt hemmte. Und wenn dann die Mutter das Kind geboren, so ist die furchtbare Moira oder Aisa thätig, den Lebensfaden zu spinnen. Dieses Gespinnst aber bezeichnet die irgend in der Zukunft eintretenden Wechselfälle des Schicksals, denen der Mensch nicht entgehen kann. Darum spricht Here (Y 127): „Künftig soll Achilleus erdulden, was ihm Aisa in den werdenden Lebensfaden eingeflochten, als ihn die Mutter gebar", und ganz ähnlich der Phaiakenkönig Alkinoos (η 197): „Dort in Ithaka soll Odysseus dann erdulden, was ihm Aisa und die gewaltigen Spinnerinnen bei der Geburt in den Faden gesponnen haben."

Mit dem **Schicksale** des Menschen setzt aber Homer auch Zeus in unmittelbare Verbindung. Dieser weiss alles, das Glück (υ 75) und Unglück der sterblichen Menschen, spinnt ihnen (δ 208) bei der Geburt und Vermählung Segen zu, giesst (B 670) erstaunlichen Reichthum über sie aus, verleiht Ruhm (Π 241), aber auch hinwieder (Π 375) Schmerzen, schweres Leiden (Λ 71) und grosses Unheil (T 270). Noch anschaulicher und sinnlicher stellt der Dichter das verschiedene Loos des Sterblichen mit folgenden Worten dar (Ω 527): „Zwei Fässer mit Gaben stehen an der Schwelle des Zeus, aus denen er mittheilt, das eine mit bösen, das andere mit guten gefüllt. Wem nun der am Blitze sich freuende Zeus vermischt aus beiden gibt, der empfängt abwechselnd bald Unglück und bald Glück; wem er aber nur Böses verleiht, den stösst er in Schande; schmähliche Dürftigkeit verfolgt ihn über die göttliche Erde, und er irrt umher weder von Göttern noch von Menschen geehrt."

Ist der Mensch am Ziel seines Lebens angelangt, so tritt wieder wie bei seinem Eingehen in das Dasein die Götterwelt in Aktion. Der Tod ist der schwer- und weithinbettende, lebenzerstörende, schwarze Thanatos, der Zwillingsbruder des Hypnos. Thanatos erscheint oft in Verbindung mit der grauenvollen, verderblichen, mächtigen Moira, die den Lebensfaden abschneidet, und der (ω 29) keiner entgeht von denen, die da geboren werden. Das Verhängniss des Todes und zwar des natürlichen und sanften sowohl als besonders des gewaltsamen, der in zehntausend Gestalten namentlich (M 326) auf dem Schlachtfeld an den Menschen herantritt, personificirt der Dichter weiter als die düstern, verderblichen, von allen gehassten Keren, die zwar Zeus und andere mächtige Götter (Φ 11, 402) auf einige Zeit abwehren, ja denen selbst die Sterblichen durch Flucht (Γ 32) augenblicklich ausweichen, nie aber entfliehen können; denn alle müssen gebändigt von der Ker in das Schattenreich hinabsteigen. Dort fragt Odysseus Agamemnon (λ 398): „Welche Ker des langhinbettenden Todes bezwang dich? Hat dich zu Schiffe Poseidon bezwungen, unheilvolles Brausen furchtbarer Winde erregend, oder erschlugen dich auf dem Festlande feindselige Männer, als du Rinder und schöne Schafherden davontriebst, oder im Kampf für die Stadt und Weiber?" Wenn der Mensch vollends in der Blüthe seiner Jahre unerwartet dahingerafft wird, so sieht ihn Homer vom Geschosse Apollons (λ 173) oder seiner Schwester Artemis getroffen.

Jener streckt den Piloten des Menelaos (γ 280) mit sanften Pfeilen hin, während er noch das Ruder des eilenden Schiffes in Händen hielt. Daher sind auch pestartige Krankheiten, die ohne Unterschied Menschen und Thiere urplötzlich dahinraffen, Wirkungen seiner Pfeile. Eine unvergleichliche Schilderung einer im Achaierheere ausgebrochenen Seuche finden wir (Α 44): „Von den Häuptern des Olymp stieg Apollon, im Herzen grollend, den Bogen um die Schultern gelegt und den rings verschlossenen Köcher. Und es erklangen die Pfeile an die Schultern des Zürnenden, als er sich bewegte; der Nacht gleich wandelte er dahin. Dann setzte er sich entfernt von den Schiffen und schnellte den Pfeil ab. Furchtbar tönte der Klang vom silbernen Bogen. Anfangs erlegte er nur Maßler und schnelle Hunde; dann aber richtete und schnellte er den herben Pfeil auf die Männer; rastlos brannten da die Todtenfeuer. So stürmten neun Tage hindurch die Geschosse des Gottes durch das Heer." Seine Schwester Artemis spannt den Bogen zwar auch gegen Männer, wie sie denn in Ortygia (ε 124) Orion mit lindem Geschosse ereilte, besonders aber gegen Frauen. Sie trifft mit ihren Pfeilen jählings die Sidonierin (ο 477), welche mit dem kleinen Eumaios phoinikischen Seeleuten folgte, ebenso die von Theseus entführte Ariadne (λ 325), Bellerophontes Tochter Laodameia (Z 205), die Mutter der Andromache (Z 428); und Penelope wünscht in ihrem Jammer zu wiederholten Malen (υ 202, σ 61), es möge ihr Artemis den Pfeil in die Brust senken und ihr das Leben nehmen. Als die unglückliche Niobe ihre blühenden Kinder allzumal verlor, erlegte Apollon (Ω 605) mit seinem silbernen Bogen die sechs jugendfrischen Söhne, während die sechs Töchter den Pfeilen der erzürnten Artemis erlagen.

Da mit dem Tode der Schlaf verwandt ist, so erscheint Hypnos als Zwillingsbruder des Thanatos. Während aber dieser das Leben im Schlummer vernichtet, verleiht Hypnos, der Beherrscher (Ξ 233) aller Götter und Menschen, süsse, liebliche Ruhe. Als Here durch Schlaf und Liebe ihren Gemahl fesseln wollte, bat sie Hypnos (Ξ 230), den sie auf Lemnos gefunden, dass er die leuchtenden Augen des Zeus unter den Brauen einschläfere. Dieser aber will nicht recht daran, weil er schon einmal dafür, dass er auf Befehl der Here den Sinn des aigistragenden Zeus sanft herumgegossen in Ruhe gewiegt hatte, vom Aether ins Meer geschleudert worden wäre, wenn ihn nicht Nyx, die Götter und Menschen bändigt, fliehend aufgenommen und geschirmt hätte. Erst als Here unter einem furchtbaren Eid gelobt, ihm Pasithea, eine von den jüngeren Chariten zur Gemahlin zu geben, verliess er mit ihr Lemnos, von Nebel umhüllt, und legte schnell den Weg nach dem Ida zurück, wo eben der Wolkenversammler thronte. Aber ehe ihn Zeus' Augen erblickten, weilte Hypnos den rechten Augenblick erspähend unter den dichtesten Zweigen einer stämmigen Tanne. Nachdem es ihm dann gelungen war (Ξ 359), den Gott in betäubenden Schlummer zu versenken, eilte er wieder schnell zu den herrlichen Menschengeschlechtern weg.

Aber nicht nur der Schlaf, sondern selbst der Traum, welcher im Schlafe die entfesselte Phantasie des Menschen beschäftigt und auf sein Thun und Lassen, wenn er erwacht, oft keinen geringen Einfluss ausübt, wird dem Dichter zu einem persönlichen göttlichen Wesen. Der verderbliche Oneiros entschwebte auf Befehl des Zeus, von dem alle Träume kommen (Α 63), vom Olymp zu den schnellen Schiffen der Achaier (Β 19) in Agamemnons Zelt und trat in Nestors Gestalt zu Häupten des in labenden Schlaf Versunkenen, um ihm den Auftrag des Zeus auszurichten. Sonst wohnen die Oneiroi (ω 12) jenseits des Okeanos an den Thoren des Helios beim Eingang in die Unterwelt. Da gibt es (τ 562) zwei Thore der luftigen Träume, eines aus Horn gebildet, das andere von Elfenbein; die nun, welche durch das geschliffene Elfenbein kommen, täuschen nur, indem sie unerfüllbare Dinge verkünden; die aber, welche zum Thore des geglätteten Hornes herausgehen, bringen die Wirklichkeit für den Sterblichen, der sie geschaut hat.

Hypnos ist es nicht allein, welcher rings den Schlummer ausgiesst; auch Hermes kann mit seinem Zauberstabe (ε 47) die Augen der Menschen, welcher er will, einschläfern und Schlummernde wieder erwecken. Daher brachte man ihm (η 138), bevor man schlafen ging, mit den letzten Bechern einen Weiheguss dar. Seine Hauptthätigkeit aber tritt dann ein, wenn der Mensch vom Todesschlummer bezwungen worden ist. Er hat nämlich (ω 14) die Schatten der abgeschiedenen Todten in die Unterwelt hinabzuführen, wo diese ihr Leben fortsetzen; denn in so sinnliche Formen kleidet Homer mit dem ihm eigenen Triebe den Gedanken der Unsterblichkeit der Seele. Körperlos zwar (λ 219), ohne Fleisch und Bein und Sehnen, — denn die gewaltige Kraft des lodernden Feuers verzehrt diese, sobald einmal das Leben vom weissen Gebein sich gelöst hat — aber doch die Form des Körpers behaltend, steigt die Seele als bleicher Schatten (λ 207) in die Unterwelt hinab und beschäftigt sich da genau mit demselben, was der Mensch vordem auf Erden getrieben hat. Des Sehers Teiresias Schatten (λ 100) enthüllt Odysseus am Eingange in den Hades seine kommenden Geschicke; Achilleus waltet auch im Reiche der Todten (λ 485) als mächtiger Fürst; Aias' Schatten grollt noch wie auf Erden wegen der ihm abgesprochenen Wehr des Achilleus und wendet sich (λ 543), ohne etwas zu antworten, von seinem Gegner weg in das Dunkel zurück; Minos, den goldenen Stab in der Hand, spricht (λ 570) den Todten Recht, die den Richterstuhl des Herrschers sitzend und stehend umlagern; der gewaltige Orion jagt das Wild, welches er selbst auf einsamen Bergen erlegt hatte, in Schaaren (λ 573) die Asphodeloswiese hinab; auch Herakles (λ 602), sein Schattenbild nämlich, — denn er selbst freut sich mit den unsterblichen Göttern seines vollen Glückes im Besitze der schlankfüssigen Hebe — steht, den Bogen entblösst und auf der Sehne den Pfeil, schrecklich umschauend da wie zum Schiessen bereit. Besondere Lieblinge der Götter werden in die elysischen Gefilde versetzt, wo sie nicht als bleiche Schatten, sondern sammt ihrem Körper ewig fortleben. So prophezeit Proteus dem Menelaos (δ 562): „Nicht in dem rossebeweideten Argos ist dir bestimmt dein Ziel zu vollenden, sondern die Unsterblichen werden dich in das elysische Gefilde und an die Grenzen der Erde führen, wo der bräunliche Rhadamanthys wohnt, und das Leben des Menschen in seliger Wonne vergeht; da gibt es nicht Schnee, nicht Sturm, nicht Regen, sondern der Okeanos sendet immerfort, um die Menschen zu kühlen, den laut wehenden Hauch des Zephyrs." — Wer aber an den Göttern gefrevelt hat, den quälen diese ebenso auch mit ewigen Höllenstrafen und zwar mit solchen, die der Natur des Verbrechens am meisten entsprechen. Tityos, der sich an Leto vergriffen, liegt (λ 578) auf dem Boden ausgestreckt, indem

zwei Geier seine Leber, den Sitz der Begierden zerhacken; Tantalos muss seinen bei einem Göttermahle begangenen Frevel durch nie befriedigten Hunger und Durst büssen; denn (λ 585) wenn er sich zum Wasser bückt, das ihm bis an das Kinn reicht, so verschwindet dasselbe und versiegt im dunkeln Boden, und wenn er die über sein Haupt hereinhängenden Granaten, Birnen und Aepfel mit den Händen fassen will, so rafft sie der Wind zu den schattigen Wolken empor. Ebenso quält sich Sisyphos (λ 596) schweisstriefend und staubbedeckt ewig ab, den immer in den Grund hinabrollenden Steinblock hinaufzuwälzen.

Aber auch schon in diesem Leben auf Erden ereilt den, welcher eine fluchwürdige That begangen, die Strafe in den peinigenden Vorwürfen seines Gewissens und in den Schreckbildern, welche unaufhörlich der erregten Phantasie entsteigen. Lasst uns nun sehen, wie Homers plastischer Trieb selbst diese Stimme des Gewissens, sowie überhaupt die im Seelenleben des Menschen eintretenden Bewegungen und Stimmungen zu Personen und körperlich sich darstellenden Handlungen gestaltet und mit dem Olymp und seinen Bewohnern in lebendigen, unmittelbaren Verkehr setzt. In dem Augenblicke, da einer einen Frevel begeht, ist sein Bewusstsein getrübt und verwirrt; diese Verblendung aber und das darauf folgende Unheil verhängt Ate, die, seit ihr Vater Zeus (Τ 127) sie voll Grimm an den glänzenden Locken des Hauptes packend vom sternigen Himmel zu der Menschen Fluren herabgeschleudert, leichten Fusses, ohne den Boden zu berühren, über dem Haupte der Männer hinschreitet (Τ 92) und bald diesen, bald jenen verstrickt. In ihrem Gefolge aber ist die im Dunkeln wandelnde (Τ 87) Göttin des Fluches und der Rache, Erinnys, welche Agamemnon nach Verletzung des Achilleus durch Wegnahme seiner Briseïs (Τ 132), den an seinem Vater frevelnden Phoinix (Ι 454), Meleagros nach dem Morde seines mütterlichen Oheims (Ι 571), pflichtvergessene Kinder und Geschwister (β 136, Ο 204), Meineidige (Τ 261) und andere Verbrecher mit ihrem strafenden Arme rasch erreicht. Nicht selten kommt es aber auch vor, dass dem Frevel die Reue und der Wille, ihn ungeschehen zu machen, auf dem Fusse folgt. Ist dieses der Fall, so muss der Beleidigte dem Beleidiger ein versöhnliches Herz entgegen tragen, es könnte sonst sein hartnäckiger und halsstarriger Sinn umgekehrt ihn ins Verderben ziehen. Gar treffend malt dieses Homer in der meisterhaften Rede des Phoinix, durch welche dieser seinen Zögling bewegen will, dem Groll gegen Agamemnon zu entsagen. Die Litai (reuigen Bitten) sind Töchter des grossen Zeus, hinkend, insoferne man nur mit Widerstreben Abbitte leistet, runzelig, da Scham und Reue das Gesicht entstellen, scheeläugig, indem der Verbrecher einen scheuen Blick hat und das Auge nicht frei und offen aufzuschlagen wagt (Cammann pag. 212); eifrig gehen sie hinter der Ate einher. Die Ate aber ist kräftig und stark zu Fuss; daher läuft sie jenen allen weit voraus und über die ganze Erde stürmend schlägt sie den Menschen; die Litai aber suchen hinterher zu heilen. Wer nun die Töchter des Zeus, wenn sie nahen, verehrt, den beglücken sie sehr und erhören sein Flehen; wenn aber einer sich sträubt und sie hart abweist, so gehen sie zu Zeus und bitten ihn, dass jenem die Ate folge, und er durch Schaden büsse. Wir haben bei der Anlage der Ilias bereits gesehen, wie Achilleus die Abweisung der Litai durch den Verlust seines Freundes Patroklos hat büssen müssen.

Ebendort haben wir auch schon bei verschiedenen, besonders auffallenden Gelegenheiten angedeutet, wie alles, was im Herzen der Helden vorging, die hin- und herschwankenden Meinungen, die Gedanken und Entschlüsse, die sie fassten, sich gleichsam als Götter in den Olymp emporgeschwungen und dort in sinnlicher Klarheit das Vorspiel von dem gegeben haben, was darauf in der Ebene von Troja in Wirklichkeit sich vollzog. Wenn man also die Erde als Spiegelbild des Olymp und die in der Ilias dargestellten menschlichen Ereignisse, Schicksale und Kämpfe als Reflexe der Gedanken, Berathungen und Thaten der Götter bezeichnen kann, so erscheint das Thun und Treiben der Götter selbst wieder als sinnliche Fassung der Gemüthswelt, als plastische Gestaltung der Gefühle, Pläne und Entschliessungen der Helden.

Sei es in ihrer eigentlichen Göttergestalt oder in Gestalt irgend eines Sterblichen erscheinen die Götter in solchen Momenten und Situationen des Lebens, welche das Gemüth des Helden vollständig einnehmen und beherrschen oder sein geistiges Vermögen ganz besonders herausfordern. Die Geisteskraft, welche in so entscheidenden Lagen in gespannte Thätigkeit tritt, ringt sich aus dem Menschen heraus und erscheint als selbstständiges körperliches Wesen in seiner Begleitung. Achilleus, durch Agamemnons Drohung, ihm seine Briseïs zu nehmen, in die äusserste Wuth versetzt, schwankte lange hin und her (Α 190), ob er das scharfe Schwert sich von der Hüfte reissen, die Fürsten vom Sitze aufjagen und den Atriden niederhauen, oder ob er den Grimm bezähmen und sein zorniges Herz beherrschen solle. Die kalte Besonnenheit gewann zuletzt die Oberhand; die nervige Rechte an den silbernen Griff gelegt (Α 219) stiess er das schon gezogene gewaltige Schwert wieder in die Scheide zurück. Diese Entscheidung aber war das Werk der Athene, welche hinter Achilleus tretend (Α 197) und ihn bei den goldenen Locken fassend mit verständigen Worten seinen jähen Zorn besänftigt.

Die windschnelle, goldbeflügelte Iris, die Botin aller Götter, besonders aber des Zeus, von dem sie Botschaften, Rathschläge und Aufträge den Unsterblichen und Sterblichen überbringt, ist nichts anderes, als der urplötzliche, im Geiste des Menschen auftauchende Gedanke und der daraus durch reifliche Ueberlegung geborene Entschluss. Als der getödtete Hektor Tag für Tag von seinem Gegner so unwürdige Behandlung erlitt, machte sich Priamos mit dem gewagten Unternehmen vertraut, heimlich bei Nacht nur mit einem Herold in das feindliche Lager zu gehen und unter Erlegung von kostbaren Geschenken die Herausgabe der Leiche seines Sohnes zu erbitten. Der Dichter stellt diesen geistigen Vorgang folgender Massen dar (Ω 160): Die stürmische Iris erhob sich, nachdem sie vom Kroniden den Befehl erhalten, vom Olymp und kam in das Haus des Priamos, wo sie Jammer und Klage antraf. Hier trat sie nahe zu ihm hin, tröstete den Zitternden und sprach: „Der Olympier gebietet dir, den göttlichen Hektor zu lösen und dem Achilleus Gaben zu bringen, die sein Herz erweichen, allein, und kein Troer soll sonst mit dir gehen. Nur ein älterer Herold mag dir folgen, welcher die Maulthiere und den schönrädrigen Wagen lenke und nachher die Leiche Hektors hinwiederum zur Stadt führe." Und als die schnellfüssige Iris dieses gesprochen, schwebte sie von dannen; Priamos aber trieb trotz Bitten und Klagen der Hekabe das eigene Herz und Verlangen (Ω 198) durch das weite Lager der Achaier zu den Schiffen zu gehen. Da aber die Ausführung seines Vorsatzes keinen geringen Aufwand von Entschlossenheit, Beredtsamkeit und Klugheit erforderte, so lässt ihn Homer auf den nächtlichen Pfaden Hermes, dem gewandten Gott der List und Schlauheit, begegnen, der (Ω 440) sich in den Wagen emporschwingend rasch Geissel und Zügel ergriff, den greisen König zu Achilleus' Zelt brachte und ihm zuredete (Ω 465), wie er auf das Herz des Grausamen am meisten einwirken könne.

Derselbe Gott trat in Gestalt eines blühenden Jünglings Odysseus entgegen, als er eben die Befreiung seiner Gefährten erwägend sich auf dem Wege zur verhängnisvollen Behausung der Kirke befand. Sein kluges und entschlossenes Benehmen gegen die Zauberin, wodurch er nicht nur selbst vom Unheil bewahrt bleibt, sondern auch seine Gefährten löst und eine unerwartet glückliche Wendung der Dinge herbeiführt, ist die Wirkung des von Hermes (κ 281) ihm gegebenen Rathes und Zauberkrautes.

Noch viel öfter als Hermes erscheint die weise und besonnene Athene in Begleitung des schlauen und vielgewandten Odysseus. Wie sie früher den Herakles gerettet, wenn er von den Kämpfen des Eurystheus bedrängt wurde, besonders aber damals in Verbindung mit Hermes ihn geschirmt hatte (λ 623), als er zu den festverschlossenen Thoren des Hades hinabgeschickt ward (Θ 367), um vom Erebos den Hund des verhassten Hades zu holen: so erscheint sie in kritischen Augenblicken und verlegenheitsvollen Lagen rathend und helfend an der Seite des Odysseus. Als Mädchen (η 20), einen Krug in Händen, weist sie ihm unter Ertheilung von Verhaltungsmassregeln den Weg zum Palast des Alkinoos; in Männergestalt (θ 193) steckt sie bei seinem entscheidenden Diskuswurf am Hofe der Phaiaken das Ziel; als jugendlich zarter Hirtenknabe klärt sie den um die Heimat jammernden auf (ν 219), dass er auf dem Boden von Ithaka stehe; dann in ein schlankes Weib verwandelt (ν 288) zerstreut sie den über dem Eiland gelagerten Nebel (ν 352), bespricht nach Bergung der Schätze in der Nymphengrotte die Massregeln für die nächste Zukunft und nimmt zum Behufe der Ausführung mit ihm die Metamorphose in einen alten Bettler vor (ν 430); wieder tritt sie als schönes Weib an die Thüre des Gehöftes von Eumaios und erscheint dem Odysseus (π 160), als dieser nach Entfernung des Sauhirten den passenden Augenblick gekommen glaubte, sich seinem Sohne Telemachos zu erkennen zu geben; in jenem spannenden Momente, da er den von Iros angebotenen Faustkampf annehmend (σ 67) seine gewaltigen Lenden, die breiten Schultern, Brust und nervigen Arme enthüllte, nahte sich ihm Athene und erhöhte noch seinen Wuchs; als er in der Nacht vor der grossen Rachethat sich schlaflos auf seinem Lager herumwarf, erwägend (υ 28), wie er an die schamlosen Freier Hand anlege, er allein an die vielen, da trat die vom Himmel herabgestiegene Athene in Gestalt einer Frau ihm zu Häupten und ermuthigte ihn zu entschlossenem Handeln; während des Rachenaktes selbst, den er im schweren blutigen Kampf mit so vielen und tapferen Männern vollzog, erschien sie (χ 205) neben ihm an der Schwelle, seinem Freunde Mentor an Gestalt und Stimme ähnlich; die vollständige Niederlage der Frevler ist die Wirkung der menschenvertilgenden Aigis (χ 297), die sie hoch vom Gebälk herab schwingt. — In ganz ähnlicher Weise sehen wir die Göttin auch bei dem Sohne des Odysseus, Telemachos, sich bethätigen. Während dieser unter den Freiern da sass (α 115), im Geiste sinnend, ob nicht etwa einmal sein trefflicher Vater zurückkehre und die Freier im Palaste zerstäube, stand sofort Athene in Gestalt des Taphierkönigs Mentes an der Schwelle (α 104) und erweckt und festigt durch ein

langes Gespräch in Telemachos den Vorsatz, den Freiern das Haus zu verbieten und auf Erkundigung des Vaters selbst auszuziehen. Als es um die Ausrüstung eines Schiffes und die Ausführung des ganzen für Telemachos so schwierigen Unternehmens galt, stand er fortdauernd unter dem sichtbaren Einflusse der weisen Göttin, welche ihn in Gestalt des schon oben erwähnten Mentor begleitet und erst in Pylos (γ 371), wo sie ihn in Nestors Hause wohlgeborgen weiss, verlässt. Als dann nach längerem Aufenthalt in Lakedaimon es dem Telemachos keine Ruhe mehr liess, und die Sorgen um den Vater während der Nacht ihn wach erhielten (ο 8), trat Athene wieder nahe vor ihn hin, zur Heimkehr mahnend und vor den Nachstellungen der Freier warnend.

Erscheint indessen die Göttin in solchen Momenten der Erwägung auch nicht persönlich, so fliesst doch Gedanke und Entschluss unmittelbar von ihr aus. So gibt sie (φ 2) der verständigen Penelope in den Sinn, den Freiern Odysseus' Bogen und die eisernen Beile zum Kampf und Beginn des Mordes in den Saal zu bringen; ebenso hatte sie ihr früher in den Sinn gegeben (σ 158), sich den Freiern zu zeigen, damit sie deren Herz in Sehnsucht schwellen mache; und auf dass dieses ihr um so mehr gelang, hatte sie allen Zauber ächter Weiblichkeit angezogen. Der Dichter stellt dieses in folgenden anschaulichen Zügen dar (σ 188): „Süssen Schlummer ergoss Athene über Ikarios' Tochter; sie schlief zurückgelehnt, und alle Sehnen lösten sich ihr dort auf dem Ruhebett; während dem theilte ihr die hehre Göttin himmlische Gaben zu, dass sie die Achaier staunend sähen, verklärte zuerst ihr schönes Antlitz mit unsterblichem Liebreiz, womit die schön bekränzte Kythereia sich salbt, wenn sie sich in den anmuthigen Reigen der Chariten mischt, machte ihre Körperformen grösser und voller von Ansehen und hauchte ihr reineres Weiss an als das des geschliffenen Elfenbeins."

Damit sehen wir zugleich, wie Homer auch andere ideale Begriffe und Verhältnisse auf die Götter bezogen und ihnen dadurch konkrete Gestalt und plastische Abrundung gegeben hat. Wenn die Helden in der Schlacht an Muth und stürmischer Tapferkeit, an Besonnenheit und Geistesgegenwart sich selbst übertreffen, ihr sicheres Geschoss entsenden, das feindliche dagegen vermeiden, so ist dieses alles die Wirkung einer Gottheit, die sich hinter und neben ihrem Schützling sichtbar zeigt und persönlich in den Gang der Dinge eingreift. Dem durch Pandaros' Pfeil verwundeten und jetzt um so wüthender in die Reihen der Troer einbrechenden Diomedes machte Athene (Ε 122) nahe hintretend die Glieder, Füsse und Arme geschmeidiger und senkte ihm des Vaters entschlossene Kraft in die Brust, so dass er von dreimal grösserem Muthe entflammt ist (Ε 136). Ja sie steigt sogar in seinen Wagen (Ε 836) und lenkt ihn, Geissel und Zügel ergreifend, gegen Ares. Die von diesem gegen den Helden geschleuderte Lanze stösst sie mit der Hand vom Wagen fort (Ε 853), so dass sie vergeblich hinwegsauste; als aber Diomedes mit seinem Speer sich erhob, da trieb sie diesen dem Gotte unten in die Weichen hinein. In ähnlicher Weise äussert sie ihre Thätigkeit im Entscheidungskampfe des Achilleus mit Hektor. In der Gestalt seines Bruders Deiphobos (Χ 225) beredet sie diesen zu kühnem Widerstande gegen den Peliden; den Wurfspiess, welcher aus der Hand des Achilleus über den in die Kniee sinkenden Gegner in die Erde geflogen war (Χ 275), ergriff und reichte sie schnell dem Peliden zurück, während sie den gerade anstürmenden Speer Hektors vom Schilde ihres Lieblings abprallen lässt. Hektor unterlag, weil ihn Muth, Kraft und Besonnenheit, verkörpert in Apollon, verliess. Dieser hatte ihn zuvor stets freundlich geschirmt (Χ 204) und namentlich einmal gewarnt (Υ 376), den Vorkampf mit Achilleus zu wagen. Aber damals trieb ihn sein Geschick in den Kampf und ins Verderben. Den entscheidenden Wendepunkt malt uns Homer in folgendem klaren Bilde (Χ 209): Als sie zum vierten Male an die Quellen gelangt waren, richtete Vater Zeus die goldenen Wagschalen, legte zwei Loose des lang hinstreckenden Todes hinein, eins für Achilleus und eins für den reisigen Hektor, fasste sie dann mitten und wog: da sank Hektors verhängnissvoller Tag tief herab in den Hades, und Phoibos Apollon verliess ihn. Fast mit den nämlichen Worten schildert er die endliche Niederlage der Achaier nach lange schwebendem Kampfe (Θ 69): Der Vater zog die goldenen Wagschalen auf und legte die beiden Loose des lang dahinstreckenden Todes hinein der rossebändigenden Troer und erzumschirmten Achaier, fasste sie in der Mitte und wog; das Todesschicksal der Achaier neigte sich tief zur vielernährenden Erde; der Troer Loos aber stieg zum weiten Himmel hinauf. Und er selbst donnerte mächtig vom Ida herab und schleuderte mitten ins Achaierheer den lodernden Blitz; sie aber standen betäubt vom Anblick, und bleicher Schrecken fasste alle.

Zeus theilt aber den Helden nicht nur das Todesgeschick zu, sondern hat auch Macht, dasselbe von ihnen abzuwenden. Von seinem Sohne Sarpedon wehrte er (Μ 402) die mit Teukros' Pfeil daher fliegenden Keren ab, dass er nicht an den Schiffshintertheilen erlag; Aias traf seinen Schild wild anstürmend; die Lanze aber drang nicht ganz hindurch. Erst nachdem Zeus durch die gewandte Rede seiner Gattin Here überwältigt worden war (Π 440), gab er ihn dem mordenden Speer des Patroklos preis.

Doch wenden wir uns nun zum Verderben und Schrecken des Krieges selber und betrachten, mit welch sinnlicher Klarheit auch da alles, was sich darauf bezieht, aus des Dichters unermüdlich bildender Phantasie hervorgeht.

Aus der immer grössere Dimensionen annehmenden, den Krieg nach sich ziehenden Zwietracht formt er die Eris (Δ 442), welche anfangs nur wenig sich erhebt, dann aber das Haupt bis zum Himmel emporstreckt und auf der Erde einhergeht, gemeinsamen Streit in die Mitte wirft und in den Händen (Λ 4) das Zeichen des Krieges hält; aus der grausen, auf der Wahlstatt hin- und herwogenden, Blut und Entsetzen rings verbreitenden Feldschlacht, sowie aus dem verderblichen Kriege überhaupt (Δ 441) den Bruder und Genossen der Eris, den stürmischen, bald dahin, bald dorthin sich wendenden Ares (Ε 881). Dieser ist blutdürstig, schrecklich und furchtbar, ein ausdauernder (Ε 289) Kämpfer, ehern (Ε 704), rasch (Ε 430), brüllt laut auf (Ν 521) wie zehntausend Krieger (Ε 860), schwingt die Lanze (Ο 605), durchbricht die Schilde (Φ 392), stürmt Mauern, würgt Männer und besudelt sich mit Blut (Ε 31). In hellstrahlender Rüstung (Ο 120), mit Helm, Schild und eherner Lanze wohl bewehrt (Ο 125), besteigt er den Wagen, an den Deimos (Ο 119) und Phobos (Grauen und Schrecken) die Rosse schirren. Und so geht er in die Feldschlacht ein (Ν 299), gefolgt von seinem Sohn, dem starken, furchtlosen Phobos, welcher auch kühn ausharrende Krieger erschreckt. Auch seine Schwester Eris wandelt im Gewühle umher (Δ 445), das Stöhnen der Männer zu vermehren, und Kydoimos, der Daimon des Schlachtgetümmels, und die vernichtende Ker (Σ 535) gesellen sich ihr bei, die bald einen Verwundeten, bald einen Nichtverwundeten, bald einen Entseelten fasst und an den Füssen durch das Gewühle hinzieht; und von dem Blut der Männer röthet sich ihr um die Schultern flatterndes Gewand.

Wenn in dem Vorhergehenden Ares mit seinen Söhnen als Personifikation des lediglich auf Mord und Verwüstung beruhenden Krieges erscheint, so wird die auf Muth und Tapferkeit ebensowohl als auf Ueberlegung basirte Kriegführung von dem Dichter auf Athene zurückgeführt. Da nun kluge Berechnung über rohe Gewalt gar oft die Oberhand gewinnt, muss Ares auch nicht selten der umsichtigen Göttin weichen. Diomedes' Speer trieb Athene Ares in die Weichen hinein (Ε 855), wo er mit der Binde gedeckt war; dorthin traf sie ihn, zerriss ihm die blühende Haut und zog den Speer wieder heraus. Als Ares in seiner Unbesonnenheit gegen den Willen des Zeus den Tod seines Sohnes Askalaphos rächen wollte, erhob sich (Ο 125) Athene von ihrem Sitze, riss ihm den Helm vom Haupt und den Schild von den Schultern, nahm ihm die eherne Lanze aus der nervigen Hand und stellte sie unter strafenden Worten hin. Im grossen Götterkampf am Flusse stösst (Φ 400) der mordbefleckte Ares den quastenbesetzten grausen Schild der Athene, den selbst der Blitz des Zeus nicht zerschmettert, mit seiner langen Lanze; und zurückweichend erhob sie mit der markigen Rechten einen auf dem Felde daliegenden Feldstein, schwarz, zackig und gross, den früher Männer als Grenze für den Acker gesetzt hatten; damit traf sie den stürmischen Ares am Hals und löste ihm die Glieder. Sieben Hufen bedeckte er im Fall, mit Staub mischte sich sein Haar, und um ihn rasselte die Rüstung. Wenn Ares als Mauerzerstörer auftritt, so führt Athene die Rolle der Städteschirmerin (Ζ 305), wie sie denn überhaupt (Ε 765) dem tollkühnen Kriegsgott immer übel mitspielt.

Mag sie aber auch noch so sehr durch Besonnenheit Ares überlegen sein, so bleibt doch Zeus der oberste Lenker in Kampf und Krieg. Nur diejenige Partei erringt den Siegesruhm, welche er gerade begünstigt, und wenn auch alle übrigen Götter zur Hilfe der andern sich verbänden. Als er einmal den Troern Sieg verleihen wollte, verargten es ihm alle; allein der Vater kümmerte sich nicht um sie; gesondert und weit von den andern entfernt sass er da, seines Ruhmes sich freuend, und schaute nieder auf die Stadt Troja und die Schiffe der Achaier, auf blitzendes Erz, auf Würger und Erwürgte. Der tapfere Aias ruft (Ρ 630) verzweifelt aus: „Wahrlich, auch der grösste Thor muss jetzt erkennen, dass Vater Zeus selber den Troern beisteht. Treffen doch alle ihre Geschosse, ob sie ein Feigling oder ein Tapferer schleudert; Zeus lenkt alle ans Ziel; uns allen aber fallen sie umsonst und nutzlos zu Boden." Wie Zeus, der Obwalter des Krieges im Menschengeschlechte (Τ 225), vollends die Entscheidung durch Senkung und Hebung der mit dem Todesgeschick der beiden Heere oder Gegner beladenen Wagschalen herbeiführt, haben wir bereits oben gesehen.

Es ist aber nicht die Entscheidung über Krieg und Frieden allein, welche in der Hand des Zeus liegt, sondern noch gar viele andere Verhältnisse des öffentlichen Lebens werden von Homer auf den Vater der Götter und Menschen zurückgeführt und in ihm verkörpert, und erscheinen dann wieder als konkrete Aeusserungen seiner Machtfülle. Wie wir ihn oben als Urheber der Naturerscheinungen und als Erhalter der physischen Welt kennen gelernt haben, so tritt er uns hier als Begründer und Lenker der moralischen Weltordnung entgegen. Vor allem geht von ihm, dem höchsten Herrschenden (α 81), alle Ehre (Β 197) und das Königthum (Β 205) aus; denn (Ι 98) Herrscher des Volkes ist der, welchem Zeus Scepter und Rechte in die Hände gelegt. Eine der ersten und wichtigsten Pflichten der Könige besteht darin, ihre Unterthanen (Β 25) weise zu berathen; daher ist Zeus der höchste Berather, der an Weisheit Götter und Menschen übertrifft (Ν 631), und leitet die Versammlungen, welche auf seinen Befehl Themis, die Göttin der Gerechtigkeit, sowohl im Olymp (Υ 5), als auch unter den Menschen (β 69) beruft und löst. Recht und Gesetz ist unter seiner Obhut; wenn daher ein ungerechter Richterspruch die Strafe des Himmels herausfordert, so sucht Zeus zürnend die Männer heim, die in der Versammlung (Π 386) willkürlich und falsch bei ihrem Urtheil verfahren und unbekümmert um die Rache der Götter das Recht ausstossen. Er giesst dann reissendes Wasser herab, alle Ströme überfluten das Land, Sturzbäche zerreissen viele Abhänge, stürzen unter lautem Getöse jählings von den Bergen und zertrümmern, nach dem purpurnen Meere fliessend, die Werke der Menschen. Ebenso streng wacht Zeus über den Eid. Bei der Schwurformel wird zuvor er angerufen, dann erst Gaia, Helios, die Erinnyen (Τ 259) und die andern Unsterblichen (Γ 298). Agamemnon tröstet sich und seinen vom Pfeile des vertragsbrüchigen Pandaros getroffenen Bruder Menelaos (Δ 158): „Umsonst ist der Eidschwur gewiss nicht, das Blut der Lämmer, die Opfer lautern Weins und der Handschlag, dem wir vertraut haben; wenn es auch nicht der Olympier alsogleich vollendet, später wird er es doch vollenden, und schwer werden sie es dann büssen mit dem eigenen Haupt, den Weibern und Kindern, wenn Zeus selbst, der Kronide, der hoch im Aether thront, gegen sie alle die grauenvolle Aigis schüttelt, wegen seines Betruges zürnend." Als Hasser und Rächer jeder Unbill nimmt er sich ganz besonders auch der schutzflehenden Fremden an. Von diesem Bewusstsein durchdrungen, dass Zeus der Schutzflehenden Rächer ist (ι 270) und ehrwürdige Fremdlinge geleitet, naht Odysseus mit Vertrauen dem Kyklopen, ihn um ein gebührendes Gastgeschenk zu bitten; und der treffliche Sauhirt nähme, weil Zeus alle Fremdlinge und Arme angehören (ξ 57), auch noch einen geringeren Mann als den in Lumpen gehüllten Odysseus gastfreundlich auf. So sehr aber Zeus Hartherzigkeit gegen Fremde ahndet, so schwer trifft er auch jene Undankbaren, welche die Gastfreundschaft missbrauchen und Unheil in die Familie bringen, wo sie gastliche Aufnahme gefunden haben; denn er ist Schirmer der Familie und des Hauses und hat gewöhnlich (χ 334) im Vorhofe einen Altar, wo ihm die Bewohner viele Schenkeln von Stieren verbrennen. Darum droht Menelaos (Ν 624) den frechen Räubern seiner Schätze und seines jugendlichen Weibes, von dem sie gastlich bewirthet worden waren, mit der furchtbaren Rache des Zeus ξένιος, der ihnen einst die hohe Veste zerschmettern werde.

Da die Familie auf der Ehe beruht, und die Liebe es ist, die das Band der Ehe knüpft, so finden die ehelichen Verhältnisse am natürlichsten ihren sinnlichen Ausdruck in der Gemahlin des Zeus, Here, der Mutter der wehschaffenden Eileithyien (Λ 271), und in Aphrodite, zu welcher der Vater der Götter und Menschen sagt (Ε 428), dass sie sich nicht um Krieg, sondern um die reizenden Werke der Ehe kümmern soll. Die Göttinnen der Anmuth, die Chariten, sind ihre Dienerinnen; von ihnen wird sie gebadet (θ 364), mit ewigem Oel gesalbt, das die immerseienden Götter umduftet, und in ambrosisches Gewand gehüllt, das sie selbst (Ε 338) gewoben haben. Sie besitzt den Zauber der Liebe und Sehnsucht (Ξ 198), womit sie alle Himmlischen und Sterblichen bezwingt; dieser Zauber wohnt in ihrem buntgestickten Gürtel (Ξ 215); denn da sind Liebreiz, Verlangen, Gekose und schmeichelnde Bitten, welche selbst den Verstand der Verständigsten berücken, durcheinander verwoben. Der wunderbare Gürtel führt uns hinüber zu den Künsten und ihren Vertretern, Athene und Hephaistos.

Diese beiden Geschwister lehren (ζ 234) Kunstfertigkeit jeder Art und erküren sich (Ε 61) ausgezeichnete Künstler zu ihren Lieblingen. Athene verleiht nicht nur den Frauen Kunstverständniss (β 116) und erfindsamen Geist, um gepriesene Werke und künstlich verschlungene Gewebe zu schaffen (η 72), sondern wirkt selbst (Ξ 179) mit geübter Hand ambrosische Gewande und durchwebt sie mit mancherlei Wundergebilden.

Hephaistos aber als Gott des Feuers ist Patron der auf diesem Elemente namentlich beruhenden Kunst. Wie von Athene, so werden auch von ihm die sterblichen Künstler inspirirt, und besonders gelungene Werke in Metall, wie des Diomedes prächtiger Panzer (Θ 195), des Achilleus ganze Rüstung, bestehend aus Harnisch, Helm, den Beinschienen und dem weltberühmten Schilde (Σ 478—613), ebenso auch die goldenen und silbernen Hunde (η 91), die unsterblich und in ewiger Jugend blühend den Saal des Alkinoos bewachen, sind sogar sein eigenes Werk. Wie weit es aber die Kunst im Nachahmen der Natur bringen kann, zeigt der Gott (Σ 418) an den zwei goldenen Sklavinnen, welche lebenden Mädchen gleich und mit Verstand, Stimme und Kraft begabt unter ihrem hinkenden Herrn, der sich auf sie stützt, hinkeuchen.

Dichtkunst und Musik verkörpert Homer in Apollon und den Musen; daher werden diese von den Sängern bei Beginn ihres Gesanges (α 1, Α 1) oder wenn sie zur Darstellung besonderer

Heldenthaten und wichtiger Ereignisse einen höheren Ton anschlagen (Θ 484, 491; Λ 218; Σ 508; Π 12) und gleichsam alle Kraft zusammennehmen, regelmässig angerufen. Denn sie lieben das Geschlecht der Sänger, lehren ihnen Lieder (ϑ 480), geben ihnen süssen Gesang (ϑ 64) und begeistern sie, die ruhmvollen Thaten der Helden zu feiern (ϑ 73). Das Unglück übermüthiger Dichter hingegen ist auch ihre That. Sie blenden zürnend den Thrakier Thamyris (B 599) und nehmen ihm den göttlichen Gesang und die Kunst des Lyraspiels, weil er sich prahlend vermass, selbst die Musen, die Töchter des aigiserschütternden Zeus, im Liede zu besingen. Beim Götterschmause singen sie selber mit schöner Stimme in Wechselchören (A 603), während Apollon dazu die Saiten rührt. Wie die Musen lehrt auch Apollon (ϑ 488) Sterblichen den Gesang; da aber im Alterthum Dicht- und Wahrsagekunst verschwistert waren, so ging von ihm, der zu Pytho ein Orakel hatte (ϑ 80), auch die Gabe der Prophezeiung aus. Kalchas, weitaus dem kundigsten Vogelschauer (A 69), der erkannte, was ist, sein wird und war, hat Phoibos Apollon die Seherkunde gegeben, womit er die Schiffe der Achaier nach Ilion geleitete und die Ursache der im Heere wüthenden Pest aufdeckte.

Ein gutes Stück des öffentlichen Lebens hat endlich der Dichter noch in den mannigfaltigen Rollen des Hermes plastisch dargestellt, den wir schon oben als den in entscheidenden Momenten des Lebens zu Fleisch gewordenen klugen Entschluss bezeichnet haben. Dabei kam es nicht immer auf Ehrlichkeit und Aufrichtigkeit an. Autolykos, Odysseus' mütterlicher Grossvater, von Hermes (τ 395), dem er die lieblichen Schenkel von Schafen und Zicklein verbrannte, huldreich beschirmt und beseelt, zeichnete sich durch Betrug und Meineid unter den Menschen aus. Stahl doch Hermes selbst (E 390) heimlich Ares aus den grausamen Fesseln des Otos und Ephialtes. Wie aber er alle Aufträge mit einer gewissen Genialität und Eleganz ausrichtet, so verleiht er auch den Menschen (ο 319), die sich seiner Huld erfreuen, bei ihrem Thun Geschick, Anmuth und Gewandtheit. Diese Eigenschaften aber waren nebst der Gabe der Beredtsamkeit für niemand wichtiger als für die Herolde, die im heroischen Zeitalter bei allen öffentlichen Akten, bei Opfern und Bündnissen, Gesandtschaften und Volksversammlungen eine so immense Bedeutung hatten. Daher wird Hermes weiter zum reinen Sinnbild der Herolde und erscheint unter den Unsterblichen mit den nämlichen Funktionen betraut wie seine sterblichen Clienten auf Erden. Da aber durch diese Frieden gestiftet und der Verkehr vermittelt wird, und diese beiden Faktoren Reichthum an allen irdischen Gütern zur Folge haben, — in Troja hatte Hermes vor allem den an Herden begüterten Ilioneus geliebt (Ξ 491) und mit Wohlstand gesegnet —, so werden auch alle diese bürgerlichen Verhältnisse auf Hermes, den Heilbringer, Segenspender, Geber aller Güter bezogen.

Wenn Herodot an einer Stelle sagt, Homer habe mit Hesiod den Griechen ihre Götter gemacht, so verstehen wir dieses nicht etwa bloss in dem Sinne, als seien seine unsterblichen Werke die Bibel gewesen, aus der alle kommenden Geschlechter die religiösen Vorstellungen geschöpft haben, und als beruhe auf ihnen zunächst die Begründung und Entwicklung der griechischen Religion, sondern wir nehmen es im buchstäblichen Sinne, insofern er das Göttliche aus der unbestimmten, unendlichen Begriffswelt in das lebendige Sein übersetzt und mit der vollen Klarheit plastischer Formen bekleidet hat. In allem konnte er sich freilich des Unermesslichen und Unfassbaren der Gottheit nicht entschlagen; denn er legt den Göttern Eigenschaften, Kräfte, Thaten und Verhältnisse bei, die dem Sinnlichen und Menschlichen mehr oder weniger entrückt sind, oder potenzirt sie wenigstens in dem Masse, dass die Formen auseinander fliessen und der Gestaltung zu spotten scheinen. So brüllt der eherne Ares (E 860), wie neun- oder zehntausend Männer in der Schlacht aufschreien, als ihm Diomedes im Kampfe die Haut zerfleischt hatte. Ebenso laut schreiend stürmt Poseidon durch das Gefilde. „Wie neun- oder zehntausend Mann im Kriege aufschreien, wenn sie im Sturm des Kampfes aufeinander stossen" (Ξ 147), eine solche Stimme entsandte der erderschütternde Herrscher aus seiner Brust. Ares, von Athene in der Flussschlacht mit einem Stein am Hals getroffen, fällt und bedeckt (Φ 407) mit seinem Körper nicht weniger als sieben Hufen Landes. — Nicht weniger unbegreiflich und übermenschlich als die kolossale Grösse der Götter ist auch die Schnelligkeit, womit sie sich bewegen; es blitzt unwillkürlich der von der Gottheit unzertrennliche Begriff der Allgegenwart durch. Vom zackigen Gebirge des thrakischen Samos steigt Poseidon herab (N 17), rasch mit dem Fusse vorwärts schreitend, und die Höhen der Berge und Wälder erzittern unter den unsterblichen Füssen des wandelnden Gottes; dreimal streckt er den Schritt, und mit dem vierten erreicht er das Ziel Aigai. Mit ebenso ungeheuern Luftschritten entschwang sich Here (Ξ 225) vom Haupt des Olympos über Pieria hin und das liebliche Emathia, flog zu den schneeigen Bergen der rossetummelnden Thraker über die höchsten Gipfel hinweg und berührte mit den Füssen die Erde nicht; und vom Athos stieg sie ins wogende Meer und kam nach Lemnos. Und mit dem Schlafgott, ihren Gemahl

zu bethören, verliess sie Lemnos in Nebel gehüllt und vollendete schnell den Weg (Ξ 282). Ueber Meer und Festland schritten sie, und unter ihren Füssen erbebten die Wipfel des Waldes. Athene band sich unter die Füsse die Sandalen (α 96. 102), welche sie über die Flut und das unendliche Land mit dem Hauche des Windes hintragen, und sie schwang sich von den Häuptern des Olymp und stand im Lande Ithaka an der Schwelle des odysseischen Palastes. Ebenso entflog Hermes (ε 50), um Kalypso den Befehl von Zeus zu hinterbringen, dem Olymp, trat auf Pieria und senkte sich aus dem Aether ins Meer; dann eilte er über die Woge dahin, der fliegenden Möwe gleich. Die Götterbotin, die windschnell eilende Iris, fuhr vom Idagebirg nieder zum heiligen Ilios (O 168). Gleichwie der Schnee aus den Wolken daherfliegt oder der kalte Hagel unter dem Stoss des äthergebornen Nordwinds, ebenso rasch flog die schnelle Iris eilend dahin. Ein anderes Mal sprang sie ins schwarze Meer (Ω 79) und fuhr wie ein Bleiklumpen in die Tiefe, um Thetis zu Zeus zu rufen. Ja Homer schreibt den Göttern nicht selten Unsichtbarkeit zu und deutet dann ihre Gegenwart durch dichten Nebel oder auch durch glänzenden Schein an. Als die Troer, Hektor an der Spitze, vorwärts rückten, schritt dem Hektor selber Apollon voran, die Schultern in Nebel gehüllt (Π 790). Aus eben dem Grunde bemerkte ihn auch Patroklos nicht, wie er durch das Gewühl auf ihn herankam; denn mit vielem Nebel umhüllt schritt er daher. Von Wolken umgeben (E 867) fuhr der verwundete Ares vom Schlachtfeld zum weiten Himmel hinauf. Auf der Höhe des Gargaros schlummert Zeus in den Armen seiner Gemahlin, ringsum in schönes goldenes Gewölk gehüllt (Ξ 343), dass selbst Helios nicht hindurchblicken konnte, dessen erspähendes Auge doch sonst alles erschaut. Wie ein Nebel tauchte Thetis (A 360) rasch aus der grauen Meerflut auf, um ihrem beleidigten Sohn Achilleus als Trösterin zu erscheinen. Als Here die Noth der Achaier bemerkte (E 766), bestieg sie mit Athene den Wagen und peitschte die Pferde, so dass diese vom Olymp hin zwischen der Erde und dem gestirnten Himmel flogen. Und soweit ein Mann in die dunkle Ferne blickt, wenn er auf der Warte sitzend über das weinfarbene Meer hinschaut, soweit sprangen der Götter wiehernde Rosse. Aber nachdem sie Troja erreicht und die strömenden Flüsse, wo der Simois und Skamandros ihre Wogen vereinen, da hielt die weissarmige Göttin Here die Rosse an, spannte sie aus dem Wagen an und goss dichten Nebel herum. — Vor der berühmten Götterschlacht sass Poseidon auf Rath sinnend mit andern Unsterblichen auf dem Erdwall des Herakles bei Troja (Y 150), die Schultern mit einer undurchdringlichen Wolke rings umgeben.

Der Gedanke überhaupt, dass sich die Götter den Menschen nur selten zeigen und dann gewöhnlich nicht nach ihrem wahren Aussehen, und dass ihr Anblick für die Sterblichen mit Furcht und Schrecken verbunden sei, findet sich an gar vielen Stellen. So sagt Here selbst von dem furchtlosesten aller Helden, Achilleus (Y 130): „Fürchten wird er sich dann, wenn irgend ein Gott im Kampfe ihm entgegenkommt; denn schrecklich ist es, wenn die Götter leibhaftig erscheinen." Als Athene nach dem Abgange des Eumaios zur Stadt Odysseus erschien, bemerkte sie (π 160) der dabei stehende Telemachos nicht; denn nicht allen sind die Götter sichtbar. Ebenso war sie auch Achilleus allein sichtbar, und von den übrigen sah sie niemand (A 198), als sie den Helden an den blonden Haaren fasste und ihn das Schwert in die Scheide zu stecken befahl, welches er in seiner Wuth gegen den Oberfeldherrn gezückt. Hieher gehört auch jene merkwürdige Scene, da Athene Odysseus und Telemachos, wie sie die Waffen aus dem Saale forttragen, mit goldener Lampe voranleuchtet (τ 34). „Vater, sprach Telemachos, wahrlich ein grosses Wunder erblicke ich da mit den Augen, sicher befindet sich hier ein Gott, wie sie den weiten Himmel bewohnen." Und Odysseus drauf: „Schweige und bewahre es im Herzen und forsche nicht; denn das ist die Sitte der Götter, die im Olympos walten." „So handgreiflich (Nitzsch, erkl. Anmerk. zur Odyssee II. Bd. LVII.) und so magisch zugleich ist das Einschreiten eines Gottes sonst nirgends in den homerischen Gedichten dargestellt."

Dass sie plötzlich verschwinden oder wie Vogel davon fliegen, deutet eben auch auf die oben erwähnte Unfassbarkeit hin. Als Athene in der Gestalt des Taphierkönigs Mentes Telemachos in seiner Noth den klugen Rath gegeben, selbst in Pylos bei Nestor sich nach seinem Vater zu erkundigen, entschwebte (α 320) sie einem Vogel ähnlich aufwärts; und in die Seele hatte sie ihm Kraft und Vertrauen gesenkt. Wieder verschwand sie gleich einem Aar (γ 372), als man sich in Nestors Palast zur Ruhe verfügen wollte, und Schrecken erfasste alle, die es sahen. Auch der Alte erstaunte und sprach: „Dieses war kein anderer von den olympischen Bewohnern, als Zeus' Tochter, die gefeierte Tritogeneia." Wie Odysseus daran war, im Sturme unterzugehen, tauchte Leukothea (ε 337) dem Seehuhn gleich im Fluge hervor aus dem Meere, gab ihm den rettenden Schleier und tauchte dann (ε 353) wieder hinab in die wogende Flut, und die schwarze Welle umhüllte sie. Während er mit seinen Genossen auf der Insel Aiaia zum Strande des Meeres weinend hinabschritt, war auch Kirke zum dunkeln Schiff gekommen und hatte ein männliches Schaf und ein weibliches schwarzes angebunden; sie schlüpfte leicht und unvermerkt vorüber (κ 573). „Wer könnte die Gottheit sehen, wenn sie es selbst nicht will, ob sie da oder dorthin gehe." Nachdem Poseidon in der Gestalt des Kalchas die beiden Aias durch Berührung mit dem Stabe mit tapferem Muthe erfüllt und ihre Glieder, Füsse und Arme darüber geschmeidiger gemacht hatte, schwang sich (Ν 62) der Beherrscher des Meeres von ihnen hinweg, wie ein schnell hinfliegender Habicht sich zum Fluge hebt. Hermes verschwindet regelmässig und kehrt in den Olymp zurück, wenn er die Aufträge der Götter ausgerichtet hat.

Wenn wir nun in den eben zusammengestellten Zügen wahrnehmen, wie sich die Gottheit dem Gebiete des Sinnlichen entzieht, und die formende Kraft Homers der Natur des göttlichen Wesens nicht vollends Meister zu werden scheint, so sehen wir doch gerade auch schon bei diesen Scenen theilweise das plastische Element durchschlagen. Wir gehen nun aber einen Schritt weiter und betrachten, wie der Dichter nicht nur die Götter aus der nebelhaften Verschwommenheit in das klare Dasein gebracht, sondern wie er auch den Typus einer jeden Gottheit gestaltet, ihr den bestimmten Platz in der grossen Rangordnung der Unsterblichen angewiesen und sie mit den ihrer Hauptthätigkeit und ihrem Charakter entsprechenden Attributen versehen hat.

Vor allem sind die homerischen Götter als rein menschlich gedachte Wesen nothwendig an den Raum gebunden, und zwar versetzt Homer einen Theil derselben in den Olymp, der mit dem Himmel zusammenfliesst, den andern in die Unterwelt, während er wieder andere auf dem Grunde des Meeres oder an irgend einem Punkte der Erde wohnen lässt.

Der in Pieria, einer Landschaft Thessaliens, gelegene Berg Olympos ist der eigentliche Wohnsitz der Götter. Dieser wird weder durch Winde erschüttert (ζ 43), noch je von Regen benetzt oder von Schnee umstöbert; ohne Wolke breitet die reine Luft sich über ihm aus, und ein blendender Glanz umfliesst ihn; dort erfreuen sich von Tag zu Tag die seligen Götter. Der Berg hat verschiedene Epitheta. In der Ilias heisst er oft weit, gross, hoch, schneebedeckt, leuchtend, vielgipflig und vielschluchtig. Auf der höchsten Spitze thront Zeus, und dort hat er auch seinen glänzenden Palast; denn der Vater aller Götter und Menschen muss doch am prächtigsten wohnen. Daher vergleicht auch Telemachos, von dem Erze, Gold und Silber, dem Elfenbein und Elektron im Hause des Menelaos geblendet, dieses mit dem Palaste des Zeus, indem er sagt (δ 74): „Ein solcher Glanz ist wohl in der Wohnung des Olympiers Zeus." Thetis eilte früh zum Uranos und Olymp empor, und (Α 498) sie fand den weitschauenden Kroniden entfernt von den Uebrigen auf der erhabensten Kuppe des vielgipfeligen Olymp. Nachdem sie ihres Wunsches theilhaftig geworden, fuhr sie vom hohen Olymp wieder in die Tiefe des Meeres hinab; Zeus aber (Α 533) ging in den Palast. Als Here ihren Gemahl überlisten wollte, suchte sie ihn in sein Haus zu locken und sprach (Ξ 337): „Du hast ja ein Gemach, das dir der theure Sohn gezimmert, Hephaistos, der in die Pfosten festschliessende Thüren gefügt." Um die Behausung des Zeus herum, in den Schluchten und auf den andern, niedrigern Gipfeln des Berges stehen die Paläste der übrigen Olympier. Die stöhnenerregende Zwietracht schaute froh darein; denn von den Göttern allein befand sie sich unter den kämpfenden Troern und Danaern; die übrigen Götter waren nicht anwesend, sondern ruhig sassen sie in ihren Wohnungen (Λ 76), wo für jeden ein schöner Palast in den Schluchten des Olympos erbaut war. Here betrat, um sich zu schmücken, das Gemach (Ξ 166), welches ihr Sohn Hephaistos gebaut hatte; in die Pfosten waren die festen Thüren gefügt mit verborgenem Schlosse, welches noch kein anderer Gott geöffnet. Da trat sie hinein und verriegelte die glänzenden Thüren. Damit ihr Sohn Achilleus neue, gottgeschmiedete Waffen erhalte, kam Thetis zum Palaste (Σ 369) des Hephaistos, dem unvergänglichen, glänzenden, dem kein Haus der Unsterblichen glich, dem ehernen, den der hinkende Gott selbst sich geschaffen. Uebrigens verweilen die Götter unter Tags nicht viel in diesen ihren Wohnungen, sondern nach heroischer Sitte begeben sie sich täglich Morgens in den Palast des Zeus, um dort zu rathen und zu schmausen. Wenn das strahlende Licht des Helios unterging, begab sich ein jeder zur Ruhe nach Hause (Α 606), da wo einem jeden der gelähmte, hochberühmte Hephaistos mit kunstverständigem Geiste einen Palast gebaut hatte.

Sehr häufig findet sich bei Homer die Verbindung von *οὐρανὸς Οὔλυμπός τε*; es sind dieses unzertrennliche und fast identische Begriffe, insoferne die Kuppen des Olympus in den reinen Aether hineinragen. Aber auch aus diesem unermesslichen Himmel bildet der Dichter einen Palast mit ehernem Grunde (γ 2, Ε 504), an dessen Wolkenthoren die Horen als Wächterinnen stehen. Als Here den Achaiern gegen Ares zu Hilfe kommen wollte, thaten sich die Pforten des Himmels (Ε 749) von selbst mit Krachen auf; dort wachten die Horen, welchen der mächtige Himmel und der Olymp vertraut sind, dichtes Gewölk sowohl zu verschliessen als zu öffnen.

Steigen wir nun vom Himmel in das Reich der unterirdischen Götter und der bleichen Schatten hinab. Wie Zeus hoch oben auf dem Olymp thront, so herrscht tief

unter der Erde Hades oder Aidoneus, und wie oben der Himmel in ewig reiner, fröhlicher Klarheit leuchtet, so ist in der Unterwelt alles düster, traurig und stumm. Vorbereitet auf ihre Schrecken wird man schon durch das, was vor ihr liegt. Da befindet sich (λ 14) das Gebiet und die Stadt der Kimmerier, in Nebel und Wolken gehüllt, auf welche der leuchtende Helios nie mit den strahlenden Blicken herabschaut, weder so oft er zum gestirnten Himmel emporsteigt, noch auch wenn er sich wieder vom Himmel zur Erde wendet; sondern verderbliche Nacht umfängt die armen Menschen. Als sich die Götter unter Donner und Erdbeben beiderseitig zum Kampfe ordneten, erschrack (Υ 61) Hades, der Beherrscher der Schatten, in den Tiefen; er schrie und sprang vom Throne auf, fürchtend, es möchte ihm droben der erderschütternde Poseidon das Erdreich aufreissen, und dann den Sterblichen und Unsterblichen das grause moderige Haus erscheinen, vor dem selbst den Göttern schaudert. Darum wundert sich auch Teiresias' Schatten beim Anblick des leibhaftigen Odysseus und spricht (λ 93): „Weshalb kamst du doch und schiedest vom Sonnenlicht, um die Todten und den freudenlosen Ort zu schauen?" Und als Odysseus den Achilleus glücklich preist, dass er auch in der Unterwelt als mächtiger Fürst über die Todten herrsche, meint dieser (λ 489), er würde lieber einem armen Mann als Feldarbeiter um Lohn dienen, als über alle abgeschiedenen Todten herrschen.

Mit der Tiefe des Hades verbindet Homer zugleich auch die Entlegenheit im fernsten Westen jenseits des Okeanos. So spricht Kirke zu Odysseus (κ 508): „Wenn du mit dem Schiffe den Okeanos durchfahren, wo das Ufer niedrig, und Persephone's Hain mit langgestreckten Pappeln und fruchtabwerfenden Weiden sich befindet, lande dort mit dem Schiff am tiefwirbelnden Okeanos und gehe dann selbst in des Hades dumpfe Behausung ein, wo Pyriphlegeton und Kokytos, ein Abfluss des stygischen Wassers, sich in den Acheron stürzen, und an dem Felsen die zwei laut tosenden Ströme sich vereinen." Vom Gestade des Okeanos weit entfernt dehnt sich die Asphodeloswiese aus, der gewöhnliche Aufenthalt der abgeschiedenen Seelen. An diese reiht sich der noch düsterere Raum des Erebos. Vollends alle Schrecken schliesst der Tartaros ein. Zeus spricht im Götterrathe die Drohung aus (Θ 10): „Welchen ich hinabgehen sehe, um den Danaern oder Troern zu helfen, der soll mir schmählich geschlagen in den Olymp heimkehren, oder ich fasse und schleudere ihn hinab in den finstern Tartaros, fern wo der tiefste Schlund unter der Erde ist, mit den eisernen Pforten und der ehernen Schwelle, so tief unter dem Hades als der Himmel über der Erde." Und wieder spricht er zur ohnmächtig grollenden Here (Θ 478): „Nimmer beachte ich deinen Zorn, und solltest du auch zu den äussersten Grenzen des Meeres und der Erde fliehen, wo Iapetos und Kronos liegen, nie von den Strahlen des Helios, noch von den Lüften erquickt, in der Tiefe des Tartaros."

Poseidon, der Beherrscher aller Meere, und der unter ihm stehende Nereus mit seinen zahlreichen Töchtern, von denen Thetis als die hervorragendste erscheint, wohnen am Grunde des Meeres in krystallenen Grotten und nicht minder kostbaren Palästen als die Olympier. Bei Aigai (Ν 21) war Poseidon ein stolzer Palast erbaut in den Tiefen des Meeres, golden funkelnd, stets unvergänglich (Α 875). Den am Strande weinenden Achilleus hörte seine göttliche Mutter Thetis, die (Σ 36) bei dem greisen Vater in den Gründen des Meeres da sass. Und sie schluchzte, und darauf versammelten sich um sie die Göttinnen alle, die Nereiden, des Meeres Abgrund bewohnend. Voll ward von ihnen (Σ 50) die silberglänzende Grotte. Und sie verliessen die Grotte (Σ 65), und vor ihnen zertheilte sich die Woge des Meeres, als sie zu den Schiffen der Myrmidonen sich begaben. Nachdem dort Thetis ihren Sohn getröstet, sprach sie zu den Begleiterinnen (Σ 141): „Taucht jetzt hinab in den geräumigen Busen des Meeres, um den Meergreis zu schauen und den Palast des Vaters." Dieselbe Göttin nahm den aus Furcht vor des Lykurgos Wuth in die Woge tauchenden Dionysos (Ζ 136) in ihren Schooss auf; ebenso beherbergte sie und Eurynome (Σ 402) den vom Himmel herabgeworfenen Hephaistos neun Jahre in ihrer gewölbten Grotte; und der unendliche Strom des Okeanos rauschte rings sprudelnd von Schaum.

Viele Götter haben ihren Wohnsitz auf der Erde aufgeschlagen. Ja selbst die Gottheiten höheren Ranges verschmähen es nicht, bisweilen längeren Aufenthalt irgendwo auf der Erde zu nehmen. Hephaistos verweilt gern auf Lemnos bei den Sintiern; um Ares und Aphrodite zu fangen, brach er zum Scheine (θ 283) nach Lemnos auf, der wohlgebauten Stadt, die ihm von jeglichem Land weit aus die liebste war. Als ihm seine List gelungen, und er die beiden Götter beschämt hatte, ging (θ 361) Ares nach Thrake, Aphrodite nach Kypros, wo ihr zu Paphos ein Hain und ein duftender Opferaltar stand. Ebenso begab sich (α 22) Poseidon und (Α 423) Zeus mit allen Göttern zugleich zu den Okeanos zu den unsträflichen Aithiopen; dort blieben sie zwölf Tage beim Mahl. Okeanos aber, der Vater der Götter, und Tethys haben ihren Palast an den äussersten Grenzen der Erde. Dorthin (Ξ 102), wo sie so liebreich genährt und gepflegt worden war, will Here gehen.

Ihren ständigen Wohnsitz aber haben auf Erden die mehr oder weniger untergeordneten Gottheiten. Der Windverwalter Aiolos wohnte auf einer Insel (κ 3), die mit einer ehernen, undurchdringlichen Mauer umschlossen war; glatt umlief sie die Felswand. Zwölf Kinder sind ihm in den Gemächern geboren; und der duftende Saal ertönt von der Flöte. „Dorthin, so erzählt Odysseus (κ 60), gingen wir, zur gepriesenen Burg des Aiolos; und als wir in den Saal gelangt, da setzten wir uns neben die Pfosten des Thores an die Schwelle." Ebenso wohnte auch die zauberkundige Kirke auf einer Insel, Aiaia. Vom hohen Felsen gewahrte Odysseus (κ 150) über Wald und dichtem Gebüsch den Rauch vom Palaste der Kirke; und diesen, erbaut (κ 210) von geglätteten Steinen, fanden seine Genossen in Schluchten an weit sichtbarer Stelle. Später eilte Odysseus selbst zum Palast (κ 310) der schönlockigen Göttin; an dem Thore stehend erhob er den Ruf; und die Göttin öffnete rasch die strahlenden Pforten und trat heraus. Dann führte sie ihn hinein zum Stuhl mit silbernen Buckeln. Da ist denn überhaupt das grosse Heer der Nymphen zu nennen, welche auf den Gipfeln der Berge (Oreiaden), an Flüssen (Naiaden) und Quellen, in Hainen und auf Wiesengründen sich aufhalten. Häufig schlagen sie ihre Wohnstätte in zauberhaften, von lieblichem Halbdunkel erfüllten Grotten auf.

Die Nymphe Kalypso wohnte auf einer baumreichen, rings umfluteten Insel in der Mitte des Meeres (α 51). Dort traf sie Hermes (ε 57) in den räumigen Hallen einer Grotte, wie sie mit melodischer Stimme sang und am Webstuhl stehend mit goldenem Stabe arbeitete. Eine von Nymphen bewohnte Grotte auf Ithaka benützte Odysseus zur Verbergung der von den Phaiaken ihm gemachten Geschenke. Homer gibt von ihr eine sehr ausführliche Schilderung (ν 102). — Wie aber die olympischen Götter bisweilen auf die Erde herabsteigen, so schweben diese die Erde bewohnenden niederen Gottheiten bei besonderen Gelegenheiten zum Olymp empor und nehmen an den grossen Versammlungen Theil. Zeus (Υ 4) sandte Themis von dem Haupte des schluchtenreichen Olympos, dass sie die Himmlischen zur Versammlung berufe. Diese ging sofort überall umher und entbot sie in den Saal des Zeus. Da blieb nun ausser Okeanos keiner von den Stromgöttern ferne, keine auch von den Nymphen, welche liebliche Haine und Flussquellen und grüne Auen bewohnen. Und als sie zum Hause des Wolkenversammlers gekommen waren, liessen sie sich in den geglätteten Hallen nieder, welche Hephaistos mit erfindendem Geiste dem Vater Zeus erbaut hatte.

Haben wir nun durch zahlreiche Stellen gezeigt, dass die homerischen Götter ebenso wie die Sterblichen Häuser von verschiedenem Material bewohnen, so finden wir in ihnen auch dieselbe Einrichtung und dieselben Geräthschaften, deren sich die Menschen bedienen. Vor allem spielen die Lehnstühle (κλισμός) und die Sessel (θρόνος) mit dem fast immer darunter geschobenen Schemel (θρῆνυς) eine grosse Rolle. Nach seiner Unterredung mit Thetis ging Zeus in den Palast und setzte sich (Α 533) auf seinen Sessel, ebenso lässt er sich (Ο 152) unter dem Beben des Olymp auf goldenem Throne nieder. Here verspricht Hypnos, wenn er ihr willfahre, einen schönen goldenen Sessel (Ξ 238) von ewiger Dauer zum Geschenk nebst einem Schemel für die Füsse, damit er beim Mahle die glänzenden Füsse darauf stütze. Als Hermes zur Grotte der Kalypso mit Zeus' Auftrag kam, Odysseus zu entlassen, bot ihm die Nymphe (ε 86) einen glanzvoll schimmernden Sessel zum Sitz und stellte einen mit Nektar und Ambrosia bedeckten Tisch vor ihn hin. Die Zauberin Kirke führt Odysseus von der strahlenden Pforte ihres Palastes hinein (κ 314) zum silberbebuckelten, schönen und kunstreichen Stuhl, unter dem sich auch ein Schemel befindet. Weiter lernen wir dort in der Wohnung der Göttin (κ 352) ein wunderschönes Bett, glänzende Sesseln, Purpurdecken und Linnen, silberne Tische und goldstrahlende Körbe, einen silbernen Mischkrug und goldene Becher, einen blinkenden Dreifuss und eine Badwanne, Untergewand und Mantel, goldene Kannen und silberne Becken kennen. Gerade so wie Kirke Odysseus, empfängt die Gemahlin des hinkenden Hephaistos (Σ 381) die Göttin Thetis in ihrer Wohnung. Ihr Gemahl war aber mittlerweile beschäftigt, zwanzig Dreifüsse (Σ 373) zu fertigen, dass sie rings an der Wand der wohlgeglätteten Halle ständen. Goldene Räder setzte er einem jeden unter den Fuss, so dass sie von selbst in die Götterversammlung rollten und wieder in seinen Palast zurückkehrten, ein Wunder zu schauen. Soweit waren sie fertig, nur die künstlichen Henkel fehlten noch; auch diese vollendete er und schmiedete dazu die Nägel.

Dass es den Göttern an Krügen und Bechern auch nicht gefehlt hat, sehen wir sowohl Δ 3, wo Homer die Götter aus goldenen Bechern einander Bescheid thun lässt, als auch besonders in jener erregten Scene, da Hephaistos (Α 600) seiner Mutter den Doppelpokal in die Hand gibt und auch den übrigen Göttern einschenkt, dem Mischkrug süssen Nektar entschöpfend. — Alle diese Geräthe gehen aus der Werkstätte des Feuergottes hervor; dort stehen (Σ 470)

nicht weniger als zwanzig Bälge, die zumal in die Essen blasen und gluthweckenden Wind bald stärker, bald schwächer versenden. Da liegt dauerhaftes Erz, Zinn, kostbares Gold und Silber; über dem Block ruht der mächtige Ambos, rechts der gewichtige Hammer, links die Zange. Andere Werkzeuge bringt Kalypso dem Odysseus zum Baue seines Flosses. Eine gewaltige Axt (ε 231) gab sie ihm, in die Hand passend, ehern, auf beiden Seiten geschärft; der wunderschöne, wohl sich fügende Stil war vom Holze des Oelbaumes; dann gab sie ihm auch ein wohlgeschliffenes Beil. Und nachdem er damit Pappeln und Tannen gefällt und nach der Richtschnur geglättet hatte, erhielt er weiter Bohrzeug, um die Balken zu durchbohren und mit Pflöcken an einander zu passen; auch Leinwand brachte die Göttin, damit er daraus Seile und Segel fertige.

Diese Leinwand war wohl das Werk der Nymphe selbst; denn die Göttinnen gaben sich viel mit Weben ab. Hermes findet (ε 62) Kalypso am Webstuhl mit goldenem Stabe wirkend; auch Kirke wob (κ 222), als Odysseus' Gefährten an die Pforten ihres Palastes gekommen waren, an einem grossen Gewande.

Denn nicht anders als die sterblichen Frauen kleiden und schmücken sich auch die Unsterblichen.

Beide eben angeführte Göttinnen legen, sobald (Θ 1) Eos im Safranmantel sich erhebt, ein feingewirktes, silberschillerndes Gewand an (ε 230, κ 542), schlingen um die Hüfte den goldenen, anmuthreichen Gürtel und verhüllen sich das Haupt mit einem feinen Schleier. In ein schwarzes Trauergewand, wie kein Kleid wohl dunkler ist, hüllt die göttliche Thetis ihr Haupt (Ω 94). Vollends einen tiefen Blick in die Toilettegeheimnisse der Göttinnen lässt uns Homer in jener Scene thun, da Here, um ihren Gemahl zu bezaubern, im wohlverschlossenen Gemach sich in die volle Pracht ihres Anzuges und Schmuckes wirft. Nachdem sie sich gesalbt und ihr Haar in glänzende Locken geflochten, zog sie (Ξ 178) das ambrosische Gewand an, das Athene mit geübter Hand gewirkt und mit vielen Wundergebilden durchwoben hatte, und heftete es mit goldenen Spangen über der Brust zusammen. Dann gürtete sie sich mit dem von hundert Quasten umkränzten Gürtel, schmückte ihre Ohren mit dreigestirnten, schimmernden Ringen — ohne Zweifel Produkte des Hephaistos; denn während seines neunjährigen Aufenthaltes in der Grotte der Thetis (Σ 400) schmiedete er ja verschiedene Kunstgegenstände, Spangen, gewundene Ohrengehänge, Armbänder und Ketten. — umhüllte das Haupt mit dem erst neulich gewirkten Schleier, der so hell wie die Sonne leuchtete, und band an die Füsse die zierlichen Sandalen. Damit noch nicht zufrieden nimmt sie von Aphrodite den wunderbaren, buntfarbigen Gürtel (Ξ 223) zu leihen und verbirgt ihn im Busen. Denn die schönste der Göttinnen muss doch auch in der Gewandung am reizendsten ausgestattet sein; darum war das ambrosische Kleid (Ε 338), das sie trug, von den Chariten selbst gewoben. Athene aber verfertigt (Ε 735) ihre buntschillernden Gewänder mit eigener Hand. Uebrigens wirft sich diese Göttin, und auch andere Unsterbliche, wenn es zu Kampf und Streit geht, statt in weiche Kleider in die eherne Wehr, und sie unterscheiden sich dann in Bezug auf Schutz- und Trutzwaffen in nichts von den auf der trojanischen Ebene herumtummelnden Helden. Als Athene mit Here den wankenden Achaiern zu Hilfe eilen will, zieht sie (Ε 736, Θ 384) den Panzer des wolkenversammelnden Zeus an und waffnet sich mit der Rüstung für den thränenreichen Krieg; um die Schultern wirft sie (Β 447) die mit hundert goldenen Troddeln prangende Aigis, umschliesst ihr Haupt mit dem goldenen vierbuckligen Helm und fasst die grosse, schwere Lanze, womit sie die Reihen der Männer hinstreckt. In ähnlicher Rüstung, mit Helm, Schild und der ehernen Lanze bewehrt, erscheint auch Ares (Ο 125). Bogen und Pfeile sind die auszeichnenden Waffen der fernetreffenden Geschwister, des Apollon und der Artemis.

Wir finden aber nicht diese Mordwerkzeuge allein bei den Unsterblichen, auch andere Instrumente werden von ihnen gehandhabt. Der Gott, welcher Bogen und Pfeile führt, schlägt nicht minder (Α 604) die liebliche Leyer beim Göttermahle, und ebenso weiss seine Schwester (Υ 70) mit der goldenen Spindel umzugehen. Poseidon schwingt (Μ 27) den mächtigen Dreizack. Zeus schüttelt nicht nur den hellschimmernden Schild der Aigis und schleudert zerschmetternde Blitze, sondern trägt auch das Zeichen der Herrschaft, das von Hephaistos mit grosser Kunst gearbeitete Scepter, welches (Β 106) durch viele Hände endlich als Erbe an Agamemnon kam. Dem Stab in den Händen der Götter begegnen wir überhaupt häufig bei verschiedenen Gelegenheiten. Hermes trägt regelmässig einen goldenen Stab (χρυσόρραπις ε 87), womit er (ε 48) nach Belieben die Augen der Sterblichen zuschliesst und wieder öffnet. Mit dem Stabe schlägt Kirke (κ 338) die unvorsichtigen Gefährten des Odysseus. Mit einem Stabe berührt auch Athene (ν 427) ihren Liebling und verwandelt ihn in einen alten Bettler.

Es erübrigt noch der Wagen Erwähnung zu thun. Homer hat auch hier die göttlichen Verhältnisse so genau den menschlichen angepasst, dass nur die Götter ersten Ranges ein

Gespann zur Verfügung haben. Zeus schirrte (Θ 41), um zum Ida hinabzufahren, erzfüssige Pferde an den Wagen, schnellhinfliegende, von goldenen Mähnen umwallt, hüllte sich selbst in Gold, fasste die goldene, wohlgeflochtene Geissel und trat in den Wagensessel. Und die mit der Geissel angetriebenen Rosse flogen rasch dahin mitten zwischen der Erde und dem gestirnten Himmel. Als er dann wieder (Θ 439) den schönrädrigen Wagen zum Olymp hinaufgelenkt hatte, spannte Poseidon die Rosse aus, hob den Wagen auf das Gerüste empor und deckte ihn mit Linnen zu. Der Meergott hat auch selbst in seinem Palast zu Aigai einen Wagen stehen, den er unter Begleitung herumhüpfender Meerungeheuer so pfeilschnell über die Flut lenkt, dass unten kaum die eherne Achse benetzt wird. In einer geräumigen Grotte löste er (Ν 35) seine Rosse vom Geschirr, bot ihnen ambrosische Nahrung und umschlang ihre Füsse mit goldenen Fesseln, unauflösbar und stark, auf dass sie des Herrschers dort an der Stelle harrten. Dann ging er in das Heer der Achaier fort. Ares treibt (Ε 856) in den Kampf selbst seine goldgeschirrten Rosse und gibt sein Gespann der von Diomedes verwundeten Aphrodite, damit sie darauf von Iris, welche die Zügel fasst und die Geissel wohl zu schwingen weiss, zum Olymp entführt werde. Als darauf die Achaier von Hektor in die Enge getrieben wurden, fahren Here und Athene (Ε 773) in einem schönen Wagen vom Olymp zur Ebene hinab. Hier werden wir selbst mit den einzelnen Bestandtheilen des Götterwagens genau bekannt; denn Homer lässt unter sorgfältiger Beschreibung des Details die kundige Hebe (Ε 720) den Wagen Stück für Stück zusammensetzen. Als alles fertig war, sprangen die beiden Göttinnen in den flammenden Wagen und gallopirten mit geschwungener Geissel zu den krachenden Himmelsthoren hinaus.

Wohnung, Kleidung und Bewaffnung der Götter setzen menschliche Gestaltung voraus. Diese rein menschlichen Gebilde, in welche Homer die Götter formt, werden noch klarer und runder, wenn wir auf das leibliche Leben der Unsterblichen, auf ihre Beschäftigung und ihren Charakter etwas näher eingehen. Denn da wird sich zeigen, dass der ganze Olymp mit all' seinen Bewohnern nichts anderes als das treueste Abbild des Lebens der Heroen darstellt. Hiebei können wir uns um so kürzer fassen, als ein guter Theil des Stoffes schon in dem Vorausgehenden gelegentlich behandelt worden ist.

Wie Homer an die Namen von neu auftretenden Helden umfangreiche Genealogien zu knüpfen pflegt, so führt er auch bei den Göttern oft die Namen von Vater und Mutter an oder benennt sie nur einfach nach ihrer Abstammung (Κρονίδης, Κρονίων); denn sie sind so gut wie die Sterblichen geboren, und nach der Abkunft, derer sie sich rühmen können, bestimmt sich in der Regel auch ihr Rang und ihre Bedeutung. Von Okeanos, dem Erzeuger aller Götter, und seiner Gemahlin Tethys (Ξ 302) stammen Eurynome (Σ 399 und Perse κ 139). Thetis und die Schaar der übrigen Okeaniden; vom Meergreis Nereus (Σ 39) die zahlreichen Nereiden. Kronos aber und die Titanide Rhea (Ο 187) sind die Begründer des mächtigen Geschlechtes, welches sich in die Herrschaft so getheilt hat, dass (Ο 189) Zeus den Himmel, Poseidon das Meer und Hades die Unterwelt erhielt. Zeus vollends ist der Vater aller Götter und Menschen. Er vermählt sich mit seiner Schwester Here, beglückt aber ausserdem noch viele andere Göttinnen, Demeter, Dione, Leto, ja auch sterbliche Frauen mit seiner Liebe und wird so der Erzeuger zahlreicher mehr und weniger hervorragender Gottheiten, und da diese wieder mit einander oder mit Sterblichen Ehen eingehen, der Stammvater einer weit verzweigten Nachkommenschaft.

Es braucht nicht erst erwähnt zu werden, dass die also ähnlich gedachten Götter auch die übrigen leiblichen Bedürfnisse wie die Menschen haben. Wenn sich Hunger und Durst bei ihnen einstellt, so helfen sie dem (ε 95) mit Ambrosia und dem röthlichen Nektar ab; auch ihre Rosse füttern sie mit dieser Speise. „Poseidon warf (Ν 35) seinen Thieren ambrosische Nahrung vor, und den ausgespannten Pferden der Here spross (Ε 777) der Simois Ambrosia zur Weide."

Gewöhnlich aber sind die Götter im Palaste des Zeus auf dem Olymp beim gemeinsamen Schmause vereint und zechen dort nach echter Heldenart. Dort misst ihr Herz nichts vom köstlichen Mahle, während (Α 603) Apollon die Töne seiner Lyra erklingen lässt, und die Musen in Wechselgesängen sich ablösen. Der um seiner Schönheit willen entführte Ganymedes füllt (Υ 235) Zeus die Pokale, Hebe aber, die herrliche Jungfrau, kredenzt (Δ 3) den übrigen Göttern Nektar; bei einer ausserordentlichen Gelegenheit (Α 585) reicht Hephaistos seiner lieben Mutter den Doppelpokal und schenkt auch (Α 597) den andern süssduftendes Nektar aus dem Kruge ein.

Die Unsterblichen verstehen es trefflich, aus goldenen Bechern (Δ 3) einander Bescheid zu thun und Kommenden zum Grusse das Glas zuzubieten. Als einmal Here plötzlich (Ο 85) in den Palast des Zeus eintrat, sprangen alle zumal auf mit den Bechern sie begrüssend; sie aber nahm aus der Hand der Themis, welche ihr zuerst entgegengeeilt war, den Pokal an, der andern Götter nicht achtend. Hinwieder reicht auch sie der in schwarze Trauerkleider gehüllten Thetis (Ω 100),

als sie sich auf dem von Athene verlassenen Sitze neben Zeus niederliess, den goldenen Pokal. Und diese trank und gab ihn wieder zurück. So schmausen die seligen Götter Tag für Tag im Palaste des Zeus (Α 605), bis sich das flammende Licht der Sonne senkt; dann gehen sie heim, um zu ruhen; auch Zeus besteigt dann immer sein Lager, wo er schläft, wenn der liebliche Schlummer sich ihm naht.

Indessen haben die eben angeführten Versammlungen nicht etwa den alleinigen Zweck, die Götter zur gemeinsamen Tafel zu vereinen, sondern auch den, über die Schicksale der Menschen Beschluss zu fassen oder speziell göttliche Angelegenheiten zu berathen. Im letzteren Falle werden nebst den zwölf Olympiern auch noch (Υ 3) die Meer- und Flussgötter und alle Nymphen berufen. Zeus wird beim Eintritt in die Versammlung durch Aufstehen aller Unsterblichen von ihren Sitzen geehrt; denn keiner wagt (Α 535) sitzend des Kommenden zu harren, und entgegen treten sie ihm alle. Er selbst gibt dann durch eine kurze Einleitung den Zweck der Versammlung kund. Hält er damit etwas zurück, so erhebt sich wohl mitten aus dem Kreise der Versammelten (Υ 15) eine Stimme, um den Rath des Kroniden zu erforschen. Alles, was die Götter auf dem Herzen haben, bringen sie da an. So führt Poseidon (Η 443) über die Männer Achaias Klage, dass sie um ihre Schiffe eine Mauer erbaut und einen Graben rings herumgezogen, ohne ihm zuerst Hekatomben geopfert zu haben. Helios (μ 383) droht gar in die Tiefen des Hades hinabzutauchen und den Todten zu leuchten, wenn ihm nicht für die von Odysseus' Gefährten geschlachteten Rinder schuldige Busse würde. Athene lenkt die Rede vom Schicksale des durch die Ränke seines Weibes und des Aigisthos erschlagenen Agamemnon auf ihren Liebling Odysseus und wendet Zeus' Herz zu mildem Erbarmen (α 68). Denn es galt vor allem, den mächtigsten der Götter für sein Interesse zu gewinnen, da seine Stimme den Ausschlag gibt, und es sich nur selten ereignet, dass sein Wille und Plan bei den andern auf Widerstand stösst und eine erregtere Debatte hervorruft. Das im Götterrath Beschlossene wird unverzüglich ausgeführt. Gibt es eine Botschaft zu überbringen, eilt die sturmschnelle Iris von dannen, oder bindet sich Hermes (ε 44) ohne Zögern die Sohlen, welche ihn über Meer oder Land mit dem Hauche des Windes hintragen, an die Füsse. Ward in der Versammlung die Theilnahme am Kampfe gestattet, so steigen die Götter, während Zeus auf dem Felsenhaupte des Olymp sitzend (Υ 22) am Anblick sich erfreut, zu den Heeren der Danaer und Troer hinab, und die, welche eben im Palast des Herrschers bei Spiel und Schmaus vereinigt waren, bekämpfen sich nun mit der grössten Erbitterung.

Ares zermalmt fast (Φ 400) mit der Wucht seiner Lanze die Aigis der Athene. Doch diese erhebt einen Feldstein und streckt ihn durch einen gelungenen Wurf zu Boden; und als Aphrodite den schmerzvoll stöhnenden Gott ergreifend hinwegführen will, versetzt sie auch dieser mit ihrem markigen Arm dergestalt eines auf die Brust (Φ 424), dass Aphroditen Herz und Kniee brechen, und beide zum Ergötzen von Here und Athene auf dem vielernährenden Erdboden dalagen. Während aber Apollon die Ehrfurcht wehrte (Φ 468), gegen Poseidon, seines Vaters Bruder, den Arm im Streite zu erheben, vermass sich seine Schwester Artemis, ihn darüber heftig zu schelten. Dieses kam ihr jedoch theuer zu stehen; denn Here, über ihre Frechheit ergrimmt, packte sie (Φ 489) mit der Linken am Handgelenk, riss ihr zugleich mit der Rechten Köcher und Bogen von den Schultern und schlug sie ihr um die Ohren, so dass die Pfeile auseinander in den Staub zur Erde fielen. Da war der Artemis die Kampflust vergangen. Weinend floh sie in den Olymp, Köcher und Bogen im Stiche lassend, die dann ihre Mutter Leto zusammenraffte (Φ 503), und setzte sich zu den Knien des unsterblichen Vaters. Theilnahmsvoll umarmt Zeus seine Tochter und tröstet sie über die ihr widerfahrene Misshandlung, ähnlich wie auch Dione ihr Töchterlein Aphrodite, als sie durch die von Diomedes ihr geschlagene Wunde ohnmächtig ihr in den Schooss sank, umschlingt (Ε 370), mit der Hand streichelt und liebevoll tröstet. Bald darauf wieder geheilt, erhält Aphrodite von ihrem Vater den Rath, auf den Krieg zu verzichten und sich um die reizenden Geschäfte der Ehe zu bemühen (Ε 429). Wie sehr sie in diesen bewandert war, haben wir schon oben angedeutet.

Auch manch anderer menschlicher Beschäftigung der Götter geschah bereits Erwähnung. Hebe fügt den herrlichen Wagen der Here zusammen (Ε 722); Here selbst führt die Rosse unter das Joch. Zeus und Poseidon, Here, Athene und Ares besteigen den Wagensitz, schwingen die Geissel und lenken die Rosse. Iris schirrt die Pferde vom Wagen (Ε 369) und wirft ihnen ambrosische Kost vor; ebenso lösen die Horen vom Wagen die stattlichen Rosse (Θ 433), binden sie an ambrosische Krippen fest und lehnen das Wagengestelle an die glänzenden Wände der Halle. Artemis streift (ζ 103) über waldige Höhen hin, Eber und rasche Hirsche jagend. Hermes (ε 57) findet Kalypso in ihrer Grotte am Webstuhl; webend treffen (κ 220) auch des Odysseus Gefährten die Zauberin Kirke. Nicht weniger fleissig war Hephaistos in seiner Werkstätte, als ihm dort Thetis einen Besuch abstattete. Von Schweiss triefend und mit den Bälgen beschäftigt hatte er sich in seine Arbeit, künstliche Dreifüsse zu schmieden (Σ 372), so vertieft, dass er die eintretende Göttin gar nicht bemerkte. Wie ihn aber seine Gemahlin auf den Besuch aufmerksam macht, verschliesst er, während er ein köstliches Mahl zur Bewirthung bieten lässt, die weggeräumten Geräthschaften im silbernen Kasten (Σ 413), wäscht sich mit dem Schwamme Antlitz und Hände, auch den gedrungenen Hals und die zottige Brust, zieht sein Gewand an und hinkt keuchend fort, um die Meergöttin zu begrüssen.

Beim schlichter Schmied ist Waschen und Ankleiden kurz geschehen. Dagegen verwenden die weiblichen Gottheiten grosse Sorgfalt auf ihre Toilette. Wenn sie sich (Ξ 170) mit Ambrosia jede Unreinigkeit abgewaschen und ihre blendendweissen Glieder mit lieblich duftendem Oel gesalbt haben, flechten sie ihr Haar in glänzende Locken und schmücken sich mit Prachtgewändern und allem erdenklichen Geschmeide. Wer möchte es ihnen verargen, wenn sie nicht ganz frei von Eitelkeit sind.

Auch in Bezug auf den Charakter nämlich unterscheiden sich die homerischen Götter in nichts von den sterblichen Erdenbewohnern. Der Dichter hat sie mit allen Schwächen und kleinlichen Leidenschaften der menschlichen Natur, mit Hang zu sinnlicher Liebe und Ehebruch, Hass und Feindschaft, Zorn und Schadenfreude, Eifersucht und Neid, Lüge, Täuschung und Wortbrüchigkeit ausgestattet und durch eine Reihe charakteristischer Bilder illustrirt.

Here ist ein zank- und eifersüchtiges Weib, und Zeus hat von ihr viel zu leiden. Sie kann es nicht verschmerzen, wenn ihr Gemahl auch gegen andere Frauen zärtlich oder gegen die Zärtlichkeiten dieser nicht unempfindlich ist. Wenn er nun gar diesen zu lieb Gewährung ihrer Wünsche zuwinkt und dadurch mit den Plänen seiner Gemahlin in Konflikt geräth, so kommt es oft zu bedenklichen Scenen, und der häusliche Friede im Olymp erleidet eine allen Göttern unangenehme Störung. Zeus fürchtet deswegen auch die Leidenschaftlichkeit und den Hader seiner sich auf ihren Rang nicht wenig einbildenden Gemahlin und überträgt manche harte Rede von ihr mit bewundernswerther Geduld. So sagt er selbst zu Thetis, als sie ihn durch einschmeichelnde Liebkosungen (Α 500) und flehentliche Bitten bestimmen will, den der Here verhassten Troern Sieg zu verleihen (Α 518). „Das wird eine schöne Geschichte werden; du treibst zu feindseligem Zank mit Here, wenn mich diese mit schmähenden Worten reizt; hadert sie doch ohnehin schon immer unter den unsterblichen Göttern". Aber obgleich jene Unterredung heimlich vor sich ging, merkte es doch die pfiffige Here, und gleich muss es nun auch der in die Versammlung tretende Zeus hören (Α 540): „Welcher Gott hat wieder mit dir, o Schlauer, Berathung gepflogen? Es gefällt dir immer, fern von mir insgeheim Beschluss zu fassen, und niemals mochtest du mir freundlich ein Wort sagen von dem, was du denkst." Zeus bringt sie indess sehr bald mit gemessenen Worten zur Ruhe und droht ihr sogar mit den unnahbaren Händen. Die Zusage übrigens, welche Zeus damals der Thetis gemacht hatte, wurde hinterher die Quelle vielfacher weiblicher Intrigue und häuslichen Unfriedens im Olymp, da sich die einen Götter auf die Seite der Achaier, die andern auf die der Troer schlugen. In dem Bestreben, ihrer Partei zu helfen, greifen die seligen Götter zu List, Betrug, Verstellung, Meineid und anderen verwerflichen Mitteln. Das Stärkste hierin leistet Here. Da sie früher schon einmal gewitzigt (Ο 18?) es nicht mehr wagt, gegen den ausdrücklichen Willen des Zeus den Achaiern beizustehen, versenkt sie diesen durch ihre Reize und mit Beihilfe des Hypnos in tiefen Schlaf (Ξ 352) und sendet dann den Gott schnell zu ihrem Bruder Poseidon, dass er gegen die Troer einen tüchtigen Schlag ausführe (Ξ 354).

Wie ergrimmt der betrogene Zeus, als er beim Erwachen (Ο 6) Poseidon mitten unter den Achaiern sieht und den schnöden Betrug seiner Gemahlin merkt! Er droht ihr mit Schlägen und mit Aufhängen im Luftraum, wie er sie schon früher im Aether und in Wolken aufgehängt hatte, zwei Ambosse an den Füssen und die Hände mit unzerreissbaren Fesseln umschlungen. Here weiss sich zu helfen. Sie legt einen furchtbaren Eid ab, dass sie Poseidon nicht gebeten habe, die Troer und Hektor zu verletzen und den Danaern beizustehen, und lockt dem nun wieder beruhigten Vater der Götter und Menschen ein Lächeln ab. In der Verstellungskunst ist sie überhaupt eine Meisterin. Wie sie im vollen Schmuck auf die Spitze des Gargaros gestiegen war, um ihren Gemahl zu bethören, machte sie ihm weis (Ξ 311), sie wolle dem Okeanos und ihrer Nährmutter Tethys eine Visite machen; während in ihrem Innern der Unmuth kocht, spielt auf ihren Lippen (Ο 101) ein falsches Lächeln.

Auch Athene verleitet wenigstens, noch dazu auf Zeus' und der Here Geheis, zum Treubruch, indem sie Pandaros zuredet (Δ 100), trotz des geschlossenen Waffenstillstandes auf Menelaos den Pfeil abzuschiessen. Durch einen Trug (Χ 231) ermuntert sie Hektor zum Kampf gegen Achilleus, wie dieser zuvor durch ein ähnliches Trugbild (Φ 602) von Apollon in ein Weizengefild verlockt worden war. Was also Wunder, wenn die Götter selbst einander nicht trauen, und wenn Hypnos sich das Versprechen der Here, sie werde ihm für den zu leistenden

Dienst eine von den jüngeren Chariten, Pasithea, zur Gattin geben, durch einen Schwur (Ξ 271) bekräftigen lässt? Dass aber Hypnos gerade eine schöne Frau in Aussicht gestellt wird, zeigt von der nämlichen Sinnlichkeit, von der auch die sterblichen Helden geleitet werden, und die Paris bestimmt, das schönste Weib der Erde allen, auch den edelsten Gütern vorzuziehen. Der sinnlichen Liebe sind die meisten Götter, besonders aber Zeus zugänglich. Beweise dessen sind die in der Unterwelt an Odysseus vorüberschwebenden Frauen (λ 235 ff.), von denen viele der vertrauten Freundschaft mit einem Gotte gewürdigt wurden, und die zahlreichen Heroen, die ihre Abstammung von den Göttern herleiten. Von den Göttinnen ist es namentlich Aphrodite, die ihr Gelüste nicht zu zähmen weiss; sie schenkt ihre Gunst dem Ares (θ 268) und wird von ihrem biedern Gemahl Hephaistos, dem der allsehende Helios davon Kunde gibt, auf offener Untreue erwischt. Das Herz voll argen Grimms schrie der lahme Schmied allen Unsterblichen. Und diese — statt ihrer Entrüstung über die schmähliche Aufführung Ausdruck zu geben, lachen über die schlechten frivolen Witze, die Hermes (θ 340) über die peinliche Situation der Gefangenen macht. Mit seinem Scherze mag es ihm halb Ernst gewesen sein; klagt doch auch Kirke (ε 118) die Götter der Grausamkeit und des Neides an, da sie ihr wehren, die Gesellschaft des Odysseus länger zu geniessen.

So wenig wie von Neid sind sie auch von Schadenfreude und Spott frei. Gar häufig reizen sie sich (Ε 419) durch höhnische Worte. Athene bespöttelt die von Diomedes verwundete Aphrodite vor Zeus: „Sie hat sich wohl beim Streicheln eines achaiischen Weibes die zarte Hand an der goldenen Spange des Obergewandes geritzt!" Und als sie später selbst ihre Feindin nebst Ares in den Staub warf, übergiesst sie (Φ 427) die Ueberwundenen obendrein mit Hohn und Schmähung. Zum Schmähen und Schimpfen sind die Götter überhaupt sehr geneigt und werden hierin von den Helden kaum übertroffen. Es liesse sich eine ganze Litanei von ehrenden Epitheta aufführen, die sie sich gegenseitig beilegen, wenn sie, wie gar nicht selten geschieht, mit einander in Streit gerathen, oder wenn bei einer richtigen Gelegenheit ihr lang verhaltener Groll sich Luft macht. Wessen aber die Götter ferner im Zorne fähig sind, hat uns oben schon Here gezeigt, die Artemis (Φ 491) mit ihrem eigenen Bogen beohrfeigt, noch mehr Zeus, welcher seine Gemahlin (Ο 20) in den Wolken aufhängt, seinen Sohn Hephaistos (Α 590) von der göttlichen Schwelle des Olymps auf die Erde hinabschleudert, ebenso die übrigen Götter (Ο 23), wenn sie ihn ärgern, hinabzuwerfen oder (Θ 405) mit dem Blitzstrahl zu zermalmen droht. Es wäre nicht schwer, an den homerischen Göttern noch manche andere, ächt menschliche Charakterzüge zu finden und mit Thatsachen zu belegen.

Dabei dürfen wir aber nicht vergessen, dass sie der Dichter auf der andern Seite auch wieder an Glück und Seligkeit, an Macht, Kraft und Stärke, an Feinheit der Sinne und Schärfe der Geistesgaben die Menschen um ein bedeutendes überragen lässt; denn nie ist gleich (Ε 441) das Geschlecht der unsterblichen Götter und der auf Erden wandelnden Menschen; gewaltiger (Κ 556) sind ja die Götter. Namentlich stattet er sie mit allen körperlichen Vorzügen, mit Hoheit und Würde, Grösse und Schönheit, vollendeter Bildung und Geschmeidigkeit der Glieder aus. Wenn er die Schönheit eines irdischen Weibes besonders preisen will, so vergleicht er sie mit einer Göttin, so Nausikaa mit Artemis (ζ 107), die unter den sie begleitenden Nymphen, die doch auch alle schön sind, an Haupt und Stirne hervorragt und durch ihre blendende Schönheit leicht erkannt wird. Auch Helene erkennt (Γ 396) Aphrodite am lieblichen Nacken, der reizenden Brust und den bezaubernden Augen. Es gibt fast keinen Theil des Körpers, der nicht bei Homer seine Würdigung gefunden hätte, und man könnte auch hier eine reiche Blumenlese von Epitheta zusammenstellen, die sich auf die sinnliche Form der Götter beziehen und das eine oder andere Glied besonders auszeichnen.

Wenn nun Homer von den Göttern ein so anschauliches Bild entwirft, sie aus menschlichem Stoffe formt, nach Art der Sterblichen wohnen, sich baden, kleiden, schmücken, waffnen und überhaupt alle menschlichen Beschäftigungen verrichten lässt, wenn er ferner in den so plastisch aufgebauten Gestalten durch die ihnen beigelegten Gedanken, Gefühle und Empfindungen, Reden und Handlungen die feinsten Nüancen des Charakters ausprägt, so muss nothwendig seiner Seele ein klares Urbild vorgeschwebt sein, von dem er in seinen Gedichten eine treue Copie liefert, durch welche er in der Phantasie des Lesers ein nicht minder klares Bild hervorruft. Es könnte der Zweifel entstehen, ob Homer das Material zur Schöpfung seiner Götterbilder aus dem unergründlichen Schachte seines originellen Wesens genommen, oder ob etwa plastische Darstellungen seinen Schilderungen zu Grunde lagen, und diese nichts anderes sind als der treue Abdruck wirklicher Götterstatuen. In der That findet sich im Tempel zu Ilios (Ζ 92 u. 303) eine schön gelockte Athene, zu deren Knieen Theano ein schönes Gewand niederlegt, und auf dem Schilde des Achilleus waren die Dämonen des Krieges, Eris, Kydoimos und Ker (Σ 535) angebracht, sowie auch Ares und Pallas, beide von Gold und mit goldenen Gewändern bekleidet, schön und gross, wie es einem Gotte zukommt (Σ 517), in der Rüstung weithin strahlend. Allein unter jener Athene haben wir, wie Brunn in seiner Schrift „die Kunst bei Homer und ihr Verhältniss zu den Anfängen der griechischen Kunstgeschichte, München 1868“ ausführt, der zufolge die Geschichte der statuarischen Kunst bei den Griechen erst gegen die fünfzigste Olympiade beginnt, nicht etwa ein statuarisches Kunstwerk zu verstehen, sondern wie heut zu Tag so manches Madonnen- oder Heiligenbild im Festornate in den Kirchen gesehen und in Processionen herumgetragen wird, eine Puppe, „der das Gewand auf den Schooss gelegt wird, wie zum wirklichen Gebrauch. Selbst das Haar der schön gelockten Göttin mochte wirkliches Haar, eine förmliche Perücke sein, indem selbst noch in historischer Zeit Haarkrämler, Putzmacher und andere idolorum vestitores vielfach vorkommen.“ Was aber die Figuren von Ares und Pallas, Eris, Kydoimos und Ker auf dem Schilde des Achilleus betrifft, so haben sie nur einen dekorativen Zweck und hängen so gut, wie andere bei Homer erwähnte Kunstwerke mit dem Orient zusammen. Wenn Homer einen Mischkrug, das Werk des Hephaistos, als Geschenk des Sidonierkönigs Phaidimos (δ 617) bezeichnet, auch „sonst von sidonischen Kratern (Ψ 743), sidonischen Gewändern (Ζ 290), einem kyprischen Panzer (Λ 20), einem aigyptischen Spinnkorb (δ 125) spricht, so geht daraus hervor, dass ein grosser Theil dessen, was Homer vor Augen hatte, geradezu Erzeugniss fremder Kunst war.“ Dieses kann auch gar nicht Wunder nehmen, wenn wir bedenken, dass damals die Phoinikier den ganzen Handel zwischen dem inneren Asien und Griechenland in Händen hatten und ohne Zweifel auch eine Masse von kunstreichen Arbeiten zunächst in die jonischen Kolonien an der Küste Kleinasiens importirten. Und gerade der oben angeführte Schild des Achilleus findet, wie Brunn Seite 13 u. s. w. durch Vorführung assyrischer Bildwerke aus dem Palaste des Sanherib, die den nämlichen Stoff wie der Schild des Achilleus behandeln, beweist, erst durch Beziehung auf den Orient volle Klarheit und ein richtiges Verständniss. Alle Kunst bei Homer erscheint im Dienste des Handwerks, ist nur dekorativ und untergeordneter Natur, nicht aber sich selbst Zweck. Darnach beurtheilen sich auch die goldenen Jungfrauen (Σ 418), die wie lebende Dienerinnen gestaltet ihren Herrn Hephaistos mühsam fortschleppten, und die goldenen Jünglinge (η 100) in dem märchenhaft ausgeschmückten Palaste des Alkinoos, welche auf schönen Gestellen stehend mit den Händen die brennenden Fackeln erhoben und den Gästen im Saale bei nächtlichem Schmause leuchteten. Von einem Bildhauer ist im ganzen Homer keine Rede, auch nicht einmal von jenem mythischen Daidalos, „an dessen Namen die Sage die ersten Regungen auf dem Gebiete statuarischer Kunst anknüpft.“ Erst die nach Homer geformten daidalischen Gebilde, von denen Pausanias sagt: „ἀτοπώτερα μέν ἐστιν ἔτι τὴν ὄψιν, ἐπιπρέπει δὲ ὅμως τι καὶ ἔνθεον τούτοις“ haben die Bahn gebrochen, auf welcher die statuarische Kunst im edlen Wettstreit mit der dekorativen im Erzguss ebensowohl als in der Marmorskulptur, begünstigt durch äussere und innere Verhältnisse in schnellem Fluge bis zu jenem merkwürdigen Zeitalter fortgeschritten ist, welches die Typen fast aller Gottheiten geschaffen hat.

Der Mittelpunkt jenes glänzenden Jahrhunderts war Perikles. An seinen Namen und den seines Freundes Pheidias knüpfen sich alle künstlerischen Erzeugnisse jener schwungvollen, erhabenen Zeit. Die Grundlagen, auf denen sich die edelsten Blüthen der Kunst entfalten konnten, waren längst vorhanden. Der ewig heitere Himmel, der sich über dem grössten Theil von Griechenland spannt, besonders aber über den Gegenden, welche die heiligen Stätten der Kultur geworden sind, das glühende, im beständigen Wechsel sich erneuernde Farbenspiel der südlichen Natur, die fein gezogenen, durch das volle Lichtmeer verklärten Linien der griechischen Landschaft mussten die Phantasie der Bewohner fortwährend mächtig anregen und ihren Sinn für schöne Formen nicht etwa erst empfänglich machen, sondern unendlich steigern. Denn ein stets gegenwärtiges Gefühl für das Schöne, ein wunderbarer Formensinn war von Natur schon vorhanden; ja man möchte ihn das exklusive Eigenthum des hellenischen Geistes nennen. Diese Fähigkeit aber, das Schöne zu erkennen und zu fassen, wurde durch die gymnastischen Uebungen noch potenzirt. Denn diese führten vollendete Körpergestalten und edle mit Anmuth ebenso wie mit Kraft sich vollziehende Bewegungen vor, und der Zuschauer hatte Gelegenheit, auf der Palästra wie in einem stets zugänglichen Museum von lebendigen Modellen den Bau und die Verhältnisse des menschlichen Körpers zu studiren, die gelungenen Wendungen der Glieder im rechten Augenblicke zu erhaschen und mit geschärftem Auge alle die feinen Schattirungen der unverhüllten schönen Natur wahrzunehmen, welche Kampf und Ruhe, Spannung und Erschöpfung in den verschiedenen Stellungen zum Ausdruck bringen. Von diesem tiefen Eingehen in die Natur zeugen auch die Werke bis zu jener Zeit, in welcher die Hellenen im Kampfe mit der asiatischen Uebermacht ihre Kraft kennen gelernt haben. Da aber trat zu jenem Naturstudium noch ein höheres, ideales Moment. Auf den Schlachtfeldern von Marathon und Plataiai erwachte das Nationalbewusstsein. Das Gefühl der Ueberlegenheit hob das Volk über es selbst hinaus.

Ein neuer ungeahnter Geist beginnt von da die öffentlichen und privaten Verhältnisse zu durchdringen. Alles trägt den Stempel einer grossartigen Begeisterung. Denselben grandiosen, erhabenen Stil und dieselbe feierliche Majestät athmet auch die Kunst, die im Besitze unerschöpflicher materieller Mittel, welche ihr die aus den Perserkriegen gewonnene Beute, sowie die von Delos nach Athen verlegte Bundeskasse zur Verfügung stellten, bald darauf unter Perikles nebst anderen Werken jene idealen Göttergebilde als die reifsten Früchte der so ganz einzigen Zeitperiode hervorgebracht hat.

Die Grundzüge zu diesen Typen aber lagen in den Gedichten Homers theilweise klar vorgezeichnet, und es soll nun unsere Aufgabe sein, den Zusammenhang jener wunderbaren Schöpfungen mit den von Homer entworfenen Skizzen an einigen Göttergestalten darzulegen.

Der genialste Darsteller homerischer Ideen ist der Künstlerheros Pheidias, welcher aus Gold und Elfenbein die berühmte Colossalstatue des olympischen Zeus arbeitete, deren Eindruck ein so gewaltig packender war, dass man den, welcher sie vor seinem Sterben nicht erblickte, für ebenso unglücklich hielt, wie denjenigen, welcher in die andere Welt hinübertrat, ohne in die Mysterien eingeweiht zu sein. Pheidias fasste den Gott in jenem Augenblicke auf, da er auf dem Gipfel des Olympos thronend der vor ihr auf den Knieen liegenden Thetis Gewährung ihrer Bitte zuwinkte (Α 528). „Mit den dunklen Brauen winkte der Kronide, und die ambrosischen Locken des Herrschers wallten hernieder von dem unsterblichen Haupt, und es bebte der ganze Olympos.“ Demzufolge war Macht und Huld in der Haltung des Herrschers der Götter- und Menschenwelt auf das glücklichste verschmolzen. Die im Museo Pioclementino zu Rom aufgestellte und durch Gypsabguss überall bekannt gewordene Statue, die als das treueste Abbild jenes olympischen Zeus gilt, zeigt uns ein Ideal von männlicher Schönheit, verklärt durch die Majestät göttlicher Würde. Das Haar steigt von der Mitte der Stirne empor und fällt mähnenartig zu beiden Seiten in dichten Locken herab, die klare Stirne wölbt sich unten mächtig vor; in den tiefliegenden, weit geöffneten Augen ist der berechnende Gedanke und feste Entschluss zu lesen; um Mund und Wangen spielt der Ausdruck gnädigen Wohlgefallens; der in üppigen Locken aber herabwallende Bart, die breite Brust und kräftig anschwellende Muskulatur des Körpers erwecken das Gefühl von hoher jugendlicher Kraft, die sitzende Stellung und das von den Hüften in reichen Falten herabfliessende Gewand bezeichnen die siegesbewusste, würdevolle Ruhe. In der Linken trug er die Nike, die Rechte hielt ein aus allen Metallen zusammengesetztes Scepter. Hat aber in diesem Bildwerk die statuarische Kunst ihre grössten Triumphe gefeiert, so nicht minder auch die dekorative. Mag Hephaistos bei der Verfertigung der Waffen des Achilleus all sein Genie aufbieten, Pheidias ist in den die erhabene Statue des Olympiers umgebenden Zierden, in der Anlage des Ganzen und in der Ausführung der einzelnen Theile hinter dem göttlichen Schmied nicht zurückgeblieben. Denn der aus Cedernholz geschnitzte Thron, der Fussschemel, auf dem die mit goldenen Sandalen geschmückten Füsse ruhten, die zwölf Fuss hohe Basis, alles war mit den feinsten, sinnreichsten Reliefs aus Gold, Elfenbein, Ebenholz und Steinen bedeckt. Das Piedestal schmückte eine Götterversammlung, über welcher der allmächtig herrschende Gott erhaben thront; oben an der Lehne des Sessels prangten bedeutsam über dem Haupte des gnädigen Walters in der Natur schwebende Horen und Chariten, während Niken in tanzender Stellung den Sessel stützten.

Zeus ist aber nicht immer als sitzende Gestalt in unerschütterlicher Ruhe dargestellt, er erscheint auch in stehender Haltung, die Züge mehr bewegt, die Muskeln gespannt, die Haare in noch kühnerem Lockenwurf als gewöhnlich, im Gesicht den Ausdruck von Zorn und strafender Gerechtigkeit, in einer oder auch in beiden Händen den zerschmetternden Blitzstrahl. In diesen Bildern hat der dem Sturm und Unwetter gebietende (αἴθριος), die verschiedenste Thätigkeit in den menschlichen Angelegenheiten entfaltende, der den Meineid und Frevel an Fremden und Hilfsbedürftigen (ὅρκιος, ξένιος, ἱκετήσιος) furchtbar rächende Zeus des Homer plastischen Ausdruck gefunden. Aber auch diese Figuren tragen, trotzdem sie den Gott in Situationen fassen, welche theilweise den höchsten Affect voraussetzen, das Gepräge einer gewissen feierlichen Ruhe, da zu grosse Bewegung und rasches, leidenschaftliches Ausschreiten der bewussten Erhabenheit des Vaters aller Götter und Menschen nicht angemessen ist.

Der nämliche Meister, dem die Bildung des Zeus in so ganz einziger Weise gelungen, dass allen spätern Künstlergeschlechtern die Lust, hierin neue Wege zu betreten, benommen wurde, hat noch ein anderes Ideal geschaffen, das Bild der Pallas Athene. Ganz dem Charakter gemäss, wie Homer die reine göttliche Jungfrau schildert, schlank, helläugig, schöngelockt, klaren Geistes, festen Entschlusses, kräftigen Wirkens, ein ätherisches, über alle weiblichen Schwächen erhabenes Wesen, formt er seine Athene, mag er sie nun als Kriegsgöttin und πρόμαχος in voller Rüstung oder als Göttin der Friedenswerke darstellen, als eine ernste, hohe Gestalt mit freier Stirne, feiner Nase, länglichem Gesicht, nicht weit geöffneten, sinnenden Augen, mit strengem Zuge um Mund und Wangen, starkem Kinn, die Haare kunstlos von der Stirne nach dem Nacken zurückgestrichen. Und wie die Gesichtsbildung sie theilweise über das Weibliche hinaushebt, so auch der übrige Bau des Körpers, der Brust, Hüften, Arme und Beine, die von weiblicher Fülle und Weichheit ebenso weit entfernt sind als von männlicher Härte und Eckigkeit. Von Pheidias sind namentlich drei Bilder der Athene berühmt geworden, die für die attischen Kleruchen auf der Insel Lemnos verfertigte Friedensgöttin, welcher er eine solche Anmuth einzuhauchen wusste, dass sie den Beinamen der Schönen erhielt, dann die aus Erz gegossene 50 bis 60 Fuss hohe Vorkämpferin (πρόμαχος), welche auf der Burg von Athen zwischen dem Erechtheion und Parthenon aufgestellt mit Helm und Lanze alle Gebäude überragte und von den Schiffern schon vom Kap Sunion aus erblickt werden konnte, endlich das aus Gold und Elfenbein gearbeitete Colossalstandbild im Parthenon, wovon die gelungenste Nachahmung (Giustinianische Minerva) im Vatikan (museo Chiaramonti) zu Rom steht. Wie sie sich bei Homer (Ε 733) nach Ablegung ihres Peplos in die volle Rüstung wirft, so ging sie auch aus der Werkstätte des Künstlers hervor mit langem Chiton bekleidet und mit dem gewaltigen Helm und der furchtbaren Aigis bewehrt. Auf der linken Hand trug sie eine Nike, mit der rechten fasste sie die Lanze, während der Schild unten zu den Füssen sich anlehnte. Wie beim Prachtwerk des Zeus war auch hier die durch grandiose Einfachheit überraschende Figur der siegreichen Götterjungfrau durch grossen ornamentalen Reichthum gehoben. Auf dem Helm sass eine Sphynx; zu beiden Seiten befanden sich kunstreich in Relief gearbeitete Greife; den Schild nach innen schmückte der Kampf der Giganten, nach aussen eine Amazonenschlacht; am Rande der Schuhe waren bewegte Scenen der Lapithen- und Kentauromachie und an dem Piedestal der Ursprung der Pandora in reichen Figuren und Gruppen angebracht.

Fast zur nämlichen Zeit, da Pheidias in Athen seine unsterblichen Werke schuf, stellte **Polykleitos**, der Meister der sikyonisch-argivischen Schule, im Heraion bei Mykene das ebenfalls aus Gold und Elfenbein gearbeitete Colossalbild der **Here** auf. Homer lässt diese ungemein schöne, weissarmige, grossäugige, schöngelockte Göttin, welche die andern Unsterblichen durch Aufstehen ehren (Ξ 84), so oft sie in die Versammlung tritt, und unter welcher der Olymp zittert (Θ 199), wenn sie zürnend auf ihrem goldenen Throne sich bewegt, das Haupthaar in glänzenden Locken flechten (Ξ 176), so dass sie in unsterblicher Schöne der göttlichen Scheitel entwallen, mit dem hehren Gewand und dem leuchtenden Schleier sich umhüllen und mit dem Gürtel der Kypris versehen (Ξ 326) ihren Gemahl Zeus in ewig jungen Reizen fesseln. So stattet auch Polykleitos die Gestalt seiner Hera mit den Formen einer unvergänglichen Blüthe und vollendeten Schönheit aus, legt um die Mitte des Leibes über das nur Hals und Arme bloss lassende Untergewand ein Himation und schiebt den Schleier durch die von der Stirne schräg herabfallenden Haare nach dem Hinterhaupt zurück, das Gesicht bildet er ziemlich voll, das Auge rund und offen, die ganze Gestalt Ehrfurcht erregend.

Indessen haben sich diese Meister mit der Darstellung der eben erwähnten Gottheiten nicht begnügt, sondern im edlen Wettstreit mit Alkamenes, Agorakritos und andern Künstlern schritten sie zur Schöpfung auch der übrigen Götterideale, zu denen in den homerischen Gedichten ebenso die Grundzüge vorlagen, und erweckten eine lange Reihe von nicht minder bedeutenden Geistern, Skopas von Paros und Praxiteles von Athen an der Spitze, die jedoch der Strömung der Zeit folgend auf die Darstellung derjenigen Götter verzichteten, von denen der Ausdruck erhabener Majestät und feierlicher Ruhe unzertrennlich war, und sich mehr den Gottheiten zuwandten, mit denen sich eine heftigere Bewegung, grössere Leidenschaftlichkeit, innigeres Gefühl und stärkerer Reiz der körperlichen Erscheinung verknüpfen lässt. Dahin gehören ganz besonders die Darstellungen der **Aphrodite**. Wie in den Homerischen Gedichten die sie (Υ 105) die reizende Tochter Dione's mit beständigem Lächeln auf dem holden Antlitz (Γ 424) nennen und von ihrem schön gebildeten Nacken und Busen und den strahlenden Augen (Γ 396) sprechen, ist sie auch in der bildlichen Darstellung das Ideal weiblicher Schönheit. Als Göttin der Ehe (Ε 429) erscheint sie in älteren Bildern vollständig bekleidet, höchstens die eine Schulter und Brust entblösst, eine gedrungene Figur mit runden starken Formen und in ehrwürdiger Haltung. Das jüngere Geschlecht der Künstler hat im Gegensatz zu dieser matronalen Auffassung der Aphrodite als Göttin der ehelichen gesetzlichen Liebe den Triumph in der Darstellung gesunder Sinnlichkeit und in der Entfaltung der reizendsten Weiblichkeit gesucht. Praxiteles, der Hauptvertreter dieser Richtung, hat, um die körperlichen Reize in ihrer ganzen Fülle zur Anschauung zu bringen, die Bekleidung fortgelassen und über seine berühmte Aphrodite von Knidos alle jene bezaubernden Eigenschaften, welche Homer ihrem wunderbaren Gürtel (Ξ 214) zuschreibt, schmachtendes Verlangen, süsse Schwärmerei, kurz den duftigen Hauch weiblichen Liebreizes ausgegossen. Die Mitte zwischen jenen strengeren Formen und den weicheren, sinnlicheren der neuen attischen Schule halten jene Statuen, — darunter die Perle im Louvre zu

Paris, Skopas' gefeierte Aphrodite von Milo, die mit edler Einfachheit und naiver Unschuld ungemeine Anmuth der sinnlichen Form verbindet — welche die Göttin, den untern Theil des Körpers mit einem Obergewand bedeckt und den einen Fuss auf eine kleine Erhöhung gestützt, mit stärkeren Körperformen und dem Ausdruck von Siegesbewusstsein und Stolz in den mehr markirten Zügen darstellen. Es ist dieses die siegreiche Aphrodite, von der Homer sagt (Ξ 198), dass ihrer Macht nichts widerstehen kann im Himmel und auf Erden.

So vielfach sich die Kunst mit Aphrodite beschäftigt und sie in allen erdenklichen Stellungen und Situationen producirt hat, wie im Bade zusammengekauert oder aus demselben steigend (θ 364), den Busengürtel sich umlegend oder lösend (Ξ 214), das feine Gewebe und die goldenen Schuhe anziehend, so stiefmütterlich hat sie ihren Gemahl **Hephaistos** behandelt. Am berühmtesten war die Darstellung von Alkamenes, die genau der von Homer gegebenen Skizze entsprach. Wie ihn nämlich dieser (Σ 410) als grosse und starke Gestalt mit muskulösen Armen, gedrungenem Hals und zottiger Brust (Σ 415) zeichnet, so schuf Alkamenes in seinem Hephaistos einen kräftigen, werkthätigen Mann mit ernstem, gefurchtem Gesicht und gab ihm das Schmiedegeräth als Attribut, deutete aber seine Lahmheit, die ihm bei Homer zwei goldene Jungfrauen zur Stütze unentbehrlich machen, nur so leicht an, dass sie ihn nichts weniger als entstellte.

Nicht viel grössere Aufmerksamkeit wurde seinem glücklichen Nebenbuhler, **Ares**, zu Theil. Homer nennt ihn den ehernen, rasenden, schrecklichen, raschen, verwegenen Krieger, der in glänzender Rüstung (Ο 120) und mit gewaltiger Lanze (Ε 356) bewaffnet Schilde durchbricht (Φ 392), Mauern stürmt (Ε 31), Männer mordet (Δ 441) und in seinem Streitwagen bald dahin bald dorthin jagt. Ebenso ging er aus den Werkstätten der Kunst als kühner Recke hervor mit derber Muskulatur, kurzgelocktem, gesträubtem Haar, kräftigem Nacken, finsterer Stirne, zusammengezogenen Augen und etwas stärker geöffneter Nase; um seine gedrungenen Glieder schliesst sich der Harnisch und breite Kriegsschurz; den ehernen Kopf deckt der Helm. Indessen wurde von den alten Künstlern weniger seine Rolle als toll anstürmender Kämpfer hervorgehoben, als das weichere Verhältniss zu Aphrodite ausgeprägt. Homer lässt die von Diomedes verwundete Aphrodite (Ε 370) aus dem Wagen des Ares nach dem Olymp fahren und ebenso den von Athene niedergeworfenen Ares von Aphrodite ergreifen (Φ 418), um ihn vom Kampfplatz wegzuschaffen, jener frivolen Scene nicht zu gedenken, da sie (θ 267) im feinangelegten unsichtbaren Netz des Hephaistos gefangen wurden. Ein ähnliches Motiv lag wohl der von Skopas ausgeführten Colossalstatue des Ares zu Grunde, welche diesen mit abgelegten Waffen, ausruhend und in weicher Stimmung zeigt, während ein Amor zu seinen Füssen spielt.

Im Gegensatz zu diesen beiden ebengenannten Göttern steht in jeder Beziehung **Hermes**. Die namhaftesten Meister, Pheidias, Polykleitos, Skopas, Praxiteles haben ihn in den verschiedenen Rollen, welche ihm die Mythologie zutheilt, dargestellt und auf homerischer Basis ein Ideal geschaffen, das im sogenannten Antinoos von Belvedere in höchster Vollendung dem Beschauer entgegentritt. Hier erscheint er aber als Vorsteher der Palästra, in welcher Eigenschaft er sich bei Homer nicht findet. Seine gewöhnliche Auffassung ist die des διάκτορος (ε 87), der den Stab in der Hand (ε 44) auf den Schwingen seiner goldenen Sandalen mit graziöser Leichtigkeit enteilt und sich der von den Göttern ihm gewordenen Aufträge (ο 319) mit Rüstigkeit und Anmuth entledigt. Wie er dem Odysseus als schöner Jüngling (κ 278), dem der Bart in der holdesten Jugendblüthe keimt, begegnet, um ihm klugen Rath zu geben, so hat auch die Kunst seine körperlichen Formen zur vollen Jugendreife geführt, die kräftigen Gliedmassen etwas in das Schlanke gezogen, in die geistvollen Gesichtszüge den Ausdruck kluger Ueberlegung und freundlichen Wohlwollens fliessen lassen und jeder seiner Bewegungen das Gepräge feinen, anmuthigen Wesens gegeben. Stets ausgezeichnet durch den beflügelten, mit zwei Schlangen umwundenen Heroldstab (κηρύκειον), der aus dem einfachen homerischen ῥάβδος entstanden ist, durch den Flügelhut (πέτασος) und die Flügelsohlen, um seine windschnellen Bewegungen anzudeuten, nackt oder mit zurückgeschlagener Chlamys, stellt er sich in den mannigfachsten Situationen dar: stehend, der Winke des Zeus gewärtig, sich durch die Luft schwingend, sitzend und den Arm auf einen Pfeiler gestützt, als wolle er von der Reise und der überstandenen Anstrengung ausruhen; wieder in anderen Statuen ist der Moment abgelauscht, da er, sich von seinem Sitze erhebend, mit rascher Bewegung fortzueilen im Begriffe ist.

Aehnliche Behandlung wie Hermes erfuhr **Apollon**. Auch an ihm haben viele Meister ihre Kraft versucht. Während er den Künstlern der früheren Zeit, die ihn mit starken Gliedern, kurzem Gesicht und strengen, männlich-ernsten Zügen gebildet haben, als der mächtige Gott vorgeschwebt sein mag, der (Α 44) im Herzen grollend und der düstern Nacht gleich wandelnd von den Höhen des Olymp steigt, um mit seinen bittern Pfeilen Thiere und Männer zu erlegen, hat die jüngere attische Schule, voran Skopas und Praxiteles, seine Thätigkeit als Kitharodos, der im Verein mit den Musen (Α 603) die Götter beim Schmause ergözt, hervorgehoben und ihn in der anmuthigen Zartheit und weichen Fülle des jugendlichen Alters, fast möchte man sagen, in den rundlichen Formen weiblicher Bildung dargestellt. Zwischen beiden Auffassungen liegt das Ideal des Gottes, verkörpert im Apollon von Belvedere, der durch seine göttliche Schönheit und Würde zu unwillkürlicher Begeisterung hinreisst; denn in diesem Gebilde sind zarte Jugend und solide Kraft, Anmuth und Erhabenheit, Wohlwollen und ein edler Stolz, Heiterkeit und Ernst, Elasticität und Festigkeit der Bewegung zu einer merkwürdigen Harmonie verschmolzen. Kein Wunder, wenn der feine Kenner Winkelmann in seinem Enthusiasmus kaum Worte findet, seinem Entzücken beim Anblick dieser Statue Ausdruck zu geben.

Ganz das Ebenbild ihres Bruders ist Artemis. Wie Apollon wurde sie in früherer Zeit mit kräftigem Körper und schwellenden Formen gebildet. Der jüngeren Kunst war es vorbehalten, das Ideal auch dieser Göttin zu entwickeln, wie es sich in der berühmten Artemis von Versailles im Louvre zu Paris darstellt. Die Vorzüge von idealer Schönheit (ζ 108), hohem Wuchs (ζ 152), strenger Keuschheit (ε 202), welche Homer der bogentragenden, pfeilfrohen Jungfrau beilegt, die bald mit stürmendem (Ω 604), bald mit lindem Geschosse (ο 410) die Sterblichen ereilt, gewöhnlich über Gebirge und Waldhöhen hinstreift (ζ 103), um sich an der Eber- und Hirschjagd zu ergötzen, sind in jenem Bildwerke treulich wiedergegeben. Es ist eine hochstrebende, schlanke jugendliche Gestalt, das Gesicht von schönem Oval, zart und erhaben zugleich, Brust, Hüften und Beine aller weiblichen Fülle entbehrend, wodurch das Leichtfüssige, Behende und jugendlich Frische ganz besonders zum Ausdruck kommt. Sie ist mit dem die Arme unbedeckt lassenden dorischen Chiton bekleidet, den sie hoch über das Knie schürzt, wenn sie die flüchtigen Hirsche verfolgt und in heftiger Bewegung den Pfeil aus dem Köcher nimmt, wenn sie aber mit erhabener Ruhe die Hand nach dem Rücken führt, wie um den Köcher zu schliessen, in langem Wurfe bis an die Füsse hinabfallen lässt.

Von Demeter, deren matronalen Charakter mit vollen Formen und weichen, milden Zügen ebenfalls die attische Kunstschule fixirt hat, erzählt uns Homer in seinen beiden grossen Gedichten wenig. Er nennt sie nur (Ε 500) die gold- und schöngelockte Göttin, welche durch die Reize ihrer Schönheit (Ξ 326) Zeus ebenso einzunehmen weiss wie Here, Leto und andere Gemahlinnen desselben. Ein um so klareres Bild entwirft er von ihrem Bruder Poseidon.

Als Beherrscher des beweglichen Meeres, das (Ο 190) ihm bei der Theilung durch das Loos zugefallen, schildert er ihn als den gewaltigen, grossen Gott mit dunklem Haar (Υ 144) und breiter Brust (Β 479), der mit seinem Dreizack die Felsen spaltet (δ 500), das Meer aufwühlt (ε 291) und die Erde in ihren Grundfesten beben macht (Υ 58). Seinem Bruder Zeus gehorcht er oft nur mit Widerstreben und unmuthigem Murren (Ο 185). Dieser Charakteristik angemessen hat ihm die griechische Kunst zwar auch eine grandiose Erhabenheit, aber nicht die ruhige, heitere Majestät des Zeus verliehen, seine starken Muskeln durch leidenschaftliche Erregung gespannt und geschwellt, das Haupthaar gesträubt und durcheinandergeworfen und in seine schlichten Gesichtszüge ein trotziges, heftiges, rauhes Wesen gebracht. Selbst dann entbehrt seine Haltung nicht einer gewissen Spannung und Leidenschaftlichkeit, wenn er friedlich über die geglättete Meeresfläche hinschreitet oder fährt. Diesen Darstellungen, welche den Beherrscher des Meeres mit seiner Gemahlin Amphitrite auf einem Viergespann thronend oder auf Delphinen und Hippokampen sitzend zeigen, umwogt von dem lebendigen, gestaltenreichen Chor der muschelblasenden Tritonen und Nereiden, liegt ohne Zweifel jene homerische Scene zu Grunde, da Poseidon in den Sessel des Wagens tritt (Ν 27), nachdem er die Rosse mit ehernem Huf und goldener Mähne in das Joch gespannt, und die goldgeflochtene Geissel fassend über die Wogen hinfährt, während unter ihm rings aus den Klüften des Meeres Thiere hervorhüpfen und den Herrscher begrüssen.

Der dritte Bruder des Zeus, Hades, der (Ο 191) das finstere Dunkel der Unterwelt erhielt, herrscht dort in düsterer Majestät. Die Gewalt (λ 277) und Stärke (λ 47), die furchtbare (Ε 395) und schreckliche (Ο 363) Erhabenheit, welche Homer diesem unterirdischen Zeus (Ι 457) beilegt, hat die bildende Kunst in passender Weise ausgedrückt, indem sie ihn einerseits mit ähnlichen Formen wie Zeus umgab, andererseits durch das über die Stirne hereinhängende Haar, durch Einziehen der Brauen und überhaupt durch ein düsteres Gesicht von ihm unterschied. Auch seine neben ihm thronende Gemahlin, die erlauchte (λ 212), ehrwürdige (λ 386), furchtbare Persephone erscheint analog als unterirdische Here.

Ganz in derselben Weise hat die Kunst zur Bildung der übrigen, untergeordneten Gottheiten die in den homerischen Gedichten vorgezeichneten Charaktere und die ihnen entsprechenden äusseren Formen benützt, wenn gleich hier nicht vergessen werden darf, dass die folgenden Dichter durch Detailschilderung und Fortspinnen der Mythen noch manchen Strich zur weitern

Ausführung des Portrait beigetragen oder dieses auch durch vollständiges Umbilden der Mythen in eine andere Stimmung gebracht, modifizirt und umgemodelt haben.

Das in der rhodischen Schule ausgebildete Ideal des Helios von blühender, kräftiger Jugend, klarem Auge, mit fliegenden Locken, die wie Strahlen das volle, runde Gesicht umgeben, in leicht fliessender Gewandung erinnert ebenso an Homers Helios, der im hellen Glanze strahlend (Τ 398, ν 29, ι 479) unter dem ehernen Himmelgewölbe hinschwebt (γ 1), wie die farbenglühenden Darstellungen der reichgekleideten, mit einer Strahlenkrone und einem Viergespann ausgestatteten muntern Eos und des ihr mit Fackeln voraneilenden, hochgeschürzten Eosphoros auf den homerischen Urbildern beruhen. Denn die schöngelockte (ε 390), rosenfingerige (κ 187), glänzende (δ 188), goldthronende (Ο 565) Göttin im Safrangewande (Θ 1) schirrt am Okeanos (Ψ 245) die beflügelten Rosse Lampos und Phaeton, um auf leuchtendem Gespann den sterblichen Menschen den Tag zu verkünden; und ihr voraus geht (Ψ 226) Eosphoros, das glänzendste Gestirn, das Licht der frühgebornen Eos anzumelden (ν 94).

Der Thurm der Winde auf der Aiolosstrasse zu Athen zeigt an den Seitenflächen im Relief die geflügelten Gestalten der Windgottheiten, Notos und Zephyros als bartlose Jünglinge mit leichtem Gewand, Boreas aber als unfreundlichen Greis mit langem Bart, faltigem Gesicht, in einen weiten Mantel gehüllt, Euros als bärtigen Mann mit fliegenden Haaren und flatterndem Mantel, gerade so wie sie Homer (Ψ 203) als ungestüme Gesellen schildert, die stürmisch emporspringen, die Wolken vor sich hertummeln, die Wasser aufwühlen und mit gewaltigem Brausen die Lohe an des Patroklos Scheiterhaufen anfachen. Und wenn er von den Flussgöttern die einen (Φ 136, 192, 235) als mächtig, leidenschaftlich und furchtbar, anderen aber (λ 239) als schön und reizend malt, so sind auch diese und ihnen ähnliche Züge in die bildende Kunst übergegangen, insoferne wir unter ihren darauf bezüglichen Produktionen bald behaglich hingelagerte Greise, bald machtvoll gebietende Männer, bald stürmisch erregte Jünglinge oder anmuthige Knaben erkennen. Ebenso klingen die leichtbekleideten oder ganz nackten Nereiden (Σ 39), die ihre geschmeidigen, reizenden Körperformen in tausend Windungen entfalten, die rauschenden Züge der Mainaden und des wahnsinntrunkenen Dionysos (Ζ 132), klingen die feinen Gestalten der durch Gesichtsausdruck, Gewandung und Attribute unterschiedenen Musen (Α 603, ω 60), die duftigen, zarten Erscheinungen der Charites und Horen (ζ 18, ϑ 364), klingen endlich die Darstellungen der Nymphen, mögen sie das straffere Gepräge eines jungfräulich rüstigen Lebens tragen (ζ 106), die sanft geschwungenen Linien graziöser Ruhe und Bewegung (Ω 616, ι 318) oder die volle Reife weiblicher Fülle und Schönheit (ι 217) enthalten, mehr oder weniger vornehmlich an homerische Motive an.

Aus dieser kurzen Vergleichung schon lässt sich entnehmen, von welch' ungeheurer Bedeutung die homerischen Werke für die Entwicklungsgeschichte der griechischen Kunst sind, einer Bedeutung, die gleichen Schritt hält mit dem Einfluss, den sie auch auf das religiöse und wissenschaftliche Leben der Griechen ausgeübt haben. Denn „die grössten Künstler, wie Bernhardy in seinem Grundriss der griechischen Literatur 2. Theil. pag. 70 sagt, an ihrer Spitze die Bildhauer, wurden von den sinnlich schönen Gebilden Homers erwärmt und zu den Idealen des Naturlebens begeistert; sie nährten ihren Beruf an der epischen Klarheit, und indem sie den weiten Kreis homerischer Figuren mit einer Fülle der Erfindung darstellbar und in würdigem Geiste populär machten, blieb der Nationaldichter, als schon der poetische Sinn verkümmerte, frisch und gegenwärtig unter aller Augen und von idealem Glanz umgeben." Wir werden später auf diesen Punkt zurückkommen und durch Vorführung der namhaftesten künstlerischen Produkte nachweisen, wie nicht nur die griechische und römische Kunst zum grossen Theil auf den homerischen Gedichten beruht, sondern wie auch die Meister aller späteren Jahrhunderte bis auf die Jetztzeit aus ihnen wie aus einem nie versiegenden Born künstlerische Ideen geschöpft und Vorbilder genommen haben.

Vollendete Charakteristik der Personen. So reich und lebensvoll die Götterwelt ist, welche uns Homer vorführt, und so klar die Formen, womit er jede einzelne Gottheit umgibt, so unbegrenzt ist der Schauplatz menschlichen Lebens und Strebens, den er in seinen Gedichten eröffnet, und so scharf die Charakteristik der da auftretenden Personen. Durch strenge Zeichnung, individuelle Gestaltung und feine Ausprägung der charakteristischen Züge formt er klare Heldenfiguren, die zuerst in unbestimmten Umrissen in unserer Phantasie auftauchen, mehr und mehr Ausdruck gewinnen und zuletzt so anschaulich und fassbar vor uns stehen wie makellos aus einem Gusse hervorgegangene Statuen. Denn diese plastische Gestaltung gelingt ihm nicht etwa dadurch, dass er sich mit verstandesmässiger Absichtlichkeit auf die Naturschilderung wirft und in monotoner Darstellung an der einen Persönlichkeit eines Helden hängen bleibt, sondern wie vom Instinkt getrieben führt er von einer konkreten Besonderheit zur Anschauung des Ganzen, vergegenwärtigt auf der Basis eines kleinen individuellen Punktes grosse sinnliche Erscheinungen und schafft aus einzelnen verstreuten Momenten ein harmonisches Gesammtbild. Bald holt er aus dem reichen Schachte seiner durch gründliches Studium der Sinnenwelt gesammelten Beobachtungen stehende charakteristische Beiwörter hervor, bald hebt er seine Helden durch Episoden, die er in behaglicher Breite bis in das kleinste Detail entfaltet, bald wirft er durch glücklich angebrachte Vergleichungen und Gleichnisse ein helles Streiflicht auf sie, so dass auf einen Augenblick das innere Wesen zur sinnlichen Darstellung gebracht und die Formen bis in die tiefsten Fugen klar gelegt werden. Aber auch da, wo er sich dieser Kunstmittel nicht bedient, sondern nur mit der Ruhe objektiver Erzählung die grossen Heldenthaten der vergangenen Zeit reproduzirt und etwa den Gang der Handlung durch eingeschobene Reden und Dialoge, welche die Motivirung der Thaten und Ereignisse geben und auf das Wesen des handelnden Individuums schliessen lassen, unterbricht, setzt er aus Wort und That, aus Motiven und Begebenheiten ein vollkommen klares, anschauliches Bild zusammen. „Die Helden werden in ihrer Kraft und in ihrem ganzen Wesen in lebendiger Handlung gezeichnet, oder es wird durch einen genial gefundenen Zug die Phantasie des Hörers angeregt, sich selbst das Bild zu schaffen, und besonders fein geschieht dieses mittels des Widerscheins aus dem Gemüth und der Rede anderer.“ (Nitzsch's Beiträge zur Geschichte der epischen Poesie der Griechen. Seite 331.)

Wenn wir uns nun an die Charakterzeichnung zunächst der Helden machen, dürfte es zweckmässig sein, ehe wir auf die einzelnen eingehen, diejenigen Punkte hervorzuheben, in denen sich so ziemlich alle Helden ohne Ausnahme begegnen. Alles nämlich, was sie thun und sagen, trägt den Stempel eines gesunden Naturlebens, physischer Kraft, naiver Ursprünglichkeit. Von dieser realen Basis jenes Zeitalters aus müssen die prahlerischen Worte, womit sie ihre eigenen Verdienste und Züge erheben, müssen die Thränen und Klagen, in welche sie bei heftigen Gemüthsbewegungen ausbrechen, müssen aber auch die Ergüsse jener klassischen Schimpfwörter und Schmähungen, womit sie vermöge der Reizbarkeit ihrer gleich auflodernden Natur in erregten Momenten sich gegenseitig überschütten, sowie die Ausbrüche der Grausamkeit und des rohen Hohnes an gefallenen Feinden gewürdigt werden. Von demselben Gefühle der Wahrhaftigkeit werden sie aber auch geleitet, wenn sie die Tapferkeit ihrer Gegner, nachdem sie sich mit ihnen im heissen Zweikampf gemessen, rühmend anerkennen, ohne allen Rückhalt das von ihnen begangene Unrecht gut zu machen suchen oder die verderblichen Missgriffe anderer offen und gerade rügen. Und wie sie mit sicherem Blick das Unrecht, wo es sich auch finden mag, wahrnehmen, so legen sie es auch mit wohlgesetzten Worten, die meist den Nagel auf den Kopf treffen, unbarmherzig bloss. Diese Worte haben durchaus nichts Gekünsteltes, sondern scheinen wie von selbst aus der Quelle natürlicher Beredtsamkeit zu fliessen. Es war ja für einen Helden eine unerlässliche Eigenschaft, des Wortes mächtig zu sein, da sich das Ansehen im Rathe ebenso nach der Gabe der Rede bestimmte, wie der Ruhm im Kriege von der Tapferkeit und Leistung glänzender Thaten bedingt war. Darum legt auch Homer den hervorragenden Helden wahre Meisterwerke der Redekunst in den Mund, wobei er in der Länge und Kürze der Reden, in ihrem weicheren oder härteren Fluss, ihrer Weitschweifigkeit oder Bündigkeit die Modifikation der Charaktere ausprägt. So verschieden aber die Art zu reden ist, deren sich die Helden bedienen, und so verschieden die darnach sich bestimmenden Charakterzüge, so gibt es auf der andern Seite wieder Eigenschaften, die so ziemlich allen ohne Unterschied gemeinsam sind. Dahin gehört die fromme Scheu gegen die Götter, welche sich in Gebeten und heiligen Bräuchen, in kostbaren Geschenken und feierlichen Opfern äussert, die Anhänglichkeit an das Vaterland und die Liebe zu den Angehörigen, die derselben auch in weiter Ferne nicht vergisst, die Hochhaltung der Rechte der Gastfreundschaft, welche selbst mitten in der Hitze des Kampfes die Gegner ihre Waffen tauschen lässt, vor allem aber unerschütterlicher, ausdauernder Muth und eine in allen Wechselfällen des Krieges und der Feldschlacht bewährte Tapferkeit. Demgemäss stattet Homer seine Helden mit riesiger Kraft, mit Gewandtheit und Geschmeidigkeit der Glieder aus, vermöge deren sie im raschen Laufe dem flüchtigen Feind nachsetzen, die gewaltigen Speere schwingen, grosse Feldsteine schleudern, wilde Rosse bändigen und lenken und dem Ungestüm der entfesselten Elemente trotzen können. Dieser Stärke und Gewandtheit ferner entsprechend baut er grosse, kräftig schöne Gestalten mit starker Brust, breiten Schultern, muskulösen Armen und Beinen, nervigen Händen, wallendem Haupthaar und verleiht sie mit scharfen Sinnen und eherner weithin tönender Stimme.

Das Ideal des jugendlich feurigen Helden, schön von Gestalt, edel von Gemüth, aber heftig und reizbar, stellt er in Achilleus auf. Ausgerüstet mit allen körperlichen und geistigen Vorzügen fehlt ihm nur Eines, die Mässigung. Denn wie er, stark in der Liebe, seine Freunde an Sorgfalt und Treue übertrifft, glaubt er auch seinen Feinden es an Rache und Schaden zuvorthun zu müssen. Aber gerade dadurch, dass er an und für sich wohlberechtigte

Empfindungen seiner reichbegabten Natur übertreibt und in seinem Selbstgefühl kein Mass hält, schafft er mehr noch sich selbst als anderen Unheil, und das ist es eben, was seiner Erscheinung das hoch pathetische und tragische Gepräge gibt. Von Phoinix (Ι 441) im Kriegshandwerk und in der Redekunst, vom Kentauren Cheiron (Λ 832) in der Kräuter- und Heilkunde unterrichtet, wählt er vom Doppelgeschicke (Ι 411), entweder im trauten Lande der Väter ruhmlos zu altern oder im ruhmreichen Kampfe um Ilios fallend nie zur Heimat wiederzukehren, das letztere. Bereitwillig folgt er daher auch Nestor und Odysseus, als sie nach Phthia kamen (Λ 782), um ihn zum Zuge gegen Troja einzuladen, das Wort seines Vaters Peleus beim Abschiede (Λ 784): „Allzeit wacker zu sein, vor den andern allen der erste,“ wohl erwägend. Fortan ist er unbestritten der hervorragendste aller Helden, die um Troja kämpfen, wie den Achaiern ein mächtiger Schutz, so den Feinden der gefährlichste Gegner. Die Bedeutung dieser seiner unwiderstehlichen Tapferkeit manifestirt sich, wie wir schon oben angedeutet haben, ebenso sehr in negativer als in positiver Weise.

Während er unthätig bei den Schiffen grollt, schlägt die vorherige Bangigkeit der Troer allmählig in sicheres Siegesgefühl um, das sich mit den Erfolgen, die sie unter Hektors Führung erringen, mehr und mehr steigern muss. Nachdem sie die Achaier trotz des heftigsten Widerstandes aus dem Felde geworfen, dringen sie bis nahe an die Mauer vor, verwunden fünf der bedeutendsten Helden, reissen die Mauer ein, und unaufhaltsam bis zu den Schiffen vordringend sind sie nahe daran, Flotte und Heer zu vernichten. Die Achaier erkennen und gestehen ihre Ohnmacht, wenn Achilleus zürnt und ferne ist, und schicken an ihn eine Gesandtschaft, dass er ihnen in ihrer verzweifelten Bedrängniss helfe. Als er Patroklos im Glanze seiner eigenen Rüstung gegen die Troer sendet, da werden diese alle in der Seele bestürzt (Π 280) wähnend, der schnellfüssige Achilleus habe den Groll abgelegt, und bange sieht sich jeder um, dem jähen Verderben zu entfliehen. So lähmenden Schrecken übt nur schon der Anblick seiner Rüstung aus. Und als Patroklos nach einem kurzen glänzenden Waffengang dem gewaltigen Stoss Hektors erlag, und sich um seinen Leichnam ein heftiger Kampf entzündete, genügte die geisterhafte Erscheinung des Peliden am Graben (Σ 215, 221) und sein hellschmetternder drohender Ruf, um den Troern das Herz im Busen aufzuregen und die von Grauen erfassten Lenker sammt Ross und Wagen flugs zurückzuwenden. Tritt er aber selbst auf die Wahlstatt, nach Kampfgetümmel (Λ 492) sich sehnend, dann stürzen die Mauern der Städte in Staub (Θ 691, Ι 328) und drängen sich die Feinde (Φ 5), zaghaften Schafen gleich, in scheuer Verwirrung zusammen. Nicht anders (Υ 494) als wie ein Dämon stürmt er mit dem Speere scheuchend und mordend durch ihre Glieder, so dass die Leichen und Schilde zerstampfenden Rosse und die Räder des hinsausenden Wagens von Blut bespritzt werden, und ruht nach Ruhm und Rache dürstend nicht eher, als bis er durch Erlegung des bedeutendsten Gegners allen seinen Heldenthaten die Krone aufgesetzt hat.

Das Bewusstsein seines Werthes und seiner Tapferkeit erzeugte in ihm ein hohes Selbstgefühl. Kommt nun dazu eine unbändige, reizbare Natur und die eiserne Energie des Willens, wie sie den Peliden auszeichnet, so müssen Ereignisse, die irgend eine Seite seines Herzens anschlagen, ihn nicht nur ausser sich bringen, sondern auch eine lang anhaltende Spannung erzeugen. Dieses Unmass von Zorn und Rache, das so viele Opfer fordert, und dem er selbst in dem liebsten, was er auf Erden hat, zum Opfer fällt, äussert sich bei verschiedenen Anlässen und ist ein Hauptzug seines Charakters. Mit dem Oberfeldherrn Agamemnon kommt er wegen seiner Sklavin Briseis (Α 194) in Streit, zückt wüthend auf ihn das Schwert und übergiesst ihn mit einem Strom von Schmähungen. Was er in der Hitze des Augenblickes ausgestossen, führt er mit zäher Ausdauer durch. Grollend zieht er sich mit seinen Myrmidonen vom Achaierheer zurück, weder an der ehrenden Männerversammlung noch am Kampfe (Α 490) forthin theilnehmend, mag ihm auch der Gram das nach Schlachtruf und Getümmel verlangende Herz verzehren. Noch mehr, mögen auch die Achaier noch so sehr in Noth kommen, mag sein Beleidiger Agamemnon noch so kostbare Sühngeschenke anbieten, mögen die an ihn abgeschickten Gesandten, die noch dazu mit ihm in naher Beziehung stehen, noch so kluge und herzgewinnende Worte sprechen (Ι 96): ein Achilleus nimmt nichts zurück. Nicht eher will er (Ι 650) des blutigen Kampfes gedenken, ehe nicht Hektor bis zu den Zelten und Schiffen der Myrmidonen herandringt, Argos Völker erschlägt und an den Schiffen den Brand emporflammen macht.

Da ahndet die Nemesis diesen masslosen Eigensinn. Seinem Freunde Patroklos kann er nicht versagen, in seiner Rüstung an der Spitze der Myrmidonen auszuziehen. Als Leiche wird dieser von Menelaos und Meriones in sein Zelt zurückgebracht. Dieselbe Masslosigkeit treibt ihn nun zur Rache am Mörder seines Lieblings. Er verwünscht den Zorn, der (Σ 108) in der Menschen und Götter Geschlecht sterben soll, verflucht selbst die Jungfrau (Τ 60), die denselben veranlasst, und bietet (Τ 69) mit entschiedener Selbstanklage Agamemnon Versöhnung. Nichts liegt ihm an den Geschenken (Τ 146), die dieser voll Freude herbeibringen lässt, nichts will er (Τ 307) von Speise und Trank wissen, nur nach Kampf und Schlacht verlangt es ihn (Τ 150). Und als endlich vor ihm Hektor auf den Tod getroffen im Staube lag und ihn bat, seinen Leichnam zum ehrlichen Begräbniss den Seinen auszuliefern, versetzte grimmvoll blickend Achilleus (Χ 345):

Nimmer beschwöre, du Hund, bei den Knieen mich oder den Eltern!
Wenn doch wüthender Zorn mich erbitterte, dass ich das rohe
Fleisch dir zerschnitt' und verschlänge, nachdem du mir solches gethan hast!
Drum soll keiner hinfort vom Haupt dir wehren die Hunde,
Brächte man auch zehnfältig und zwanzigfältige Lösung
Hier zur Stelle gewogen mir dar und verhiesse noch andres;
Nein, und wollte sogar Hehl Priamos, Dardanos' Enkel,
Dich aufwägen mit Gold; nie soll dich auf Todtengewanden
Betten die würdige Mutter und den sie geboren, beweinen;
Nein, Raubvögel und Hunde zerfleischen dich sonder Erbarmen!

Dem Worte entsprach die That. Nachdem er ihm von den Schultern die Wehr genommen (Χ 368), band er den nackten durchbohrten Leichnam hinten an den Wagen und gallopirte durch Blut und Koth fort mit ihm in sein Lager. Aber auch damit war sein Rachedurst noch nicht gestillt. So oft das Frühroth über Gestade und Meer aufstrahlte, schirrte er (Ω 11) die beflügelten Rosse an den Wagen und schleifte Hektors Leiche dreimal um den Todtenhügel seines Patroklos, um sie dann im Staube auf das Antlitz hingestreckt liegen zu lassen.

Stellt Homer so nach den zusammengestellten Momenten Achilleus als unbändigen Recken mit starker, ungebrochener Leidenschaft dar, so hat er ihm anderseits tiefe Empfindung und ein gewisses zartes Wesen eingehaucht und so in das rauhe, harte Material weicheren Stoff geknettet. Derselbe Held, welcher (Υ 408) mit blutbefleckten, unnahbaren Händen ganze Reihen niederstreckt und den vor ihm im Todeskampf liegenden Feind, seine flehentlichen Bitten bei den Eltern (Χ 338), seine Mahnung an ein ähnliches Schicksal unbarmherzig höhnt (Χ 360), derselbe möchte, wohl empfänglich für die stillen Freuden des Familienlebens (Ι 399), einem erkornen Weibe vermählt in herzlicher Eintracht sich der vom Vater gesammelten Güter freuen, derselbe greift in die Saiten der Lyra (Ι 186), um mit ihren Tönen sein Herz zu laben, und gedenkt nicht nur (Τ 422, Σ 86) weichen Gefühles seiner Mutter und laut weinend seines greisen Vaters (Ω 511), sondern hebt auch, voll Erbarmen mit dem grauen Haupt und Kinn, den um die Leiche seines Sohnes fussfällig bittenden Priamos (Ω 515) mit dem Versprechen, sie auszuliefern, auf. Noch andere von Pietät gegen die Götter und liebenswürdiger Freundlichkeit gegen die Menschen zeugende Züge hat Homer in seinem Achilleus ausgeprägt.

Nichts geht ihm über die Götter. Ihren Geboten folgsam stösst er in der höchsten Aufwallung des Zornes (Α 216) sein Schwert in die Scheide zurück und wäre bereit gewesen, da Zeus es ihm durch seine Mutter Thetis aufgetragen, auch ohne Bitten und Geschenke (Ω 561) Hektors Leichnam Priamos zu erlassen. Nichts charakterisirt übrigens das aus Mitleid und Jähzorn, Edelmuth und Leidenschaftlichkeit zusammengesetzte Wesen des Helden mehr als die darauf folgende ganz einzige Scene. Durch die Mägde liess er Hektors Leib waschen und salben (Ω 582),

„Doch fern, des Priamos' Blicken verborgen,
Dass der Bekümmerte nicht vom Zorn sich bewältigen lasse,
Säh' er den Sohn, und in Wuth aufflamme sein eigenes Inn're,
Dass er den Priamos mordend Kronions Wille verletze."

Die mit Untergewand und einem köstlichen Mantel umhüllte Leiche hebt der Pelide mit eigener Hand auf die Bahre, beginnt aber in demselben Augenblicke wieder sein Wehklagen um Patroklos. In das Zelt zurückgekehrt richtet er unvergleichliche Trostworte an den Alten (Ω 620), er möge die Thränen, die sein trauter Sohn wahrlich verdiene, auf eine spätere Zeit versparen, wenn er ihn zur Stadt geleite, und jetzt am herzstärkenden Mahle sich freuen. Dann der Gastfreundschaft wohl eingedenk bewirthet er Priamos mit der nämlichen Leutseligkeit (Ι 197), womit er früher, ob er auch schwer zürnte, die von den Achaiern abgesandten Helden in seinem Zelte empfangen hatte. Denn also gleich liess er damals (Ι 202) in grösserem Kruge und von stärkerem Weine mischen, jeglichem den Becher füllen und aus dem Rücken des Schafes, einer Ziege und eines Schweines einen leckeren Schmaus bereiten. Waren ihm doch alle, besonders Phoinix, liebe Männer. Aber, wie gross auch die Fürsorge für seinen alten Erzieher, die Freundschaft gegen Alkimos und seinen Wagenlenker Automedon (Ω 574), seine Anhänglichkeit an die Heimat, an Vater und Mutter sein mag, sie verschwand in der treuen Sorgfalt und Liebe gegen

Patroklos. Diese Freundschaft ist das sein ganzes Wesen erwärmende und durchglühende Feuer, der eigentliche Lebenspuls, die Bedingung seines Glücks, in ihr laufen alle Fäden seines Gefühls zusammen, in ihr spiegeln sich die Erfolge seiner Thatenlust und Tüchtigkeit. Daher aber auch der wilde, übermenschliche Schmerz, als der Gegenstand seiner Freundschaft, noch dazu durch seine Schuld, vom Geschicke hinweggerafft wird.

Vereint mit einander in Phthia aufgewachsen (Ψ 24) zogen sie auch zusammt nach Troja, und wie Achilleus von Peleus als letztes Wort mit auf den Weg nahm, immer der erste zu sein, so wurde Patroklos von seinem Vater Menoitios ermahnt, als der ältere mit dem Freunde (Λ 788) ein verständiges Wort zu sprechen und ihm rathend an die Hand zu gehen. Fortan die unzertrennlichen, theilen sie Freude und Leid mit einander. Mit dem zürnenden Peliden begibt sich Patroklos (Α 307) in das abgesonderte Lager nach dem Zelt. Von dort führte er (Α 346) auf Befehl seines Freundes des Brises Tochter heraus, um sie den von Agamemnon abgeschickten Herolden zu übergeben. Und als später die um Hülfe bittende Gesandtschaft im Zelte erschien, richtet er das Mahl (Ι 659), mischt den Wein und lässt dem Phoinix das wärmende Lager bereiten. Von seinem Freunde lernt er die Heilkunde (Λ 831), erfreut sich mit ihm (Ι 190) an den Klängen der Lyra und (Ι 667) im Genusse der von jenem gewonnenen Siegesbeute. Was die angebotene Genugthuung Agamemnons, die kunstreichen, auf Verstand und Gemüth einwirkenden Reden von Odysseus und Phoinix, was die Wunden so vieler Helden nicht vermochten, das erzielten, wenigstens theilweise, die Thränen (Π 3) und bittenden Worte des weichherzigen Freundes. Und als jener auf seinen Vorschlag eingeht, wie sorgsam mahnt er ihm (Π 92), nicht durch zu weites Vordringen sein ihm theures Leben zu gefährden; wie feuert er, ohne alle Eifersucht nur auf den Ruhm seines Patroklos bedacht, die Myrmidonen an (Π 200), wie inbrünstig fleht er (Π 233) Zeus um Sieg und glückliche Rückkehr! Mit tiefer Wirkung hinwiederum lässt Homer den tödtlich getroffenen Patroklos seinem Mörder den Tod von der Hand des Aiakiden verkünden (Π 854) und auf seinen Lippen als letztes Wort den Namen des Freundes ersterben. Noch mehr als im Leben durch zärtliche Fürsorge äussert sich Achilleus' Liebe nach dem Tode seines Freundes durch den an Wahnsinn grenzenden Schmerz. Bald streut er sich (Σ 24) Staub auf das Haupt und liegt (Σ 26) mit zerrauftem Haare auf dem Boden, bald stiert er (Ω 5), in stille Trauer versunken, schlaflos in die Nacht hinein; wachend stimmt er (Ψ 108) immer von neuem den Wehruf an und erweckt auch in allen anderen das Verlangen der Klage; schlafend streckt er (Ψ 99) die verlangenden Arme nach seinem Traumbild aus. Zur Errichtung seines Todtenmales (Ψ 111) muss das ganze Achaierheer mitwirken; zwölf auserlesene Jünglinge von Troja (Φ 27) verzehrt der eiserne Grimm des Feuers (Ψ 177); und während der Mörder schmachvoll am Grabhügel büsst, lässt er (Ψ 262) zu Ehren des Gemordeten glänzende Leichenspiele aufführen.

Fragen wir nun nach den körperlichen Formen dieses gewaltigsten aller Helden, so gibt uns Homer darauf keine direkte Antwort, sondern überlässt es der Phantasie des Lesers, aus den im Vorhergehenden entwickelten Anhaltspunkten selbst ein ideales Bild zu konstruiren. Wie gewöhnlich rückt er nur durch Vergleichung mit irgend einem Gotte und durch Schilderung der Wirkung seines Anblickes die äussere Erscheinung desselben näher. So sah Priamos mit staunendem Blick (Ω 630) des Achilleus Wuchs, so stattlich und edel, er glich unsterblichen Göttern. Hektor bebte (Χ 132), als er ihn dem Ares ähnlich sah, mit grausvoll nickendem Helmbusch, rings umstrahlt vom Erz und über der rechten Schulter den eschenen Speer vom Berge Pelion wiegend, den gewaltigen, welchen (Π 140) kein anderer Achaier zu schwingen verstand, selbst nicht sein tapferer Freund Patroklos. Denn diesen liess er allein zurück, als er sich mit Achilleus' Waffen rüstete.

Die alte Kunst charakterisirte wie jede Gottheit, so auch jeden Haupthelden, indem sie die in der Epik zerstreuten Züge mit der ihr eigenthümlichen Sicherheit zusammenfasste. Die Heldengestalt des Achilleus hat sie durch das nach Art einer Mähne emporgesträubte Haupthaar, durch eben so gewaltige als edel gebaute Gliedmassen und jugendlich schlanken Nacken ausgezeichnet. Die Nasenflügel sind von Muth und Stolz gebläht, die Haltung hat etwas Heldenmässiges, Selbstbewusstes. Das eine Bein setzt sich in leidenschaftlicher Bewegung vor und trägt das nachlässig darüber fallende Himation. Vielleicht schwebte dem Künstler jene dramatische Scene vor, da Achilleus im Streit mit dem königlichen Agamemnon das Schwert zog, um auf ihn einzudringen.

Während Homer in Achilleus, dem schönsten aller Achaier, die sprühende, übersprudelnde Thatkraft, die unbändige Jugend mit allen ihren Vorzügen und Fehlern verkörpert, tritt uns in Odysseus, dem klügsten aller Achaier, das männlich geistige Ideal entgegen, der vollendete, körperlich und geistig gewandte Mann, ausgerüstet auf gleiche Weise mit Besonnenheit und Ueberlegung, Schlauheit und Beredtsamkeit, wie mit Entschlossenheit, Tapferkeit und

Ausdauer. Er ist tapfer und kämpft, wenn es frommt, immer unter den ersten hitzig und unermüdlich. Voll Grimm antwortet er daher Agamemnon, als er ihn zum Kampfe lässig schalt (Δ 353):

Bald sollst du sehn, wofern dir's gefällt und solches dich kümmert,
Wie des Telemachos Vater sich kühn in die vordersten Schlachtreihn
Troischer Reisigen stürzt.

Und Agamemnon nahm seine Rede lächelnd zurück. Gar oft hat Odysseus dieses mit Selbstbewusstsein gesprochene Wort durch die That bewährt, besonders damals (Λ 400), als er dem von Paris verwundeten Diomedes schützend zur Seite trat und ganz allein den Sturm von zahllosen Troern aushielt, die tapfersten von ihnen erlegend, bis Aias und Menelaos ihm zu Hülfe kamen. Indessen ist seine Tapferkeit nicht Tollkühnheit. „Sie besitzt weder das Unwiderstehliche des Achilleus noch den mauerartigen Widerstand des Aias. Des Odysseus Muth ist ein bewusster; er weiss, wie weit seine Kraft reicht, und wird diese so lange anwenden, bis er sieht, dass sie zu schwach ist; dann aber flieht er, nicht etwa, weil sein Muth zu Ende wäre, — er würde sterben, wenn es darauf ankäme — sondern weil er sieht, dass hier nichts zu erreichen ist, er aber an anderer Stelle dafür zwiefach siegen kann. Der Muth des Odysseus hat einen hohen Grad von Zähigkeit, von Elasticität; er gibt in diesem Augenblicke nach, um im nächsten mit verstärkter Kraft zurückzuschnellen.“ (Lauer, litterarischer Nachlass I, pag. 263.)

Zu dieser Ausdauer, die er sowohl im Kampfe mit den Menschen als mit den Elementen an den Tag legt, befähigte ihn ganz besonders sein Körperbau. Mit dem Haupte weniger emporragend als Agamemnon (Γ 193), war er breiter um Brust und Schultern. Auch von Menelaos wurde er (Γ 210) im Stehen mit breiten Schultern überragt, so dass ihn, wie er durch die Reihen wandelt, Priamos mit dem dicht zumotteten Widder vergleicht (Γ 196),

„der in der wimmelnden Trift weisswolliger Schafe dahergeht“.

Sitzend aber erschien er würdiger und grösser (Γ 211) als alle. Brust und Kopf sind besonders ausgebildet, während die Füsse kürzer erscheinen. Diesen fehlt es aber nicht etwa deswegen an Form und Kraft. Sagen ja die Phaiaken von Odysseus, trotzdem sein Körper von den Strapazen und Gefahren des Meeres, sowie von der Menge des Elends zusammengebrochen war (Θ 134):

Wohl ist er an Wuchs, an den Füssen und Schenkeln
Nicht unedel fürwahr, wie oben umher an den Armen;
Auch sein Nacken gewaltig und kraftvoll.

Und als er von Iros zum Faustkampf herausgefordert aus den Lumpen seine Lenden enthüllte (σ 67), schön und gewaltig, auch die Brust, die mächtigen Schultern und gedrungenen Arme wies, da wurde Iros schlimm zu Muth, und das Fleisch erbebte ihm an den schlotternden Gliedern. Der riesige, aber feige Iros musste seine Keckheit arg büssen. Aber wenn es hier für Odysseus keine Mühe war, in diesem Faustkampf zu obsiegen, so hat er ebenso in andern Kämpfen und bei andern Gegnern durch seine körperliche Gewandtheit den Sieg davongetragen.

Er war ein Meister in der Ringkunst. Auf Lesbos warf er (δ 344) den Philomeiden nieder, dass sich alle Achaier freuten. Bei den zu Ehren Patroklos' veranstalteten Leichenspielen rang er mit dem mächtigen Telamoniden und schlug ihn nach rastloser, aber vergeblicher Anstrengung in die Kniekehle, so dass er rücklings zu Boden schlug. Als er aber Aias emporheben wollte (Ψ 730), bewegte er ihn nur ein wenig vom Boden; dafür bog er ihm das Knie, so dass beide zur Erde dicht neben einander hinfielen, rings mit Staub sich besudelnd. Achilleus gab ihnen gleiche Preise. Ebenda legte er auch eine Probe seiner Schnelligkeit im Laufen ab und entrang den Preis sogar dem Antilochos (Ψ 756), Nestors Sohn, der im Laufe die Jüngeren alle besiegte, und dem hurtigen Sohn des Oileus, Aias, allerdings nicht weniger durch Frömmigkeit als durch die Behendigkeit seiner Füsse. Stets unmittelbar hinter Aias (Ψ 763)

Trat er die Spur mit den Füssen, bevor sie vom Sande bedeckt ward.
Jenem umströmte den Nacken der Hauch des erhab'nen Odysseus,
Während er rastlos lief.

Als sie dem Ende des Laufes sich näherten, betet Odysseus in der Tiefe seines Herzens zu Athene; Aias gleitet im Lauf, und der Fromme trifft am Ziel zuerst ein. — Vollends seine Meisterschaft in der Führung des Bogens, womit er zum Zeitvertreib den Pfeil durch zwölf Aexte schoss und, als es ein ernsteres Ziel galt, die übermüthigen Freier, einen nach dem andern, erlegte, ohne je sein Ziel zu verfehlen (χ 117), haben wir bereits oben kennen gelernt. Deshalb konnte er nach jenem gelungenen Diskuswurf am Hofe der Phaiaken (Θ 189), durch die Hohnrede Euryalos' gereizt, mit vollem Recht von sich sagen (Θ 206), dass er keinem Manne im Wettkampf welche, sei es im Faust- oder Ringkampf oder Wettlauf, dass er im Schiessen (Θ 219) nur von Philoktetes übertroffen werde und mit dem Wurfspiesse (Θ 229) weiter treffe, als ein anderer mit Pfeilen.

Dieser körperlichen Gewandtheit entsprach die geistige, und wie jene sich auf verschiedenen Feldern des Thuns und Ertragens äusserte, so entfaltete auch diese mannigfache treffliche Eigenschaften, oder vielmehr, die Vorzüge des Geistes und Körpers verbanden sich bei ihm harmonisch zu einer wunderbaren Universalität, und diese erhielten durch jene ihre Wirksamkeit und Bedeutung.

Der hervorragendste Charakterzug ist Klugheit und Schlauheit, mit beharrlichem Muthe gepaart. Als daher Agamemnon Diomeden die Wahl liess, zu seiner nächtlichen Expedition in das feindliche Lager einen von den Helden mitzunehmen, erkor dieser den Odysseus, indem er sprach (Κ 242):

Wie doch könnt' ich vergessen des göttlichen Helden Odysseus,
Der solch tapfern Muth und so kühn ausharrenden Mannsinn
Zeigt in allen Gefahren, geliebt von Pallas Athene?
Wenn mich dieser geleitet, sogar aus flammendem Feuer
Kehrten wir beide zurück; so weise versteht er zu rathen.

Ueberhaupt ist er, ein feiner Diplomat, bei Ausführung von Geschäften und Aufträgen, die Gewandtheit verlangen, an der Stelle. Er unternimmt mit Menelaos die Reise nach Ilion (Γ 206), um Helene zurückzufordern; er kommandirt das Schiff (Α 311), das des Chryses Tochter in die Arme ihres Vaters zurückführt; er ist Mitglied der Gesandtschaft, welche die Feindschaft zwischen Achilleus und Agamemnon heben soll, und ergreift (Ι 225) zuerst das Wort im Zelte des Peliden; er schleicht sich (δ 243) im schlechten Gewande eines Knechtes in die Stadt Troja, er holt (λ 509) in den gleichhinschwebenden Schiffen Neoptolemos von Skyros zu den blanknmschienten Achaiern, wie er vor Jahren dessen Vater Achilleus (Λ 767) zum Kriege gegen Troja aufgeboten hatte.

Zum gedeihlichen Erfolg solcher diplomatischer Sendungen ist nichts nothwendiger als die Gabe, den Plan, den man selbst als den erspriesslichsten ersonnen und erkannt hat, auch andern als solchen klar zu machen, d. h. die Beredtsamkeit. Wirklich gewahren wir Odysseus überall als den unbestritten grössten Meister in dieser Kunst, und er macht selbst kein Hehl daraus, dass er sich nebst Nestor für den gewandtesten Redner hält (λ 512), dem der zungenfertige Neoptolemos das Wasser nicht reichen könne. Antenor gibt von ihm als Redner folgende interessante Schilderung (Γ 216):

Wenn sich der listige Sohn des Laertes hatte erhoben,
Stand er und senkte den Blick und heftete ihn an die Erde;
Weder nach hinten bewegt' er den Stab, noch schwang er ihn vornhin,
Sondern er hielt ihn feste, nach Art unkundiger Leute;
Hättest ihn leicht für grimmig, ja gar für blöde gehalten.
Aber sobald aus der Brust vorbrach die gewaltige Stimme,
Als vorbrachen die Worte, wie winterlich Flockengestöber;
Da wetteiferte wohl kein Sterblicher sonst mit Odysseus.

In Homer liegen viele Reden von ihm, wahre Meisterstücke der Beredtsamkeit, vor, in denen er theils mit unwiderleglichen Gründen sich an den Verstand des Hörenden wendet, theils mit den rührendsten Worten sein Gefühl aufregt, immer aber in annehmlicher Weise sich in seine Gunst zu schleichen weiss. Von seinen gelungensten Reden heben wir unter andern die hervor, womit er die bereits nach den Schiffen zur Abfahrt stürzenden Achaier (Β 284) zum Ausharren bestimmt, ferner diejenige, womit er (Ι 225) Achilleus mit Agamemnon aussöhnen will. Zahllose wären aus der Odyssee zu verzeichnen. Wir begnügen uns hier, auf diejenige hinzuweisen, welche er an Nausikaa (ζ 149), an deren Mutter Arete (η 241), an den spöttischen Euryalos (Θ 166), an Eumaios (ξ 192, 462) und seine Gemahlin Penelope (τ 107) richtet. In diesen Reden verwebt er Wahrheit und Dichtung mit so grosser Kunst, dass er selbst der Göttin Athene Bewunderung abnöthigt; denn diese spricht zu ihm (ν 291):

Fein und verschlagen fürwahr, wer dir es in allerlei Listen
Thäte zuvor, und wollte mit dir wetteifern ein Gott auch!
Listiger Schalk, unersättlich in Trug, so willst du denn niemals,
Nicht in dem eigenen Lande sogar, von den Täuschungen abstehn
Und den betrüglichen Worten, woran du dich freutest von Kind auf;
. . . . . . Du bist von den Sterblichen allen der erste
Meister in Rath und in Worten, wie ich bin unter den Göttern
Allen berühmt durch List und Verstand.

Mit dieser List aber verband Odysseus kalte Ueberlegung, schnelle Entschlossenheit, eiserne Beharrlichkeit und bethätigte sie bei nicht wenigen Gelegenheiten. Obwohl von Sokos so verwundet, dass dessen Speer in seinem Schild und Leibe steckte, erlegte er doch diesen zuerst (Λ 456);

dann aber zog er den mächtigen Speer unter ungeheurem Blutverlust aus der Wunde und schrie, vor den kecker andringenden Troern langsam zurückweichend, dreimal (Λ 462), soweit sich ihm der Mund zum Schreien aufthat. Als Helene (δ 277) dreimal um das ausgehöhlte Ross herumging, und die darin sitzenden Danaer auf ihren Ruf, der die Stimmen ihrer Gemahlinnen täuschend nachahmte, voll Hast aussteigen wollten, beschwichtigte sie Odysseus, so dass sie lautlos sitzen blieben; dem Antiklos aber, welcher mit Worten erwidern wollte, drückte er gar den Mund mit kräftigen Händen unablässig zusammen und rettete so die Achaier. Welchen Grad von Besonnenheit und Zurückhaltung entwickelte er ferner nicht bei seiner Begegnung mit Kirke (κ 342) und während seines Aufenthaltes in der Unterwelt, wo er trotz seiner Bekümmerniss im Herzen (λ 84) der Mutter doch nicht gestattete, dem Blute sich zu nahen, bevor er Teiresias gefragt. Von seiner Beharrlichkeit aber, die zuletzt immer zum Ziele führt, legen sowohl alle Ereignisse seines leiden- und thatenreichen Lebens glänzendes Zeugniss ab, besonders aber jene zwei entscheidenden Momente in der Ilias, in denen es sich um Vereitlung des nationalen Unternehmens handelte. Er war es das erste Mal, als Agamemnon das Volk, um es zu versuchen, scheinbar zur Heimkehr mahnte, dem es mit vieler Mühe gelang, die schon im Aufbruch begriffenen Danaer zu bannen, und wieder brachte er durch sein energisches Eingreifen den an allem verzweifelnden Agamemnon von dem Gedanken der Flucht in die Heimat zurück (Ξ 105).

Noch viel mehr aber müssen wir jenen passiven ausdauernden Starkmuth bewundern, womit er die aufwallenden Gefühle der Zärtlichkeit gegen Sohn und Gattin, um sich nicht zu früh zu erkennen zu geben, im Herzen niederdrückt und die empörenden Misshandlungen seitens der übermüthigen Freier, der frechen Mägde und des unverschämten Ziegenhirten erduldet.

Diese seine glänzenden politischen Eigenschaften werden noch gehoben durch jede Art von häuslicher Tugend. In allen diesen ist Odysseus ein Muster. Die Angehörigen, Gattin und Sohn, Vater und Mutter, haben in seinem Herzen den ersten Platz; daher gilt ihnen immer auch die erste Frage (λ 170). Durch den kindlich treuen, freundlichen Sinn, den er stets seinen Eltern bewies, ist er ihnen in dem Grade unvergesslich geworden, dass seine Mutter Antikleia (λ 202) in Sehnen und Sorgen um ihn sich verzehrend vor der Zeit in den Hades hinabstieg, und Laertes (λ 195), das Schicksal seines Sohnes beklagend, daliegt und in der Seele die Trauer nährt. Mit derselben Zärtlichkeit, womit Odysseus (λ 205) selbst das Schattenbild der entschlafenen Mutter umfangen will und seinen alten Vater (ω 320) vom Gefühl überwältigt küssend umschlingt, hängt er an seiner Gattin. Dieser bewahrt er seine Liebe und Treue in allen Verhältnissen des Lebens. Nicht die Zauberin Kirke, nicht die Nymphe Kalypso kann ihn trotz ihrer göttlichen Schönheit (ε 211), ja selbst trotz des Versprechens (ε 136), ihm unsterbliches Leben und ewige Jugend zu verleihen, an ihre reizende Insel fesseln.

> Sondern in Zähren und Seufzern und Leid abhärmend die Seele
> Sah er hinaus in die Wüsten des Meeres, mit Thränen im Blicke:
> . . . . und das freundliche Leben zerrann ihm,
> Welchen der Gram heimzog; denn nimmer gefiel ihm die Nymphe (ε 157).

Seine Anhänglichkeit erstreckt sich eben so auf den heimatlichen Boden, auf sein Besitzthum und Hausgesinde. Athene spricht zu Zeus (α 58): „Odysseus sehnt sich auch nur in der Ferne den Rauch von den heimatlichen Herden steigen zu sehen und dann zu sterben." Aehnlich äussert er sich selbst am Hofe der Phaiaken (η 225):

> Gerne, so viel ich erlitt, gern stürb' ich ja, wenn ich zuvor noch
> Meinen Besitz und die Knechte geseh'n und die stattliche Wohnung.

Umgekehrt gibt auch das Gesinde dem aufrichtigsten Wunsche nach der Rückkunft des Gebieters vielfachen Ausdruck und bezeigt seine Freude beim Erkennen desselben in so rührender Weise (ω 386), dass Odysseus selbst in Thränen zerfliesst (χ 501.) Nun setzt aber diese Anhänglichkeit alle trefflichen Eigenschaften voraus, die man von einem vollkommenen Hausherrn erwartet. Als solcher erscheint Odysseus in der wohlorganisirten Haushaltung und Vertheilung der Geschäfte, im Zusammenhalten und Mehren des Besitzes, im freundlichen Umgang mit den Untergebenen. Mentor, dem er bei seiner Abfahrt alles im Hause befahl, dass er (β 226) während seiner Abwesenheit alles in Wohlstand erhalte, rühmt direkt und indirekt seine Herzensgüte (β 230):

> Sei doch nimmer ein König, gelenkt von dem Zuge des Herzens,
> Freundlichen Sinnes und sanft und im Innersten achtend das Rechte;
> Nein, er bewähre sich grausam hinfort und übe Gewaltthat,
> Da nicht einer im Volke gedenkt des erhabenen Odysseus,
> Wo er gelobt als König und liebreich war wie ein Vater.

Jedoch hinderte ihn die von Natur ihm innewohnende Milde nicht, wenn es erforderlich war, auch Strenge zu üben. Wie er seinen treuen Dienern Eumaios und Philoithios (φ 214) ein Weib nebst Besitzthum und Wohnungen schenkt, ja sie mit dem Titel von Freunden und Brüdern Telemachs auszeichnet, so straft er ohne Erbarmen den abtrünnigen Melanthios (χ 475) durch schreckliche Verstümmelung und die unzüchtigen Mägde (χ 772) durch den Tod mit dem Strange.

Alle bisher entwickelten Züge haben ihre Grundlage in seiner Frömmigkeit und Furcht gegen die Götter. Tiefe Religiosität verklärt seinen Charakter, ist ein Grundzug seines Wesens, ein Hauptfaktor bei allen seinen Unternehmungen. Alles beginnt er mit einem Gebete zu den Göttern (Ψ 770), alle Erfolge bezieht er auf sie zurück (χ 413); er ehrt sie mit reichlichen Spenden, wie Zeus selbst bekennt (α 65):

> Wie denn könnt' ich vergessen des göttlichen Helden Odysseus,
> Welcher an Geist vor den Menschen sich hebt und vor allem mit Opfern
> Uns unsterbliche Götter geehrt, die Bewohner des Himmels?

Daher erscheint er als besonderer Liebling der Götter und unter ihrem beständigen Schutze; aus diesem sicheren Bewusstsein aber schöpft er sein Gottvertrauen und das glückliche Gefühl des Gelingens, das ihn nie verlässt, weder wenn Gefahren über Gefahren sich rings um ihn aufthun, noch wenn grossartige Erfolge zweifelhafter Entscheidung nahen.

Fassen wir nun alle an bestimmten Thatsachen nachgewiesenen Züge kurz zusammen, so finden wir in dem Bilde des Odysseus Kraft mit Klugheit, Tapferkeit mit Umsicht, Muth mit Geistesgegenwart, Raschheit mit Ueberlegung, Kühnheit mit Ausdauer, Redlichkeit mit Schlauheit, Weichheit und Innigkeit des Gemüthes mit Strenge und Entschlossenheit, praktischen Sinn mit Frömmigkeit und Gottesfurcht, rücksichtslose Aufopferung für das allgemeine Wohl mit mächtiger Sehnsucht nach Heimat, Weib und Kind wundersam gepaart, und mit dieser Totalität des Charakters ausgestattet vermag Odysseus mehr als Achilleus und alle übrigen Helden, überdauert die Kämpfe und Strapazen eines zehnjährigen Krieges, erobert Troja, trotzt den wüthenden Elementen der Natur, besiegt den riesigen Polyphemos, widersteht den Zaubereien schöner Nymphen, überwindet die Schrecken der Unterwelt, entgeht den Gefahren und Leiden einer langen Irrfahrt, wirft die ganze Schaar der Freier zu Boden und gewinnt nach zwanzigjähriger Abwesenheit Heimat, Haus und Familie wieder.

Die Kunst hat die Körperformen des Odysseus mehr mit überwiegender Rücksicht auf seine geistige Thätigkeit als nach den Skizzen gebildet, die Homer in der Iliade (Γ 197, 211) direkt verzeichnet. Sie hat mehr sein Leben auf der See betont, ihn mit der konischen Mütze und dem hochgeschürzten Chiton ausgestattet, in seinem Körperbau durch ebenso kräftig gedrungene als geschmeidig schlanke Glieder rege Gewandtheit und energische Kraft, in seinen feinen Gesichtszügen den klaren Geist und die reife Erfahrung ausgeprägt.

Um Achilleus und Odysseus gruppirt sich eine grosse Zahl von andern Helden, die alle ohne Ausnahme Wunder persönlicher Tapferkeit verrichten; Homer hat aber den von der Heldennatur unzertrennlichen Begriff der Tapferkeit bei den verschiedenen verschieden modifizirt und ihm aus dem unerschöpflichen Vorrath seiner Beobachtungen ein charakteristisches Merkmal beigemischt, so dass alle diese Helden sich wohl von einander unterscheiden, und manche von ihnen für alle Zeit der Typus von bestimmten Waffengattungen und Klassen von Kriegern geworden sind.

Agamemnon ist das Muster des königlichen Feldherrn, gewaltig, weitherrschend, stolz, gebieterisch, seine Schaaren und auch die Helden stets zum Kampfe aufmunternd. Homer gibt ihm (B 478) das majestätische Auge und Haupt des donnernden Olympiers, die starken Lenden des Ares und die mächtige Brust des Poseidon und vergleicht ihn mit dem Stier, der als der stattlichste von allen aus dem Haufen der Rinder hervorragt. Daher fällt er auch dem Priamos, der vom skaiischen Thore aus die griechischen Helden mustert, besonders auf, so dass dieser neugierig Helene fragt (Γ 167):

> Was für ein Danaer ist der gewaltige, riesige Mann dort?
> Wohl sind andere Männer im Heer noch höher am Haupte;
> Doch solch stattlichen Helden hat nie mein Auge gesehen,
> Noch so würdiger Art; denn Königen gleicht er von Ansehn.

Und Helene antwortet (Γ 178):

> Der dort ist der Atride, der Herrscher im Volk, Agamemnon,
> Beides, ein trefflicher König zugleich und ein tapferer Kämpfer.

Agamemnon will (A 117) das Volk lieber im Glücke als im Verderben sehen. Darum lässt er die Tochter des Chryses fahren; aber durch Achilleus' Rede gereizt lässt er auch im Gefühle seiner königlichen Uebermacht aus dessen Zelt des Brises Tochter zum Ersatz für jene holen. Grossmüthig bahnt er später dagegen die Versöhnung mit ihm durch kostbare Geschenke an. Hat er auch in diesem Streite mit dem Peliden sich eine Blösse gegeben und auch sonst manchen Missgriff gethan, wie zum Beispiel durch seine Scheinmahnung zur Heimkehr und durch den wirklichen Entschluss zum Rückzug (Ξ), ist er doch unbestritten der geborne König und Feldherr, der (Ζ 63, Λ 92) viele Feinde mit eigener Hand tödtet und selbst nach dem Zeugnisse seines früheren Gegners, des Achilleus, alle an Stärke besiegt und im Wurfe des Speeres (Ψ 891).

Wenn Homer Odysseus mit einem zottigen Widder, Agamemnon mit dem stattlichsten Stiere vergleicht, so nennt er dessen Bruder Menelaos (Γ 21) einen wüthenden Löwen, den Hirten und Hunde von ferne, gewaltig schreiend und drohend, umstehen, dem sie sich aber nicht entgegenzutreten getrauen, von dem bleichsten Entsetzen erfasst. Also erblasste auch Paris (Γ 35) und zog sich beim Anblick des Menelaos ängstlich zurück; der aber war erfreut (Γ 23) wie der hungernde Löwe, als ihm der Räuber seines Weibes unter die Augen kam. Den Ausgang des hierauf sich entspinnenden Zweikampfes, der die mächtige Tapferkeit des von Ares geliebten, von Zeus, Athene und Here beschützten Kriegsfürsten in ein glänzendes Licht stellte, haben wir oben verfolgt. Ewigen Ruhm erwarb er sich beim Kampfe um die Leiche des Patroklos.

Wie die winselnde Sterke das Junge,
Das sie gebar als erstes, zuvor unkundig der Wehen:
Also umging den Patroklos der Held mit den goldenen Locken,
Ueber ihm hielt er den Speer und den Schild von gerundeter Wölbung,
Jeden zu tödten bereit, der nur dem Erschlagenen nahte (Ρ 4).

Später in der Vertheidigung von Aias unterstützt brachte er die theure Leiche mit Meriones endlich aus dem wüthenden Kampfgetümmel. Bei dieser stets und überall bewährten Tapferkeit zierten ihn noch andere Feldherrneigenschaften. Er ist wohlgeübt im Kriegshandwerk, besonders (ρ 147, Ψ 855) in der Handhabung des Speeres, führt ein schönes Kommando (βοὴν ἀγαθός), und wie die Kraft seiner Stimme sich weithin vernehmen lässt, so ist er auch durch die hohe Gestalt, die mächtigen Schultern (Γ 210), das blonde Lockenhaar (π 280), womit er über die Schaaren hervorragt, weithin sichtbar. Klug und verständig, so dass ihn Nestor den sinnigsten unter den Menschen nennt (δ 190), wahrhaftig und besonnen (γ 328),

Spricht Menelaos gedrängt und rundweg über die Sache
Weniges, doch voll Kraft; denn nicht viel Worte zu machen
Noch Abschweifungen liebt er, wiewohl noch jünger an Jahren (Γ 213).

Der Edelmuth seines Bruders fehlt auch ihm nicht; dem Antilochos, der ihm nur durch eine List im Wagenrennen zuvorgekommen war, gönnte (Ψ 602) er gleichwohl den Vorrang und den zweiten Preis, während er sich mit dem dritten begnügte. Sein Edelmuth streift fast an Weichherzigkeit, die des Feindes in der Schlacht schont. Als der entwaffnete Adrastos mit jammerndem Flehen (Ζ 45) seine Kniee umschlang, bewegte er dem Atriden das Herz in der innersten Brust, und er hätte sein Leben gerettet, wenn nicht Agamemnon scheltend herangeeilt und mit den Worten (Ζ 55):

„Das Knäblein, welches der Mutter
Schooss noch trägt, auch dieses entrinne nicht! Alles zusammen
Sterbe, was Ilios nährt, spurlos verschwindend und grablos!"

seinem Bruder den Sinn gewendet hätte. Da stiess Menelaos den Adrastos mit der Hand weg, Agamemnon bohrte ihm sofort den Speer in die Weichen.

Eine beweglichere, dem Achilleus verwandte Erscheinung ist Diomedes. Furchtlos wie ein Dämon anstürmend (Ε 884)

Tobt er und rast im Gefilde, dem übergeschwollenen Strom gleich,
Welcher mit herbstlicher Flut wild rauscht und die Dämme zertrümmert,

und wie ein Leu von Wuth glühend aus dem hohen Gehege springt (Ε 142), so bricht er, von dreifältigem Muthe entflammt in die Reihen der Troer. Diesen Bildern, in welchen uns Homer den gewaltigen Tydiden vorführt, entsprechen vollkommen seine kriegerischen Leistungen. Er erlegt eine Unzahl von tapfern Feinden, darunter zwei Söhne des Priamos und den berühmten Bogenschützen Pandaros, wirft den löwengleichen Aineias mit einem ungeheuern Stein (Ε 303), den nicht zwei Männer trügen, ohnmächtig nieder, schleudert Hektor (Λ 355) durch einen wohlgezielten Speerwurf betäubt zu Boden, bekämpft und verwundet (Ε 311) mit Hilfe der ihn leitenden Athene selbst die unsterblichen Götter. Daher wurde auch der muthigste Kämpfer (Δ 421) von schüchternem Bangen erfasst, wenn er vom Wagen herab mit den Waffen zur Erde sprang, und das Erz um Brust und Schultern des Herrschers furchtbar dröhnte. Daher baten die troischen Frauen unter dem Gelöbniss von zwölfjährigen Rindern zur Athene (Ζ 300):

Brich doch endlich die Lanze des Tydeussohnes und lass ihn
Niedergestürzt in den Staub vor dem skaiischen Thore verderben.

Mit diesem achilleischen Ungestüm verbindet Diomedes manche an Odysseus anklingende Eigenschaft. Wie dieser gibt er in der Versammlung klugen Rath, so dass Nestor ihm nicht nur das Prädikat des tapfersten Recken im Kriege beilegt, sondern auch des besten Rathgebers vor den versammelten Altersgenossen, dessen Wort (Ι 54) keiner zu tadeln noch zu widerlegen vermag. Wie dieser zeichnet er sich durch Beharrlichkeit aus. Als Agamemnon zur Flucht räth, erklärt er (Ι 47):

Wenn auch alle Achaier entfliehen zum Lande der Väter,
Ich und Sthenelos kämpfen den Kampf durch, bis wir den Ausgang
Trojas endlich gefunden; mit Gott ja kamen wir hierher.

Mit Odysseus vereint leistet er beharrlichen Widerstand (Λ 317), bis er von Paris mit einem Pfeil am Fusse verwundet nach den Schiffen zurückfahren muss. Seine Schlauheit und Gewandtheit, vereint mit entschlossenem Muth, erprobte er namentlich in jenem gelungenen Streifzug (Κ 273 ff.), den er ebenfalls mit Odysseus unternahm. Die Gefangennahme und Tödtung des feindlichen Spähers Dolon, die Erwürgung von zwölf Thrakern sammt ihrem König Rhesos, die Erbeutung seines Gespannes mit den schönsten und stattlichsten aller Rosse war das Resultat jenes nächtlichen Strausses. Dass ein so gearteter Held auch im friedlichen Wettkampf das beste davon tragen muss, ist nicht anders zu erwarten. Bei den Leichenspielen des Patroklos siegte er (Ψ 503) im Wagenrennen über alle Nebenbuhler, im Zweikampf mit dem Telamonier Aias aber machte er den umstehenden Danaern für diesen so bange, dass sie beiden vom Kampfe zu lassen und die Preise sich gleich zu theilen geboten (Ψ 823).

In diesem Zweikampf allein schon weiss Homer das Charakteristische der beiden Heldennaturen auszudrücken. Während der gewandte, bewegliche, berechnende Diomedes stets nach dem Halse des Gegners an dessen gewaltigem Schild hinweg mit der Spitze des blinkenden Erzes zielt, stürmt Aias gerade an und trifft den rundgewölbten Schild desselben. Im Telamonier Aias hat der Dichter die wuchtige, unerschütterliche Tapferkeit, die Mauer niederwerfende Kraft und den unbeweglichen, wie eine Mauer aushaltenden Widerstand verkörpert, das Ideal eines riesigen, gedrungenen, fest in den Boden gewurzelten Hopliten gegeben. Alles an ihm trägt den Stempel des Gewaltigen, Bedächtigen, Zähen. Er ist schön und gross, von riesenhaften Gliedern (πελώριος) (Γ 226), mit Haupt und mächtigen Schultern über alle hervorragend (Γ 227), der Zaun (ἕρκος) und Thurm (πύργος) der Achaier, an Thaten der grösste unter den Danaern nach Peleus wackerem Sohne (Ρ 280). Wenn er, den Leib rings mit Waffen bedeckt, wie der riesige Ares (Η 207) mächtigen Ganges einherschreitet, furchtbares Lächeln im Antlitz und den langen Wurfspeer wiegend, so frohlocken die Achaier bei seinem Anblick,

Aber den Troern beschleicht ein schauriges Zittern die Glieder;
Hektorn selber beginnt das Herz im Busen zu klopfen.

Mit diesem hat er zu wiederholten Malen zu thun, es war ja auch der ihm ebenbürtigste Gegner. Im Zweikampfe, in welchem sie (Η 257) wie rohverschlingende Löwen oder wie Keuler des Waldes von unbezwingbarer Stärke wider einander rannten, durchbohrt er dem Hektor mit dem ersten Wurf Schild, Harnisch und Leibrock, mit dem zweiten streift er ihm den Hals, zum dritten bricht er (Η 27) mit einem mühlsteinähnlichen Felsblock den Schild ein, Hektors Knie verletzend. Wieder drängt er ihn (Ν 198) bei der Bestürmung des Lagers durch einen wuchtigen Lanzenstoss zurück und schleudert später einen Feldstein mit solcher Kraft nach ihm, dass er (Ξ 413) rund um wie ein Kreisel sich drehend jählings zur Erde sinkt und betäubt Speer, Schild und Helm fahren lässt.

So furchtbar als Angreifer, indem er wie ein hoch angeschwollener Bergstrom (Λ 492) in der Ebene rast, Rosse und Männer zugleich zerfleischend, oder wie ein trotziger Eber (Ρ 281) in die Geschwader der Troer einbricht, so eisern und schrecklich ist Aias als Vertheidiger. Man möchte sagen, dass Schutz und Abwehr sein eigentliches Feld sei. Dazu dient ihm der ungeheure Schild, den er (Ρ 127) wie einen Thurm vor sich herträgt und wie eine Mauer im Kampfe vor sich und andern aufpflanzt. Sein Halbbruder Teukros, „der rüstigste Meister des Bogens aller im Heer (Ν 313) und tapfer zugleich in geordneter Feldschlacht", stellt sich (Θ 266) hinter diesen Schild und spannt den Bogen.

Hob Aias den Schild ihm hinweg, dann schaute sich Teukros
Um, und wen sein Todesgeschoss im Getümmel ereilend
Traf, der stürzte zur Erde sofort und verhauchte sein Leben;
Teukros verbarg sich darauf, wie das Kindlein hinter die Mutter,
Unter des Aias Wehr; der deckt' ihn mit strahlendem Schilde.

Mit Teukros und Aias, dem Sohne des Oileus, wehrt er (Μ und Ν) die bereits das Lager durchbrechenden Troer ab, und als diese bis zu den Schiffen vordrangen, handhabt er, auf den Verdecken herumspringend, eine zwei und zwanzig Ellen lange Stange (Ο 677) und stösst, während sein Schlachtenruf weit in den Aether dröhnt, jeden nieder, der mit loderndem Feuer heranschritt (Ο 744). Seinen Ruhm als πύργος bewährte er namentlich auch bei dem Kampfe um des Patroklos Leiche. Zuerst mit dem mächtigen Schilde sie bedeckend (Ρ 133)

Stellt er sich hin, wie der Löwe zum Schutz für die Jungen sich hinstellt,
Welchem im Forste mit Einmal, indem er die Schwachen geleitet,
Jagende Männer begegnen; er trotzt in der Fülle der Stärke,
Zieht die gerunzelten Brauen herab und verhüllt sich die Augen.

Dann entreisst er (Ρ 288) über dem Todten vielen das Leben, welche die Leiche zu rauben wagten, so dass über die Erde (Ρ 360) das Blut in Strömen sich ergoss; zuletzt deckt er mit des Oïleus' Sohn den Rücken von Menelaos und Meriones, als sie den Leichnam aus dem Getümmel nach den Schiffen trugen. Uebrigens ist der Rückzug seine Sache nicht. Idomeneus sagt von ihm (Ν 321):

Ihn drängt keiner zurück, den gewaltigen Telamoniden,
Ist er ein Sterblicher nur und geniesst die Frucht der Demeter,
Ist er zugleich durch Erz und gewaltige Steine verwundbar.
Ja vor Achilleus selbst, dem zermalmenden, wiche der Held nicht.

Muss er aber doch nachgeben, dann flüchtet er wie ein Raubthier, nach dem Gewühle furchtbar gelassen umschauend, mit langsam wechselnden Knieen (Λ 548), oder er weicht, während Lanzen über Lanzen an seinem Stierschild dröhnen und sich dort einbohren, allgemach zurück wie ein ins Kornfeld gedrungener Esel (Λ 562), der sich auch dann noch kaum durch die Stöcke der Knaben vertreiben lässt, nachdem er sich am Frasse gesättigt.

Wie im Handeln stellt er sich auch in der Rede dar, kräftig, kurz angebunden, nicht viel Worte machend, ernst, nachdrücklich. Als Mitglied der Gesandtschaft bettelt er bei Achilleus nicht wie die zwei anderen lange herum, sondern sagt ihm kurz und derb seine Meinung (Ι 624) und fordert dann Odysseus zu gehen auf, da ihm auf diesen Wegen das angestrebte Ziel unerreichbar dünkt. Der zungenfertige Odysseus wurde später selbst die Ursache seines Todes, da er (λ 549) im Streit um die Waffen des Achilleus den kürzeren zog. Unversöhnlich grollt er deshalb Odysseus auch noch im Hades und schwebt, ohne auf seine freundliche Anrede etwas zu antworten (λ 564), zu den andern Seelen der Todten in das Dunkel zurück.

Neben dem Telamonier Aias kämpfen, wie wir gesehen, häufig sein Halbbruder Teukros und sein lokrischer Namensvetter, wie um sich gegenseitig zu ergänzen. Denn wie jener der Typus eines gewaltigen, schwer gerüsteten Phalangiten, sind diese, besonders der lokrische Aias, das Vorbild eines behenden Leichtbewaffneten, klein (Β 528), aber unerschrocken und tapfer (Η 164), ein Lanzenschwinger, wie keiner in Hellas oder Achaia (Β 530), nach Achilleus der schnellste Läufer im Heer (Ψ 792), woher es denn kommt, dass er die meisten Troer erlegt:

Keiner ja mochte wie der in eilendem Laufe verfolgen
Fliehender Männer Gewühl, die Zeus mit Entsetzen geschlagen (Ξ 520).

Nur mit leinenem Harnisch umhüllt (Β 529), befehligt er die Lokrer, die im geordneten Kampf nicht zu fechten wagten (Ν 713), sondern ohne Helm, Schild und Lanzen bloss mit ihren aus Wolle geflochtenen Schleudern und den sicher treffenden Bögen die troischen Kriegsgeschwader sprengten.

Während Homer in allen bis jetzt geschilderten Helden das Bild von strotzender Jünglings- und Manneskraft malt, stellt er uns in dem Pylier Nestor das Ideal eines liebenswürdigen Greises dar, welcher in früheren Jahren gar viel erfahren, viel gekämpft und erlebt hat „und nun unter dieser jüngeren Generation der troischen Heroen als ehrwürdiges Denkmal und wie ein lebendiges Orakel der Vorzeit erscheint, der mit süsser Zunge und allzeit liebreichem Wohlwollen nicht müde wird, den jungen Helden aus seinem Schatze von Erfahrungen und Erzählungen zu spenden, von denen diese immer ergötzlich, jene immer weise sind." (Preller, griech. Mythologie II. 291.) Die Frucht des Alters ist die Weisheit. Hörte man schon seinen Rath (Α 273) und gehorchte man seiner Mahnung, da er noch jünger war, um wie viel mehr muss er in Ansehen stehen, nachdem er bereits über das dritte Menschengeschlecht im Lande herrscht (Α 250) und in Folge dessen es allen an Kunde des Rechtes und Einsicht zuvorthut (γ 244)! Zu diesem durch das Alter gereiften Urtheil tritt nun noch eine treffliche Beredtsamkeit: denn der hellstimmige Redner von Pylos war hold im Gespräch, und von den Lippen floss ihm die Stimme süsser als Honig (Α 249). Dabei verargen wir es ihm nicht, wenn er im Flusse seiner Rede vom Gegenstande, um den es sich handelt, abkommt, mit grosser Weitschweifigkeit als laudator temporis acti von den Erlebnissen seiner Jugend erzählt, in langen Episoden sich verliert und vor lauter Redseligkeit selbst den Faden des Zusammenhanges fallen lässt. Es ist ihm in allen Fällen gut zuzuhören. Wie ihn nun, stets einigen Sinnes mit Odysseus, Verstand und bedächtige Klugheit befähigt, darüber nachzudenken, wie alles am besten zum Wohle der Achaier gedeihe (γ 126), so hat er durch seine Beredtsamkeit die Macht, das Ausgedachte zur That werden zu

lassen. Demnach erscheint er mit Odysseus in kritischen Lagen wenn nicht als geistiger Lenker, doch als verständiger Beirath neben dem häufig unbesonnenen und sanguinisch verzagten Oberfeldherrn. Agamemnon hat selbst das Gefühl, dass er einen Mann wie Nestor brauche. Er wünscht sich nur zehn solcher Berather im Heer (Β 372), dann würde Priamos' Veste bald zertrümmert in den Staub sinken; er sucht den Greis in jeder Noth auf (Κ 18), um seine Meinung zu vernehmen; er vernimmt aber nicht nur seinen Rath, sondern ergreift auch gleich die nöthigen Massregeln zur Ausführung desselben. So wirkt Nestor „gleichsam als der personificirte Verstand im Griechenheere statt des Agamemnon."

Zwar fehlt es ihm auch nicht an Muth, der ihn einmal so tief in die Feldschlacht fortreisst, dass er in Gefahr kam (Θ 90), durch Hektor das Leben zu verlieren; aber dem Muth, der seine innerste Seele belebte, folgten die Kniee nicht mehr (Δ 313). Daher muss er sich darauf beschränken, seine Reisigen zum Kampfe zu ordnen, mit Worten zu mahnen und durch Rath zu helfen. Dadurch aber leistet er, thätig schon beim Aufruf zum Rachezug nach Troja (Λ 767), während der langen Belagerung der Stadt dem ganzen Heere die erspriesslichsten Dienste. Er sucht den zwischen Achilleus und Agamemnon entstandenen Streit zu schlichten (Α 254), später eine Versöhnung anzubahnen (Ι 179), und als mit allem dem nichts ausgerichtet wird, den unerbittlichen Peliden durch Patroklos (Λ 790) zu gewinnen. Zugleich mit Odysseus bringt er die Achaier (Β 337), mit Diomedes Agamemnon (Ι 53) vom Entschluss der Flucht zurück; er beantragt die Bestattung der Todten und die Errichtung eines Bollwerkes für Lager und Schiffe (Η 328); er erweckt in der Nacht (Θ 553), da die Trojaner auf dem Schlachtfeld lagerten, Odysseus und die anderen Fürsten zur Versammlung (Κ 137) und gibt den Rath, Späher in das feindliche Lager zu schicken (Κ 204). Vielfach erscheint er auf der Wahlstatt, zwar nirgends kämpfend, wohl aber bald ermunternd (Ζ 70), bald warnend (Θ 180), bald betend oder auch Verwundete auf seinem Wagen aus der Schlacht fahrend (Λ 517). In Folge dieser Thätigkeit steht der ehrwürdige Greis bei allen in hohen Ehren; Achilleus gibt ihm, der sich wegen der beschwerlichen Bürde des Alters im Faustkampf oder Ringen, im Speerwurf und Wettlauf nicht mehr messen kann, eine Doppelschale (Ψ 618) zum Andenken an des Patroklos Grabe. Früher hatte Achilleus diesen, da er noch lebend bei ihm weilte, in Nestors Zelt geschickt, um sich nach dem verwundeten Machaon zu erkundigen; Patroklos traf ihn (Λ 624) an der wohlgeglätteten mit Weinmus, trunkeinladenden Zwiebeln und gelblichem Honig besetzten Tafel. Denn Nestor verschmähte den heitern Lebensgenuss durchaus nicht und vermochte noch in seinen alten Tagen den stattlichen Trinkpokal, den ein andrer (Λ 637) nur mühsam erhob, ohne Beschwerde zum Munde zu führen. Nach dieser Seite hin bietet er uns das Bild eines in Ehren grau gewordenen, den Rest seines Lebens im Frieden mit sich und andern hinbringenden Alten, der von den erworbenen Gütern vernünftigen Gebrauch macht. Homer lässt ihn auch den trojanischen Krieg überleben und daheim im Palaste mit seiner Gemahlin Eurydike, von verständigen, kampfgeübten Söhnen umgeben, in behaglicher Fülle altern (δ 210).

Von den trojanischen Helden nimmt Hektor, das Ideal des Vaterlandsvertheidigers, die erste Stelle ein. Er ist der Schirm von Ilios, der Schützer der Frauen und lallenden Kinder (Ω 730), die Seele der Vertheidigung, der leitende und ordnende Geist, der furchtbare Kämpfer in der Schlacht. Alles, was er denkt und thut, liebt und hasst, betet und flucht, erscheint im klaren Lichte der Liebe zum Vaterland. An diesem hängt er mit jeder Faser seines Herzens, ihm weiht er seine Tapferkeit und seinen unverwüstlichen Muth, opfert er sein Leben, seine Familie, seine Eltern, auf es bezieht er seine Gebete und Frömmigkeit gegen die Götter. Tief in der Seele zuwider ist ihm sein Bruder Paris, der (Γ 50) „Priamos' Hause zum Leid und dem sämmtlichen Volke" die reizende Helene entführt hat. Da sich nun aber einmal die Dinge nicht ändern lassen, so erträgt er ihn nicht nur, sondern gibt auch mit ihm, wenn er nur nach Kräften zur Vertheidigung der Stadt, die er ins Unheil gebracht, beitragen würde. Wie er daher seine Feigheit schilt (Γ 39), mit der er vor seinem Gegner Menelaos zurückbebt, so zeigt er auch Freude über seine Ermannung (Γ 76), eilt mitten hinein zwischen die Reihen der Fechtenden und verkündet mit lauter Stimme den Entschluss des Paris. Im sechsten Gesang, in welcher er wieder mit Paris zu schaffen hat, tritt sein edler, ritterlicher Charakter, sein frommer Sinn, sein inniges Gefühl, seine Hingebung für das Vaterland besonders klar zu Tage. Das rasende, unwiderstehliche Andringen des Diomedes hat die Troer zur Verzweiflung gebracht. Da geht Hektor auf Veranlassung seines Bruders Helenos, nachdem er noch die Seinen zum tapfern Widerstand ermahnt hatte, in die Stadt, heisst am skäischen Thore die Frauen und Töchter der Troer, die ihn umringend nach dem Schicksal ihrer Söhne und Brüder fragen, nach der Reihe die Götter anflehen und begibt sich dann in den Palast zu seiner Mutter, dass sie im Geleite der edelsten Frauen Athene mit schönem Gewande und reichen Opfern ehre.

Den von der Mutter angebotenen Wein, um den Göttern zu spenden und sich selbst am lieblichen Tranke zu laben, nimmt er nicht an

„Denn, sagt er (Ζ 262), ich scheue mich billig, dem Zeus Trankopfer zu spenden
Mit unheiliger Hand; denn nimmer geziemt es, dem Kroniden
Flehend zu nah'n, mit Blut befleckt und dem Staube der Schlachten."

Von da eilt er in die Wohnung des Paris und mahnt ihn scheltend, die Waffen für das Vaterland zu ergreifen und Krieg und Getümmel, das er heraufbeschworen, abzuwehren. Auf die Vorwürfe, welche die nebensitzende Helene sich selbst, dem bösen, Unheil stiftenden Weibe macht, das gerade ihm die meisten Mühen verursache, geht er in seinem hochherzigen Sinn ebenso wenig ein als auf ihre Einladung, sich auf dem Stuhle niederzulassen:

Denn schon treibt ihn das Herz in stürmischem Drange, den Troern
Hilfe zu leihen, die sehnlich nach ihm, dem Entfernten verlangen (Ζ 361).

Er bittet sie nur, den Gemahl zum Kampfe zu ermuntern, dass er ihn noch erreiche, ehe er selbst die Veste wieder verlasse. Die daraufsolgende Begegnung mit seiner Gemahlin Andromache und seinem Sohne Astyanax enthüllt so ganz seine schöne Seele und seine uneigennützige patriotische Gesinnung, schlägt die tiefsten Naturgefühle der Treue an, illustrirt mehr als alle seine unvergleichen Waffenthaten den Kämpfer für Weib und Kind, Eltern, Freiheit und Vaterland. Kümmert ihn auch das Loos der Seinigen, wenn die Gattin durch seinen Fall zur Wittwe, das Kind zur Waise würde, und zwar vielmehr als das Geschick (Ζ 450),

das künftig der Troer
Oder der Hekabe selbst und Priamos' wartet, des Herrschers,
Oder der Brüder, die, viel' an der Zahl und so tapfer,
Dann in den Staub hinsänken, von feindlichen Männern erschlagen:

scheut er es doch, dem Kampfe sich zu entziehen und vor den Männern und Frauen Trojas als Feigling zu erscheinen. Es ist aber nicht dieses äussere Bedenken allein, sondern ein viel edlerer Grund. Er fährt nämlich fort:

Auch mein Herz wehrt solches; ich lernte ja, tapfern Muthes
Immer zu sein und im Kampfe zu stehn mit den vordersten Troern,
Ringend zugleich für des Vaters erhabenen Ruhm und den meinen.

Ein Mann, der das Liebste hingibt, was er hat, den lieblichsten Knaben und die zärtlichste Gattin, der er beim Abschied mit blutendem Herzen sagt:

„Wär' ich dahin und deckte zuvor mich der Hügel,
Ehe der Feind dich entführt, und mir dein Jammer in's Ohr tönt (Ζ 464),"

kann keine andere Rücksicht mehr haben, kann sich auch durch ein Götterzeichen, das Polydamas ungünstig deutet (Μ 211), nicht beirren und vom Kampfe abhalten lassen. Er wirft ihm jenes berühmte Wort entgegen (Μ 243): „Ein Wahrzeichen das beste, der Kampf um die heimische Erde." Diese nämliche Gesinnung ist er bestrebt auch seinen Troern einzuimpfen, indem er sie ermahnt (Ο 494):

Auf denn, kämpft an den Schiffen vereint! Wer dann von dem Wurfspeer
Oder dem Schwerte getroffen, den Tod und das Schicksal erreichte,
Fahre dahin! Im Kampf um die heimische Erde zu sterben,
Bringt ihm Ruhm; ihm bleiben in Wohlfahrt Kinder und Gattin,
Bleiben das Haus und die Habe zurück in blühendem Stande,
Wenn die Achaier zu Schiff heimzieh'n in der Väter Gefilde.

Diesem Grundsatz getreu sehen wir ihn immer unter den Vorkämpfern sein Leben in die Schanze schlagen. Homer lässt ihn (Ο 319) „drohend mit Gorgos Blick und des männerzermalmenden Ares wie einen hochbrausenden Sturmwind, der sich den Wolken entstürzt und die düstern Meereswogen aufwühlt (Λ 297), oder wie ein durch den brausenden Strom vom Felsen abgerissenes Stück (Ν 137), das im Sprung in die Ebene hinabfliegt, in die Schlacht stürzen. Er tödtet eine zahllose Schaar von Feinden und versucht sich mit den meisten der hervorragenden achaiischen Helden. Nur einer von ihnen, der göttergleiche Achilleus, kann ihn fällen. Wird er auch von den andern bisweilen verwundet, immer erscheint er wieder auf dem Kampfplatz, ein unverdrossener Kämpfer für die Seinen und das Vaterland. Er verhöhnt (Ο 161) den durch das Getümmel vor ihm zurückfliehenden Diomedes, schleudert (Θ 327) Teukros mit einem Stein zu Boden, misst sich zu wiederholten Malen mit dem riesigen Aias, erlegt Patroklos, verfolgt den Wagenlenker des Achilleus, Automedon, und beunruhigt die mit Patroklos' Leiche sich zurückziehenden Helden.

So sehr er sich aber bewusst ist, einer der Tapfersten zu sein, verleugnet er nie den menschenfreundlichen Sinn, der seine Heldennatur erwärmt. Wie er (Η 67) den tapfersten der Achaier zum Zweikampf herausfordert, bedingt er, dass sein Leichnam, wenn er unterliege, nach

Ilios gesendet werde, wie auch er, falls ihm Apollon Ruhm gewähren sollte, des Gegners Leiche zu den Schiffen zurückschicken würde. Ebenso bittet er auch in seinem letzten Kampf den Peliden, sowohl als er ihm noch mit frischer Kraft gegenüberstand (Χ 259), als wie er auf den Tod verwundet im Staube vor ihm lag (Χ 342), seine Leiche den Troern zurückzugeben. Der Pelide hatte ihm leider ein anderes Schicksal zugedacht. Da, als er nicht mehr war, wurde erst recht klar, was Troja und was jeder an ihm hatte. Seines Vaters und seiner Mutter nicht zu gedenken, die sich dem wildesten Schmerze ergaben, und seiner Gattin, die „rückwärts sank zur Erde, den Geist aushauchend in Ohnmacht" (Χ 467), seufzten die Männer und Frauen alle um den Schirm der Stadt. Das ehrendste Grablied hat ihm Helene nachgesungen mit den Worten (Ω 760):

Seit ich von dannen gefloh'n und die heimischen Gaue verlassen,
Hab' ich von dir kein Scheltwort, keine Verwünschung vernommen;
Wenn sonst einer im Hause mich anfuhr, einer der Brüder,
Eine der Schwestern des Manns und der stattlichen Frauen der Schwäger,
Oder die Schwiegerin selbst — denn väterlich sanft ist der Schwäher —:
Warst du immer bemüht zu beschwichtigen und zu vermitteln
Mit sanftmüthigem Sinn, mit sanfteinschmeichelnden Worten.
Dich und zugleich mich Arme bewein' ich denn, trauernd im Herzen.

In Paris oder Alexandros zeichnet Homer das reine Widerspiel von seinem edlen Bruder Hektor. Von den Seinen als Anstifter des heillosen Krieges gehasst (Γ 40), wie dieser als Schutz der Stadt geliebt, erscheint er (Γ 39) als Musterbild körperlicher Wohlgestalt neben dem durch jegliche Tugend geadelten Ideal männlicher Schönheit, die ausgeprägte sinnliche Leidenschaft neben dem zarten Dufte ehelicher Liebe und Treue, der Lautenspieler (Γ 54) neben dem Führer des Schwertes und der Lanze, der Säumige und Feige (Ζ 523) neben dem Rührigen und Wackern, der Weiberheld neben dem Helden der Schlacht, der, während Hektor die Frauen Trojas zu den Göttern flehen lässt und selbst draussen auf blutgetränktem Felde sich preisgibt, müssig in seinem Palaste sitzt und seiner Neigung fröhnt, während jener seine innig geliebte Gattin dem Vaterlande opfert, das entführte Weib nicht zurückgibt (Η 362), wenn auch Stadt und Volk darüber zu Grunde gehen. Indessen ist er doch des Krieges nicht unkundig, schnellfüssig (Ζ 514) und stark (Ζ 522). Auch hierin unterscheidet er sich wieder von seinem Bruder. Denn während dieser auf den Feind losgeht und ihn in der Nähe packt, liebt es Paris, aus der Ferne zu kämpfen. Nicht oft finden wir ihn im Handgemenge; der Zweikampf mit Menelaos mochte ihn für lange Zeit gewitzigt haben; wohl aber trifft er, hinter eine Säule am Grabmal des Ilos gelehnt (Λ 371), mit seinem sichern Pfeile Diomedes rechts in die Fusssohle, verwundet Machaon mit dreizackigem Bolzen rechts an der Schulter (Λ 507) und den Eurypylos an der rechten Hüfte (Λ 583). Ja, es sollte der Tag aufleuchten, da es ihm bestimmt war, mit Apollon vereint, den Peliden am skäischen Thor zu vertilgen (Χ 360).

Neben Hektor erwirbt sich von den trojanischen Kämpfern Aineias die meisten Lorberen. Er ist ebenfalls eine durch und durch gediegene heroische Natur, voll Kraft und männlichen Muthes. Darum lastet auf beiden die meiste Arbeit (Ζ 77), weil sie die besten an Kampfmuth und Einsicht für jedes Beginnen sind. Darum wird aber auch Aineias (Λ 58) gleich jenem wie ein Gott im Volke der Troer geehrt. Gegen die Tapfersten wagt er in die Schranken zu treten, wenn auch der Erfolg nicht immer seinem Muthe entspricht. Im Besitze der Rosse des Tros, die (Ε 223) im schnellsten Laufe verfolgen und fliehen können, nimmt er Pandaros auf seinen Wagen und sprengt kühn dem Diomedes entgegen. Und als Pandaros vom Speer des Tydiden getroffen dem Gespann entsank, springt er hurtig herab und schützt dessen Leiche ebenso muthig und ausdauernd, wie später Aias die des Patroklos. Beim Sturm der Trojaner auf das griechische Lager flösst er dem Idomeneus Grauen ein, wie er in der frischesten Kraft und in der Jugendblüthe prangend (Ν 481) voll glühender Kampflust heranschritt. Nach Meriones schleudert er den gewichtigen Speer zwar vergeblich, aber mit solcher Kraft (Π 612), dass er in den Grund tief hineinsauste und das unterste Ende des Schaftes zitterte; zugleich mit andern sucht er nach Erlegung des Patroklos das unsterbliche Paar der Rosse des Achilleus zu rauben (Ρ 490). Gegen diesen selbst schreitet er später mit gewaltigen Schritten drohend heran (Υ 161). Die löwenartige Erscheinung des Peliden und seine höhnenden Worte vermögen ihn so wenig aus der Fassung zu bringen, dass er gelassen spricht (Υ 200):

Hoffe doch nicht, o Pelide, mit Worten mich schrecken zu können
So wie ein thörichtes Kind; denn mir auch wär' es ein Leichtes,
Mit herzkränkenden Worten und Schmähungen dir zu begegnen.

Vom Stosse seiner Lanze (Υ 260) dröhnte der grause Schild des Achilleus, und dieser hielt zagend mit dem markigen Arm den Schild von sich, wähnend, der mit solcher Wucht einschlagende

Wurfspiess sei durchgedrungen. Wohl wäre es aber weiter dem Aineias schlecht gegangen, wenn ihn nicht Poseidon bis an die äusserste Grenze des Treffens mit der Mahnung versetzt hätte, als mehr Achilleus im Kampfe entgegenzutreten, damit er nicht trotz dem Geschick in des Hades Haus hinabsteige (Υ 336).

So prägt Homer die Charaktere der bedeutendsten Heroen aus. Aber auch bei denjenigen Helden, welche zur Führung der ersten Rollen nicht berufen waren, weiss er mit wenigen Strichen feste Anhaltspunkte zu geben und durch Schilderung ihres Erscheinens und Auftretens, einzelner Kampfscenen, der Wirkung ihrer Hiebe, Schläge und Stösse, durch blosse Zusammenstellung mit den berühmtesten Kämpen, durch Vergleichung mit mächtigen Bäumen und Thieren des Waldes die Phantasie des Lesers so anzuregen, dass dieser das Bild selbst fertig malt. — Idomeneus hebt sich wie ein Gott (Γ 230). Mit seinem treuen Gefährten Meriones zieht er in glänzender Waffenrüstung aus, „wie in die Schlacht hinschreitet der menschenvertilgende Ares (Ν 305)“, von seinem Sohne Phobos geleitet, „welcher mit Grauen erfüllt auch kühnausharrende Krieger (Ν 208)“. Stark wie der Eber (Δ 253) steht er immer unter den Vordersten. Bei seinem Angriff stürzt Asios, wie der Eichbaum oder die Pappel oder die stämmige Fichte (Ν 389), die von Zimmerleuten hoch im Gebirge gefällt worden ist. — Meriones durchbohrt den Adamas, dass er sich am Speere wand wie der Stier in der Schlinge (Ν 571). — Antilochos muss tapfer und behende sein, schon weil er ein Freund des Achilleus ist (Ν 556), der ihn nach Patroklos am meisten schätzte (ω 72). Er erscheint als ein Achilleus im verringerten Massstab. Menelaos sagt von ihm (Ο 569):

„Keiner im Heer der Achaier, Antilochos, kommt dir an Jugend,
Keiner im Laufe dir gleich, so beherzt ist keiner im Kampfe.“

Als Sohn des Nestor ἱππότα versteht er sich besonders auch auf die Kunst des Rosselenkens, die ihm bei den Leichenspielen des Patroklos im Wagenrennen den zweiten Preis einträgt. — Polypoites und Leonteus, Helden vom Stamme der Lapithen, vertheidigen furchtlos und unerschütterlich das Lager, auf ihre Kraft und Arme vertrauend.

Die zwei standen daselbst an des stolz aufragenden Thores (Μ 131)
Eingang, fest, wie auf dem Gebirg hochwipflige Eichen,
Die an jeglichem Tage besteh'n Platzregen und Sturmwind,
Haftend im Grund mit starken und langhinreichenden Wurzeln.
Aber sobald sie zur Mauer die stürmenden Troer heranzieh'n (Μ 143)
Sahen, und Angst und Geschrei sich erhob im achaiischen Volke:
Alsbald stürzten die beiden heraus und kämpften am Eingang,
Gleich zwei trotzigen Ebern an Muth, die hoch im Gebirge
Jagender Männer und Hund' anbrausende Hitze bestehen.

Beide schwingen nebst Epeios und dem Telamonier Aias bei den Leichenspielen die schwere eiserne Kugel. Polypoites schleudert sie unter dem Jauchzen der Danaer weit über den Kreis hinaus (Ψ 847). — Wie den Asios vergleicht Homer auch Sarpedon mit einem Eichbaume, einer Pappel und stämmigen Fichte (Π 482), dann wieder mit einem krummklauigen Geier (Π 428), mit einem feurigen, stolzen Feldstier (487) und erregt überhaupt für diesen göttergleichen Helden durch die Theilnahme der Götter und Menschen, das Zwiegespräch der Here mit ihrem Bruder und Gemahl (440), den bluttriefenden Regen des Zeus (459), den Kampf um seine Leiche unser wärmstes Interesse.

Damit es aber an Kontrast nicht fehle, hat der Dichter neben diese erhabenen Erscheinungen die Figur des körperlich und geistig missgestalteten Thersytes gesetzt und mit grosser Kunst die Karikatur eines Helden entworfen (Β 212).

„Hässlicher war kein andrer in Ilios Ebne gekommen:
Schielend war er und lahm an dem anderen Fusse; die Schultern,
Höckerig, drängten sich vor und engten die Brust, und darüber
Sass sein spitziger Kopf mit spärlicher Wolle bewachsen.

Dieser Hässlichkeit des Aeussern entspricht auch vollkommen sein Inneres. Er weiss sich mit der Zunge zu helfen; denn sein Herz verbarg endlos unziemlichen Wortschwall; aber diese Zungenfertigkeit dient ihm nur dazu, mit kreischender Stimme und frechem Geschrei planlos, wider Gebühr mit den Fürsten zu hadern, ihre Anordnungen zu bekriteln, im Volke Unzufriedenheit und Missmuth hervorzurufen oder durch schlechte Witze Gelächter zu erregen. Der Feigste von allen, spricht er, als sei er es hauptsächlich, der die Vesten erobere und die Reisigen Trojas fessle, und als ob ihm allein Agamemnon die reiche Beute an Erz und Sklavinnen zu verdanken habe. Wenn ihn aber der über seine Prahlerei, Schmähsucht und Unverschämtheit erboste Odysseus andonnert und ihm mit dem Stabe eins auf den Rücken versetzt, dass eine blutige

Strieme anschwillt, so duckt er sich bebend und vor Schmerz grinsend nieder und wischt die Thränen aus dem verlegenen Gesicht. Schallendes Gelächter von Seiten der Achaier folgt so aussinnlichem Gebahren.

Wie Homer die Männer des öffentlichen Lebens, die Helden der Schlacht und die Berather in der Versammlung mit scharf markirten Zügen individualisirt, so führt er uns auch in der Idylle der Familie und des ländlichen Lebens lauter Persönlichkeiten voll Leben und Wahrheit vor. Mit besonderer Vorliebe aber behandelt er den göttlichen Sauhirten Eumaios. In ihm hat er das Ideal eines treuen, fleissigen, dankbaren und frommen Dieners gezeichnet und dieses durch Nebensetzung des schwarzen Gegentheils in der Person des Ziegenhirten Melanthios in um so effektvolleres Licht gestellt. Während dieser freche, treulose Geselle Telemachos sogar den Tod von Apollons Bogen oder der Hand der Freier wünscht, „so wie der Heimkehr Tag dem Odysseus schwand in der Ferne“ (ρ 252), bewährt Eumaios in Rede und That eine eiserne Treue, rührende Anhänglichkeit, dienstbeflissene Hingebung an seine Gebieter. Er verwünscht der Helene ganzes Geschlecht, nachdem sie das Leben nebst vielen anderen Helden auch seinem Herrn Odysseus geraubt hat (ξ 69), dessen Tod er mit jenen tiefgefühlten Worten, die sein edles Gemüth so recht darlegen, betrauert (ξ 137):

Also starb er dahin und bereitete Trauer den Freunden
Allen daheim und vor allen mir selbst, nie find' ich ja wieder
Solch huldvollen Gebieter, wohin auf Erden ich käme;
Nein, und kehrt' ich nach Hause zurück zu Vater und Mutter,
Dorthin, wo sie vordem mich gezeugt und mich nährten von Kind auf:
Selbst nicht dieses beklag' ich so sehr, wie heiss mich die Sehnsucht
Treibt, sie wiederzusehen daheim im Lande der Väter;
Nur nach Odysseus, ach, dem geschiednen trag' ich Verlangen.

Wenn er auch die Hoffnung, ihn wiederzusehen, längst aufgegeben hat, ruft er doch bei jedem Opfer, das er bringt, zu den Himmlischen allen (ξ 424), dass der sinnige Dulder Odysseus in Glück heimkehre. Redselig spricht er von seiner unermesslichen Habe (ξ 96) und rechnet dem als Bettler vor ihm stehenden Odysseus genau vor, wie viele Herden von Rindern, Schafen, Schweinen und Ziegen sein Herr besitze (ξ 100).

Die Freier, welche schonungslos in dem fremden Besitze prassen, jeden Tag und jede Nacht (ξ 91) nicht ein Opfer allein, noch zwei nur schlachten und Wein in Masse verschlingen, sind ihm ein Dorn im Auge, und es thut ihm herzlich wehe, dass er für andere die fettesten Schweine zum Mahle mästen muss (ξ 41).

Während er selbst sehnsüchtig vielleicht um die Speise sich mühend
Fern in Gebiet und Stadt fremdredender Männer umherirrt,
Wenn er im Lichte noch lebt, und Helios' Strahl ihn umleuchtet!

Um wieviel anders sein sauberer Kamerad Melanthios, der nicht nur sehr gern (ρ 214) von sämmtlichen Herden die stattlichsten Ziegen zum Mahle der Freier in die Stadt treibt, sondern auch (ρ 256) unter diesen sitzend sein ehrlich Theil vom Fleische verzehrt! Frech überlässt er sich den Ausgelassenheiten und lärmenden Freuden der Tafel, während Eumaios (φ 81) weinend seines Herrn Bogen und eiserne Beile vor die Freier hinstellt. Wie wurden aber diese Thränen des Schmerzes um den Abwesenden so schnell in Freudenthränen verwandelt, als bald darauf Odysseus sich seinem treuen Diener enthüllte! Da gab es (φ 223) ein frohes Willkommen, ein Küssen und Klagen, bis Helios niedergesunken.

Seine Anhänglichkeit gilt aber nicht Odysseus allein, sondern erstreckt sich ebensowehr auf seine ganze Familie und auf alles, was mit ihm in Beziehung steht. Er spricht gerne vom alten Vater Laertes und von der zu früh dahingeschiedenen Antikleia (ο 350), beklagt den Sohn Telemachos (ξ 179), als er nach Pylos auf Kunde ausging, weil er für sein Leben fürchtet, und empfängt ihn bei der Wiederkehr mit väterlicher Zärtlichkeit (π 11).

In Abwesenheit des Odysseus gilt ihm dieser als Herr; schnell vollzieht er seine Befehle, in seinem Diensteifer will er selbst mehr thun, als jener fordert. Wie er in die Stadt geschickt wird, um Penelope die glückliche Ankunft des Sohnes heimlich zu melden, frägt er voll Theilnahme (π 138), ob er nicht auch gleich als Bote zu Laertes gehen solle, welcher seit der Abfahrt Telemachos' nichts mehr essen und trinken will, sondern nur stöhnt und wehklagt. Kaum aber hat er den Auftrag an die Herrin vollständig bestellt, eilt er wieder zu den Schweinen hinweg (π 341), und das Verlangen, nach Hause zu kommen, ist bei ihm so gross, dass er sich gar keine Zeit nimmt, in der Stadt herumzuspähen (π 465). Ebenso verlässt er später Telemachos im Haufen der Freier mit den Worten (ρ 593):

Lieber, ich gehe hinweg, um die Schwein' und das andre zu hüten,
Deinen und meinen Besitz; dir sei hier alles empfohlen.

Gerade in diesem seinem eigentlichen Beruf verstebt es der Dichter, Eumaios mit treffenden Zügen als den Typus eines treuen, fürsorglichen, uneigennützigen Hirten zu gestalten, der die Habe seines Herrn nicht nur zusammenzuhalten, sondern auch zu mehren bestrebt ist. Zucht und Ordnung herrscht in seiner Hauswirthschaft. Vier Hunde, die er selbst abgerichtet hat (ξ 21), bewachen, reissenden Thieren gleich, die Stätte. Ist das Mahl früh morgens eingenommen, schickt er (π 3) die Hirten mit den Schweinen in das Gefilde hinaus, während er (ο 555) zu Hause im stattlichen Hof die in Unzahl gelagerten Thiere schirmt. Diesen Hof hatte der Hirte (ξ 8)

Selbst für die Schweine gebaut, nachdem sich entfernt der Gebieter,
Ohne der würdigen Herrin Geheiss und des greisen Laertes
Steine zusammengeschleppt und drauf ihn umfriedet mit Hagdorn,
Aussen umher auch Pfähle gesetzt auf jeglicher Seite,
Zahlreich, dicht aneinander, vom Kern der gespaltenen Eiche.
Innen im Hof dann hatte der Hirt zwölf Koben errichtet,
Neben einander gereiht, für die ruhenden Schweine zum Lager.

Mit der nämlichen Uneigennützigkeit hatte er auch einen Sklaven, ebenfalls ohne Geheiss der Penelope und des Laertes selbst und allein erkauft und mit der eigenen Habe von Taphiern erworben (ξ 452). In seinem Hause geht es äusserst sparsam her. Es gibt da nicht Gewänder und Mäntel in Fülle; jeder Hirte hat (ξ 513) nur eins zum Anziehen. Als deshalb Odysseus um einen Mantel gegen den Nachtfrost bat, wirft er über ihn seinen eigenen, den er sonst zum Wechseln hatte (ξ 522), wenn draussen ein arger Sturm wüthete; denn Eumaios lagert sich nicht etwa während der Nacht sorglos und behaglich im Hause, wo die Jünglinge ruhen, sondern mit Schwert und Lanze zur Abwehr gegen Männer und Hunde bewaffnet, geht er trotz Wind und Wetter hinaus und ruht da, „wo Schweine mit blinkenden Hauern unter dem wölbigen Fels, vor Wind geschützt sich gelagert." Ein so treuer und entschlossener Diener kann auch im gefährlichsten Moment nicht in Zweifel sein (φ 204), ob er zu seinem Herrn stehen solle. Wir sehen ihn denn auch bei dem Rachewerk Odysseus zugleich mit dem Kuhhirten die besten Dienste leisten und an seiner Seite gegen den Schwarm der Freier herzhaft kämpfen.

Homer lässt Eumaios (ο 413) von königlichen Eltern abstammen und als Kind von seiner heimatlichen Insel Syria durch phoinikische Männer entführen und in die Sklaverei verkaufen. Er hat also den Adel der Gesinnung, den man sonst an einem Hirten zu suchen nicht gewohnt ist, schon mit der Muttermilch eingesogen. Grossmuth ist eine königliche Tugend. Diese äussert sich bei ihm vor allem in der Art und Weise seines Verhaltens gegen den als Bettler an seine Thüre klopfenden Odysseus, wieder im grellen Kontraste zu Melanthios. Dieser schmäht und verhöhnt (ρ 210, υ 177) in den gemeinsten Ausdrücken den in Lumpen gehüllten Greis und vergreift sich thätlich an ihm mit unerhörter Rohheit (ρ 233), indem er beim Vorübergehen mit dem Fusse ihm an die Hüfte springt; Eumaios aber stürzt auf das Gebelle der Hunde zum Thor hinaus (ξ 33 ff), um ein Unglück zu verhüten, führt den Bettler liebreich in die Hütte, macht ihm aus Strauchwerk und einem Gemsfell, dessen er sich sonst selbst beim Ruhen bediente, ein Lager zurecht, tischt Brod und frisch gebratenes Fleisch auf, gibt ihm den Becher, woraus er zu trinken pflegt, mit Wein voll gefüllt, und entschuldigt sich noch obendrein mit den treuherzigen Worten (ξ 59): „Zwar klein ist unsere Gabe, doch wir bringen sie gerne." Abends schlachtet er das beste von den Schweinen für seinen Gast aus der Ferne (ξ 414), stellt sein Bett in die Nähe des Feuers und wirft, damit es ihn ja nicht friere, seinen eigenen Mantel über ihn (ξ 518).

Aus Angst, der Bettler möge sich in das Verderben stürzen, wenn er sich erkühne, den Freiern seine Dienste anzubieten, fordert er (ο 320) ihn zu weiterem Verbleiben in seiner Hütte auf, da er ja mit seiner Gesellschaft niemand beschwere. Auch später möchte er ihn als Wächter in seinem Hof behalten (ρ 187), wenn ihm nicht Telemachos den Fremdling in die Stadt zu führen befohlen hätte. Von diesem aber fürchtete er für seinen Ungehorsam Scheltworte; und einen Diener wie Eumaios schmerzen stets die Verweise der Herrscher (ρ 189). Schon vor den Thoren des Palastes, ist er noch voll Besorgniss für ihn; drinnen aber munterte er ihn auf (ρ 351), nicht allzu verschämt zu sein, sondern frisch von jedem Freier sich Gaben zu erflehen.

Allerdings weiss Odysseus in Rede und Handlung einen solchen Takt zu halten, dass er auch eine minder edelmüthige Persönlichkeit für sich eingenommen haben würde. Aber gerade diese Schlauheit des vielgewandten Mannes setzt auch das kluge, besonnene Wesen des Eumaios in das günstigste Licht. Der Bettler findet bei ihm mit der Bemerkung, dass er von Odysseus vieles wisse, keinen Glauben. „Denn oft lügen Wanderer, der Pflege und Kost bedürftig, blindlings hin und verlangen nicht die Wahrheit zu berichten," meint (ξ 124) der Sauhirt, und als jener etwas keck gemacht sogar schwört, dass Odysseus komme, sagt er (ξ 167): „Trinke du ruhig fort und lass' uns reden von anderm." Denn seit er von einem Aitoler, der auch seinen Herrn in Kreta gesehen haben wollte, getäuscht worden ist, hat er allen Glauben verloren und wirft höchst naiv dem Erzähler in Bezug auf die Erwähnung des Schicksals von Odysseus sogar das Wort hin (ξ 365): „Wie magst du, Bejahrter, so in den Tag hineinlügen?"

Die Besonnenheit, von der seine Gespräche Zeugniss geben, erprobt er weiter in der Ausführung der ihm gewordenen Aufträge. Telemachos bedient sich seiner, um der Mutter Penelope insgeheim Botschaft von seiner glücklichen Zurückkunft zu bringen, Penelope, um den Bettler zu sich zu entbieten, Odysseus, um dem treulosen Melanthios in der Waffenkammer aufzulauern und durch Ueberrumpelung das Handwerk zu legen.

Mit all diesen Vorzügen des Geistes und Herzens verbindet Eumaios ein tief religiöses Gefühl, das ihn ebenso die Götter fürchten wie auf ihren Beistand vertrauen lässt. Beim Schlachten des Schweines vergass er der Unsterblichen nicht, — denn fromm war seine Gesinnung — sondern er begann sein Opfer mit einem Gebet zu allen Himmlischen (ξ 420); und als er sich dann hinstellte (ξ 435), um zu theilen, wurde Hermes und den Nymphen ein Stück unter Gebeten geweiht. Oft wendet er sich im Gebet an Zeus (ξ 406); er fürchtet ihn als den Rächer jeden Frevels. Diese Scheu ist nebst seinem natürlichen Mitleid der Hauptgrund, warum er den in Lumpen gekleideten Odysseus in Ehrfurcht und Liebe pflegt (ξ 389).

Eumaios geniesst aber auch die Früchte seiner Gottesverehrung und Frömmigkeit. Gott segnet das Werk (ξ 65), für das er bestellt ist, und gibt ihm volles Gedeihen zu der Arbeit (ο 371), welche ihm obliegt. Nicht weniger findet sein Werth bei den Menschen Anerkennung. Dem gemeinen Melanthios zwar, der ihn denunzirt (ρ 370), und den Freiern, deren schamlosen Trotz er hasst (ο 375), ein Dorn im Auge, erscheint er in den Beziehungen zu seinen Gebietern nicht so fast in dem Verhältnisse eines Sklaven als in dem Range eines Genossen und Vertrauten, ohne dass er jedoch dabei je sich und seine Verdienste überschätzt oder das vom Schicksal ihm auferlegte Loos aus den Augen verloren hätte. Wie ihn das Bewusstsein königlicher Abkunft vor sklavischer Gesinnung schützt, so lässt ihn die Zartheit der Gesinnung keinen Augenblick vergessen, dass er seinem Herrn als Knecht gegenübersteht. Kurz, Eumaios ist ein Diener, wie ihn der Herr, dem er angehört, verdient.

Das entsprechende Pendant zur Figur des Eumaios bildet die Amme Eurykleia, welche uns zugleich zu den homerischen Frauengestalten hinüberführt. Der Dichter hat sie zum Vorbild einer ehrwürdigen, im treuen Dienste ihrer Herrin ergrauten Dienerin gemacht, die mit dem Hause, wo sie dient, enge verwachsen an den Freuden und Leiden desselben den innigsten Antheil nimmt und durch ihre Anhänglichkeit das Anrecht, als Familienglied behandelt zu werden, erworben hat. Schon in zarter Jugend von Laertes erkauft wurde sie im Hause gleich der züchtigen Gattin geehrt (α 430) und sah Odysseus und Telemachos aufwachsen, den sie in seiner Kindheit zumeist vor den Mägden pflegte und nährte. In Folge ihrer Treue und Sorgfalt hat sie eine vor den übrigen Mägden bevorzugte Stellung. Sie ist Schaffnerin des Vorraths von Gold, Erz, Kleidern, Mehl, Oel und Wein, welcher unten in einer geräumigen Kammer aufgespeichert liegt (β 337 ff.). Dort waltet sie Tag und Nacht und hegt das Gut mit kluger Wachsamkeit. Die fünfzig im Palaste dienenden Mägde stehen unter ihrer Leitung und Aufsicht. Wie wir aus χ 421 erfahren, dass sie dieselben in der Webekunst, im Wollekämmen und in den häuslichen Diensten unterrichtet, so sehen wir sie (υ 147) zum Schmause des Neumondfestes die nöthigen Anordnungen treffen, indem sie den Mägden gebietet, Wasser vom Brunnen zu holen, den Saal zu sprengen und zu kehren, die Teppiche auszubreiten, die Tafeln, Mischkrüge und Becher zu reinigen.

Ihre treue Anhänglichkeit hält gleichen Schritt mit dem Vertrauen, das sie geniesst. Mit zärtlicher Geschäftigkeit begleitet sie (α 435), die brennende Fackel in der Hand, ihren Liebling Telemachos in das Schlafgemach, legt sein weiches Gewand wohlbedächtig in Falten und schliesst die Thüre hinter sich zu. Bei der Enthüllung seines Planes, nach Pylos zu gehen, fängt sie zu wehklagen und zu schluchzen an (β 362), weil sie für sein Leben fürchtet, und möchte ihn von dem beabsichtigten Unternehmen abbringen; aber ebenso gehorsam als zärtlich besorgt, kehrt sie, als Telemachos auf seinem Entschlusse beharrt, rasch die nöthigen Vorkehrungen zur Reise und bindet sich selbst durch einen Eid (β 377), der Mutter vor dem eilften Tage nichts zu sagen. Wie edel und aufrichtig vertheidigt sie sich dann vor Penelope, als diese von der Abreise ihres Sohnes und dem Mordanschlag der Freier durch den Herold Medon erfährt (δ 743):

Traute Gebieterin, magst du mit grausamem Erze mich tödten
Oder im Hause mich lassen: ich will kein Wort dir verhehlen;

und durch die klugen, an sie gerichteten Trostworte stillte sie ihr im Busen den Gram und im Auge die Thränen. Diese Tröstung mag ihr nicht wenig schwer vorgekommen sein, da sie ja ihren Pflegling mit der nämlichen Liebe im Herzen trug, wie die leibliche Mutter. Ihr Sinnen und Denken war stets bei dem Entfernten. So oft die Thüre ging, richtete sie dorthin ihren Blick; er musste einmal kommen: denn (δ 755) des Arkesios' Stamm konnte unmöglich den seligen Göttern so verhasst sein, dass auch der letzte Sprössling fallen sollte. Als er daher wirklich auf der Schwelle erschien (ρ 31),

> Sah ihn lange vor allen die Pflegerin Eurykleia,
> Welche die stattlichen Sessel umher mit Vliessen bedeckte.
> Die kam weinend heran auf ihn.

Mit diesen kurzen Worten zeichnet hier Homer das Wesen der geschäftigen und treuen Alten. Unvergleichlich aber gestaltet er das Charakterbild bei der bekannten gemüthvollen Erkennungsscene. Penelope rührt durch blosse Nennung des Odysseus, welchen die Alte vordem voll Liebe aufzog (τ 355) „und in den Armen empfing, gleich als ihn geboren die Mutter," und durch seine Vergleichung mit dem Bettler ihr das Herz so auf, dass sie das thränenreiche Antlitz mit den Händen verbirgt (τ 361) und in trostlose Klagen ausbricht. Der Herrin und dem Bettler zu lieb will sie diesem die Füsse waschen und zwar um so mehr, da ihr nie ein Mann vor Augen kam, welcher Odysseus (τ 380) an Bildung und Stimme, Füssen und Wuchs so ähnlich war. Als sie nun aber durch Berührung der Narbe im Bettler Odysseus selbst erkannte, da lässt sie das Bein in die dröhnende Wanne sinken, dass das Erz sich zur Seite lehnt und das Wasser zur Erde hinströmt (τ 470).

> Wonne zugleich und Leid durchdrangen ihr Herz, und die Augen
> Füllten mit Thränen sich an, und die blühende Stimme versagte.

Flugs will sie das Geheimniss der Herrin verrathen; aber Odysseus fasst sie bei der Kehle und verbietet ihr vor der Hand, dieses zu thun. Die besonnene Eurykleia bändigt die Ausbrüche ihrer Freude und wie sie dem Telemach geschworen, so sagt sie jetzt zu Odysseus (τ 493):

> Fest, unerschütterlich ist, das weisst du ja, meine Gesinnung,
> Und ich bewahre dir's treu, wie ein starrender Fels und wie Eisen.

Odysseus verlässt sich vollständig auf sie, weil er ihre Klugheit und Treue kennt; er weiss, dass das Geheimniss in ihrer Brust verschlossen bleiben wird, so lange er es nur verlangt, und kann sie deswegen wie Eumaios zum Racheakt ziehen, indem ihr die passive Rolle zugetheilt wird, während der Transferirung der Waffen und der Niedermetzelung der Freier (τ 16) die Mägde alle in den Gemächern zurückzuhalten. Beim Anblick der Leichen und Blutströme überwiegt die Freude über den errungenen Sieg das natürliche Gefühl des Schauders; denn (χ 406) sie jauchzt laut auf vor Jubel. Jetzt ist der Augenblick da, wo sie nach jahrelangem Kummer endlich die Früchte ihrer Treue pflückt. Die geschäftige Fürsorge für Odysseus und Penelope kommt fast in Streit mit ihrem Gehorsam. Kaum kann sie es erwarten, zum hohen Söller emporzusteigen (χ 428) und im Triumphe die Gattin dem Gatten zuzuführen. Ebenso will sie dem halbnackten Odysseus (χ 487) lieber zuerst Mantel und Leibrock zur Bekleidung als Feuer und fluchabwehrenden Schwefel zur Durchräucherung des Hauses bringen. Aber es braucht immer nur das kurze Wort des Gebieters, und billig gehorcht die Pflegerin, welche Odysseus dadurch ehrt, dass er sie mit einem angenehmen Geschäfte nach dem andern betraut. Vor allem muss sie Melantho und die übrigen Mägde, welche im grellen Gegensatz zur züchtigen Eurykleia die Bahn schamloser Verruchtheit beschritten (χ 424) und sich den Freiern ergeben hatten, herbeirufen, damit sie ebenso wie diese die gerechte Strafe treffe, dann aber, nachdem der Saal geräuchert war, auch die treu gebliebenen Mägde und dienenden Jungfrauen holen. Das Liebste aber, die Heimkehr des ersehnten Gemahles der Herrin zu berichten, verspart er ihr bis zu allerletzt. Nun bekommt die gute Alte Flügel. „Kräftiger strebten die Kniee zugleich und geschwinder die Füsse" (ψ 3), als sie frohlockend in den Söller hinaufstieg." Wie aber ihre geflügelten und beredten Worte an dem Misstrauen der Gebieterin abprallen, setzt sie selbst das eigene Leben zum Pfand (ψ 78) und ist den kläglichsten Tod zu sterben bereit, wofern sie täusche. Ihre Bemühung wird wenigstens insoferne von Erfolg gekrönt, dass Penelope mit ihr (ψ 84) zu Telemachos geht, um die getödteten Freier und den, der sie getödtet, zu sehen. Diese und die folgende Scene ist besonders angelegt, den Charakter der Penelope auf das klarste zu beleuchten.

Wenn wir nun auf die **Charakteristik** dieser und anderer **homerischer Frauen** übergehen, dürfen wir nicht vergessen, dass das Verhältniss derselben zu den Helden, denen sie vermählt sind, unserer Auffassung der Ehe nicht ganz entspricht. Ist es auch Neigung und Treue, welche das Weib an den Lebensgenossen bindet, so steht es ihm doch nicht ebenbürtig gegenüber, sondern erkennt in ihm, eine halbe Sklavin, den freien und unabhängig gebietenden Herrn des Hauses, der dem andern Theil nur so viel Recht von seiner Machtvollkommenheit zukommen lässt, als ihm selbst beliebt. „Die Frauen selbst fassten ihr Verhältniss zu dem

Mann nur nach dem gesellschaftlichen Zwecke der Ehe auf, in der sich ihre Bestimmung, Mutter und Wirthin des Hauses zu werden, erfüllt. Diesem Mangel eines idealen Bewusstseins entspricht es, wenn Homer von den erwünschten Jungfrauen nie zu rühmen vergisst, dass sie ausser Schönheit und verständigem Sinn auch Geschicklichkeit in den häuslichen Geschäften besitzen. Jene ideale Stimmung, welche die jugendlichen Gemüther von den schmerzlichen Empfindungen unseres durch die Last der Materie eingezwängten und oft entrückten Daseins frei macht, bis dann die Ehe den mittleren Zustand zwischen Poesie und Wirklichkeit herstellt, und vornehmlich jener Begriff einer vollendeten Menschlichkeit, welcher nur eintritt, wenn die Geschlechter sich in ihrem tiefsten geistigen Wesen ergänzen, waren dem Alterthum fremd. Daher empfängt das Verhältniss seinen Adel erst in der Ehe, und es erscheint desto edler, je mehr die Treue aus dem Bereich der Pflicht und der herkömmlichen Schicklichkeit in die persönliche Neigung übergeht, und hier wieder erscheint im Alterthum das Weib darin so untergeordnet, dass man von ihm Treue und Keuschheit fordert, während dem Mann solche Tugenden gar nicht zugemuthet werden." (Cholevius, Geschichte der deutschen Poesie nach ihren antiken Elementen I, pag. 48.) Um so mehr ringen uns die edlen Erscheinungen einer Penelope und Andromache Bewunderung ab, die trotz dieser realistischen, jede ideale Auffassung der Ehe hemmenden Grundlage die Typen der ehelichen Liebe und Treue geworden sind.

In dem Wesen der **Andromache** spricht sich bei der innigsten Hingabe an den Mann ihrer Wahl eine ehrerbietige Unterthänigkeit aus. Die Verbindung, welche sich zwischen ihnen auf der gemeinsamen Basis gleich edler Abkunft und Gesinnung vollzog und von dieser Seite durch die im Stillen blühende Schönheit, von jener durch den Ruhm der Waffen geadelt wurde, erhielt durch den ernsten und verhängnissvollen Gang der Lebensschicksale wie durch einen mächtig zusammenhaltenden Kitt ewigen Bestand und eine gewisse erhabene Weihe. Homer führt uns Andromache in wenigen, aber um so bedeutungsvolleren Momenten vor, welche die ganze Tiefe ihrer innigen Seele aufschliessen und die Schönheit ihres Charakters offenbaren. In jener herrlichen Scene, da Hektor am skaiischen Thore von ihr Abschied nimmt, um sich auf das Schlachtfeld zu begeben, fühlen wir bei jedem Worte, bei jeder Bewegung den Pulsschlag ihres warmen, nur für den Gemahl und Sohn schlagenden Herzens durch. War ihr ja alles genommen, womit wir mit den Fesseln der Natur gekettet sind, der Vater (Z 407) und die sieben Brüder, welche alle bei der Einnahme ihrer Vaterstadt Thebe Achilleus erschlug, und auch die Mutter, welche Artemis' Bogen daheim im Palaste entseelte. Daher hatte sie an Hektor jetzt alles, Vater und Mutter, Bruder zugleich und den blühenden Gatten; stärbe auch dieser, so bliebe ihr in Zukunft kein anderer Trost, und das beste wäre dann, wenn sie das Erdreich deckte. Als aber er auf ihre rührenden Bitten, sie nicht zur Wittwe und den kleinen Astyanax nicht zur Waise zu machen, Hektor mit ebensoviel Mitgefühl als Entschiedenheit antwortete, da presst sie in stiller Ergebung die Klagen zurück, nimmt das Kind aus den Armen ihres Gemahls (Z 483) und drückt es an den duftenden Busen, lächelnd mit Thränen im Blick. In dieser lächelnden Thräne hat der Dichter wie in einem klaren Thautropfen das Innere der Andromache, die tiefen Empfindungen des Schmerzes und der Trauer wie der Wonne und Glückseligkeit, ihren Gehorsam und ihre Ergebenheit wie ihre bange, düstere Ahnung abgespiegelt. Der Mahnung Hektors, in das Gemach heimzugehen und dort die Geschäfte zu fördern, leistet sie augenblicklich Folge, aber nicht ohne oft nach ihm umzublicken (Z 490) und schmerzliche Thränen zu vergiessen. Das bange Gefühl, als kehre der Held nicht wieder aus der Schlacht zurück, theilt sie dort den dienenden Frauen mit; denn allen im Palaste erweckt sie Trauer und Klage. Eben dorthin, in den innersten Raum des Palastes, wo sie mit ihren Mägden weilt, führt uns der Dichter nach eingetretener Katastrophe und zeigt sie uns in ihrer häuslichen Beschäftigung. Andromache, deren Sorgfalt sich selbst auf die Rosse ihres Gemahls erstreckt, welche sie immer (Θ 188) mit labendem Weizen und Wein erquickt, kann jetzt, da Hektor kämpft, keinen andern Gedanken als ihn haben. Während sie daher ein buntes Doppelgewand webt, gebietet sie den Mägden des Hauses

> „Ein dreifüssiges grosses Geschirr auf das Feuer zu stellen
> Ihm zum wärmenden Bad, sobald er kehre vom Schlachtfeld (X 442)."

Aber ihre bange Ahnung sollte nur zu bald zur Wirklichkeit werden. Das plötzliche Geheul und der Jammerruf vom Thurm her machen ihre Glieder beben, dass ihr das Weberschiff aus der Hand zur Erde sinkt. Einer Rasenden gleich stürmt sie aus dem Gemache mit hochklopfendem Herzen fort nach dem Thurm. Und wie sie von da das grause Schauspiel sieht, da lagert sich dichte Nacht auf ihrem Antlitz, und sie sinkt rückwärts zur Erde, den Geist in Ohnmacht aushauchend. Als ihr aber das Leben zurückkam, stöhnt sie wehklagend auf und ergiesst ihren Schmerz in der unvergleichlichen, aus den Lebensverhältnissen mit treuester Naturwahrheit entnommenen Schilderung des Wittwen- und Waisenstandes. In diesem Klagelied leuchtet wieder die Schönheit ihrer Seele, die das eigene Elend in den Hintergrund drängend mit edler Aufopferung sich in das Unglück anderer vertieft. Denn nachdem sie ihr Weh nur mit wenigen Worten berührt und mit dem Jammergeschick Hektors in Verbindung gebracht hat, ergeht sie sich in langer Klage über das zukünftige Loos ihres Sohnes, und ihre erregte Phantasie sieht ihn in verschiedenen Situationen bald von den Gespielen entfernt und den thränenreichen Blick zur Erde senken, bald darbend die Freunde des Vaters am Rocke fassen und um ein wenig Brod und Wein betteln, ihn (Χ 500),

Der sonst auf den Knieen des Vaters
Nur von dem Marke des Fleisches genoss und dem Fette der Lämmer,
Der, wenn Schlaf ihn befiel, von den kindlichen Spielen gesättigt,
Auf sanftschwellendem Pfühle, gewiegt in den Armen der Amme,
Schlief im schönen Gestelle, das Herz von Wonnen umgaukelt.

Zu Hektor, für den sie gelebt und gearbeitet, kehrt ihre Klage zurück, wie sie auch von ihm ausgegangen, und die feingewebten, nun, da er todt ist, zwecklos im Palaste liegenden Gewänder sollen vor den Männern und Frauen Trojas ihm zum Ruhme in Flammen auflodern. Nicht minder rührend haucht die Glut und Weihe ihrer Liebe uns aus ihrer Todtenklage, besonders aus den letzten Versen derselben, die an die Abschiedsworte (Ζ 461) Hektors erklingen, entgegen (Ω 741):

Hektor, unnennbar Leid und Bekümmerniss schufst du den Eltern;
Doch mir sind vor allen die bittersten Schmerzen geblieben.
Denn nicht konntest du sterbend die Hand mir reichen vom Lager,
Oder ein Wort mir sagen, ein sinniges, dessen ich ewig
Dächte bei Nacht und am Tag, wehmüthige Thränen vergiessend.

Dieser innig zarten, tragischen Erscheinung der Andromache, die durch die schweren Schläge des Schicksals wie eine duftige Blume durch den rauhen Windstoss vor der Zeit geknickt wird, stellen wir die kräftigere Figur der Penelope an die Seite, das Muster einer klugen, verständigen, auf Zucht und Ordnung haltenden Hausfrau, einer zärtlich liebenden Mutter und einer in Liebe und Treue gegen den Genossen ihrer Jugend unter allen Umständen ausharrenden Gattin. Wir wollen nicht weiter eingehen auf ihr Wirken als Hausfrau, die mit rühriger Geschäftigkeit theils selbst in Arbeit begriffen ist, theils das Treiben der Mägde überwacht (τ 514), und die Würde des Hauses wahrend nicht nur Ungezogenheiten frecher Dirnen dem armen Bettler gegenüber (τ 91) mit strengen Worten verweist, sondern auch nicht einmal den mächtigen Freiern ihre schmähliche Behandlung desselben ungeahndet hingehen lässt; auch ihr mütterliches Verhältniss zu Telemachos wollen wir nicht besonders hervorheben und etwa den Schmerz schildern, der ihre Seele zerriss, als sie durch den Herold Medon von seiner Abfahrt nach Pylos Kunde erhielt (δ 716), die Beherztheit, womit sie im Schwarm der Freier erschien und mit freimüthiger Rede (π 418) ihnen vom ruchlosen Plan der Ermordung ihres Sohnes abzulassen befahl, oder die Seligkeit, welche sie (ρ 38) bei seiner unverhofften Rückkehr empfand: alles dieses, sowie noch andere Züge, die von ihrem edlen, menschenfreundlichen Sinn, ihrem Zorn gegen Unrecht und Undank, ihrem klugen und besonnenen Wesen Zeugniss ablegen, wollen wir übergehen und uns lediglich auf die Betrachtung ihres Verhältnisses zu ihrem Gatten beschränken.

Es ist wohl nicht nothwendig, die Schönheit einer Frau hervorzuheben, welche, an erhabener Gestalt (τ 54) der Artemis und der goldenen Kypris gleich, von einem Heere drängender Freier umlagert wird, denen sie die Kniee erbeben macht und das Herz in Liebe bezaubert, wenn sie, die Wangen mit dem hellglänzenden Schleier des Hauptes bedeckt, vor ihnen auf der Schwelle des Saales erscheint (σ 210). Aber trotz der kaum mehr zu hoffenden Rückkehr ihres Gemahls, trotz der vielen Schmeicheleien und Geschenke der Freier, trotz der Gefahr, es möge bei längerem Aufschub einer neuen Heirat Haus und Hof für ihren Sohn Telemachos verloren gehen, bewahrt sie doch ihrem Odysseus die Treue und verzehrt sich die thränenreichen Nächte und Tage hindurch in Sehnsucht nach ihm. Wie oft lässt sie nicht der Dichter in ihr Gemach hinaufgehen und dort um ihren theuern Gatten weinen, bis Athene ihr in sanftem Schlummer die Augen schliesst! Sie kann das Dasein kaum mehr ertragen; darum wünscht sie sich (σ 202) den Tod vom Geschoss der Artemis und zwar gleich, dass sie nicht mehr hinfort, voll Jammer im Herzen, sich das Leben in sehnendem Gram um des trauten Gatten erhabene Tugend abhärme. Dieser sehnende Gram ist es, der sie vom Söller hinab in den Saal treibt, um dem Gesang des Phemios von der Heimfahrt der Achaier von Troja zu wehren (α 341), „der so traurig, ihr immer das Herz in den Tiefen des Busens ängstigt;" er ist es aber auch wieder, der selbst von wenig glaubwürdigen Menschen etwas vom Gatten erfahren möchte. Daher bewirthet sie gastlich ausgehungerte Wanderer, die ihr nur Lügen und Trug vorschwätzen, und frägt sie (ξ 128), während ihr die Thränen der Wehmuth über die Wangen stürzen, um alles genau aus; denn das Menschen-

herz glaubt so gerne das, was es wünscht, und hängt seine Hoffnung an den gebrechlichsten Strohhalm an. Mit derselben leicht verzeihlichen Neugier beruft sie (ρ 509) durch Eumaios den vermeintlichen Bettler. Es treibt sie, vielleicht einmal sichere Kunde von ihrem Gemahl zu bekommen, da der Zustand im Palaste ihr nahezu unerträglich wurde und sie mehr und mehr zu einer Entscheidung drängte. In der nächtlichen, am Herde geführten Unterredung zeichnet der Dichter mit seltener Feinheit das ebenso treue als verständige Weib. Die des Lobes volle Schilderung, welche der Sauhirt vom Fremdling entworfen, hatte sie von vorne herein empfänglich gemacht, und die Redegewandtheit des letztern trieb ihr vollends das Herz auf die Zunge, so dass sie mit aller Offenheit die Empfindungen und Kämpfe ihres Gemüthes herausgibt. Sie spricht von jenem sprichwörtlich gewordenen Leichentuch für Laertes (τ 150), wodurch sie die Freier mehr als drei Jahre hinhielt, von der Unmöglichkeit, sich der Hochzeit länger mehr zu entziehen, und schmilzt bei der Erzählung des Fremden in Thränen (τ 205), „sowie der Schnee hinschmilzt auf ragenden Spitzen der Berge," während dem erhabenen Gemahl das Auge dem Horn oder Eisen gleich regungslos in den Wimpern stand. Und je mehr dieser durch genaue Angabe von Einzelnheiten bewies, dass er nicht wie die früheren Wanderer etwas zusammenlog, um sich dadurch einen guten Bissen zu verdienen, desto dringlicher und vertrauensvoller wird Penelope mit ihren Fragen, also dass sie zuletzt selbst mit einem Traumbild herausrückt (τ 536), welches der Bettler natürlich in günstigem Sinne deutet. Wenn aber auch die Hoffnung noch so gross ist, die dieser in ihr erweckt, den Gemahl bald als Rächer heimkehren zu sehen, so fällt sie doch immer wieder in die alte Klage zurück, dass sie ewig um Odysseus trauern muss, und dass bald der entsetzliche Tag leuchten wird, der sie auch von seinem Hause trennt, dem gepriesenen, mit des Reichthums Fülle gesegneten Hallen, deren sie sich ewig hinfort selbst im Traume erinnern wird (τ 580).

Dieselbe Penelope, die einem fremden Bettler gegenüber so zugänglich ist und ihr Herz ausschüttet, weil er den rechten Ton angeschlagen und von Odysseus zu erzählen weiss, verhält sich ungläubig, misstrauisch, zurückhaltend, als sie dem selbst begegnet, der ihr Gedanke bei Tag, ihr Traum in der Nacht war. In dieser Scene, einer der schönsten der ganzen Odyssee, bewährt Homer seine feine Kenntniss des menschlichen Herzens und die Kunst, dasselbe naturgetreu darzustellen wieder auf das glänzendste. Als Eurykleia ihr die Ermordung der Freier und die Ankunft ihres Gemahls in der Person des Bettlers meldet, wird ihr Herz der Tummelplatz der verschiedensten Affekte. Das Ereigniss ist zu gross und zu gewaltig, als dass sie es fassen könnte, der Bericht der treuen Dienerin aber auch zu bestimmt, als dass er einem beharrlichen Unglauben hätte Raum lassen können. Daher nennt sie bald ihre alte Schaffnerin (ψ 11) vom Wahnsinn geschlagen oder einen Spottvogel, der sie bei ihrem Gram auch noch zum besten habe, bald springt sie frohlockend vom Lager empor (ψ 33) und umarmt innig die Greisin, indessen Thränen ihr entstürzen. Auch als Eurykleia das nähere Detail bei der Ermordung schildert, kann sie sich in das unerwartete Glück nicht finden, sondern hält das Ganze, wenn es ja wahr ist, für das Werk eines der Unsterblichen, „welchen die kränkenden Frevel empört und die Thaten des Unheils (ψ 64)." Die Erwähnung des untrüglichen Zeichens, der Narbe nämlich, vermag endlich doch so viel, dass sie sich entschliesst, in den Saal hinabzugehen, vorläufig aber auch nur zu Telemachos und nicht zu dem vermeintlichen Odysseus. Aber schon im Gehen erwog sie vielfach, ob sie den trauten Gatten nur von ferne befragen oder zu ihm hinstürzen soll (ψ 87), sein Haupt und die Hände mit Küssen zu bedecken. Die Besonnenheit und Züchtigkeit ihres Herzens liess das letztere nicht zu. Da sass sie wieder lange Odysseus gegenüber verstummt da, die Seele von Erstaunen durchbebt (ψ 93). Denn bald fand sie ihn ähnlich mit forschendem Blick ihn betrachtend, bald auch schien er ein andrer, da schlechtes Gewand ihn umhüllte. Auf die Vorwürfe ihres ungeduldigen Sohnes Telemachos, der die beiden Eltern am liebsten auf der Stelle hätte sich umarmen sehen wollen, antwortet sie ebenso innig als bedächtig (ψ 105):

Trautester Sohn, mir starrt mein Herz vor Erstaunen im Busen.
Weder ein Wort zu sagen, noch ihn zu befragen vermag ich,
Noch ihm gerad' in die Augen zu sehen. Doch ist er Odysseus
Wirklich und kam er nach Hause zurück, dann werden wir beide
Schon uns wieder erkennen, und sicherer; denn wir bewahren
Zeichen, allein uns beiden bekannt und verborgen vor andern.

Als sie aber merkte, dass der Held die Zeichen kenne, bebte ihr das Herz, und die Kniee brachen ihr, und weinend flog sie ihrem Gemahl an den Hals mit der Bitte, ihr wegen ihrer Zurückhaltung nicht zu zürnen.

Denn, sagte sie (ψ 215), mir schauderte stets in dem innersten Busen die Seele,
Dass mich der Sterblichen einer mit listigen Worten berücke
Kommend hieher; so mancher ja sinnet auf schändliche Tücken.

In diesen beiden Scenen hätte Odysseus sich überzeugen müssen, wenn er nicht schon vorher überzeugt gewesen wäre, dass er in seiner Gemahlin die Perle der Weiber, das Muster von Liebe, Treue, Züchtigkeit und Besonnenheit besitze. Der Dichter steigert auch hier wieder das Licht durch den daneben gesetzten Schatten. Odysseus kann den Eindruck noch nicht verwischt haben, den er aus der Unterwelt in Folge der Begegnung mit Agamemnon und der Erzählung dieses Helden von dem ihm durch seine Gemahlin Klytaimnestra bei der Heimkehr bereiteten Geschicke mit fortgenommen. Noch haftete in seiner Phantasie das Bild von ihm und seinen Freunden (λ 411), die, wie der Stier an der Krippe, so über dem Mahle gefällt zusammensanken, von dem im Saale wogenden Blut und der entsetzlichen Frau, die, nachdem sie mit ihrem Buhlen Aigisthos den Gemahl erschlagen, sich in ihrer Verruchtheit von ihm wandte (λ 428), als er die Hand noch vom Grunde aufhob und sterbend bereits, ihr in das Schwert griff, und ihm, der doch in die Tiefen des Hades hinabstieg, mit den Händen Mund und Augen nicht verschliessen mochte. Und Penelope entschuldigt selbst ihre lange, fast unbegreifliche Zurückhaltung bedeutungsvoll durch Anziehung der Helene, die sich wohl dem Fremdling nie ergeben hätte,

Wenn sie gewusst, einst sollten die tapferen Männer Achaias
Wieder nach Hause zurück in der Heimat Lande sie führen (ψ 219).

Mit nicht geringerer Kunst als das Bild der treuen Penelope hat Homer die Züge dieses unvergleichlich schönen, aber sinnlichen und daher leicht verführbaren Weibes gezeichnet und in ihm alle Schwächen und edlen Eigenschaften der weiblichen Natur wundersam gemischt und neben einander gestellt. Mit dem Namen Helene verbindet er den Begriff der Schönheit. In ihrem schon vorgeschrittenen Alter (δ 122) lässt er sie nach der Artemis gleich einhergehen. Aber mit welcher Fülle von Reizen sie, die von der Göttin der Schönheit und des Liebreizes begünstigt ist, in der Blüthe ihrer Jahre ausgestattet war, legt er der Phantasie in sinniger Weise dadurch nahe, dass er die Wirkung ihrer Schönheit zeigt und den unwiderstehlichen Eindruck schildert, den ihre Erscheinung auf die troischen Greise macht (Γ 154):

Als sie Helene sah'n, die jetzt zu dem Thurme daherkam,
Raunte der eine dem andern in's Ohr die geflügelten Worte;
„Schelte mir keiner die Troer und wohlumschienten Achaier,
Dass sie um solch ein Weib so lange sich mühen im Elend;
Gleicht sie ja doch an Gestalt unsterblichen Frauen der Götter.
Aber wie reizend sie sei, doch schiffe sie wieder nach Hause,
Ehe sie uns und den Kindern dereinst noch werde zum Unheil."

Lessing sagt hierüber: „Was kann eine lebhaftere Idee von Schönheit gewähren, als das kalte Alter sie des Krieges wohl werth erkennen lassen, der soviel Blut und soviel Thränen kostet?" Dieses schöne Weib lässt sich von einem ebenso schönen Manne verführen; die Hauptschuld trifft also Paris, wie wir aus vielen Stellen der beiden Dichtungen entnehmen können. Menelaos will sich nicht etwa an seiner untreuen Gattin rächen, sondern (Γ 351) Paris strafen, der ihn zuerst kränkte und an ihm, der gastfreie Liebe geboten, Böses that. Hektor aber schmäht ihn einen schlechten Verführer, wünscht ihn gar nicht geboren oder wenigstens vor der Ausführung seines verbrecherischen Werkes gestorben (Γ 40) und sähe es am liebsten (Ζ 281), wenn ihn gleich auf der Stelle die Erde hinabschlänge. Allein auch Helene ist nicht von Schuld frei, da sie dem Verführer freiwillig folgte; und wenn sie unter dem unmittelbaren Einfluss der Kypris erscheint (ψ 222), die sie so schmähliche Thaten zu begehen trieb und sie mit Trug berückte (Γ 399), „so hebt dieser nach homerischer Ansicht das Vergehen nicht auf. Da jeder Vergehen und Frevel begeht zu seinem und der Seinigen Unheil, so mag der Mensch überhaupt nur durch Bethörung der Götter freveln: er bleibt der Schuldige, aber eben deshalb der zu Entschuldigende." (Lehrs populäre Aufsätze aus dem Alterthum pag. 12.) Helene ist von diesem Schuldbewusstsein ganz durchdrungen; sie fühlt, dass sie die Unfreundlichkeit und harten Ausdrücke der Schwäger und Schwiegerin, gegen welche sie Hektor immer schützte, dass sie den Abscheu aller Trojaner wohl verdient (Ω 768); sie klagt sich als das unheilstiftende Weib an, um dessen Schamlosigkeit willen ihren Schwager Hektor (Ζ 356) vor allen die Mühen in der Seele belasten, wünscht, dass sie der Orkan am Tage ihrer Geburt auf ein ödes Gebirg oder in die Wogen des wildbrausenden Meeres geschleudert hätte, oder wenn denn dieses Leid von den Himmlischen einmal so verhängt ward, dass sie wenigstens mit einem bessern Manne vermählt wäre, welcher den gerechten Tadel der Menschen mehr empfände als der feige Paris (Ζ 346). Diese Ausbrüche der Verzweiflung und diese Klagen entspringen aber nicht nur aus der Noth und dem Unheil des Krieges, von dem sie sich sagen musste, er sei durch sie heraufbeschworen worden, sondern auch aus der mächtigen Sehnsucht nach den früheren Verhältnissen. Dieses Sehnen nahm je länger, je mehr zu, klingt in ihren Reden durch und spricht sich besonders bei der Mauerschau aus. Durchdrungen von süssem Verlangen (Γ 140) nach dem Gemahl Menelaos, der heimischen Stadt und den Eltern eilt sie, die zarte Thräne in den Wimpern, aus der Kammer hinweg. Und als sie die Danaer sieht, und Priamos nach Agamemnon fragt, spricht sie (Γ 173):

Hätt' ich den Tod mir erkoren, den bittern, eh' ich dem Paris
Hierher folgte nach Troja, Gemach und Freunde verlassend
Und mein einziges Kind und den lieblichen Kreis der Gespielen!
Doch das wurde mir nicht; und darum verging ich in Thränen!

Welche Sehnsucht und Wehmuth liegt allein in den wenigen Worten, womit sie die Frage ihres Schwähers beantwortet:

Der dort ist der Atride, der Herrscher im Volk, Agamemnon,
Beides, ein trefflicher König zugleich und ein tapferer Kämpfer;
Ach mein Schwager vordem, der Verworfenen. Götter, er war es!

Dasselbe Weib, das hier tiefe Reue über die Flucht aus der Heimat und den früheren Verhältnissen empfindet und den vorigen Gemahl in treuer Erinnerung behält, sehen wir (Γ 447) dem Liebling der Aphrodite sich ergeben, sehen wir (Ζ) im freundschaftlichen Verkehr mit ihren durch die neue Heirat gewonnenen Verwandten und im Hause unter den dienenden Frauen als Herrin walten (Γ 422; Ζ 324). Wenn sie auch Paris als den Urheber alles Elends hassen muss, ist es ihr, da sie einmal seine Gemahlin ist, doch nicht gleichgiltig, wie er sich im Kampfe hält. Sie überhäuft ihn ob seiner Feigheit mit bitteren Vorwürfen, stellt ihm nicht eben zu seiner Verherrlichung den blonden Menelaos an die Seite (Γ 428), beredet ihn mit schmeichelnden Worten wieder in den Kampf zu gehen (Ζ 337). Es bleibt ihr nichts übrig, als sich in die gegenwärtigen Verhältnisse zu fügen.

Dazu fand sie aber in sich allerdings die nöthigen Eigenschaften. Denn mit feinem Sinn hat Homer in diesem aus Lust und Scham, Reue und Leichtsinn, Treue und Leidenschaft zusammengesetzten Typus weiblicher Schönheit auch noch jene Züge ausgeprägt, welche die natürliche Liebenswürdigkeit in dem Grade steigern, dass wir mit mehr Recht sagen können, die Verhältnisse ordnen sich wie durch einen Zauber von selbst einem solchen Charakter unter, als dass umgekehrt dieser in jene sich schicke. So treffen wir denn auch Helene als die immergeliebte später wieder in Sparta, wo sie mit ihrem früheren Gemahl Menelaos in glücklicher Ehe lebt und die Vermählung ihrer Tochter Hermione und ihres Stiefsohnes Megapenthes feiert (δ 6). Helene hat den rechten Takt, immer und überall das Schickliche zu sagen und zu thun, und zwar mit Anmuth. Sie ist ein schlaues, pfiffiges Weib, das stets den Nagel auf den Kopf trifft, in jeder Lage Rath weiss, in jeder Rolle sich zurecht findet. Während es keinem der Troer einfällt, hinter dem gezimmerten Ross etwas Gefährliches zu wittern, geht sie dreimal um dasselbe herum, es rings betastend, und ruft die Fürsten der Danaer mit Namen, stets nachahmend den Ton der Gemahlinnen aller Achaier (δ 270). Mit scharfem Auge erkennt sie Odysseus, welcher sich in die Stadt Troja geschlichen hatte, trotz der schmählichen Hiebe, womit er sich gegeisselt, und des schlechten Gewandes, das er sich wie ein Knecht um die Schultern geworfen (δ 245); ebenso schnell hat sie auch seinen Sohn Telemachos heraus (δ 143). Wie sie in Troja Hektor mit der feinen Motivirung, dass er ja ihrethalben die meiste Unsal auszustehen habe, sich auf einen Sitz niederzulassen einladet, so spielt sie auch gegen den Gast Telemachos mit Anmuth und Geist die Wirthin. Sie unterhält ihn mit Erzählungen von Odysseus, wirft, als sich zuletzt alles in Klagen und Thränen auflöst, ein Mittel in den Wein, „Kummer und Groll zu verscheuchen und jeglichen Leides Gedächtniss" (δ 220), und verehrt ihm beim Abschied mit gar fein berechneter und ihrem Charakter ganz entsprechender Wahl ein Kleid, das, ein Denkmal von Helenes Hand, dereinst seine Braut am ersehnten Tage der Vermählung schmücken soll (ο 125). Ihr Witz lässt sie auch bei der Deutung von Vogelzeichen nicht im Stich; denn als Telemachos unmittelbar vor der Abreise ein Adler zur Rechten aufflog, kam sie ihrem Gemahl, der im Herzen nachsann, wie er das Zeichen nach reifem Bedacht mit Einsicht auslege, lange zuvor und deutete es in einem für Telemachos und seinen Vater günstigen Sinne (ο 170).

Wir reihen an diese Frauengestalten noch das Bild der bräutlichen Jungfrau Nausikaa, das Homer mit nicht geringerer Meisterschaft zu behandeln versteht als das der reizvollen Helene, der innig ergebenen Andromache, oder der treu ausharrenden Gattin des Odysseus.

Aus diesem reizenden Wesen weht uns der Hauch eines reinen, kindlichen, von aller Affektirtheit entfernten Gemüthes entgegen, muthet uns der naive und treuherzige Ton, den sie anschlägt, die jungfräuliche Frische, die von äusseren Lebensverhältnissen und inneren Kämpfen bisnoch unberührt gebliebene Natur wundersam an. Als bräutliche Jungfrau führt uns Homer Nausikaa schon bei der ersten Begegnung vor, indem er sie in ihrem Schlafgemach von der nahe bevorstehenden Vermählung träumen lässt (ζ 27). Wie gelungen stellt er sie dann in ihrer Bitte an den Vater dar, die schmutzige Wäsche an den Strom hinausführen zu lassen;

mit echt weiblicher Schlauheit umgeht sie den eigentlichen Grund und schützt die Fürsorge für ihn und ihre Brüder vor, denen es gezieme, in reinem Gewande zu erscheinen. „Denn schamhaft mied sie es, ein Wort von der süssen Vermählung gegen den Vater zu reden (ζ 66).“ Ebenso naturgetreu schildert der Dichter die frische, naive Jungfrau mit ihren Dienerinnen beim Ballspiel und bei der Begegnung mit Odysseus. Wie so echt mädchenhaft ist nicht der laute Schrei, den sie alle zumal ausstossen, als der Ball in die Tiefe des Strudels fiel (ζ 116); wie wahr die schreckensvolle Flucht, die sie vor dem nackten Odysseus ergreifen (ζ 138)! Hier aber bewährt Nausikaa ihre Geistesgegenwart, sie darf sich vor ihren Dienerinnen keine Blösse geben, in schämig muthvoller Haltung bleibt sie stehen, ohne zu fliehen. Und gerade diese Situation gibt dem Dichter die wie von selbst gekommene Gelegenheit, auch die körperlichen Reize der edlen Königstochter durch die holdschmeichelnde Anrede des Odysseus darzustellen, der sie an Wuchs, Gestalt und Schönheit mit Artemis und mit der schönsten Palme der Welt vergleicht, und ihre Eltern und Brüder, vor allem aber den selig preist, „der mit Geschenken dereinst als Braut sie erobert und heimführt“ (ζ 149). Es hätte dieser listigen Schmeicheleien nicht bedurft, um das von Natur weiche Herz der Nausikaa zu Mitleid und zu werkthätiger Hilfe zu stimmen. Sie nimmt sich des Bittenden mit aller Energie an, ohne sich etwa in affektirter Schamhaftigkeit an der Nacktheit des Mannes zu stossen, und äussert sogar zuletzt, als er nach dem Bade in Schönheit und Reiz strahlend sich seitwärts am Meeresstrande niedersetzt, mit naiver Aufrichtigkeit ihren Gespielinnen gegenüber (ζ 244):

> Möchte doch einer wie dieser dereinst mein Gatte genannt sein,
> Welcher im Lande hier wohnte, dem's hier zu verweilen gefiele!

So ungenirt sie aber draussen am Meer, wo sie von niemand beobachtet wird, dem Zuge ihres Herzens folgt, so vorsichtig und klug geht sie weiter zu Werk, um nicht durch den Beistand, welchen sie Odysseus auch ferner leisten will, in das Gerede der Leute zu kommen. Gar fein charakterisirt sie der Dichter in dem Gespräche, in dem sie ihrem Schützling Verhaltungsmassregeln ertheilt. Bewusster, fast ruhmrediger Stolz auf die Tüchtigkeit des Volkes, dem sie angehört, zarte Scheu vor dem leisesten, auch unbegründeten Verdacht, der auf ihre Ehre einen Schatten werfen könnte, fein fühlende Ehrfurcht gegen die Eltern, warmes Gefühl für den armen Fremden, praktische, dem weiblichen Gemüthe eigene Klugheit, die den Hilfsbedürftigen gleich an die rechte Stelle, nämlich an die Frau des Hauses weist (ζ 255 ff.), zeichnen diese Rede der Nausikaa aus. Und welchen Dank verlangt sie für ihre so erfolgreiche Demühung? Homer lässt sie mit Reizen geschmückt neben der Pfoste des stolzen Saales auf den aus der Badwanne steigenden Odysseus gleichsam lauern, ihn lange mit staunendem Blick betrachten und die wenigen herzlichen Worte sagen (ϑ 461):

> Freude dir, Gast, auf dass du dereinst auch noch in der Heimat
> Meiner gedenkst, da vor allen du mir dein Leben verdanktest!

Odysseus ging es gewiss von Herzen, wenn er der edlen Jungfrau erwiderte, er werde, wenn er glücklich nach Hause heimgekehrt sei, an jedem Tage seine Gebete zu ihr, die ihn gerettet habe, wie zu den Göttern erheben.

Charakteristik der Thiere. Homer zieht in den Kreis seiner Darstellung auch die Thiere. Wir werden unten bei der Behandlung der Gleichnisse, die er mit besonderer Vorliebe aus der Thierwelt nimmt, noch ausführlicher darauf zurückkommen. Dort werden wir auch finden, dass er dann, wenn er die Bedeutung der eben auftretenden oder wirkenden Personen hervorheben will, die Thiere, womit jene verglichen werden, wie aus unmittelbarer Anschauung beschreibt und auf das sorgfältigste ausmalt. Bei diesen Schilderungen zeigt er ein so tiefes Verständnis der Thierwelt, eine so richtige Auffassung des Charakters und Seelenlebens derselben, dass wir auf den ersten Blick merken, er habe nicht nur für diese Geschöpfe in der Natur warm gefühlt, sondern auch wie der erste Thiermaler mit scharfem Auge alle Erscheinungen an ihnen beobachtet. Wenn er aber auch nicht ein ausführliches Bild entwirft, weiss er doch durch wenige, aber entsprechende Züge die bedeutendsten Eindrücke hervorzubringen, und wenn er sich seiner eigenen Worte und Schilderung ganz begibt, durch Bewegung der Handlung und durch dramatische Scenen zu charakterisiren und auf den Leser zu wirken. Die Widder von der Schafherde des Kyklopen brauchte er uns auch nicht einmal durch die Erzählung des Odysseus (ι 437) als dichtwollige, gemästete Thiere, gross und stattlich an Wuchs, mit dunkler Wolle bekleidet, schildern zu lassen; wir gewinnen aus dem Fortgang der Handlung dieses Bild von selbst, wenn wir lesen, dass der mittlere von dreien immer einen Gefährten des schlauen Odysseus trug, und dass dieser selbst, die Hände in die köstliche Wolle des Rückens hineindrehend, sich unter dem zottigen Bauche in liegender Stellung zusammenkrümmt (ι 435). Und wenn gerade diesen sich die Phantasie als den stattlichsten und gewaltigsten Bock der ganzen

Herde aufbaut, so liefert nicht nur die Handlung des Odysseus, sondern auch die Anrede des Kyklopen das Material dazu, der da sagt (ι 451):

> Trautester Bock, was schreitest du so, von der Herde der letzte
> Aus dem Geklüfte? Sonst bleibst du mir doch nicht hinter den Schafen;
> Nein, von allen zuerst in den blumigen Auen zu weiden,
> Eilst du mit mächtigen Schritten; zuerst an die Fluten des Baches
> Kommst du; zuerst auch strebst du zurück, in den Stall zu gelangen
> Abends, und heute nach allen der hinterste! Wahrlich du trauerst
> Wohl um das Auge des Herrn.

Ebenso verfährt er mit den Hunden im Gehöfte des Eumaios. Er erzählt von ihnen zuerst nur (ξ 21), dass sie, vom Hirten genährt, reissenden Thieren gleich die Stätte bewachen. Die Züge werden ausdrucksvoller durch den Eintritt von Personen in den Hof, die zu ihnen in verschiedenem Verhältnis stehen. Während sie den ihnen bekannten Telemachos, ohne zu bellen, wedelnd umhüpfen (π 10), stürzen sie mit lautem Geheule auf den Bettler Odysseus los und hätten ihn wohl, trotzdem er sich klüglich niedersetzt und den Stab zur Erde legt, zerfleischt, wenn sie nicht vom Hirten durch schellende Zurufe und viele Steine weggescheucht worden wären (ξ 30). Hieher gehört das vielgelobte rührende Bild des treuen Argos, der noch nach zwanzig Jahren seinen heimkehrenden Herrn im Sterben erkennt (ρ 291 ff.). Es hebt hier der Dichter in trefflicher Weise das Sonst und Jetzt hervor und setzt die Striche theils durch eigene Erzählung, theils durch das Zwiegespräch des Sauhirten mit Odysseus zusammen. Den Zweifel des Letzteren, ob einst dem stattlichen Wuchse, den man dem durch Alter und Elend heruntergekommenen Thier noch ansehe, auch die Tüchtigkeit entsprochen habe, löst Eumaios sofort durch das Lob:

> Wenn er der alte noch wär' an Gestalt und so rüstig und kraftvoll,
> Wie ihn Odysseus einst, gen Ilios fahrend, zurückliess,
> Solltest du bald voll Staunen die Kraft und die Schnelle bewundern.
> Denn es entrann ihm nimmer ein Bergwild, das er verfolgte,
> Im tiefgründigen Wald; denn trefflich verstand er die Fährten.

Seit aber der Gebieter fort war, der selbst ihn aufgezogen hatte, lag er auf einem Hügel von Dung verachtet da, umwimmelt von Ungeziefer aller Art.

> Aber sobald er den Sohn des Laertes nahe bemerkte,
> Senkt' er die Ohren herab und wedelte noch mit dem Schweife;
> Nicht mehr näher zu kommen, vermochte er seinem Gebieter.
> Seitwärts blickte der Held, und zerdrückt' in den Augen die Thräne.
> Aber den Argos ereilte das finstere Todesverhängnis,
> Als er im zwanzigsten Jahr den Odysseus wieder gesehen.

Besondere Aufmerksamkeit schenkt Homer den Rossen. Wie für die Helden hat er auch für diese eine Masse von Epitheta bereit, die entweder ein von ihrer Natur unzertrennliches Merkmal oder eine der jeweiligen Stimmung und Situation entsprechende Eigenschaft bezeichnen. Er nennt sie einhufig, flüchtig und stampfend, und schildert sie weiter als schnellfüssig, beflügelt, stolzhalsig, schönmähnig, glänzend, stattlich, tosend, oder er setzt ihren Werth auch nur durch blosse Vergleichung in das gehörige Licht. So glänzen die Rosse des thrakischen Königs Rhesos (Κ 547), die weisser als Schnee und so schnell wie die Winde im Laufe sind, so wunderbar wie die leuchtenden Strahlen der Sonne. Die Rosse sind ihm von den Helden überhaupt unzertrennbar. Daher lässt er sich auch von der Muse so gut wie die edelsten unter den Männern, die den Atriden gefolgt waren, die edelsten von den Rossen nennen (Β 761). Und da hebt er vor allen des Eumelos Rosse hervor, die gleich an Haaren, gleichjährig und über den Rücken schnurgleich rasch wie die Vögel über das Blachfeld hinflogen, mit dem Schrecken des Ares bewehrt (Β 763), und die Pferde des göttlichen Achilleus, welche die übrigen Rosse um eben so viel übertreffen, als auch Achilleus stärker war als alle (Β 770). Den nämlichen Gedanken spricht dieser selbst bei den Leichenspielen des Patroklos, an denen er sich selbst als Festgeber nicht betheiligen kann, mit den Worten aus (Ψ 274):

> Gälte der Wettkampf hier der Verherrlichung anderer Todten,
> Dann trüg' ich wohl siegend den ersten Gewinn zum Gezelte.
> Denn wie hoch mein edles Gespann an Tugend hervorragt,
> Wisst ihr.

Mit wie wenig Mitteln hat hier der Dichter seinen Zweck erreicht! Ein anderes Mal charakterisirt er sie nicht minder treffend und prägnant allein durch die Schilderung ihrer Schnelligkeit, indem er es dem Leser wieder überlässt, von dieser auf die Schlankheit, Elasticität und Feinheit zu kommen, wie die Pferde des Erichthonios (Υ 226):

Diese, so oft sie springend ein Feld mit den Füssen berührten,
Streiften die nickenden Aehren im Flug und zerknickten den Halm nicht;
Sprangen sie aber dahin auf mächtigem Rücken des Meeres,
Netzten sie leise den Huf in der brandenden Spitze der Wellen;

oder er lässt sie, um die edle Race mit Einem Strich zu zeichnen, wie die eben erwähnten Pferde von Göttern abstammen. Göttlicher Abkunft waren auch die Renner des Achilleus, Xanthos und Balios, die dem Sturme gleich im Laufe flogen (Π 149); neben diesen zweien schirrte sein Freund und Wagenlenker Automedon aber noch den Pedasos, der, ein sterbliches Ross, gleichwohl den unsterblichen folgte. Diesen kann es keine Schwierigkeit machen (Π 866), den Wagenlenker aus der ihm von Hektor drohenden Gefahr hinwegzutragen, und gleich darauf wieder mit ihm in das dichte Getümmel hineinzustürmen (Ρ 462). Diese edlen Thiere sind so mit ihren Herrn verwachsen und vergelten die Pflege, die sie geniessen, mit so treuer Anhänglichkeit, dass sie Freude und Trauer mit ihnen fühlen und diesen Empfindungen Ausdruck geben. Man möchte zweifeln, ob man mehr die Gemüthlichkeit oder die Kunst bewundern soll, mit der sie Homer nach dem Falle Patroklos' darstellt (Ρ 426):

Aber Achilleus' Renner, entfernt von der Stätte des Kampfes,
Weinten, nachdem sie vernommen, wie dort ihr Lenker von Hektors
Männervertilgendem Arm in den Staub des Gefildes gesunken.
Zwar Automedon trieb sie, der muthige Sohn des Diores,
Oft mit dem Schlag sie berührend der raschhinfliegenden Geissel,
Oft mit schmeichelnden Worten und oft mit Verwünschungen mahnend;
Dennoch nicht zu den Schiffen am räumigen Meere der Helle
Wollten sie heim und nicht in die Schlacht zum achaiischen Heere;
Nein, wie die Säul' unerschüttert und fest, die über dem Hügel
Eines gestorbenen Mannes emporragt oder des Weibes,
Also standen die Rosse gebannt vor dem stattlichen Wagen,
Beide das Haupt an den Boden gesenkt; heiss flossen zur Erde
Thränen herab von den Wimpern der Trauernden, welche den Lenkers
Dachten mit Schmerz; aus dem Ringe des Jochs an jeglicher Seite
Wallte die blühende Mähne, befleckendem Staub sich vermählend.

War doch ihr Ruhm dahin, der gepriesene Lenker, der sie (Ψ 280) so oft in schimmernder Flut gebadet und dann voll Milde ihre Mähnen mit geschmeidigem Oele gesalbt hatte. Und als ihr Herr selbst zum Kampfe gegen Hektor auszog, da bemächtigte sich des Xanthos eine bange Ahnung von dem nahen Verhängniss; wieder senkt er das Haupt zur Erde; die blühende Mähne wallt wieder vom Jochkranz herab und berührt den Boden. Ja der alles belebende Dichter lässt das Pferd reden und Achilleus den nicht mehr fernen Unheilstag verkünden (Τ 405).

Wir setzen neben diese düster gestimmten Figuren das Leben und Bewegung sprühende Bild des Wagenrennens bei den oben erwähnten Leichenspielen, das dem Pinsel des Meisters nicht weniger Ehre macht (Ψ 364):

Wie beschwingt, durchmassen sie weit das Gefilde,
Schnell von den Schiffen hinweg; und emporstieg unter den Brüsten
Hochaufwallender Staub, dem Gewölk gleich oder dem Sturmwind;
Wild hinflogen die Mähnen zugleich mit den Hauchen des Windes.
Als die beflügelten Rosse vom äussersten Ende sich rückwärts (Ψ 373)
Wandten zum graulichen Meer, da zeigte sich jeglichen Renners
Kraft; im Laufe gestreckt hinstürmten sie. Schneller denn alle
Flogen die hurtigen Stuten von Pheres' Enkel Eumelos.
Ihm dann sprengte zunächst mit den Hengsten des Tros Diomedes,
Nicht gar ferne von ihm, nein, hart in der Nähe sich haltend;
Schien's doch stets, als wollten die Ross' in den Wagen des Vormanns
Springen; Eumelos' Rücken und mächtige Schultern umschnaubte
Glühend ihr Hauch, da sie fliegend ihn selbst mit dem Haupte berührten.

Landschaftsmalerei. Lasst uns nun von dieser lebendigen, in voller Klarheit der Form erscheinenden Thierwelt auf die leblose Natur übergehen und beobachten, wie Homer bei der Darstellung derselben sich verhält. Mehr als irgendwo werden wir hier sein plastisches Vermögen durchschlagen sehen. Schiller sagt in seinen Betrachtungen über die naive und sentimentale Dichtung: „Wenn man sich der schönen Natur erinnert, welche die alten Griechen umgab; wenn man nachdenkt, wie vertraut dieses Volk unter seinem glücklichen Himmel mit der freien Natur leben konnte, wie sehr viel näher seine Vorstellungsart, seine Empfindungsweise, seine Sitten der einfältigen Natur lagen, und welch ein treuer Abdruck derselben seine

Dichterwerke sind: so muss die Bemerkung befremden, dass man so wenig Spuren von dem sentimentalischen Interesse, mit welchem wir Neueren an Naturscenen und Naturcharakteren hängen können, bei denselben antrifft. Der Grieche ist zwar im höchsten Grade genau, treu, umständlich in Beschreibung derselben, aber mit nicht mehrerem Herzensantheil als er es in der Beschreibung eines Gewandes, eines Schildes, einer Rüstung ist. Die Natur scheint mehr seinen Verstand als sein moralisches Gefühl zu interessiren; er hängt nicht mit Innigkeit und süsser Wehmuth an derselben wie die Neueren." Schiller hat wohl das Richtige getroffen, wenn er sagt, dass der Grieche die Natur umständlich und anschaulich beschreibt; aber darin urtheilt er falsch, wenn er ihm feines Gefühl und warme Empfänglichkeit für die Reize derselben abspricht. Wir finden im Gegentheil nicht etwa nur bei den Tragikern und in der bukolischen Dichtung, sondern auch im Epos den zartesten Ausdruck tiefer Naturempfindung. Wenn Homer malt, wie der Mohn (Θ 306), der sich im Garten unter der Früchte Last beugt, vom Frühlingsregen beschwert, das Haupt zur Seite senkt; wenn er den lieblich blühenden Oelbaum schildert (Ρ 53), der zuerst seine schimmernde Blüthe im Gesäusel wehender Winde wiegt, dann aber von den gewaltigen Wirbeln eines Sturmwindes erfasst sammt der Wurzel ausgerissen und lange auf die Erde hingestreckt wird; oder die hochwipfligen Eichen des Gebirges (Μ 132), die im Grunde mit starken und langhinreichenden Wurzeln haftend an jedem Tage Platzregen und Sturmwind bestehen; oder den Bergstrom (Λ 492), wie er im Herbst vom Regen angeschwollen in die Ebene niederstürzt, hier viele dorrende Eichen, dort viele Fichten im Strudel fortrafft und viele Massen von Unrath in die Meerflut wälzt; die dicht lagernden Wolken (Π 297), welche der Wind vom Gebirge wegtreibt, so dass die Warten, die zackigen Höhen und Thäler leuchtend hervortreten, und der heitere Himmel sich in unendlicher Weite erschliesst; oder das dichte Gestöber der Schneeflocken (Μ 278), welche umgekehrt die Bergeshäupter und zackigen Gipfel, lotosumblühte Gefilde und üppige Fluren, das Gestade und die Meeresbuchten verhüllen, bis sie da die anbrausende Flut wieder vertreibt, während sonst alles umher von oben herab mit Schnee bedeckt erscheint; wenn er hinwiederum die grossartige Ruhe der Natur und die geheimnissvolle Erhabenheit der Nacht mit folgenden Worten unvergleichlich beschreibt (Θ 555):

Rings am Himmelsgewölb' um den leuchtenden Mond die Gestirne
Funkeln im strahlenden Glanz, wenn windstill feiert der Aether,
Ringsum treten die Warten, die zackigen Höh'n und die Thäler
Leuchtend hervor, und am Himmel erschliesst sich endlos der Aether;
Ringsum blinken die Sterne; der Berghirt freut sich im Herzen:

so müssen wir doch darin eben so sehr das für die Erscheinungen der Natur geschärfte Auge und die Meisterschaft, ihre unvergänglichen Schönheiten mit charakteristischen Zügen darzustellen, als das wärmste Gefühl dafür erkennen. Freilich geht Homer in der Natur nicht auf; er geniesst sie nicht so, dass er in sentimentaler Betrachtung des stillen Treibens derselben in dumpfe Schwärmerei versinkt. Davor bewahrt ihn die Energie seines Geistes und sein objektiver Sinn. Er macht sich nicht der Natur, sondern die Natur sich unterthänig. Dieses Erfassen der Natur als der Güter höchstes, diese behagliche Ausdehnung in ihr, dieses Sichanpassen derselben ist ja, wie wir oben angedeutet haben, ein Grundzug des griechischen Wesens. Daher treffen wir auch keine ausführlichen Schilderungen der Natur in ihrer gestaltenreichen Mannigfaltigkeit, keine landschaftlichen Gemälde, die sich selbst Zweck wären, eben so wenig als die Natur sich selbst Zweck ist. Der mit der Natur verwachsene Dichter betrachtet diese lediglich als Schauplatz des Lebens; in Folge dessen erscheint bei ihm die Landschaft nur als Hintergrund für die im Vorgrund sich bewegenden Gestalten der Menschen, als Motivirung bei der Darstellung menschlicher Leidenschaft, als blosses Beiwerk, das einem höheren Zwecke untergeordnet ist. Aber eben weil er die Natur nur gelegentlich in das Handeln und Wirken der Menschen verflicht, so genügt es ihm, „die Gegenden, über welche die Handlung sich verbreitet, in Lichtpunkten partisch nahe zu bringen, ohne dass er sich in vertrauliche Züge der engen Häuslichkeit oder in das Stillleben" einer landschaftlichen Scenerie, wo die dramatische Bewegung aufhören müsste, verliert. (Bernhardy, Grundriss der griechischen Literatur II, pag. 38). Mit wenigen raschen, aber treffenden Strichen, auf ängstliche Detailmalerei vollständig Verzicht leistend, vergegenwärtigt er so in klarster Anschaulichkeit die Stimmung und den Moment der Handlung unserer Seele. Wenn er aber in längeren Schilderungen sich ergeht und eine Art von Naturgemälden liefert, so lässt ihn sein plastischer Sinn und das behagliche Gefallen an dem einzelnen Gegenstand das Ganze nicht fassen, nicht aus idealer Höhe die Weite der Schöpfung überblicken. „Mit kindlicher Liebesfähigkeit tritt der Dichter den Geschöpfen der Natur entgegen; mit kindlicher Neugierde beobachtet er ihre feinsten Regungen, das Leben der Thiere und Pflanzen, die Bewegung des Himmels; aber er sieht nur das Einzelne, die einzelne Gestalt, den flüchtigen Moment. Bei solchem Einzelnen verweilt er, dieses malt er mit Ruhe aus und geht dann wieder zum Faden seiner Geschichte, zum Menschlichen über. Jene eine Naturerscheinung erweckt in ihm nicht den Trieb, ein Bild des Ganzen zu erlangen." (Schnaase in seiner Geschichte der bildenden Künste bei den Alten II, 135.) Wir sehen also auch hier vollkommene Objektivität, volle Körperlichkeit, volle Klarheit der plastischen Form.

„Vergessen wir nicht, sagt Humboldt in seinem Kosmos II pag. 10, dass die griechische Landschaft den eigenthümlichen Reiz einer innigeren Verschmelzung des Starren und Flüssigen, des mit Pflanzen geschmückten oder malerisch-felsigen, luftgefärbten Ufers und des wellenschlagenden, lichtwechselnden, klangvollen Meeres darbietet. Wenn anderen Völkern Meer und Land, das Erd- und Seeleben wie zwei getrennte Sphären der Natur erschienen sind, so ward dagegen den Hellenen, und nicht etwa bloss den Inselbewohnern, sondern auch den Stämmen des südlichen Festlandes, fast überall gleichzeitig der Anblick dessen, was im Contakt und durch Wechselwirkung der Elemente dem Naturbilde seinen Reichthum und seine erhabene Grösse verleiht. Wie hätten auch jene sinnigen, glücklich gestimmten Völker nicht sollen angeregt werden von der Gestalt waldbekränzter Felsrippen an den tiefeingeschnittenen Ufern des Mittelmeeres, von dem stillen nach Jahreszeit und Tagesstunden wechselnden Verkehr der Erdfläche mit den unteren Schichten des Luftkreises, von der Vertheilung der vegetabilischen Gestalten?" In den Gedichten Homers nun spiegelt sich diese harmonische Verschmelzung von Land und Meer und Luft, für welche wir Bewohner des Binnenlandes freilich weniger Verständniss haben, ganz besonders ab. Gesteht doch Göthe, dass ihm die Odyssee, als er einige Gesänge derselben in Neapel und Sicilien las, in ganz anderem Glanze erschienen sei, etwa wie ein eingeschlagenes Bild, das durch den Ueberzug von Firniss plötzlich in Klarheit und Harmonie trete. Sie hörte ihm auf ein Gedicht zu sein, sie schien die Natur selbst. Es waren ihm ja alle die anmuthigen Scenen des Naturlebens, die Homer in kurzen Zügen oder ausführlichen Gemälden schildert, in Wirklichkeit nahe gelegt; und wenn sich auch die Menschen ändern, die Natur bleibt in ihrem ewigen Kreislauf doch immer jung und immer dieselbe. Da besingt Homer (ρ 208) einen an einen schroffen Abhang hingelehnten, in die Wolken strebenden Pappelhain, eine Quelle (ρ 205), deren kühles Gewässer inmitten eines dunklen Gehölzes aus felsiger Kluft sprudelt, oder (ζ 292) durch blühende Wiesengelände rieselt, rauhes steiniges Hügelland (ν 242), in dem der frische Regen und kühle Thau die wogenden Saaten nährt, üppige Wälder und ragende, von Ziegen belebte Bergeshöhen, feuchte, von Gras schwellende Auen (ι 118 ff.), die den ungepflanzten Rebenhügel umgrenzen; dann feiert er die aus dem Meere in die Lüfte glatt aufsteigenden Felswände (ν 4), die in die Flut hinausgestreckten, zackigen Klippen (ν 97), welche die windstille Bucht schützen, die meerumtosten Riffe und in Schaum gehüllten rauhen Gestade (ε 401); besonders gerne zieht er das Meer mit seinen wechselnden Erscheinungen in die Scenerie herein. Manche Darstellungen desselben sind wahre Stimmbilder. Er gibt ihm nach Farbe und Klang die mannigfachsten Beiwörter und schildert es meisterlich in seiner verschiedenen Beleuchtung, in Ruhe und Bewegung. Es erglänzt im lichten Schein und glitzert, wenn Helios aus den Fluten tauchend (γ 1) am ehernen Himmelsgewölbe emporstrebt, und die spiegelglatte Fläche (ε 392) von keinem Windhauch erregt wird; wenn aber Helios versinkt, dann (ι 559) zieht das Dunkel herauf und beschattet die Pfade des Meeres (β 389); seine schwellenden Wogen entziehen sich vollends dem Blick in tiefer, dunkler Nacht, wenn schwarzer Dunst sich lagert, und der Mond nicht am Himmel hervorscheint, da tiefes Gewölk ihn umhüllt (ι 143). Bald erscheint ihm das Meer in unergründlichem Schwarz (μέλας), bald im weissgrauen Gekräusel des Schaumes (πόλιος), bald in der Farbe des dunkelrothen Weins (οἴνοπι), der fernen dunkelnden Luft (ἠεροειδής), der Viole (ἰοειδής), des Purpurs (πορφύρεος). Nun ist es endlos, bewegungslos ausgespannt, eine unermessliche ruhige Masse; über seine einöden Gewässer gleitet (ε 53) die flüchtige Möwe und taucht die Fittige in den Salzschaum; das Gestade aber trifft der regelmässige, geheimnissvolle Wogenschlag, der die dort Lagernden während der ambrosischen Nacht in Schlummer wiegt (ν 480). Oder es erhebt sich der Wind mit säuselndem Wehen und treibt die Fahrzeuge hauchend über die fischwimmelnden Pfade der heiligen Salzflut dahin (γ 176); ein anderes Mal wallt die See dumpf schweigend mit finsteren Wogen empor (Ξ 16),

„Wenn sie den reissenden Flug hellbrausender Winde vorausfühlt,
Unstät schwankend und weder nach vorne noch hinten sich wälzend,
Bis ein entscheidender Wind von Kronion gesandt sich herabstürzt.

Wenn aber der Sturmwind hochher braust, dann wirbelt er die zusammengehäuften Wolken fort und trifft sie mit stürmenden Schlägen; ebenso furchtbar werden die düsteren Fluten aufgewühlt. Die Woge, die, den Gebirgen gleich, unermesslich emporschwillt, wälzt sich mit unwiderstehlicher Kraft heran (γ 290); der Schaum spritzt unter dem Tosen des Wirbelwindes hoch auf (ε 293 und 306); Luft und Meer lassen sich nicht mehr unterscheiden; denn Erde und Wasser verhüllt sich in undurchdringliches, der Nacht ähnliches Gewölke (ε 294).

Diese Marinebilder machen mehr den Eindruck der empfundenen Natureinheit und haben aus diesem Grunde eine grössere malerische Wirkung als andere landschaftliche Schilderungen. Hier ist dem Dichter eben weniger Möglichkeit gegeben, sich vereinzelnten Gegenständen gegenüber zu stellen und dann in sie einzudringen. Folgen wir ihm dagegen in die Gärten des Alkinoos, so werden wir wahrnehmen, mit welcher plastischen Beschränkung er bei jedem Dinge verweilt, und wie er das Ganze in allen seinen einzelnen Theilen belebt (η 113).

Ausser dem Hof liegt nahe dem Thor ein geräumiger Garten,
Vier Feldhufen im Maass; rings dehnt sich um ihn ein Gehege.
Hochauf streben daselbst langstämmige, laubige Bäume,
Voll von Granaten und Birnen und glanzvoll prangenden Aepfeln,
Auch süsslabenden Feigen und grünenden dunkeln Oliven.
Nimmer erstirbt auf ihnen die Frucht, nie mangeln sie dieser,
Weder im Sommer noch Winter, das Jahr durch; fächelnder Westhauch
Lockt hier stets aus Blüthen die Frucht, dort zeitigt er and're.
Da hängt reifend an Birne die Birn' und Apfel an Apfel,
Reifend an Traube die Traube zugleich, an der Feige die Feige.
Dort ist auch für den Herrscher ein fruchtreich Rebengelände,
Daran liegt ein Gefild' auf ebener Stätte zum Trocknen,
Rings von der Sonne gebrannt; dort schneidet die Trauben der Winzer,
Andere keltert man hier, und Herlinge hängen im Vorgrund,
Eben die Blüth' abstreifend, indess sich färben die andern.
Dann sind Beete zum Schmuck an dem äussersten Saume des Gartens,
Rings mit Gewächsen bepflanzt, die glanzvoll prangen das Jahr durch.
Auch sind dort zwei Quellen: davon strömt eine den ganzen
Garten hindurch, zu dem hohen Palast eilt unter des Hofes
Schwelle die andere hin, wo Wasser sich schöpften die Bürger.

Bei dieser Schilderung sehen wir recht klar, wie der Dichter sich nicht einmal damit begnügt, alles, was im Garten sich befindet, der Reihe nach aufzuzählen, sondern wie er auch noch diesen einzelnen Gegenständen, den Bäumen mit ihren verschiedenen Blüthen und Früchten, den Reben in ihrer ganzen Entwicklung, den Quellen in ihrer Bewegung und Richtung die grösste Sorgfalt widmet und sich in sie vertieft. Mit gleicher Ausführlichkeit besingt er die Grotte der Kalypso (ε 63):

Ringsher breitete sich frisch grünender Wald um die Grotte,
Pappel und Erle vereint und balsamreiche Cypresse.
Allda nisteten Vögel mit breitbinragenden Schwingen,
Habichte, Falken und Eulen, zugleich langzungiger Krähen
Wassergeschlecht, das nur auf wogender See sich herumtreibt.
Dort auch rankte sich üppig ein jugendlich blühender Weinstock
Rings um das Grottengewölb' und prangt' in der Fülle der Trauben.
Auch vier Quellen ergossen in Reih'n hellblinkendes Wasser,
Nachbarlich neben einander sich hierhin windend und dorthin,
Wo sanftschwellende Wiesen umher mit Violen und Eppich
Grünten.

Wie wir aber schon oben auseinandergesetzt haben, sind auch diese mehr ausgeführten Gemälde nicht selbst Zweck, sondern dienen nur als geeignete Unterlage oder als Motivirung der Charaktere der Personen. So drückt Homer durch das letzte Bild Odysseus' treue Sehnsucht aus, der selbst durch das sich nicht fesseln lässt, was ein Himmlischer bewundernd und staunend betrachtet (ε 74), und sein rauhes, steiniges Ithaka der Zaubergrotte einer schönen Nymphe vorzieht. Eben so verhält es sich auch mit seinen architektonischen Bildern. Wenn er den Wohnsitz des Eumaios beschreibt (ξ 5), das Haus mit dem stattlichen Hofe, die Umfriedung aus Steinen, Hagedorn und eichenen Pfählen, so bezweckt er damit das treue Walten des Sauhirten zu offenbaren. Den stolzen Palast des Menelaos (δ 72), die unsägliche Fülle von Pracht, die vom Glanze des Erzes, Goldes und Silbers, des Elfenbeins und Elektrons blitzenden Hallen lernen wir aus der Bewunderung Telemachos' kennen, an die sich sofort das Gespräch mit Menelaos knüpft. Die Schilderung von Priamos' schönem Königshaus (Ζ 243), das, von glatt schimmernden Hallen central umschlossen, im Innern fünfzig Gemächer von zierlich geglättetem Marmor für des Königs Söhne und Schwiegertöchter und jenseits im Hofe am innern Raum für dessen Töchter und Eidame noch zwölf hohe Marmorgemächer enthält, veranschaulicht das patriarchalische Leben innerhalb der ruhigen Mauern im Gegensatz zur blutigen Arbeit der Schlacht, aus welcher Hektor zurückkehrt, um seine huldreich spendende, eben aus dem Palaste ihm entgegenkommende Mutter zum Gebete aufzufordern. Besonders kontrastvoll und sinnig lässt der Dichter den als Bettler vor seinem Palaste stehenden Odysseus diesen (ρ 266) mit dem von Mauer und Zinnen umschlossenen Hofe, den aneinander gereihten Gemächern, dem prachtvollen Flügelthor in Beisein des Sauhirten bewundern. In der märchenhaften Schilderung des Königsschlosses auf Scheria aber sehen wir wieder vornehmlich den plastischen, das Einzelne ergreifenden Sinn des Dichters sich bethätigen. Genau erfahren wir hier (η 86 ff.), aus welchem Stoffe die von der Schwelle tief hinein sich erstreckenden Wände und Gesimse, die im Innern der Wohnung befindlichen Thore, Schwellen und Pfosten, selbst der Kranz und Ringgriff gefertigt waren. Von den Wänden und Thüren weg lässt er dann seinen Blick zur Hauseinrichtung niedergleiten und mit Behagen auf den meisterhaft aus Gold und Silber gearbeiteten Hunden, den Sesseln, die an der Wand entlang durch den ganzen Palast von der Schwelle bis zu den hintersten Tiefen standen, den feinen, kunstreich gewobenen Teppichen und auf den goldenen Jünglingen ruhen, die auf prächtigen Gestellen hellauflodernde Fackeln in den Händen hielten, um bei Nacht ringsumher in dem Palaste den schmausenden Gästen zu leuchten.

Diese Art der Auffassung, welche nicht etwa nur Homer eigen ist, sondern das Denken und Leben des ganzen griechischen Volkes beherrscht, kommt wie in der Poesie so auch in den bildenden Künsten zum Ausdruck. Aus eben diesem Grunde, des Dranges und Bestrebens nämlich, sich auf das Einzelne zu werfen und dieses mit aller Naturwahrheit in vollständig abgerundeten körperlichen Formen darzustellen, war es der Malerei versagt, während die Plastik die herrlichsten Blüthen reifte, die ihr sonst eigenthümlichen Schönheiten zur Geltung zu bringen. Sie blieb lange Zeit der Plastik unterthan und strebte auch später in allen ihren Werken auf eine vorherrschend plastische Wirkung hin, indem sie ihr Hauptgewicht auf eine deutliche und bestimmte Entwicklung der Form legte, in klaren und einfachen Linien die Figuren und Gruppen ordnete und durch gleichmässige, von aller Effekthascherei entfernte Beleuchtung die einzelnen Theile des Werkes auch gleichmässig und klar hervortreten liess. Vollends eine Landschaftsmalerei in unserem Sinne als eine für sich bestehende, um ihrer selbstwillen geübte Kunst gab es nicht; ebenso wie die dichterische Schilderung einer Gegend höheren Zwecken untergeordnet, diente sie nur historischen Kompositionen, welche die grossartigen Geschicke und Thaten der Menschheit zum Vorwurfe hatten, als Hintergrund oder bei Wandgemälden als blosse Verzierung. Von jenem sentimentalen Gefühl für landschaftliche Stimmungen und Lichteffekte, das unsere Dichter und Maler kennzeichnet, „und von jenem ahnungsvollen Dämmerschein des Geistes, mit welchem die Landschaft uns anspricht“, können wir bei den alten Griechen nicht viel entdecken. Dem strebte ihr energischer, aller weichlichen Schwärmerei abholder, auf das Praktische gerichteter Sinn mächtig entgegen.

Die konkreten Formen des Bildes und Gleichnisses. In dem eben behandelten Abschnitte der Landschaftsmalerei haben wir einige Naturschilderungen aufgeführt, die mit dem Gange der Handlung selbst nicht in unmittelbarem Zusammenhange stehen oder ihr als Folie dienen, sondern als Kunstmittel in der dem Epos eigenthümlichen Form des Gleichnisses Anwendung gefunden haben. Wir wollen nun dieser Erscheinung um so genauer nachgehen, weil gerade in ihr das plastische Vermögen des Dichters ganz besonders wahrgenommen werden kann. Die Gleichnisse tragen zur Verdeutlichung und Veranschaulichung der vorliegenden Gegenstände bei. Durch sie werden nicht nur geistige Zustände, Gemüthsstimmungen charakteristische Eigenthümlichkeiten des inneren Wesens von Subjekten gleichsam in körperliche Formen übersetzt und durch diese konkrete Gestaltung der Phantasie des Lesers näher gerückt, sondern auch körperliche Eigenschaften, äussere Erscheinungen, Verhältnisse und Handlungen, wie die aus dem Lager unter Geschrei ausziehenden und gegen die Feinde marschirenden Truppen, die wogende Feldschlacht, die Zweikämpfe der Helden, die Niederlage, Schiffbrüche, kurz alles, was gross und wunderbar über das gewöhnliche Maass der Menschen hinaus geht, so klar und anschaulich gemacht, dass wir es wie gegenwärtig vor unsern Augen vorüberziehen sehen. Wenn aber die Gleichnisse ihren Zweck erfüllen sollen, müssen sie aus bekannten Erscheinungen genommen sein. Demzufolge greift Homer nur selten in das geistige Leben hinüber, sondern wählt gewöhnlich aus dem näher liegenden Gebiet der Sinnenwelt. Und hier müssen wir die Genialität des Dichters bewundern, der mit den Verhältnissen des menschlichen Lebens sich ebenso vertraut zeigt wie mit der dem menschlichen Leben zur Grundlage dienenden Natur. Dieses Weltbewusstsein, das ausserordentlich begabten Dichtern von Natur schon eigen ist und durch eingehende Betrachtung der sie umgebenden Dinge unglaublich gesteigert werden kann, lässt ihn bei der Wahl seiner Gleichnisse nie im Stiche; aus den verschiedensten Sphären nimmt er mit glücklichem Griffe die zur Zusammenstellung stets gegenwärtigen Analoga, indem er bald in die idyllische Stube einer Familie, in die Arbeitsstätten mannigfacher Gewerbe, auf die Tenne von worfelnden Männern, in Ställe, Gärten und Hürden tritt, bald den Erscheinungen

des Himmels und der Luft, der Sonne und den Gestirnen, dem leuchtenden Aether, den feststehenden oder rasch hinziehenden Wolken, dem Regen, Schnee und Hagel, den brausenden Stürmen sich zuwendet, bald die leblose Natur, Land und Meer, Felsen, Berge und Thäler, Pflanzen und Bäume in sein Bereich zieht, oder, und dieses am häufigsten, in das reiche Leben der Thierwelt sich versenkt. Der furchtsame Hirsch, der gefrässige Wolf, die beharrliche Fliege, das schüchterne Schaf, der wachsame, rührige Hund, der unbändige Eber, der kühne Panther, das rasche, stolze Pferd, der bedächtige, ausdauernde Esel, der starke, edle Löwe, die Tauben und Schwäne, die Bienen und Wespen, die Gänse und Kraniche, die Nachtigallen geben ihm das Objekt der Vergleichung ab. Dabei bekundet er ein so genaues Studium der Thiere, eine so scharfe Auffassung ihrer Bewegungen und Eigenthümlichkeiten, dass er, der immer neue, zehnmal dasselbe Geschöpf vorführen kann, ohne sich deshalb zu wiederholen, da er das Gleichniss, zum Beispiel das Bild vom Löwen, stets in neuen Beziehungen anwendet und für jedes den rechten Ort erwählt.

Wenn wir die beiden Dichtungen und die einzelnen Gesänge derselben gegen einander zusammenhalten, so finden wir die Gleichnisse in ihnen sehr ungleich vertheilt. Während sie nämlich in der Odyssee sehr karg eingestreut sind, glänzt die Iliade durch einen grossen Reichthum derselben und empfängt aus ihnen nicht den geringsten Theil ihres Reizes und ihres Ruhmes. Aber auch da ist ihr Gebrauch wieder so ungleich, dass, während viele Gesänge von ihnen übersprudeln, so dass in förmlichem Gedränge Bild an Bild sich reiht, man in anderen vergeblich nach ihnen sucht. Im Allgemeinen hat das Gleichniss zumeist seine Stelle in der objektiven Darstellung des Dichters selbst, weniger aber da, wo er eine Person redend einführt und wir aus deren Mund in lebendiger Erzählung das Vorgefallene erfahren. Dieses liegt in der Natur der Sache; denn da das Gleichniss den Zweck hat, alles anschaulich und vernehmbar zu machen und der Darlegung geschehener Dinge Leben und Kraft einzuhauchen, so kann es weniger seine Anwendung da finden, wo der eingeführte Erzähler schon an und für sich durch die Lebendigkeit seines aus der Unmittelbarkeit der Wahrnehmungen oder Erfahrungen geschöpften Vortrages, durch den Fortschritt der drängenden Ereignisse und das dramatische Leben der Handlung fesselt. Zieht er doch ein Bild an, so geschieht es in ausserordentlichen Momenten, die seine ganze Seele erregen und dann auch unwillkürlich, um diese gehobene Stimmung und jenen grossen Augenblick anzudeuten, ein Gleichniss auf die Zunge treiben. So hebt Odysseus jene unglaubliche That in der Höhle des Kyklopen, die über sein Loos entschied und alle menschliche Kraft zu übersteigen schien, durch zwei Gleichnisse, die er der Arbeit eines Schiffszimmermanns und eines Meisters in Erz entlehnt. Wenn aber der Dichter selbst erzählt, so bedient er sich häufig jenes beseelenden und belebenden Kunstmittels, namentlich im Gange des Krieges und in den Einzelkämpfen. Weiss er gleichwohl auch hier die Einförmigkeit der Schilderung schon in anderer Weise durch verschiedene Wendungen, durch die Mannigfaltigkeit der Wunden, durch Charakteristik der Gefallenen nach Herkunft oder andern Eigenheiten, durch selbstbewusste und sarkastische Reden bei den rächerischen Thaten, durch besonders fesselnde Zwischenfälle zu vermeiden, hat er doch in dem Gleichniss noch ein ausgezeichnetes Mittel, theils dem Leser während der mit grosser Wahrheit dargestellten Würgereien erwünschte Ruhepunkte zu geben und so aller Ermüdung vorzubeugen, theils in die der Natur der Sache nach doch monotonen, sich immer wiederholenden Schlachtscenen angenehme Abwechslung zu bringen, namentlich aber die Bedeutung und Wirkung der Helden und ihrer Thaten zu erhöhen. Denn nur wenn etwas Ausserordentliches eintritt, wird es durch Gleichnisse betont. Statt, was hier so nahe läge, in rhetorische Ergüsse auszubrechen und subjektive Bemerkungen an jene bedeutenden Leistungen und Erscheinungen anzuknüpfen, weist ihn sein objektiver Sinn und die Kraft der Phantasie auf diese konkreteren Formen, mit denen er sein Ziel auf viel einfacherem und kürzerem Wege erreicht.

Diesem Zwecke dient oft nur eine einfache als adverbialer Beisatz angereihte Vergleichung und die Form der Metapher, in welcher das Subjekt oder Prädikat auftritt. Zu ihrer Beseelung ist dann und wann noch ein bezeichnender Strich beigefügt.

Die Helden schreiten wie die Götter einher; sie gleichen den Unsterblichen an Gestalt und Wuchs, Kraft und Stärke, wie die Frauen den Göttinnen an Schönheit; nicht zittern sie in der Schlacht wie das Reh oder wie ein Knäblein. Der flüchtigen Möwe vergleichbar (ε 51) fährt Hermes über die Meereswogen; Athene und Apollon setzen sich (Η 59) wie zwei hochfliegende Geier auf die erhabene Buche; Thetis entfliegt der finsteren Flut (Α 359) wie ein Nebel; ihren Sohn erzog sie (Σ 56) wie die Pflanze im üppigen Feld, und Achilleus schoss stark wie ein Sprössling empor; wie ein sieggewohntes Ross (Χ 22) springt er über das Blachfeld gegen die Stadt; den Fluten des Skamandros entflieht er rasch (Φ 252) wie der schwarzgeflügelte Adler, der mächtigste und geschwindeste aller Vögel; seine Augen funkeln (Τ 366) gleichwie die Lohe der Glut; das Erz umleuchtet ihn ähnlich (X 135) dem Schimmer lodernder Feuersbrunst und der hellaufgehenden Sonne, sein Schild sendet Glanz aus (T 374) ähnlich dem Vollmonde; sein hochbuschiger Helm strahlt (X 317) gleich dem Gestirne (T 381), und sein geschliffener Speer glänzt (X 317) wie der Hesperos in der dämmernden Stunde des Melkens, der von allen Sternen des Himmels am schönsten erscheint. Mit Hektor will er so wenig einen Vertrag, als zwischen Löwen und Menschenkindern oder zwischen Wölfen und Lämmern (X 262) je eine Eintracht ist. Dieser aber leuchtet nicht weniger in dem Erze, dem Blitzstrahl des Zeus ähnlich (Λ 66); wie Ares tobt er mit dem raffenden Speer und (O 605) wie Feuer, welches in verwachsener Waldestiefe durch die Berge schrecklich hinrast; wie ein Jäger die Schaar weisszahniger Hunde auf den grimmigen Eber oder Löwen, hetzt er die Troer auf die Danaer, während er selbst (Λ 292) wie ein hochherbrausender Sturmwind in die Schlacht stürzt; zur Sprengung des Lagerthores nimmt und trägt er ein Felsstück so leicht (M 451) wie ein Schäfer die Wolle des Widders. Die dienenden Weiber im Palaste des Alkinoos drehen die Spindel, am Werke sitzend, wie die Blätter der luftigen Zitterpappel (η 106). Wie das Laub in den Waldungen (Φ 464) streben die Sterblichen jetzt in Kraft auf, um gleich wieder entseelt hinzusinken. Wie Blätter und knospende Blumen im Frühlinge (B 468) stehen die Schaaren in der Au des Skamandros; wenn sie sich bewegen, leuchtet der Waffenglanz (B 455) wie ein grosser Brand, der sich auf der Gebirgshöhe von unendlicher Waldung entzündet; wie die Wölfe (Δ 471) springen die Troer und Danaer wild gegen einander; wie Geishirten (B 474) die Herden ohne Mühe aussondern, ordnen die Führer ihre Schaaren zur Schlacht, ihnen voran Agamemnon, der (B 480) wie ein Stier männlichen Stolzes in der Herde vor allen wandelt; ein andermal stürzt er (Λ 129) wie ein Löwe heran, derselbe erhebt sich, wie auch Patroklos, in Thränen, einer dunklen Quelle gleich (I 14, Π 3), die vom erhabenen Fels ihr düsteres Wasser herabgiesst. So fürchterlich wie ein Pardel oder Löwe oder ein grimmiger Eber des Waldes (P 20) erheben sich des Panthoos lanzenschwingende Söhne; wie ein Raubthier (Λ 546) flüchtet Aias langsam zurück. Voll Angst über die Anschläge der Freier auf das Leben ihres Sohnes sinnt Penelope (δ 791) wie ein Löwe im Getümmel der Männer, welche den trüglichen Kreis um ihn ziehen. Odysseus schwingt sich auf einen Schiffsbalken (ε 371) wie ein Reiter des Rosses; über der Charybdis hängt er sich an einem Feigenaste (μ 433) wie die Fledermaus an; sein Pilote, vom Mastbaum zerschmettert, schiesst wie ein Taucher vom Verdeck hinab (μ 413); die Gefährten wogen wie schwimmende Krähen im Meere auf und nieder (μ 418). Schnell wie Fittige oder die Gedanken (η 36) sind die Schiffe der Phaiaken; sie erheben sich (ν 81) wie vier gleichgespannte Hengste auf ebener Bahn; auch ein Habicht (ν 86), der schnellste aller Vögel, flöge nicht so hurtigen Flug. Das Scheusal Polyphemos gleicht (ι 191) dem bewaldeten Gipfel hoch aufsteigender Berge; wie ein Löwe des Waldgebirgs (ι 292) frisst er zur Nachtkost das Eingeweide, Fleisch und die markichten Knochen der Fremdlinge, die er wie Hündlein am Boden seiner Höhle zerschmettert hatte (ι 289); seine Keule erscheint (ι 322) wie der erhabene Mast eines Lastschiffes von zwanzig Rudern. Die Laistrygonen tragen des Odysseus unglückliche Gefährten (κ 124) wie Fische durchbohrt vom Hafen zum Frass weg; ihre Königin ist wie das Haupt des Gebirges (κ 113). Die Ungeheuer an der Wohnung der Kirke umringen wedelnd seine Abgesandten (κ 216) wie Haushunde den vom Schmause zurückkehrenden Herrn, der ihnen immer erfreuliche Bissen mitbringt. Als dem Odysseus beim Mahl der Freier Antinoos den Schemel an die Schulter wirft, steht er wie ein Felsen (ρ 463); seine Pflegerin Eurykleia hält das Geheimniss der Entdeckung, so fest wie ein Fels oder Eisen starrt (τ 494).

Die einfachen Vergleichungen und Metaphern erscheinen sehr häufig zu einem konkreten Bilde erweitert oder auch zu einem glänzenden, farbenreichen Gemälde ausgeführt. Dabei werden allerdings manchmal die Aehnlichkeiten zwischen dem wahrgenommenen Gegenstande und dem Bilde in allen oder mehreren Satzgliedern festgehalten, so dass mehrere Momente sich gegenseitig entsprechen, und die Parallele leicht gezogen werden kann; gewöhnlich aber haben wir nur einen einzigen Vergleichungspunkt, und dann ist es Sache des Lesers, aus den mitunter sehr langen Perioden, welche den Rahmen des Gleichnisses bilden, den Kern der Sache herauszunehmen und mit dem verglichenen, oft nur in einen einfach nackten oder höchstens durch adverbiale Bestimmungen erweiterten Satz gekleideten Objekte zusammenzustellen. Dem Dichter ist es eben nicht genug, durch blosse Gegenüberstellung zu verdeutlichen; seine bildnerische Energie und sein Drang sich behaglich auszubreiten, hält ihn bei dem Einzelnen fest. Er versieft sich in den zu Hilfe genommenen Gegenstand, gebt seinen wesentlichen und zufälligen Merkmalen sorgfältig nach, zieht mit sicheren Strichen seine Umrisse, gestaltet ein mehr oder minder reiches, aber immer klares Bild und belebt es durch mannigfache charakteristische Züge. Da es ihm zunächst um Versinnlichung und Deutlichkeit zu thun ist, so verschmäht er es auch nicht, manchmal zu Bildern zu greifen, die unserm Geschmacke widerstreben. So lässt er die

Troer und Achaier auf kleinem Raum den Leichnam des Patroklos hin- und herziehen, wie (P 389) die Gerberknechte, sich aus einander stellend, eine mit geschmeidigem Fett getränkte Stierhaut ringsumher ausdehnen, und den Odysseus tief nachdenkend sich auf seinem Lager hierher und dorthin wälzen, wie wenn (υ 25) ein Mann eine mit Fett und Blut gefüllte Magenwurst am Feuer beständig umdreht und sie möglichst bald gebraten sehen möchte. Erscheinen solche Gleichnisse auch in unserm Sinne als weniger edel, so wird doch immer dadurch der Charakter und die Stimmung der Person, die Beschaffenheit des Gegenstandes, der Handlung und eines Verhältnisses auf das treffendste illustrirt. Konkret ausgeprägt, sinnlich lebendig sind alle Bilder Homers, mag er die analogen Erscheinungen aus welcher Sphäre nur immer nehmen. Häufig lässt seine kindlich naive Denkart auch noch ein gemüthliches, beseelendes Moment einfliessen und belebt selbst die an und für sich starren Raum- und Zeitbestimmungen durch irgend einen seelenvollen Zug. Das Zurückweichen der Troer bemisst er (Π 590) nach der im Schwunge hinfliegenden Lanze, welche ein Mann, um seine Kraft zu versuchen, im Kampfspiel oder im Sturme der Schlachten aussendet, von mordenden Feinden umdrängt; die Entfernung der Insel Pharos nach der Strecke, die ein geräumiges Meerschiff an einem Tag zurücklegt, wann von hinten ein rauschender Fahrwind anweht (δ 356); den Abstand des Pappelhaines der Athene von der Phaiakenstadt nach dem Schalle eines volltönenden Ausrufes (ζ 294); den Vorsprung des Klytoneos vor den übrigen Läufern nach dem Raum, den ein Joch Maulthiere auf dem Acker gewinnt (θ 124); den kurzen Zwischenraum, in welchem Odysseus beim Wettlauf Aias dicht auf den Fersen folgt, nach der Entfernung (Ψ 760), in welcher das Webschiff dicht am Busen des schöngürteten Weibes hinfliegt, die es geschickt mit den Händen wirft, wenn sie den Einschlagsfaden herauszieht. Die Mittagsstunde, da die Achaier mit siegender Kraft durchbrechen, zeichnet er in einem idyllischen Bilde als die Zeit (Λ 86), wo Holzhauer in den Bergschluchten sich das Mahl bereiten, nachdem sie sich im Fällen der Baumstämme müde gearbeitet haben, und ihre Seele sehnsüchtig nach erquickender Speise schmachtet; ähnlich den Abend als die vom Pflüger erwünschte Zeit, der, wenn er den Tag über mit zwei bräunlichen Stieren den Pflug auf dem Brachfeld hingelenkt hat, herzlich froh die leuchtende Sonne sich senken sieht und mit wankenden Knieen zur Nachtkost eilt (ν 31).

Die zahlreichen und zugleich schönsten Gleichnisse nimmt er dem Stoffe, den er behandelt, angemessen aus der **stark bewegten Natur** und ihren bedeutend in die Sinne fallenden Wirkungen, besonders aber aus dem Gebiete des kräftigen **Thierlebens**. Hier ist alles Wahrheit, Wirklichkeit, Leben, die ausgeprägteste Charakteristik der Erscheinung von der Fliege und Wespe an bis hinauf zum Löwen des Waldes. Manche Gleichnisse, namentlich die der Jagd entlehnten, verschlingen sich zu Gruppenbildern, die nicht nur die Merkmale einzelner Thiere in scharfer Zeichnung wiedergeben und gleichsam in ihre Geschichte einführen, sondern auch ganze Scenen aus der Thierwelt, voll dramatischen Lebens, plastisch darstellen.

Wir reihen nun in dem Nachfolgenden mehrere von den homerischen Gleichnissen nach den Gebieten, welchen sie angehören, an einander, wobei wir, so weit es möglich ist, von den bündigeren und knapper gehaltenen zu den reicher ausgeführten fortschreiten. Wir beginnen mit denjenigen, welche dem praktischen Leben entnommene Beschäftigungen verschiedener **Stände und Gewerbe** charakterisiren oder **menschliche Verhältnisse** mit aller Treue wiedergeben. Hieher gehören die oben erwähnten Gleichnisse von der Magenwurst und dem mit Fett getränkten Leder, auch das liebliche von den Holzhackern und dem Webschiff des kunstgeübten Weibes. Odysseus spannt den mächtigen Bogen so nachlässig, wie ein des Lautenspiels und Gesanges wohlkundiger Mann am neuen Wirbel die Saite ohne Mühe aufspannt, indem er an jeglichem Ende den schöngesponnenen Schafdarm fügt (φ 406). Das Blut, welches dem verwundeten Menelaos an den stattlichen Schenkeln herabrinnt, führt den Dichter zum Purpur (Δ 141), womit die Maionerin oder die Karin das Elfenbein, ein Wangengeschmeide für das Ross, röthet, welches sie sodann nicht etwa den vielen Reisigen gibt, die damit gerne prunken möchten, sondern im Gemach für die Könige bewahrt, auf dass das Kleinod den Rossen zum Schmuck, dem Lenker zur Ehre gereiche. Die zwischen den Völkern gleichschwebende Schlacht erinnert ihn (M 433) an die Wagschalen in den Händen der redlichen Spinnerin, die Gewicht und Wolle fein abwägt und die Schalen in gleicher Schwebung hält, um damit spärlichen Lohn für ihre Kinder zu gewinnen. Aus beiden Gleichnissen fühlen wir den anmuthenden Zug heraus, womit er die Bilder belebt. Die letzte Situation wird zuerst angebahnt durch ein anderes, von den Feldmarken geholtes Bild; denn nur durch die Brustwehr von einander geschieden, weichen weder die Lyker noch Danaer zurück, so wenig, wie zwei um die Marken sich befehdende Männer (M 421), die, ein Richtmaass in der Hand, an gemeinsamer Feldscheide auf nur schmalem Gebiete stehen und um das Ihrige sich zanken. Aehnlich werden zankende Weiber gezeichnet. Aineias spricht vor dem Zweikampf zu Achilleus: „Schwätzen wir nicht länger (Υ 244), thörichten Kindern gleich; schmähen wir uns nicht mit kränkenden Worten (Υ 247), deren Gewicht das hundertruderige Lastschiff nicht trüge, wie Weiber, die voll bittern Grolls in lebenverzehrendem Hader sich (Υ 252) laut einander lästern und in die Gasse vorstürzend Wahres und Falsches durch einander bringen, wie es ihnen der Zorn und Eifer eingibt." Selbst Instrumente dienen Homer zur Veranschaulichung seines Gedankens. Achilleus' Schild verherrlichte Hephaistos unter andern Kunstwerken auch mit einem Reigen, in welchem die Tänzer im leichten Schwunge der Füsse kreisend umherhüpfen, wie die Scheibe in den Händen des Töpfers sich dreht (Σ 600), wenn er vor ihr sitzend den Versuch macht, ob sie herumläuft. Hellschmetternd schallt Achilleus' Drohruf, wie die Kriegstrommete (Σ 219) von den lebenvertilgenden Feinden, die eine Stadt umlagern, schmetternd daherschallt. Die Vergleichung erscheint besonders vollständig gezogen in der Scene der Blendung des Polyphemos. Die Gefährten des Odysseus heben den zugespitzten, glühenden Pfahl zugleich auf und stossen ihn dem Ungethüm ins Auge, und jener dreht ihn hoch aufgerichtet herum (ι 384), wie ein Zimmermann den Schiffsbalken mit dem Bohrer bohrt, während seine Gesellen ihn unten an jeder Seite fassen und mit dem Riemen drehen, so dass er immer tiefer eindringt. Das Auge aber zischte um die feurige Spitze der Keule, wie wenn (ι 391) ein Meister in Erz die Holzaxt oder das Schlichtbeil in kaltes Wasser taucht, das unter lautem Gesprudel saust, um es durch Kunst zu härten: denn solches ersetzt des Eisens Kraft. Nicht weniger anschaulich sind die dem Landleben entnommenen Bilder: Wie der Wind die gedörrte Spreu auf der Tenne plötzlich aufwühlt und da und dorthin zerstreut, ebenso warf die von Poseidon gesandte Woge die Balken des odysseeischen Schiffes auseinander (ε 368). Von dem gewölbten Panzer des Menelaos prallte Helenos' bitterer Pfeil ab und tauchte weit davon nieder (Ν 588), wie die Frucht der gesprenkelten Bohnen oder Erbsen im Herbst von der geplatteten Schaufel auf weiter Tenne hinfliegen, unter dem Schwunge des Worflers vom sausenden Winde fortgetragen. Die Rosse des wie ein Dämon wüthenden Achilleus zerstampfen auf dem Schlachtfeld zumal Leichen und Schilde, wie wenn (Υ 495) einer breitstirnige männliche Rinder in das Joch spannt, um die schimmernde Gerste auf der flachen Tenne zu dreschen; der Fusstritt der brüllenden Rinder zermalmt rasch das Getreide. Troer und Danaer stürzen mordend gegen einander (Λ 67) gleich wie die Schnitter, welche, sich zuletzt einander begegnend, im Felde des reichen Mannes das Schwad vor sich hinmähen und Gerste und Weizen in dichten Bünden hinwerfen. Während in diesen Gleichnissen die Parallele sehr knapp gezogen ist, trifft das vom Fischfang entlehnte niedliche Bildchen mit dem damit verglichenen Raub der Skylla nur in dem einzigen Punkte der zappelnden Bewegung zusammen. Des Odysseus Genossen wurden nämlich von ihr zappelnd an den Felsen emporgezuckt (μ 251).

> Wie am Gestad' ein Fischer mit ragender Angelruthe,
> Kleineren Fischen des Meeres zum Betrug auswerfend den Köder,
> Weit in die Flut hinsendet das Horn des geweideten Stieres,
> Dann die zappelnde Beute geschwind aufschwenkt an das Ufer.

Ebenso berührt ein anderes ähnliches Bild nur einen einzigen Zug. Die von Odysseus ermordeten Freier nämlich lagen alle auf einander gestreckt da wie Fische, die von den Fischern aus den grauen Meereswogen im maschigen Netze an den Strand gezogen worden sind, und nun auf sonnenglühenden Kies hingeschüttet nach der salzigen Flut lechzen (χ 384).

Aeusserst gemüthlich und charakteristisch sind ferner diejenigen Gleichnisse, welche in den Schoos des Familienlebens führen. Leicht stürzt Apollon den Wall der Achaier um, wie (Ο 362) den Sand am Meeresgestade ein Knabe umschüttet, der, nachdem er in kindlicher Freude sich damit spielend etwas aufgebaut hat, es spielend mit Füssen und Händen wieder zerwirft. Wie das Kindlein hinter die Mutter sich anschmiegt (Θ 271), verbirgt sich Teukros unter Aias' deckendem Schilde. Athene wehrt von Menelaos das Geschoss ab, wie die Mutter vom Kinde (Δ 130), das in süssem Schlummer liegt, die summende Fliege wegscheucht. Patroklos vergiesst perlende Zähren, dem zarten Mägdlein ähnlich (Π 7), welches der Mutter folgend ihr zuruft, es zu nehmen, und sie am Gewande packt und die Schritte der Eilenden zurückhält, während es weinend zu ihr emporschaut, bis sie es endlich auf den Arm nimmt. Odysseus dagegen schmelzt bei dem Gesang des Demodokos in Gram und Thränen (θ 523), wie ein Weib um ihren lieben Gemahl weinend dahérstürzt, der vor der heimatlichen Stadt und vor seinem Volke hinsank, während er von der Stadt und den Kindern den grausamen Tag abzuwehren bestrebt war. Als er nach dreitägigem Herumtreiben auf der wogenden See das Ufer nahe erblickte, erschien ihm Ufer und Waldung so zur Freude (ε 394), wie den Kindern das Leben des geretteten Vaters, der von den heftigen Schmerzen einer Krankheit lange gequält dalag und verging; denn ein feindlicher Dämon plagte ihn; nun aber retteten ihn zur herzlichen Freude der Seinigen die Götter vom Elende. Der treffliche Sauhirt umschlingt küssend den zurückkehrenden Telemach,

wie ein Vater seinen einzigen, erst im Alter erzeugten Sohn, um den er viel Kummer ausgestanden hat, mit herzlicher Liebe bewillkommt, wenn er im zehnten Jahr aus fernen Landen heimkehrt (π 17).

Schon aus diesen Gleichnissen sehen wir, wie mächtig die Phantasie in dem Dichter wirkt, und wie seine bildnerische Kraft die gefundenen Züge zu behandeln und zu verarbeiten versteht. Derselbe formende und bemessende Verstand leitet ihn aber auch bei denjenigen, welche die Erscheinungen und Veränderungen in der Natur zum Vorwurf haben, indem er ebenso wenig alle einzelnen Nüancen mit sentimentaler Schwärmerei ausmalt, aber doch das Hauptbild der Erscheinung mit wohlgewählten Zügen treffend veranschaulicht.

Wir beginnen hier mit den leuchtenden Himmelskörpern, die besonders in die Augen fallen. Athene umgoss Helm und Schild des Diomedes mit unauslöschlichem Feuer (Ε 5), ähnlich dem herbstlichen Gestirn, wann es im hellsten Schimmer glänzt, im Okeanos gebadet. Wie ein verderblicher Stern (Λ 62) bald aus dem Gewölke rings strahlend hervorblickt, dann aber wieder sich in die schattigen Wolken taucht: ebenso erschien Hektor bald unter den ersten, bald unter den letzten, rings von Erz flammend. Die beiden Gedanken sind in der Darstellung von Achilleus' Erscheinung zu einem ausführlicheren Bilde vereint. Denn dieser stürmt im Felde hin wie der hellleuchtende Stern (Χ 26), welcher im Herbste aufsteigt und mit seinem ungemein strahlenden Licht unter den vielen Gestirnen tief in der Nacht hervorglänzt; man nennt ihn den Hund des Orion; wie glanzreich aber auch, ist er ein verderbliches Zeichen; denn viel sengende Hitze bringt er den armen Menschen.

Wie von den Sternen holt sich Homer seine Gleichnisse auch von der Luft und den in ihr vorgehenden Erscheinungen des Nebels, der unbeweglichen oder vom Winde einhergejagten Wolken, des Regens, Hagels und Schneegestöbers, des Blitzes und Regenbogens.

Den Staub, der dicht unter den Füssen der gegen einander rückenden Heeresmassen emporwirbelt, vergleicht er mit dem Nebel (Γ 10), welcher, dem Hirten unwillkommen, dem Diebe aber erwünschter als selbst die Nachtzeit, auf den Berghöhen vom Südwind ausgebreitet wird, so dass man nur auf Steinwurfweite in die Ferne spähen kann. Dann stürmt die Schlacht zusammen (Ν 334).

> Wie in der brausenden Winde Geleit' Sturmwirbel heranzieh'n,
> Wenn in den Tagen des Sommers der Staub an den Wegen sich häufte;
> Alsbald wälzt sich empor die gewaltige Wolke des Staubes.

Die Danaer aber bleiben fest stehen (Ε 522),

> Dem Gewölk gleich, welches Kronion
> Auf hochragenden Bergen in heiteren Lüften emporhängt,
> Regungslos, so lange des Boreas Wuth und der andern
> Winde Gewalt in Schlummer versank, die stürmend in voller
> Kraft mit brausenden Hauchen die schattigen Wolken zerstreuen.

Zur weiteren Ausführung des letzten Motives gibt ihm die durch Patroklos bewerkstelligte Verjagung der Troer von den griechischen Schiffen eine natürliche Veranlassung; denn damals athmeten die Danaer wieder frei auf, wie auch ringsum die Warten (Π 297), die gezackten Gipfel und Thäler hervorleuchten, und der Aether sich am Himmel unendlich erschliesst, wenn der Blitzsammler Zeus das dichtlagernde Gewölk von dem hohen Gipfel des stolzen Gebirges wegtreibt. Die Troer aber entrannen nicht in geordnetem Zuge, sondern mit Geschrei und in verzagter Flucht, wie eine Wolke (Π 364) aus dem göttlichen Aether vom Olymp her am Himmel sich verbreitet, wenn Zeus ein Unwetter loslässt. Hektor und Paris erscheinen, von den harrenden Troern heiss ersehnt, auf dem Schlachtfelde, wie ein Gott den harrenden Schiffern ersehnten Fahrwind zusendet (Η 4), wenn sie mit blanken Rudern lang die See geschlagen und die ermatteten Arme hinsinken lassen. Besonders schön und seelenvoll malt er aber das Aufmarschiren der beiden Aias mit ihren Reisigen (Δ 275):

> Wie wenn hoch von dem Berge der Geisshirt über die See her
> Aufzieh'n schaut ein Gewölke, von Zephyros' Hauche getragen;
> Schwärzer erscheint wie Pech das Gewölk in der Ferne dem Hirten,
> Wenn es die See durchzieht und unendlichen Regen und Sturm führt;
> Und er gewahrt es mit Schaudern und birgt in der Höhle die Ziegen:
> Also zog mit den Aias die streitbare göttliche Jugend
> Dicht in geordneten Reihen heran zum erbitterten Kampfe,
> Schwarz wie Gewölk, von Schilden umstarrt und gewichtigen Lanzen.

Die glänzenden Helme und Schilde, Harnische und Lanzen der anziehenden Heere erinnern ihn wieder an die dicht wimmelnden Schneeflocken (Τ 357), die von dem Stosse des äthergebornen Nordwinds gejagt eisig sich ergiessen. Dasselbe Bild des Schneegestöbers (Μ 156), das aus schattigen Wolken unablässig vom Sturm getrieben auf die Erde niederfällt, trägt er auf die Unzahl der von den Danaern und Troern abgeschleuderten Geschosse über. Ein ganz bezeichnendes Muster, wie er oft ein einziges Moment zum Entwurfe eines reichen Gemäldes benützt, finden wir in der oben schon berührten Flucht der Troer von den Schiffen (Π 384):

Wie Sturmwetter umher auf dunkele Erde sich lagert,
Wann am herbstlichen Tag Zeus reissende Wasser herabgiesst,
Wenn er sich wider die Männer erhebt in grollendem Unmuth,
Die mit Gewalt im Gericht Urtheil und Gesetze verkehren
Und ausstossen das Recht und strafende Götter verachten;
Voll sind rings von den Wassern die flutenden Ströme des Landes;
Viel Abhänge zerreissen die schroff aushöhlenden Bäche,
Die mit gewaltigem Tosen hinab vom Gebirge sich stürzend
Wallen in's purpurne Meer und der Sterblichen Werke zertrümmern:
Also tosten gewaltig die fliehenden Rosse der Troer.

Die Phänomene des Hagels und Blitzes, des Regenbogens und der feurigen Lufterscheinungen dienen ihm zur Veranschaulichung des raschen Schwunges und der glitzernden Bewegung. So fährt die geflügelte Iris vom Ida zur heiligen Ilios herab, wie der Schnee oder ein kalter Hagel (Ο 170) hoch aus den Wolken fliegt, vom äthergebornen Nordwind im Sturm gesandt. Um die Brust des enteilenden Idomeneus blitzt das Erz, wie der Blitzstrahl (Ν 242), welchen Kronion aus des Olympos leuchtenden Höhen mit der Hand niederzückt, in blendendem Lichte flammend, den sterblichen Menschen ein Zeichen. Wie der Stern (Kugel?) (Δ 75), den des Kronos verschlagener Sohn sandte, ein Zeichen für die Schiffer oder für das weitlagernde Heer, flammend niederfährt und unzählige Funken umhersprüht, stürmte Pallas zur Erde. Ein anderes Mal trat sie in eine purpurne Wolke gehüllt unter die Achaier, wie wenn Zeus am Himmel den Purpurbogen ausspannt (Ρ 547), auf dass er als ein Zeichen des Krieges oder des winterlichen Sturmes der Menschen erscheine, der kalt und schaurig die Geschäfte der Männer hemmt und den Herden Unheil sendet.

Diese Naturphänomene führen uns zum Feuer hinüber, dessen Glanz und verheerende Kraft Homer häufig schildert. Wir setzen das umfangreiche Bild an die Spitze, welches das verglichene Objekt, nämlich die von Athene um des Achilleus Haupt gelegte feurig goldene Wolke nur wieder in einem einzigen Punkt berührt (Σ 207):

Wie wenn dampfender Rauch von der Stadt in den Aether emporwallt,
Ferne vom Eiland her, das feindliche Männer bestürmen;
Rastlos kämpfen sie dann in grässlicher Fehde den Tag durch
Aus der umlagerten Stadt; doch wenn sich die Sonne herabsenkt,
Leuchten umher Brandfackeln empor, in die Höhen erhebt sich
Mächtig die lodernde Flamme, benachbarten Völkern ein Zeichen,
Ob sie vielleicht auf Schiffen, des Fluches Abwehrer, erscheinen:
Also erhob sich der Glanz von Achilleus' Haupte zum Aether.

Sein kunstreicher Schild sendete Glanz in die Ferne aus (Τ 375), wie der Glanz des in einsamer Hürde auf den Gebirgen hoch emporlodernden Feuers den Schiffern ferne erscheint, die der Orkan von den Ihrigen weit hinweg in des Meeres fischreiche Fluten gewaltsam treibt. Als er dann den Kampfplatz betrat, wüthete er nicht weniger (Υ 490) als der gewaltige in dem dürren Gebirg durch die gewundenen Thäler hintobende Brand, der die Waldung in der Tiefe entflammt und vom Sturmwind angefacht die wogende Lohe überallhin im Strudel wirbelt. Die entsetzten Troer jagen sammt ihren Rossen dichten Gewimmels in die tiefen Wogen des Xanthos (Φ 12), wie ein Schwarm von Heuschrecken vor der Gewalt des auf einmal emporlodernden Feuers sich emporschwingt und bis zu dem Strome fliehend sich unter die Wellen duckt. Auch der um Patroklos' Leichnam entbrannte Kampf, das unablässige Tosen von Rossen und wurfspeerschwingenden Männern wird mit dem Feuer verglichen (Ρ 737), das in plötzlicher Glut aufflammend und vom Gebrause des Sturmwindes fortgerafft die Stadt stürmisch erfasst und verzehrt und in schrecklicher Lohe die Häuser prasselnd niederwirft. Noch mehr versinnlicht wird das Getöse der Feldschlacht durch die Zusammenstellung der so augenfälligen Erscheinungen des Waldbrandes und des unter den Bäumen wüthenden Orkans mit dem sturmbewegten Meer (Ξ 394):

Nicht so donnert die Woge des Meeres an felsigem Ufer,
Wenn sie der Nord aus der Tiefe mit tobenden Hauchen emporwühlt;
Nicht so dröhnt das Geprassel des hellauflodernden Feuers,
Das in den Schluchten des Berges den Forst zu verschlingen heranlost;
Nicht so braust der Orkan in den ragenden Wipfeln der Eiche,

Wenn er im heftigsten Grimme mit zürnenden Hauchen heranschnaubt, —
Wie der Achaier und Troer Geschrei zum Himmel emporscholl,
Als sie mit schrecklichem Ruf in der Schlacht sich einander bestürmten.

Ungemein häufig verwerthet Homer das Meer und seine Erscheinungen in seinen Gleichnissen sowohl zur Veranschaulichung des Gewoges und Lärmens in der Versammlung als besonders zur Belebung der Heerzüge und Kampfscenen. Das Achaiervolk stürmt zur Versammlung unter lautem Geschrei (Β 209), wie die Woge des wildtosenden Meeres am hohen Ufer sich brausend bricht, und die See donnernd hallt. Es regt sich stürmisch (Β 144) wie*) gewaltige Meereswogen der ikarischen Flut, die von dem aus den Wolken des Zeus niederstürzenden Ost- und Südwind mächtig aufgeregt werden. Der Rede Agamemnons jauchzen die Danaer wild zu, wie die vom Süd gestossene Woge (Β 394) um das hohe Gestade am vorspringenden Felsen laut brüllt; diesen umlecken stets die Wellen, von den da und dorther wehenden Winden aufgeregt. Als die Troer nach glücklichem Kampfe die Nacht auf der Wahlstatt zubrachten, wogte das Herz der Achaier zerrissen in ihrer Brust (Ι 4), wie die zwei aus Thrakien herwehenden Winde, Nord und West, welche in plötzlicher Hast kommen, die fischwimmelnden Meeresfluten in düsterer Wallung emporthürmen und Meergras in Haufen an den Strand schleudern. Die Troer brausen an Achaias Söhne erfolglos heran (Ρ 263), wie die Meereswoge an einen himmelentsprossenen Strom bei seiner Mündung anlost; es donnern die hohen Ufer, aber die Fluten, von denen sie gepeitscht werden, brechen sich draussen. Dasselbe Bild, nur noch malerischer, finden wir bei einem Angriff der Achaier (Δ 422):

Wie wenn wogende Flut am tosenden Meeresgestade
Unter des Zephyros Stoss in gewaltigen Ringen heranstürzt;
Erst auf der Höhe des Meeres erhebt sie sich, aber mit einmal
Mächtig am Ufer sich brechend erdonnert sie, rings um die Klippen
Thürmt sie züngelnd sich auf und speit in die Ferne den Salzschaum:
Also stürzten sich dort dichtwogende Schaaren Achaia's
Endlos fort in die Schlacht.

Nicht weniger prächtig ist ein anderes den von Hektor geleiteten Angriff darstellendes Bild (Ν 794):

Sie denn zogen heran, wie der Sturm unbändiger Winde,
Der, von dem Donner Kronions erweckt, in's Gefilde herabstürzt,
Dann mit grausem Getose der Flut sich vermählt und emporwühlt
Viel hoch brandende Wogen des weitaufflutenden Meeres,
Uebergewölbt und beschäumt, vorn andere, andere hinten:
Also zogen in Reih'n, vorn andere, andere hinten,
Leuchtend in ehernem Glanze, geführt von den Fürsten, die Troer.

Siegesgewiss stürmen sie bald darauf über die das Schiffslager umgebende Mauer (Ο 381), wie die gewaltige Woge des unabsehbaren Meeres über die Schiffswände hinwegstürzt, wenn sie des Windes Wuth peitscht; diese thürmt ja die Gewässer am höchsten empor. Aber die Achaier hielten in geschlossener Schaar fest Stand (Ο 618), wie der grosse, steile Fels am Gestade des blauen Meeres den heibrausenden Ansturz des beschwingten Orkans und die angeschwollene Flut, die brausend gegen ihn emporschäumt, trotzig besteht. Hektor sprang jedoch auf das Gewühl ein (Ο 624),

wie die Woge sich jäh in das eilende Schiff stürzt,
Unter Gewölk vom Sturme geschwellt: im Schaume verbirgt sie
Ueber und über das Schiff, und die schrecklichen Hauche des Sturmwinds
Brausen hinein in die Segel; den zagenden Schiffern erzittert
Lange das Herz, da sie nahe dem Tod hinschweben am Abgrund:
Also ward den Achaiern das Herz im Busen erschüttert.

Ein andermal erlegt er viele Häupter des Volkes (Λ 305), wie der West die vom schauernden Südwind gehäuften Wolken dicht fortwirbelt und sie mit stürmenden Schlägen trifft; da wälzt sich die geschwollene Woge, und der Schaum spritzt unter dem Tosen des vielfach kreisenden Windes hoch auf.

So oft uns auch der Dichter das Meer und zwar immer in tiefer Aufregung vorführt, immer weiss er einen andern charakteristischen Zug anzubringen, so dass kein Bild dem andern vollkommen gleicht. Ebenso verfährt er mit dem Strom, den er in gleicher Weise, wenn auch seltner, in seine Darstellung verflicht. Das Siegesfrohlocken der Mordenden und der sich damit

*) Vergl. das Gleichniss von den wallenden Saaten (Β 147), deren wachsende Aehren der wild daherbrausende Zephyr bewegt und hinabbeugt.

mischende Wehruf von Gemordeten führt ihn auf das Bild der zwei im Herbste angeschwollenen Ströme (Δ 452), die einem mächtigen Gebirgsquell entstürzend ihr reissendes Wasser in ein gemeinsames Thal ergiessen und im hohlen Geklüfte sich vereinen; ferne hört der in den Bergen weidende Hirt das Tosen. Noch schöner vergleicht er die unwiderstehliche Tapferkeit des Diomedes mit dem übergeschwollenen Strom (E 87),

Welcher mit herbstlicher Flut wild rauscht und die Dämme zertrümmert;
Weder zu hemmen vermag ihn der Wall einschliessender Dämme,
Noch auch hemmt das Gehege der blühenden Saatengefilde,
Wenn er daherbraust plötzlich, indem Zeus Regen herabströmt;
Vor ihm stürzen dahin viel stattliche Werke der Männer.

Das Gegenbild dazu finden wir in dem erfolgreichen Widerstand der beiden Aias, welche die auf Patroklos' Leichnam eindringenden Troer von hinten abwehren (P 747), wie der weit über die Ebene sich hinstreckende Waldhügel, den keine Gewalt der Wogen zu durchbrechen vermag, die anstürmenden Fluten reissender Ströme hemmt und alle sofort seitwärts in die Ebene zu fliessen zwingt. Hier soll namentlich auch das so naturgetreue, die Parallele ziemlich streng ziehende Gleichniss vom Rollstein eine Stelle haben, zu welchem der stürmische Angriff Hektors den Dichter veranlasst (N 137):

So stürzt von dem Felsen ein Rollstein,
Welchen der rauschende Strom abreisst an der Krone des Berges,
Wenn Platzregen die Bande des trotzigen Felsen gebrochen;
Hochher fliegt er im Sprunge hinab, und unter ihm donnert
Mächtig der Wald; fort rollt er und wankt nicht, bis er in eb'ne
Gründe gelangt; dort hemmt er den Lauf, so gewaltig er andrang:
Also drohte zuerst Held Hektor, bis an den Seestrand
Leicht durch Lager und Schiffe mit mordendem Speere zu dringen;
Aber sobald er gelangt zu der Danaer dichte Geschwader,
Hemmt er, so nahe gekommen, den Lauf.

Die Bäume werden von ihm benützt, um das Ausharren der Helden auf ihrem Posten und das Gewaltige ihres Falles der Phantasie nahe zu bringen. Die zwei Lapithen Polypoites und Leonteus stehen an des Thores Eingang fest (M 182), wie hochwipflige Eichen auf dem Gebirge, die mit starken und lang hinreichenden Wurzeln im Grunde haftend Platzregen und Sturmwind an jedem Tag bestehen. So halten die zwei, der Arme Kraft vertrauend, Asios' Andrang furchtlos aus. Dieser stürzte bald darauf von einem Geschosse durchbohrt dahin (N 389), wie ein Eichbaum oder eine Pappel oder stämmige Fichte, die hoch im Gebirge von Zimmerleuten zu Schiffsbalken mit scharfem Beile gefällt werden. Imbrios sank wie eine Esche (N 178), welche vom Erz gefällt auf ragender Bergeskuppe das jugendliche Laub zur Erde senkt. Der vom Feldstein getroffene Hektor sinkt jählings in den Staub (Ξ 414), wie ein entwurzelter Eichbaum von dem zerschmetternden Schlage des Zeus in den Staub stürzt, und die furchtbaren Schwefeldünste vom Stamme emporqualmen; denn der Blitz des mächtigen Zeus ist grauenvoll. Der jugendlich blühende Simoeisios sinkt in den Staub (Δ 482) wie eine Pappel, die, am den Stamm glatt, oben aber am Scheitel von grünen Zweigen umgeben, auf der grasreichen sumpfigen Au aufwuchs, bis sie zuletzt der Wagner mit dem blanken Eisen abhaut, um sie zum Radkranz am Wagen zu benützen; nun liegt sie gefällt da und verdorrt am Uferrand.

Wir fühlen auch hier, mit welcher Gewandtheit Homer bei so häufiger Wiederholung desselben Gleichnisses immer einen eigenartigen Zug herbeizubringen und dadurch wie das Bild so die in ihm dargestellten Helden zu charakterisiren versteht. Dieses trifft ganz besonders zu in dem herrlichen Gemälde, das er dem hochherzigen Euphorbos widmet (P 53):

Sowie den üppigen Sprossen des Oelbaums sorglich ein Landmann
Pflegt an einsamer Stätte, wo reichliches Wasser emporquillt;
Lieblich erblüht er und herrlich, gewiegt und geschaukelt von ringsher
Wehender Lüfte Gesäusel, und schimmernde Blüthe bedeckt ihn,
Bis urplötzlich ein Sturm mit gewaltigen Wirbeln herabstürzt,
Ihn ausreisst mit den Wurzeln und lang auf die Erde dahinstreckt:
Also warf der Atride des Wurfspeers Meister Euphorbos,
Panthoos' Sohn, in den Staub und nahm dem Erschlagnen die Rüstung.

Die eben berührte Charakteristik muss sich noch um ein bedeutendes steigern, wenn das Objekt, welches die Vergleichung abgibt, selbst belebt ist, weil dann nicht die Oberfläche und äussere Merkmale allein, sondern auch innere Eigenthümlichkeiten und seelische Zustände zum Ausdruck kommen. Wir meinen nämlich die Thiere. Und gerade die Thierwelt mit ihren vielfältigen Erscheinungen bildet ein weit ausgedehntes Feld, aus welchem Homer mit geübtem

Auge und sicherer Hand die Formen zur konkreten Gestaltung seiner Gedanken und zur Zusammensetzung seiner Bilder holt. Diese Bilder aber sind um so reicher und mannigfaltiger, da die im Innern sich ereignenden Vorfälle auch körperlich in Stellung und Bewegung, Mienen und Thaten, kurz in verschiedenen Aeusserungen sich geltend machen, so dass es ihm hier noch mehr als bei den Erscheinungen der leblosen Natur möglich ist, ein und dasselbe Geschöpf mit stets wechselnder Hervorhebung eines anderen Zuges oder einer anderen Situation oftmal zur Verwendung zu bringen, ohne dass seine Genialität die Gefahr einer Wiederholung fürchten muss. Wir werden dieses leicht bei der Zusammenstellung der das nämliche Thier zur Grundlage nehmenden Gleichnisse beobachten können und eröffnen nun gleich die Reihe mit den kleineren, unvollkommenen Geschöpfen.

Die hauptumlockten Achaier stehen unzählbar im Feld, die Troer zu zermalmen dürstend (B 469), wie endlose Schaaren summender Fliegen dicht umher in dem ländlichen Hofe eines Hirten schwärmen, wenn in den Lenztagen die Milch in den Butten emporschäumt. Athene senkt Menelaos (P 570) den Trotz einer verwegenen Fliege in die Seele, die, wenn sie auch noch so oft vom menschlichen Leibe weggescheucht wird, doch ihn unablässig sticht und sich am Menschenblute labt. Diese Hartnäckigkeit ist besonders auch den Wespen und Bienen eigen. Daher werden Polypoites und Leonteus, da sie vom Lagerthor um keinen Preis weichen wollen, mit diesen regsamen Thieren verglichen (M 167), die ihr Zellenhaus an einem luftigen Pfad gebaut haben und aus dem hohlen Gemache nicht fortziehen, sondern muthvoll den Angriff der Jäger bestehen, ohne im Kampf um ihre Kinder zu wanken. Ihren unerschütterlichen Muth würdigt Homer noch ausführlicher; denn er lässt die kampfdürstenden Myrmidonen von den Schiffen strömen (Π 259), wie Wespen an der Heerstrasse, wenn sie von muthwilligen Knaben nach Knabengewohnheit fort und fort ohne Bedacht geneckt und gereizt, oder auch von einem vorüberwandernden Manne unwillkürlich erregt werden, alle muth- und zornentflammt heranfliegen, um ihr junges Geschlecht zu beschirmen, und vielen ein schmerzliches Wehe bereiten. Den Auszug der Schaaren überhaupt und das hallende Zittern des Bodens unter den Tritten von Mann und Ross vergleicht er (B 460) mit zahlreichen Geschwadern von Vögeln, von Kranichen, Gänsen und langhalsigen Schwänen, die um die asische Au und um die wallenden Fluten des Kaystrios hin- und herflattern, stolz mit den Flügeln rauschen und, wenn sie dann im Flug tosend hinabstürzen, rings das Gefilde dröhnen machen.

Das Geschlecht der Raubvögel, deren Aufschwung und Flugrichtung er genau beschreibt, ist ihm besonders zweckdienlich zur Belebung bei dem Schildern von Kampf- und Verfolgungsscenen. Poseidon schwingt sich von den beiden Aias hinweg (N 62), wie ein schnellfliegender Habicht auf hoher Gebirgsklippe sich zum Fluge hebt und, einen andern Vogel verfolgend, hin ins Gefilde stürmt. Dasselbe Bild, nur wieder ausführlicher, trägt er auf den racheübenden Odysseus und seine Kampfgenossen über; denn diese stürzen unter die Freier, wild im Saale mordend (χ 302), wie die Habichte mit scharfen Klauen und krummem Gebisse, die vom Gebirge herunter sich auf kleinere Vögel schwingen; diese flattern angstvoll aus den Wolken in das Feld herab; doch die verfolgenden Stösser erwürgen sie, da weder Tapferkeit vorhanden noch Flucht möglich ist; und die Menschen erfreuen sich des Fanges. Aehnlich fliehen die Achaier, der Kampflust vergessend und helles Geschrei anstimmend vor Hektor (P 755), wie eine Wolke von Staaren oder Dohlen unter lautem Geschrei dahergezogen kommt, sobald sie einen Habicht erblicken, der anstürmend den kleineren Vögeln Verderben bringt. Auf eines der dunkeln Schiffe fährt er in stürmischem Fluge kühn heran (Ο 690), wie der funkelnde Adler auf Schwärme von befiederten Vögeln, von Kranichen, Gänsen und langhalsigen Schwänen niederstürzt, die sich weidend am Strom gelagert haben. Vor Achilleus aber vertauscht er die Rolle des Adlers und Habichts mit der der Taube; denn als er diesen sah, bebte er und flüchtete bange unter der Mauer hin. Der jedoch flog hinter ihm her gradaus im Sturm (Χ 139), wie der Gebirgsfalk, der behendeste von allen Vögeln, leicht der schüchternen Taube in gewaltigem Schwunge nachstürzt; bang flüchtet diese seitwärts, aber jener stürmt dicht hinter ihr mit hellem Geschrei beständig nach und brennt vor Gier, sie zu erhaschen. Aehnlich ist das Jagdbild vom Adler, das, wie es bei Homer so häufig vorkommt, als gelegentliche Zugabe bei der Schilderung des scharfen Auges dieses Thieres und als weitere Ausmalung des Gleichnisses erscheint. Menelaos rollt nämlich im Gewühle spähend die leuchtenden Augen umher, ob er Antilochos noch am Leben erblicke (P 674), dem Adler gleich, welcher von den Vögeln am schärfsten unter dem Himmel späht und, mag er auch hoch oben schweben, doch des flüchtigen Hasen, wenn er sich im belaubten Gesträuche barg, gewahr wird, dann plötzlich auf ihn herniederstürzt, ihn geschwind erhascht und tödtet.

Auch für geistige Zustände, nicht allein für körperliche Erscheinungen, findet Homer konkrete Sinnbilder in der Thierwelt. So vergleicht er Penelope mit ihrem durch Sorgen und Gram aufgewühlten Herzen und dem unruhigen, besonders in der Stille der Nacht sich da und dorthin schwingenden Geiste mit Pandareos' Tochter (τ 518), der falbgefiederten Nachtigall, die, wenn der Frühling sich erneuert, unter dem Gesprosse dicht belaubter Bäume sitzend holden Gesang anhebt und oft wendend tonreich ihre melodische Stimme ergiesst.

Wir gehen nun auf die grösseren Thiere über, durch deren Auftreten und Thätigkeit er fast nur Scenen heftiger Bewegung und höchster Kraftäusserung versinnlicht; dabei lässt er mehr als irgendwo seine Phantasie wirken und entfaltet in einzelnen grossen Gemälden ganze Dramen, in welche ausser den Thieren, die da feindlich an einander gerathen, oft auch Menschen in activem und passivem Verhalten eingeführt werden.

Machen wir den Anfang mit dem Truppenausmarsch, den wir oben schon unter dem Bilde von Vogelschaaren beobachtet haben, und setzen sofort das schönste Gleichniss vom Pferde an die Spitze, wodurch die stattliche Erscheinung des Paris uns mehr als durch eine weitläufige Schilderei nahe gebracht wird (Z 506):

Sowie das Ross, das lang an der Krippe geruht, in der Gerste
Schwelgend, — die Bande zerreisst und mit stampfendem Hufe das Feld durch
Rennt, sich zu baden gewohnt in dem schön hinwogenden Strome,
Strotzend von Kraft; hoch trägt es das Haupt, und umher an den Schultern
Flattern die Mähnen empor; stolz wiegend die stattlichen Glieder,
Tragen die Schenkel es leicht zu der traulichen Weide der Stuten:
So schritt Priamos' Sohn von Pergamos' Höhen hernieder,
Paris in leuchtenden Waffen, so hell wie die strahlende Sonne,
Freudig und stolz; rasch trugen die Schenkel ihn.

Ihm und dem ermunternden Aineias folgten ohne Verzug die Völker nach (N 492), wie dem Widder die blökenden Schafe zum Bach von der Weide folgen; und wie sich der Schafhirt im Herzen freut, so schlug auch dem Aineias das Herz vor Freude, als er das hinter ihm herziehende Kriegsvolk ersah. Aus dem troischen Heere scholl ein wirres Geschrei (Δ 433), wie die Schafe, auf den Ruf der Lämmer antwortend, rastlos ihr Blöcken ertönen lassen, wenn sie in unendlicher Menge in der Hürde des Reichen gedrängt stehen und Milch in Fülle darbieten.

Mit derselben Naturwahrheit wie die Schafe sind auch die Rinder in verschiedenen Situationen gezeichnet. Besonders lieblich ist jenes Bild, das die Freude darstellt, womit die Gefährten den aus der Behausung der Zauberin Kirke zurückkehrenden Odysseus empfangen. Diese stürzen vor Freude weinend an ihn heran (κ 410), wie die Kälber, wenn die Kühe von der Weide gesättigt zum Stall heimkehren, ihnen, über den Zaun des Geheges hinweghüpfend, allzumal entgegenrennen und mit stetem Geblöke um die Mutter herumspringen. Veranschaulicht hier der Dichter die Liebe der Jungen zu den Alten, so bringt er ein anderes Mal wenn auch in knapperen Zügen die fürsorgliche Aufopferung der Alten für die Jungen zum Ausdruck. Menelaos umgeht schützend die Leiche des Patroklos (P 4), wie die winselnde Sterke ihr Junges, das sie, der Wehen zuvor unkundig, als erstes geboren. Auch die ausdauernde Arbeitskraft der Stiere, ihre zappelnde Widerhaarigkeit und ihre Wucht im Falle weiss er treffend zu malen. Die beiden Aias stehen im beharrlichen Kampf vereint dicht neben einander (N 703), wie den stämmigen Pflug zwei schwarzfarbige Stiere im Brachfeld einträchtigen Sinnes ziehen; um die Stirne quillt, in Menge vordringend, der Schweiss an den Wurzeln der Hörner; nur das glatte Joch hält beide von einander getrennt, während sie die Furche das Gefilde weit durchschneidend ziehen. Der durchbohrte Adamas windet sich niedergesunken am Speer (N 571) wie der Stier, den die Hirten im Gebirge, wenn er sich sträubt, an gewundenen Stricken mit Gewalt dahinziehen. Wie ein Stier an der Krippe (λ 411) fällt der von Aigisthos erschlagene Agamemnon. Ebenso sinkt Aretos, nachdem ihm der Wurfspeer im Schwunge durch die Gedärme gefahren war, emporspringend zurück (P 520), wie wenn ein rüstiger Mann einen geweideten Stier mit geschliffenem Beile hinter die Hörner in das Genick schlägt, ihm die Sehnen ganz zerhaut, und der Stier aufspringend stürzt. Die Freier durchstürmen alle bange den Saal (χ 300), wie die Rinderherde, welche eine heftige Bremse in der Frühlingszeit, wann längere Tage gekommen sind, voll Wuth nachfliegend umherscheucht. Wenn hier Odysseus mit einer Bremse verglichen wird, so kann das, wie wir oben gesehen, nicht befremden.

Gewöhnlich dienen zur Darstellung der Verfolgungs-, Kampf- und Mordscenen, parallel mit den Raubvögeln, die grossen Raubthiere. Die Troer geberden sich gleich den flüchtigen Hindinnen (N 102), die in den Wäldern ein Raub der Schakale, der reissenden Pardel und Wölfe werden. Die Myrmidonen-Führer stürmen um Patroklos her, wie die Wölfe (Π 156),

Die, nach Fleische begierig, das Herz voll trotziger Kühnheit,
Einen gewaltigen Hirsch mit Geweih' in den Bergen verschlingen,
Den sie gewürgt, dass allen das Blut an den Kiefern herabtrieft;
Alsbald geh'n sie zusammen, am finsteren Strudel des Quelles
Oben das dunkele Wasser mit spitzigen Zungen zu lecken,
Da sie das Blut ausspei'n des gemordeten Wildes; im Busen
Trotzt ihr Herz voll Muthes, geschwellt sind allen die Bäuche.

Dem Peliden wirft sich der muthige Agenor entgegen (Φ 573), wie wenn ein Panther aus tiefem Strauchwerk trotzig gegen den Jäger anstürzt, nicht zagend noch furchtsam fliehend, nachdem er das Bellen vernommen; denn mag auch dieser im Stoss oder Wurfe ihn verwunden, trotzdem, selbst von der Lanze durchbohrt, ruht er nimmer, bis er sich entweder auf ihn vernichtend gestürzt hat oder selbst hinsinkt. Die Lapithen Polypoites und Leonteus kämpfen am Eingang des Lagers muthvoll gleich zwei trotzigen Ebern (M 146), die im Gebirge die anbrausende Hetze von jagenden Männern und Hunden bestehen, dann seitwärts herstürzen und die Gesträuche rings zerknicken, vom Stamme sie wegfegend, während das Geknirsche ihrer Hauer unten erschallt, bis einer mit der Mordwaffe sie hinrafft: also kämpften die beiden tapfer, und um ihre Brust scholl unter den feindlichen Geschossen das leuchtende Erz. Fast unter demselben Bilde, nur mit Aenderung einiger Striche, erscheint Held Idomeneus, der, ohne zu weichen, gegen Aineias stand (N 471), wie ein Waldeber voll trotziger Kühnheit den wildtosenden Haufen der Jäger auf ödem Gebirge besteht und den borstigen Rücken in die Höhe sträubt; die Augen erglühen ihm von Feuer flammend; und die Hauer wetzt er wuthentbrannt, dem Gedränge der Jäger und Hunde zu wehren. — Aber selbst wenn der Eber flieht, ist er noch furchtbar. Diesen Gedanken bringt Homer in ein treffliches Bild und durch dieses charakterisirt er nicht minder trefflich die damit in Beziehung gebrachten Helden und Scenen bei der Rettung der Leiche des Patroklos. Während nämlich Menelaos und Meriones eifrig den Leichnam aus dem Getümmel tragen (P 742), wie rüstige Maulthiere vom Gebirge her auf steinigem Pfade den Stamm oder mächtigen Balken zum Schiffsbau ziehen, dass vom Schweisse der Arbeit die Ringenden endlich ermatten, decken die beiden Aias den Rückzug, verfolgt von einer Menge Troer, die vorwärts rannten (P 725), wie grimmige Hunde, den Jägern weit voran, den getroffenen Eber verfolgen; zuerst laufen sie rastlos und brennen vor Begierde, das Wild zu zerreissen; wenn aber dieses im Trotze seiner Kraft sich nach ihnen umkehrt, weichen sie flugs davon und zerstreuen sich nach allen Seiten: also folgten auch die Troer anfangs immer in Haufen, mit ihren Schwertern und Lanzen umherstossend; wenn aber die Aias umwendeten und ihnen die trotzige Stirne entgegenkehrten, erblassten sie, und keiner vermochte stürmend vorwärts zu dringen.

Bekunden die bis jetzt angeführten Gleichnisse den feinen Kenner der Thierwelt und rufen fast den Gedanken wach, als habe der Dichter an solchen Hetzen selbst Theil genommen und aus unmittelbarer Anschauung die Züge zu diesen Jagdstücken entworfen, so ist dieses noch mehr der Fall bei seinen Löwenbildern, die ihm am geläufigsten sind und die an Lebendigkeit, Mannigfaltigkeit und Farbenpracht alle übrigen übertreffen. Selbst diejenigen von den alten Schriftstellern, welche wie Aristoteles und Plinius dem ihnen vorgesetzten Zwecke gemäss die einzelnen Thiere in ihrer Naturgeschichte speciell behandeln, haben kaum treffender und vollständiger den Charakter und die Lebensweise des Löwen geschildert als Homer. Er kennt genau die ihm angebornen Eigenschaften, seine ungeheuere Kraft und Stärke, wie seine Vorsicht; er weiss, was er riskirt, wenn ihn Hunger und Durst treiben, wie er vor Fackeln und dem Lärm der Menschen Respekt hat, mit welcher Gier er sich an den Eingeweiden und dem Blute eines zerfleischten Rindes labt. Doch betrachten wir an den Gleichnissen selbst, wie meisterhaft er den König der Thiere charakterisirt. Eben wegen dieser seiner königlichen, mächtig imponirenden Erscheinung und der dieser entsprechenden körperlichen Kraft vergleicht er mit ihm in ausführlichen Bildern nur die hervorragendsten Helden, wie Hektor, den Telamonier Aias, Odysseus, Agamemnon, Menelaos, Achilleus. Wohl in einem der schönsten Gleichnisse verherrlicht er des letzteren Begegnung mit Aineias (Υ 164):

Jenseits drang der Pelide heran, wie der reissende Löwe,
Welchen zu tödten verlangend die ländlichen Männer, ein ganzes
Volk, zu-ziehen geschaart; er schreitet zuerst mit Verachtung
Trotzig daher; doch sobald mit dem Speer ihn ein rüstiger Jüngling
Traf, dann knäuelt er sich mit geöffnetem Rachen zusammen,
Triefend die Zähne von Schaum, er stöhnt aus muthigem Herzen,
Geisselt sich dann mit dem Schweife zugleich zur Rechten und Linken
Rippen und Hüften umher und entflammt sich selbst zu dem Kampfe,
Bis er mit funkelnden Blicken hinausstürmt, einen zu morden.

Oder im Vordergetümmel erlegt selbst niederzustürzen:
Also drängte die Kraft und der männliche Muth den Achilleus,
Kühn sich entgegenzuwerfen dem tapferen Helden Aineias.

Als wildrasenden Löwen (Ω 41), der, von gewaltiger Kraft und verwegenem Trotz getrieben, sich in die Herden der Menschen stürzt, um ein Mahl sich zu erhaschen, bezeichnet ihn auch Apollon im Kreise der Unsterblichen.

Die von ihm herdrohende Gefahr wächst, und sein Muth wird unbeugbar, wenn ihn das Gefühl des Hungers quält. So strebt der von Noth bedrängte Odysseus, wenn auch nackt, in den Kreis der phaiakischen Jungfrauen einzugehen (ζ 130), wie ein Berglöwe voll trotzender Kühnheit, der durch Regen und Sturm hingeht; es brennen ihm die Augen im Haupte; es gelüstet ihn nach Rindern, Schafen oder nach den flüchtigen Hirschen des Waldes: der Hunger gebietet ihm aber, auch nach kleinerem Vieh zu trachten und in verschlossene Höfe einzudringen. Die Rinder und Hirsche sind es ganz besonders, die das Objekt seiner Jagd bilden, und nur selten vermögen es die Hirten und Jäger, ihm seine Beute zu entreissen. Hektor lässt sich selbst durch die Anstrengungen der beiden Aias von Patroklos' Leichnam nicht verscheuchen, ebenso wie (Σ 161) auch die Hirten des Feldes einen feurigen Löwen, den grimmiger Hunger treibt, von dem Raube zu verscheuchen sich umsonst abmühen. Dasselbe Bild, aber mehr ausgeführt, treffen wir bei seinem Sturm auf die Schiffe (O 630):

Jetzt wie der Leu mordathmend hineinstürzt unter die Rinder,
Welche die grasigen Au'n am gewaltigen Sumpfe beweiden,
Tausende sind's, und ein Hirte geleitet sie, wenig geübt noch,
Für krummhörnige Rinder im Kampf zu bestehen ein Raubthier;
Stets an den vordersten bald, und bald an den hintersten Rindern
Wandelt er hin und zurück; doch der Leu in die Mitte sich stürzend
Mordet ein Rind, dass bebend die übrigen alle zerstieben;
Also flohen betäubt vor Hektor und Zeus die Achaier
Allzumal; den Mykener allein, Periphetes, erschlug er.

Ganz in ähnlicher Weise mochte dagegen auch keiner von den Troern sich Menelaos entgegenwerfen, als dieser Euphorbos in den Staub geworfen hatte und dem Erschlagenen die Rüstung nahm (P 61),

So wie der Leu, in den Bergen genährt, voll trotzender Stärke,
Raubend die stattlichste Kuh sich erhascht in der weidenden Herde;
Wie er mit mächtigen Zähnen sie fasst und den Nacken zuerst ihr
Bricht und zerfleischend sodann ihr Blut in den Rachen hinabschlingt
Sammt dem Gedärm; fern steh'n um den Wüthenden Hirten und Hunde,
Fernher schrei'n sie gewaltig und drohen ihm, aber getrau'n sich
Nicht ihm entgegenzutreten, erfasst von dem bleichsten Entsetzen.

Sein Bruder Agamemnon verfolgt die Troer und wirft immer den hintersten auf der Flucht in den Staub hin (Λ 172), wie der Löwe, Nachts zur Melkzeit kommend, alle Rinder mit einem Mal in die Flucht treibt. Einem aber das grausige Verderben bereitet, indem er ihm zuerst den Nacken mit den grimmigen Zähnen zermalmt, dann das Blut und alle Gedärme hinunterschlingt. Mit dem am Frasse gesättigten Löwen wird Odysseus nach Ermordung der Freier verglichen; denn umringt von den Leichen war er mit Staub und Blut um die Füsse und Hände befleckt wie ein Berglöwe, der, vom ländlichen Stiere gesättigt, stolz einhergeht: Brust und Backen an jeder Seite triefen ihm von blutigem Morde, und sein Antlitz ist furchtbar zu schauen (χ 402).

Noch häufiger, theilweise auch reicher gruppirt sind die Darstellungen des Löwen auf der Hirschjagd. Bald führt ihn das Glück, bald auch das Getümmel richtig zur guten Stunde daher, um den Jägern, die sich nun lange umsonst geplagt, das edle Wild abzujagen; ebenso findet er junge Hirsche als willkommenen Bissen in seinem eigenen Lager vor, wohin unselige Hindinnen in ihrer unwissenden Zärtlichkeit sie gebettet haben, oder sucht sie glücklich in ihrem Lager auf. Die letzte Scene veranschaulicht das gelungene Bild, wodurch der Schrecken der Troer vor Agamemnon gemalt wird und das als Pendant zu dem oben angeführten Gleichnisse (P 61) von der durch den Löwen erwürgten Kuh gelten kann (Λ 113):

Sowie der flüchtigen Hindin die zärtlichen Kinder ein Löwe
Mühlos alle zermalmt, mit gewaltigen Zähnen sie fassend,
Wann er in's Lager gestürzt, ihr blühendes Leben zu morden;
Sie, wie nah' auch stehend, vermag nicht ihnen zu helfen;
Denn ihr selber beschlich ein schauriges Zittern die Glieder;
Hastigen Laufs durchstürmt sie den Wald und die dichten Gesträuche,
Rastlos, triefend von Schweisse, gedrängt von dem grimmigen Raubthier:
Also konnt' jetzt keiner im troischen Volke von jenen
Wehren den Tod; sie flohen ja selbst vor den Söhnen Achaia's.

Von Odysseus sagt Menelaos zu Telemach, dass er heimkehrend den Freiern ein schreckliches Ende bereiten wird (δ 335) wie ein mächtiger Löwe, wenn er bei der Heimkehr in sein Lager da saugende neugeborne Zwillinge vorfindet, welche eine Hindin hineingelegt hat, um dann Bergkrümmen und grün bekräuterte Thäler umherweidend zu durchspähen. Menelaos selbst war bei dem Anblick seines Todfeindes, des Paris, als er ihn vor dem Gewühle mit mächtigen Schritten daherziehen sah, erfreut, wie ein hungernder Löwe (Γ 23), wenn ihm ein grösseres Wild, ein Hirsch mit Geweih oder ein Gemsbock aufstösst; denn er verschlingt ihn voll Gierde, und selbst hurtige Hunde und kraftvollblühende Jäger scheuchen ihn nicht von dannen. Paris seinerseits tauchte bebenden Herzens in die Troerschaaren zurück (Γ 33), wie wenn einer in den Bergschluchten die Natter erblickt, sich entsetzt abkehrt und mit zitternden Gliedern und blässeumzogenen Wangen ängstlich eilend zurückflieht.

Das eben erwähnte Jagdbild hat Homer auch auf Hektor übertragen, da aber nicht bloss seiner Gewohnheit gemäss modificirt und ihm einen andern Hintergrund gegeben, sondern auch mit einem zweiten zu einer reicheren und belebteren Gruppe zusammengestellt; ausserdem liegen hier die Vergleichungspunkte klar zu Tage. Wenn nämlich die Achaier zuerst die Feinde rastlos tobend verfolgen, sobald sie aber Hektor die Reihen durchwandeln sehen, zusammenschrecken und den Muth sinken lassen, so veranschaulicht er das erste Moment (O 271) durch die Jagd von Hunden und Landleuten auf einen Gemsbock oder einen Hirsch mit stolzem Geweihe, die ein dichtschattender Wald und eine jähaufsteigende Felswand vor dem Schicksal des Getroffenwerdens rettet, das zweite aber durch die Erscheinung eines bärtigen Löwen, der auf das laute Getümmel plötzlich am Wege auftaucht und auf einmal alle Stürmenden verscheucht. Dasselbe ist der Fall mit der Erscheinung des Aias in jenem kritischen Augenblicke, da Odysseus nahe daran war, von der feindlichen Uebermacht erdrückt zu werden. Dieses Jagbild ist besonders voll dramatischen Lebens, berührt aber die Scene, wie häufig, nur in wenigen Satzgliedern (Λ 474):

Um ihn drängten sich Troer, wie bunte Schakal' im Gebirge
Um den gehörneten Hirsch, den verwundeten, welchen ein Waidmann
Traf mit dem Pfeil von der Sehne; wiewohl er jenem entronnen,
Fliehend, so lange das Blut warm quoll und die Kniee sich regten,
Doch nachdem ihn zur Erde gestreckt der beflügelte Wurfpfeil,
Gierig zerfleischen ihn dann im hohen Gebirg die Schakale
Tief in den Schatten des Waldes; ein Leu, den sendet ein Dämon,
Naht; die Schakale zerstreu'n sich erschreckt, und der Löwe verschlingt ihn:
Also drängten sich jetzt um den listigen Helden Odysseus
Viel kampfmuthige Troer, indem, kühn schwingend die Lanze,
Er von sich abwehrte den grausamen Tag des Verderbens.
Nun kam Aias heran mit dem thürmenden Schilde; zur Seite
Trat er an ihn, und die Troer zerstreuten sich hierhin und dorthin.

Mit seinem mächtigen Schild deckt er später auch des Patroklos Leiche, sich hinstellend (P 133), wie sich der Löwe zum Schutze vor seine Jungen hinstellt, wenn ihm plötzlich Jäger im Forste begegnen, indem er die Schwachen geleitet; in der Fülle seiner Stärke trotzend zieht er die gerunzelten Brauen herab und verhüllt sich damit die Augen.

In allen diesen aneinander gereihten Bildern sehen wir den Löwen als das übergewaltige, furchtbare Thier, dem nichts zu widerstehen vermag, und vor dem alles Reissaus nehmen muss. Nur ein einziges Mal räumt er das Feld, da zu der Uebermacht von Hunden und Hirten, die ihm begegnen, auch noch das ihm unerträgliche Feuer tritt, aber auch hier nur langsam und ohne dem Ruhm seiner Tapferkeit etwas zu vergeben. Wieder ist es der Telamonier, dessen schwer zu erzwingender und, wenn er ausgeführt werden muss, bedächtiger Rückzug unter dem Gleichnisse dargestellt wird (Λ 548):

Wie schnellfüssige Hunde, vereint mit den Hirten des Feldes,
Oft vom Gehege der Rinder den feurigen Löwen verscheuchen;
Denn sie wollen ihm wehren, am Fett sich zu laben der Rinder,
Ganz durchwachend die Nacht; und der Leu stürzt, lüstern nach Fleische,
Gegen sie los; doch tobt er umsonst; denn Lanzen in Haufen
Sausen daher, ihm entgegen, von muthigen Händen geschleudert,
Lodernde Brände zugleich, und er bebt, so heftig er anstürmt;
Gegen das Frühroth eilt er hinweg mit bekümmertem Muthe;

So schied Aias jetzt, bekümmert im Geist, von den Troern
Ungern; denn ihm bangte für Argos' Schiffe gewaltig.

So grimmig aber der Löwe in seinem Angriffe und so trotzig und gefühllos gegen Wurf und Stoss er beim Widerstand ist, so wilder Schmerz durchzuckt ihn, wenn er seiner Jungen, von denen wir schon oben gesehen haben, dass er sie gegen jedermann mit Preisgebung seines Lebens schützt, verlustig geht. Daher wird mit ihm auch der über die Tödtung des Patroklos untröstliche Achilleus verglichen; denn dieser beginnt die endlos jammernde Klage, die männervertilgenden Hände auf den Busen des Freundes legend und oft aufstöhnend (Σ 318), wie ein bärtiger Löwe, dem ein hirschverfolgender Jäger aus dem dichten Gebüsche die Jungen heimlich geraubt hat; wenn er zurückkommt, härmt er sich ab, durchstreift weit die Schluchten und forscht den Spuren des Mannes nach, ob er ihn irgendwo erspähe; denn bittere Galle durchdringt ihn.

Nachdem wir die hauptsächlichsten Gleichnisse aus den verschiedenen Gebieten des Menschenlebens und der Natur zusammengestellt und bei manchen einzelnen derselben unserem vorgesetzten Zwecke entsprechende Bemerkungen geknüpft haben, genügt es in einer kurzen Zusammenfassung noch einmal darauf hinzuweisen, dass Homer durch dieselben die Charaktere der Personen, ihre körperlichen und geistigen Vorzüge, Kraft und Entschlossenheit, Schönheit und Schnelligkeit, ihre äussere Erscheinung und Bewegung, ihre seelischen Zustände, wie Freude und Wonne, Kummer und Traurigkeit, rathloses Schwanken des Gemüths, niederdrückende Furcht und freies, frisches Aufathmen, Raum- und Zeitbestimmungen, das Gewoge der Versammlung, alle auf Kampf und Krieg Bezug habenden Vorkommenheiten, das Anrücken und Zurückgehen, den stürmischen Angriff und die jähe Flucht, das kurze, entschiedene Abprallen und den ausdauernden Widerstand, die in Massen geschleuderten, vom Panzer oft zurückschnellenden Geschosse, den Lärm und das Getümmel der Feldschlacht, das Jauchzen der Sieger und den Wehruf der Gemordeten, die Verwundungen und Metzeleien, den Fall der Getroffenen, die Unentschiedenheit des Kampfes, den Schrecken, den die auftretenden Helden erregen, den Schutz, den sie Schwächeren und Verwundeten gewähren, dass Homer alles dieses mit plastischer Klarheit der Phantasie des Lesers nahe bringt; dass ferner die so mannigfaltigen Objekte selbst, die ihm zur Vergleichung dienen, unter seiner formenden Hand konkrete Gestalt gewinnen und als belebte und beseelte Schöpfungen gleichsam Fleisch und Blut annehmen, indem er die Beschäftigungen der Menschen, die Erscheinungen und Veränderungen in der Natur, die Lichter des Himmels, den Trotz der Elemente, landschaftliche Einzelnheiten mit der grössten Treue und Lebendigkeit schildert, besonders aber die Thiere nach ihren hervorstechenden Zügen, ihrer Lebensweise und Eigenart auf das treffendste charakterisirt; dass er endlich, von seinem Bildungstrieb und Formensinn fortgerissen, da, wo mit einem Striche schon die Aehnlichkeit gegeben war, nicht abbricht, sondern oft viele gar nicht zur Sache gehörende und auf die Verdeutlichung dessen, was er den Lesern oder Hörern recht klar machen will, sich nicht beziehende Momente herbeiholt, um diese untergeordneten Züge an den Mittelpunkt anzulegen und so das Bild zu einem gruppenreichen, farbenprächtigen Gemälde zu erweitern.

Digressionen und Episoden. In einem ähnlichen Verhältnisse wie die Gleichnisse stehen die Episoden und Digressionen; denn ebenso wie jene dienen sie zur Charakterisirung von Personen, zur Veranschaulichung von Sachen und Verhältnissen und werden auch wie jene entweder nur mit Hervorhebung der wesentlichsten Momente in einen schmalen Rahmen gefasst oder unter Herbeiziehung von zufälligen, in die kleinsten Details ausgeführten Nebenumständen auf breiten Flächen entfaltet. Wie wir nämlich schon oben angedeutet haben, drängt Homer durchaus nicht auf Beschleunigung des Ganges der Ereignisse, die in gespannter Wechselwirkung zum Ende eilen sollen, sondern mit Ruhe und Gemüthlichkeit gibt er sich den Objekten seiner Erzählung hin und verarbeitet sie in behaglicher Breite mit der ihm eigenen plastischen Klarheit. Die unversiegbare Quelle dieser Beiwerke, die mit der leitenden Idee oft nur in sehr lockerem Zusammenhange stehen, bildet die reiche Mythenwelt mit ihren bunten Erscheinungen, die Zustände, Charaktere und Thätigkeiten des patriarchalischen Lebens und des heroischen Zeitalters. Seine bildende Kraft bemächtigt sich nun jeder Gelegenheit, das, was in vergangenen Zeiten geschah, durch bewundernswerthe Sorgfalt in der sinnlichen Reproduktion zu vergegenwärtigen; denn den Personen und Ereignissen sich unmittelbar gegenüberstellend entwickelt er die Handlung von Anfang an in genetischer Reihenfolge und mit dramatischer Lebendigkeit, bewirkt dadurch, dass er untergeordnete Momente und besondere Umstände mit der nämlichen liebevollen Hingabe verfolgt, einen reichen Wechsel von Scenen und Situationen und gewinnt durch naturgemässe Hereinziehung von Nebenpersonen eine Mannigfaltigkeit von Figuren und Gruppen, die sich um die Hauptfigur herumlegend die Seitenflächen und den Hintergrund der Gemälde füllen. Zur Ausführung von solchen individuellen Bildern, welche den Strom der Be-

gebenheiten in angenehmer Weise unterbrechen und, auf die Vergangenheit zurückgreifend und die Verhältnisse der Gegenwart beleuchtend, als motivirende Glieder sich dem Baue des Ganzen einfügen, findet die Kraft seiner Phantasie und seine schöpferische Energie leicht Anlass. Der Name eines Helden führt ihn zurück zu den Sagen der Vorzeit, und dort holt er sich aus dem reichen Material irgend ein gerade treffendes Motiv, einen Einzelnkampf, ein Jagdabenteuer, eine Wanderung oder Irrfahrt, kurz die Typen aller möglichen Lagen und Vorfälle der Menschenwelt; wenn er eine Oertlichkeit, eine Insel, ein Land, welches der Schauplatz der Thätigkeit seiner Helden ist, erwähnt, so entwirft er oft eine sehr ausführliche Schilderung nicht nur von der landschaftlichen Gestalt und den Erzeugnissen des Bodens, sondern auch von der Beschaffenheit und den Sitten der Bewohner; selbst unansehnliche Gegenstände, Geräthe, Werkzeuge, Waffen, zeichnet er durch irgend ein plastisches Moment aus, indem er verdeutlichend den Zweck beifügt, dem sie dienen, oder den Stoff, aus dem sie verfertigt sind, oder den Meister, der sie geschaffen. Nicht selten werden auch die früheren Besitzer genannt und unter Anknüpfung eines charakteristischen Zuges die Umstände dargestellt, wie namentlich berühmte Waffen aus dem früheren Heldenalter auf das spätere homerische sich vererbt haben.

Homer lässt selten seine Götter die Sohlen sich unter die Füsse binden, ohne beizufügen (α 97, ε 45), dass sie dieselben wie im Schwunge anhauchender Winde über die Flut und das unendliche Land hintragen; zum Stabe des Hermes gibt er die Bemerkung (ε 48), dass der Gott damit die Augen der Sterblichen nach Belieben zuschliesst und die Schlummernden wieder erweckt, zur Lanze der Athene (α 100, Θ 390), dass sie die Schaaren der Helden, denen sie zürnt, niederstreckt, zum Gürtel der Aphrodite (Ξ 199), dass er alle Zauberreize enthalte und die Herzen der unsterblichen Götter und sterblichen Menschen bezähme. Neben dem im weichen Bette ruhenden Nestor prangt nebst der andern Ausrüstung auch der künstliche Gurt (Κ 77), der den Alten gürtete, wenn er gewappnet in die mordende Schlacht zog; vom Helme heisst es (ε 376), dass er sich wohl um die Schläfe wölbe, von der Lanze (ρ 4), dass sie dem Träger gerecht sei und wohl in die Hand sich füge, vom Schwerte (Χ 307), dass es gewaltig längs der Hüfte herabhänge, vom Speere (Φ 310), dass er der Schrecken für die Hunde und Männer sei. Aehnlich drückt er auch bei anderen Gegenständen in kurzen Zusätzen das aus, was sich eigentlich von selbst versteht. Dies ist der Fall, wenn er das zwanzigruderige Lastschiff erwähnt (ι 323), welches breitbauchig die Bürde durch die schwellenden Wasser hinträgt, den in der Nähe der Stadt befindlichen Brunnen (κ 107, ρ 206), aus dem sich die Bewohner ihr Wasser schöpfen, den prangenden Altar an der Quelle (ρ 211), wo die Wanderer den Quellnymphen zu opfern pflegen, oder den in Mitte des Hofes errichteten (χ 336), auf welchem der Hausherr viele Stierschenkel den Göttern zur Versöhnung verbrennt, den gehäuften Dung (ρ 297), der vor dem Hofthore von Rindern und Maulthieren aufgehäuft liegt, dass ihn die Knechte zur Düngung der Gefilde hinausführen.

Bei besonderen Anlässen verweilt er auch länger bei Waffen und Geräthschaften und gibt eine kleine Geschichte von ihrer Entstehung, um die Wichtigkeit des Momentes auch durch das Werkzeug, das dabei zur Verwendung kommt, hervorzuheben. So erfahren wir von dem Bogen des Pandaros (Δ 105), als er damit gegen Eidschwur und Vertrag auf Menelaos zielte, dass er vom Horne des kletternden Steinbocks geschnitzt, vom hornarbeitenden Künstler zierlich gedrechselt, rings geglättet und am Ende mit goldenem Rande gefasst worden sei. Damit noch nicht zufrieden führt der Dichter noch eine an den Steinbock geknüpfte Jagdscene vor: denn Pandaros selbst hatte dem Thiere, welchem die Hörner nicht weniger als sechzehn Handbreit vom Haupte gewachsen waren, im Anstand aufgelauert und, wie es vom Felsen sprang, die Brust von unten durchschossen, so dass es rückwärts an den Felsen hinsank. Achilleus schwört in dem heftigen Streit mit Agamemnon nicht einfach bei seinem Scepter (Α 234), sondern führt uns auf den Stamm im Gebirge zurück, dem das Erz ringsum Blätter und Rinde hinweggeschält, und der nie wieder Blätter und Zweige erzeugend das Material zu dem Stabe geliefert habe, den nun edle Achaier, die richtenden, welche, von Zeus bestellt, die Satzung schirmen, hoch in den Händen tragen.

Besonders häufig aber finden sich die Angaben, wie und von wem die Helden Waffen und Geräthe bekommen haben. Da ist namentlich die lange Reihenfolge zu erwähnen, in welcher Agamemnons Herrscherstab (Β 101), der, als Geschenk für Zeus aus Hephaistos' Werkstätte hervorgegangen, aus den Händen des Kroniden in die des Hermes kam und endlich als Erbe dem Atriden zufiel, auf dass er damit ganz Argos und vielen Eilanden gebiete. Menelaos schenkt seinem Gast Telemachos einen unvergleichlich schönen Mischkrug (δ 615), ebenfalls ein Werk des Hephaistos, den er selbst vom Sidonierkönig Phaidimos beim Weggange aus seinem gastlichen Palast zum Geschenke erhalten hatte. Die Dienerin Phylo bringt Helene den silbernen Korb, mit gesponnenem Garn gefüllt, den ihr einst Alkandra, die Gemahlin des Polybos, geschenkt hatte. Bei dieser Gelegenheit erfahren wir zugleich auch (δ 125), mit welch weiteren Geschenken sie sowohl als auch Menelaos von diesen Bewohnern des reichen Thebe bedacht worden waren. Der von sidonischen Meistern kunstreich gearbeitete, an Schönheit alles auf Erden übertreffende Mischkrug (Ψ 744), den Achilleus als Preis für den Schnelllauf bei Patroklos' Leichenspielen bestimmte, war von phoinikischen Männern über die Meereswogen herübergebracht, im Port aufgestellt und dem König Thoas verehrt worden, dann aber als Kaufpreis für einen Sohn Priamos' in Patroklos' Hände gekommen. Der Helm des Meriones (Κ 266), ein ausgezeichnetes Beutestück des Autolykos, das er bei der Einnahme der Veste Eleon einst gewonnen hatte, war der Reihe nach im Besitze des Kytherers Amphidamas und Molos, von dem ihn dann sein Sohn Meriones erbte. Der stattliche Panzer Agamemnons (Λ 20) war eine gastliche Gabe des Kypriers Kinyras, der ihn auf die Kunde, dass die Achaier gegen Troja hinaufzuschiffen gedächten, dem Könige schenkte, um sein Herz zu erfreuen. Ebenso hatte den mit Wölbungen festschliessenden Harnisch (Ο 530), welcher Meges schützte, dessen Vater Phyleus als Gastgeschenk vom König Euphetes aus Ephyre heimgebracht, um ihn zur Abwehr feindlicher Männer im Kampfe zu tragen. Auch Achilleus erhielt von seinem Vater Peleus, als er ergraut war, die göttliche Rüstung (Ρ 195), welche diesem die himmlischen Götter früher geschenkt hatten. Die ausführlichste Behandlung der Art erfährt aber Odysseus' Bogen, als er von Penelope zum entscheidenden Kampfe für die Freier aus der Kammer hervorgeholt wird. Hier haben wir eine Episode in der Episode (φ 16–41); denn nachdem uns Homer erzählt hat, wie Odysseus bei seiner Mission, für den Raub von dreihundert Schafen nebst den Hirten Genugthuung von dem gesammten Messeniervolk zu verlangen, mit dem nach den verlornen Rossen forschenden Iphitos im Hause des Orsilochos zusammenkam und Schwert und Lanze zum Zeichen der Freundschaft gegen den Bogen seines gewaltigen Vaters Eurytos austauschte, verfolgt er gleich das Schicksal des Iphitos weiter und erzählt, wie er von Herakles aufgenommen und in der eigenen Wohnung erschlagen wurde. Ueber den Bogen selbst bemerkt er, dass ihn der edle Odysseus nur stets in der Heimat trug, nie aber, wenn er in dunklen Meerschiffen zum Streite auszog, sondern dass er ihn dann zum Gedächtniss an den unvergesslichen Gastfreund im Palaste ruhen liess.

Derselbe Trieb zu veranschaulichen und zu gestalten leitet ihn auch bei Erwähnung des Aufenthaltsortes der Personen, die er auf die Bühne führt. Wie er Priamos in Hermes' Begleitung zum Zelte des Achilleus kommen lässt, entwirft er von diesem ein klares Bild, aber nicht in einer kalten Schilderung, sondern er lässt es (Ω 449) vor unsern Augen durch die Myrmidonen aus wohlgefügten Tannenbalken aufbauen, die Decke oben aus wolligem Schilfrohr, das sie von der sumpfigen Wiese gemäht, bilden, den geräumigen Hof dicht aus Pfählen zimmern und das Thor durch einen mächtigen tannenen Riegel sperren, den kaum drei Achaier vorschieben und öffnen mochten. Die Auffahrt der Athene in den Olympos gibt ihm Gelegenheit, auf die Eigenthümlichkeiten dieses ewigen Sitzes der Götter (ζ 42), wo sie sich von Tag zu Tag in Seligkeit erfreuen, näher einzugehen, das von der Aigypterin Polydamna der Helene geschenkte Nepenthes (δ 229), die Fruchtbarkeit jenes Landes an medicinischen Kräutern und seinen Reichthum an geschickten, dem Geschlechte Paions entstammenden Aerzten hervorzuheben. Hieher gehören namentlich auch die ausführlichen, schon oben behandelten Landschaftsbilder von der Grotte der Kalypso, dem Garten und Palaste des Alkinoos, der Bucht von Phorkys und der benachbarten Nymphengrotte.

Werden die Personen selbst redend eingeführt und erzählen die Helden von ihren Wanderungen und Irrfahrten, so bringt es schon die Natur der Sache mit sich, dass sie im Flusse ihrer Erzählung bei dem Orte und Volke, wo sie zu thun gehabt, etwas länger verweilen und zu besondern Eigenheiten, die sie dort gefunden, abschweifen. Von Libya erinnert Menelaos (δ 85), dass dort die Lämmer sogleich mit Hörnern aufwachsen, dass die Schafe dreimal im Jahre werfen, und dass es dem Eigenthümer oder Hirten dort nie an Käse, Fleisch und an süsser Milch von der Herde fehlt, die stets im Jahre milchschwellende Euter darbietet. Bei der Schilderung seines Abenteuers mit Polyphemos spricht Odysseus viel von der Kyklopeninsel (ι 105 ff.), der unendlichen Menge wilder Ziegen, den wälderreichen Gebirgen, durch die kein Pfad der Menschen führt und kein nachspürender Jäger dringt, von dem verwilderten, aber fruchtbaren Boden, wo wuchernde Saaten beständig reifen und der beste Wein gedeihen könnte, von der sicheren Bucht, wo man weder einen Anker zu werfen, noch ein Haltseil anzuknüpfen braucht. Die Kyklopen selbst schildert er als ungesittliche Frevler, die weder den Ackerbau und die Anpflanzung von Feldfrüchten, noch den Bau von rothgeschnäbelten Schiffen kennen, sondern ohne Gesetz und Rathsversammlung in den Höhlen der Gebirge rings herum wohnen und nach Willkür Weiber und Kinder allein richten. Ebenso beschreibt er (κ 3 ff.) die rings von einer glatten Felswand umschlossene Insel des Aiolos und die Bräuche seiner Familie,

welcher unter beständigen Schmausereien und Flötenspiel im köstlich duftenden Palaste das Leben verrinnt; nicht minder auch den Hafen in der Nähe der Laistrygonenstadt (κ 87), zu dessen beiden Seiten starrende Felsen sich emporthürmen und nach vornhin an der Mündung sich gegen einander drehen, so dass keine Welle, weder gross noch klein, in das Innere dringen kann; die vom Volke stark betriebene Viehzucht lässt er nicht unerwähnt (κ 81). „Denn, sagt er, dort ruft eintreibend der Hirt dem Hirten, welcher austreibend ihn hört, und ein Mann, der nicht zu schlafen brauchte, könnte doppelten Lohn sich erwerben, als Rinderhirt den einen, den andern aber als Hüter des Wollviehes." Die von Nationalgefühl durchdrungene Nausikaa verliert sich bei den Weisungen, die sie Odysseus gibt, in eine eingehende Schilderung ihrer Stadt und ihres Volkes (ζ 263); da preist sie die hochgethürmten Mauern, den trefflichen Hafen mit dem schmalen Eingang, den Markt um den prangenden Tempel Poseidons, mit geschleiftem und eingegrabenem Bruchstein rings umhegt, die zwiefach rudernden Schiffe, welche auf stützenden Pfählen ruhen und den Weg einengen, die Werkstätten für die Seile, Segel und Ruder.

„Denn nichts hält der Phaiaken Geschlecht auf Köcher und Bogen;
Aber Mast und Ruder und gleichhinschwebende Schiffe
Lieben sie, freudigen Muths graunschimmerndes Meer zu durchsegeln."

Von den Schiffen rühmt ihr Vater seinem Gaste gegenüber (θ 557), dass sie, nicht bedürftig der Piloten noch der Steuer, wie sie anderen Schiffen gebaut sind, von selbst den Sinn und Gedanken der Männer, die Städte und fruchtbaren Aecker jeglichen Volkes von nahe und fern wissen und in Nebel und Nacht eingehüllt schleunig die Meeresfluten durchlaufen, ohne Beschädigung oder Vertilgung von Seite des Meeres fürchten zu müssen. Ueber das frühere Geschick der Phaiaken (ζ 4), ihren ursprünglichen Wohnsitz, ihre Bedrängung durch das Volk der Kyklopen und ihre Uebersiedlung nach Scheria berichtet der Dichter selbst gelegentlich des Besuches der Athene bei Nausikaa, um diese zum Reinigen der Wäsche am Meeresstrande zu bestimmen.

Denn er liebt es, so oft er ein Volk oder eine Person zuerst auf den Schauplatz treten lässt, deren Vergangenheit und Lebensschicksal in kurzen Zügen darzustellen. Dahin gehört die Skizzirung der alten Schaffnerin Eurykleia (α 430), welche vordem, als sie in jungfräulicher Blüthe stand, von Laertes um zwanzig Rinder erkauft und fortan gleich der züchtigen Gattin im Hause geehrt wurde, ebenso die der Wärterin Eurymedusa (η 9), die man vordem auf gleichruderigen Schiffen aus Epeiros entführt und dem Alkinoos zur Ehre erkoren hatte, dem sie nun die schöne Nausikaa im Palaste erzog, auch die der ebenso schmählichen als reizenden Melantho (σ 321), welche von Dolios gezeugt und von Penelope so zärtlich wie ein Kind gepflegt, doch nicht die Bekümmerniss ihrer Herrin empfand, sondern insgeheim mit Eurymachos buhlte. Wie Leukothea aus dem Strudel emporfliegt, um den geängstigten Odysseus zu retten, erfahren wir (ε 333), dass sie, die nun in der salzigen Meerflut göttliche Ehre geniesst, vordem ein sterbliches Mädchen, des Kadmos blühende Tochter war. Von dem in der Versammlung auftretenden, altergebeugten Aigyptios nimmt Homer Veranlassung, selbst über seine Söhne sich zu verbreiten, indem er kurz darstellt (β 17), dass der speerkundige Antiphos mit Odysseus nach Troja gesteuert und vom argen Kyklopen in der Höhle erschlagen worden sei, Eurynomos aber in dem wüsten Schwarm der Freier sich befinde, während die zwei anderen die Geschäfte des Vaters besorgten. — Fast regelmässig aber zeichnet er mitten im Getümmel der Feldschlacht diejenigen, welche vom Speer überlegener Helden hingerafft werden, durch irgend eine Bemerkung aus, die sich auf die Geburt und Erziehung des Gefallenen, auf seine Heirat und das in der Ehe gefundene Glück, auf die Heimat, auf die durch einen Unglücksfall oder ein Verbrechen aus derselben veranlassten Flucht, auf den Grund seiner Theilnahme am Kriege, auf die erst kurz erfolgte Ankunft vor oder in der Stadt, auf seinen Reichthum, irgend einen Charakterzug, seine Lieblingsbeschäftigung und Geschicklichkeit in einer Kunst oder Arbeit, oder auch auf das Schicksal seiner Eltern bezieht. Oft begleitet er den Tod eines Kriegers mit einer Aeusserung des Mitgefühls und fügt so noch ein gemüthliches, ganz aus dem Leben gegriffenes Motiv hinzu, wenn er sagt, dass er den Eltern die Pflege nicht lohnen konnte, dass er den in die Zukunft sehenden Vater, der ihm den Tod vorausgesagt, leider nicht gehört, dass er die Gattin umsonst mit stattlichen Brautgeschenken erworben und dass ihm alle seine Tüchtigkeit, die Gunst der Göttin, die königliche Schwägerschaft, die Beliebtheit bei den Menschen nichts geholfen habe. Aias erschlug den in frischer Kraft aufblühenden Simoeisios (Δ 474), welchen die Mutter einst vom Ida heimkehrend an den Ufern des Simois gebar, als sie mit ihren Eltern dorthin gezogen war, um die Herden zu schauen. Hektor erschlug den Mykener Periphetes (Ο 638), der, geübt im Laufe und tapfer im Kampfe, auch an Einsicht der ersten einer im Rathe der Mykener, ein Sprössling jenes Kopreus war, welcher einst dem gewaltigen Herakles von Eurystheus Botschaft zu bringen pflegte. Menelaos traf den Skamandrios (Ε 51), einen gewaltigen Jäger, den Artemis selber jedes Wild im Waldgebirge zu fällen gelehrt hatte, Meriones den Phereklos (Ε 60), der von Tekton stammend mit geschickter Hand Kunstwerke zu verfertigen verstand und namentlich einst für Paris die schwebenden Schiffe zum Unheil für die Troer und sich selbst gezimmert hatte. Teukros erlegte den Sohn des an Pferden reichen Mentor, Imbrios (Ν 171), der mit einer Tochter Priamos' vermählt vor dem Erscheinen der Achaier in Pedaion wohnte, dann aber, nachdem in den Schiffen die Söhne Achaia's gekommen, nach Troja zurückging und hier bei Priamos wohnend im Volke hervorglänzte. Aehnlich war Othryoneus (Ν 364) durch den Ruf des Krieges von Kabesos nach Troja jüngst erst gelockt worden, wo er um die reizendste Tochter Priamos', Kassandra, ohne Geschenke warb; statt dessen verhiess er dem König Grosses zu leisten und die Achaier von Troja zu vertreiben, wofür ihm auch dieser seine Tochter gelobte: während er aber auf des Königs Worte vertrauend stritt, wurde er von Idomeneus erschlagen. Durch eben diesen Helden fand Anchises' tapferer Eidam, Alkathoos, den Tod, der Gemahl Hippodameias (Ν 429), die daheim der Vater und die Mutter von Herzen liebten, weil sie unter allen Gespielinnen durch Kunst, Verstand und Schönheit hervorragte; darum erkor sie auch der beherzteste Mann auf den weiten Gefilden Trojas. Agamemnon fällte den edlen Iphidamas (Λ 222), welcher im Palaste des Kisses in Thrake erzogen später, als er zur Fülle der herrlichen Jugend herangereift war, von ihm die Tochter für reiche Geschenke an Stieren, Ziegen und Schafen zum Weibe erhalten hatte; erst eben vermählt war er mit zwölf Schiffen bis Perkote gezogen und von da zu Fuss nach Troja gelangt. Diomedes tödtete den Axylos (Ζ 13), der vordem in der stolzen Arisbe wohnte, mit Gütern reich gesegnet und von den Menschen geliebt, weil er am Heerweg wohnend alle liebreich bewirthete; Aineias den Medon (Ο 336), einen Halbbruder von Aias, der ferne von seiner Heimat in Phylake wohnte, weil er im Jähzorn einen der Vettern von Eriopis, dem Weibe des Oileus, erschlagen. Länger verweilt Homer bei dem Geschicke von Lykaon, einem Sohne des Priamos, dem Achilleus den Todesstoss versetzte; in einer schönen Episode führt er aus (Φ 35), wie der arme Jüngling schon früher vom Helden auf einem nächtlichen Streifzug in Priamos' Garten, wo er sich blühende Sprossen der Feigen zum Kranze eines Wagens abhieb, gefangen und in Schiffen nach Lemnos zum Verkauf gebracht worden sei, und nun, nachdem er von einem Freunde mit reichen Gaben gelöst sein Herz kaum eilf Tage im Kreise der Seinen erfreut habe, auf's neue mit kraftlos wankenden Knieen dem Achilleus in die Hände fiel, der ihn trotz seiner kläglichen, fussfälligen Bitten, trotz der reichen Lösung, die er ihm anbot, und der Erklärung, dass ihn nicht Hektors, seines Feindes, Mutter geboren, unbarmherzig zu den Schatten hinabsandte.

Ein anderes Mittel, Fülle und Mannigfaltigkeit in die Epopöe zu bringen und Einzelnbilder zu konstruiren, hat der Dichter in den Genealogien, die er besonders auch gefallenen Helden in kurzen Umrissen weiht. So führt er das Geschlecht der durch Aineias erlegten Söhne des Diokles (Ε 542), Krethon und Orsilochos, der von Euryalos getödteten Sprösslinge Bukolions (Ζ 21), Aisepos und Pedasos, des Menesthios (Π 174) und Eudoros (Π 180) auf Stromgötter, Najaden und Hermes zurück, wobei er nicht versäumt, aus der Sagenzeit manchen bildnerischen Zug beizubringen. Letzteres ist namentlich der Fall in der Episode von Theoklymenos, der als Flüchtling zu Telemachos in demselben Augenblicke kommt, da dieser im Begriff ist, sich von Pylos nach Ithaka einzuschiffen. Denn bei manchem Gliede des berühmten Sehergeschlechtes klingt er mehr oder weniger deutlich an die im allgemeinen Bewusstsein seiner Zeitgenossen gelegenen Sagen der Vorzeit an. Von Melampus bringt er (ο 225) einen längeren Bericht über seinen Reichthum in Pylos, über seine Mühesal, die er, um des Neleus Tochter zu gewinnen, in des Phylakos Wohnung ausstand, endlich über seine Niederlassung in dem rossweidenden Argos; von Amphiaraos erwähnt er die Bethörung durch Weibesgeschenke und den Zug nach Theben, von Kleitos die Entführung durch Eos zum Sitz der unsterblichen Götter, von Polypheides die Wanderung nach Hyperesia und seine eminente Weissagekunst.

Weit häufiger geschieht es übrigens, dass die Helden selbst, und zwar gewöhnlich einem Feinde gegenüber, sich ihrer edlen Abkunft rühmen und von ihren berühmten Vorfahren auffallende Lebensschicksale und wohlbekannte Grossthaten mit Selbstbewusstsein melden. Diomedes rühmt sich von dem trefflichsten Vater zu stammen, Tydeus (Ξ 113), den in Thebe der Grabhügel umfängt. Weiter berichtet er von seiner Flucht nach Argos, von seiner Vermählung mit des Adrastos Tochter, und preist seine Geschicklichkeit im Speerwerfen, sowie seinen Reichthum an Schätzen, Weizengefilden, Gärten, Reben und Schafherden. Der dem Sarpedon gegenüber stehende Tlepolemos will die Abstammung seines Gegners von Zeus gar nicht anerkennen, da er ein so ganz anderer sei als sein Vater Herakles (Ε 638), der wirklich aus des Kroniden Blut gezeugt einst Laomedons Rosse forderte und nur von wenigen Männern gefolgt Ilios Veste zerstört und die Gassen entvölkert habe. Aineias entwirft vor seinem Kampfe mit dem Peliden (Υ 215) den vollständigen Stammbaum seiner Ahnen sogar mit den Nebenzweigen

und benützt dabei die Gelegenheit, die wunderbaren Eigenschaften von den Stuten des Erichthonios und die reizende Schönheit des Ganymedes zu berühren, den deshalb die Götter entführt haben, um dem Zeus die Pokale zu füllen und stets mit den Göttern zu leben. Wenn aber Glaukos ausführlicher als ein anderer über das Schicksal seiner Ahnherrn dem Diomedes gegenüber sich verbreitet, so geschieht dieses vom Dichter nicht ohne Grund, indem dadurch die freundschaftliche Begegnung der beiden Helden motivirt wird, die sich als Söhne von Gastfreunden erkennen und dieses Verhältniss ihrerseits durch den Austausch der Waffen bekräftigen. Daher lässt er Glaukos die Sage vom untadeligen Bellerophontes entrollen (Ζ 152), wie er von der ehebrecherischen Anteia bei ihrem Gemahle Proitos verläumdet und von diesem mit unheilbringenden Zeichen zum König nach Lykia geschickt worden sei, um dort seinen Tod zu finden. Statt dessen erwarb er sich aber durch die Erlegung der unnahbaren Chimaira, durch die Besiegung der Solymer und des männlichen Amazonenvolkes sowie durch die Vernichtung des vom Fürsten gelegten Hinterhaltes Ruhm und Ehre nebst der Königstochter und dem Antheil an der fürstlichen Würde. Mit blosser Aufzählung der Ahnen rühmen Idomeneus (Ν 450) und Achilleus (Φ 187) ihren Adel. Nicht unerwähnt darf hier bleiben, dass die Helden im nämlichen Selbstgefühl, womit sie die Gegner schon durch blosse Nennung ihrer Vorfahren zu schrecken vermeinen, in jenen durch Drohungen ein Bild von dem Zustande hervorrufen, in dem sie und ihre Angehörigen sich bald befinden werden. Diomedes brüstet sich mit der Wirkung seines Geschosses; wenn dieses einen auch nur wenig berührt (Λ 393, cf. Λ 453),

> Dann klagt seine Gemahlin daheim mit zerrissenen Wangen,
> Waisen bejammern den Vater; er selbst, mit Blute das Erdreich
> Röthend, verwest; mehr Vögel als Frau'n umschwärmen die Leiche.

Entgegen tröstet Dione ihre von Diomedes verwundete Tochter damit (Ε 407), dass der, welcher wider Unsterbliche streitet, nicht lange besteht, und dass ihm nicht einst Kinder auf den Knieen „lieb Väterchen" stammeln; seine Gemahlin Aigialeia werde durch ihr Klagen die Hausgenossen vom Schlafe erwecken, nach ihrem Gemahl sich sehnend, der nicht mehr vom Kriege nach Hause kehrte. Dione tröstet aber nicht allein ihre Tochter durch diese rächerischen Drohungen für die Zukunft, sondern auch durch das aus der Vergangenheit hervorgeholte analoge Geschick anderer Götter. Ares musste es ertragen (Ε 385), als ihn Otos und Ephialtes mit mächtigen Fesseln banden und im ehernen Kerker hinschmachten liessen, bis er nach dreizehn Monaten von Hermes heimlich befreit wurde; ebenso ertrug Here die unendlichen Schmerzen, als sie einst Herakles mit dem Pfeile rechts in den Busen traf, und Hades, dem derselbe Mann unten am Thore der Todten einen Pfeil in die mächtige Schulter bohrte.

Diese Erscheinung, dass Götter und Menschen dasjenige, was von anderen geschehen die Gemüther eben beschäftigt, oder was sie selbst gethan und erlebt haben, in lebendiger Erzählung aussprechen, findet sich in den Gedichten Homers sehr häufig und trägt nicht wenig zu ihrem Reize und ihrer Mannigfaltigkeit bei. Liegt es überhaupt in der Natur jedes Menschen, das was ihn gerade bewegt kund zu geben, so war besonders der hellenischen Geistesart eigen, dass sie das Innerliche veräusserlichte und in Beispielen, die in reicher Auswahl vorlagen, dachte und empfand. Denn es waren die homerischen Helden die Epigonen der früheren Heldengeschlechter und freuten sich am Glanze der von jenen gelieferten Grossthaten und ruhmreichen Erlebnisse. Auf dem ergiebigen Boden der alten Sagen also stehend war es ihnen nicht schwer, für die jeweilige Gemüthsregung dort ein Analogon zu finden. Wollten sie rügen oder ermahnen, aufmuntern oder schelten, trösten oder klagen, verdeutlichen oder beweisen, so zogen sie exemplificirend irgend einen eklatanten Fall aus dem Gebiete der Mythen und Sagen, aus dem Leben ihrer Väter oder aus ihrer eigenen Vergangenheit an, und der Dichter ist es, der dann diese Motive zu einem wohl abgerundeten Bilde innerhalb des grossen Ganzen verarbeitet.

Als Diomedes sich die Wunde kühlte, welche der Pfeil des Pandaros ihm geschlagen, trat Athene zu ihm hin und ermunterte ihn durch das Beispiel seines Vaters Tydeus (Ε 800), der trotz ihres Gebotes, damals als er als Bote zu Theben erschien, ruhig am Mahle im Palaste sitzen zu bleiben, doch mit dem ihn immer beseelenden tapferen Muth alle Kadmeier zum Kampf herausforderte und besiegte. Diese nämliche Waffenthat des Tydeus schildert auch Agamemnon mit Angabe von verschiedenen Nebenumständen (Δ 376), um Diomedes zum Kampfe anzufeuern, und fügt noch ein weiteres Abenteuer desselben bei, welches darin bestand, dass er fünfzig erlesene Jünglinge der grollenden Kadmeionen, die unter Führung von zwei Häuptlingen ihm auf dem Heimwege auflauerten, zusammen erschlug mit Ausnahme von Maimon, dem Sohne des Haimon, den er nach Hause entliess. Diomedes machte seinem Vater keine Schande; die Troer beteten, es möge seine Lanze splittern; aber mitten in seiner Siegeslaufbahn stutzte er, als Held Glaukos mit vermessener Kühnheit allen voranstrebte, da er glaubte, es sei der Unsterblichen einer vom Himmel herabgekommen; mit einem solchen aber begehrte er nimmer zu kämpfen. Denn er erinnerte sich nur zu gut des gewaltigen Lykurgos (Ζ 130), der von Zeus geblendet nicht lange hinfort lebte, nachdem er die wahnsinntrunkenen Ammen des Dionysos auf den heiligen Höhen des Nysion frech mit dem Stachel davonscheuchte, dass sie die Weinlaubstöcke von sich warfen, und den Gott selbst in seinem Schrecken in die Meereswogen sprengte, wo ihn Thetis im Schoosse barg. Von demselben Gedanken ist auch Odysseus durchdrungen, wenn er in Bezug auf Handhabung des Bogens auch nicht einmal mit Eurytos und Herakles eifern will (ϑ 224), weil da die Gefahr zu nahe liegt, auch die Unsterblichen auf einen Kampf herauszufordern. Dieses aber gereicht den Sterblichen zum Verderben; daher denn auch Eurytos der Tod ereilte, ehe er zum Alter in seinem Palaste kam; denn Apollon, der von dem Vermessenen zum Bogenstreite herausgefordert worden war, streckte ihn zürnend zu Boden. Wie sich hier Odysseus selbst vor Uebermuth und allzugrossem Selbstbewusstsein warnt, so kann es sich auch Antinoos nicht versagen, ihn, als er in der Gestalt eines Bettlers sich an die Spannung des Bogens macht, auf die Folgen der Trunkenheit aufmerksam zu machen; denn nach der Meinung des frechen Freiers konnte es nur ein Betrunkener wagen, dasjenige leisten zu wollen, was ihnen selbst schlecht gelungen war. Deshalb führt er ihm das Beispiel des berühmten Kentauren Eurytion vor (φ 296), welcher in der Wohnung des Peirithoos vor Unsinn tobte, als er von Wein berauscht war. Voll von Zorn sprangen da die Helden empor und schleppten ihn über den Vorsaal hinaus, mit grausamem Erze ihm Nase und Ohren hinwegmähend. So nahm er in dumpfer Betäubung fortwandelnd die Strafe seines unsinnigen Geistes mit und erzeugte noch obendrein einen Krieg zwischen dem Kentaurengeschlecht und den Männern. Penelope wünscht sich in ihrem Jammer und in ihrer wehmüthigen Sehnsucht nach dem Gatten vom Sturmwind bis an die kreisende Flut des Okeanos hingerafft, um nicht einem schlechteren Manne das Herz mit Freude sättigen zu müssen, ebenso wie (υ 66) die von den Göttinnen mit allen erwünschten Gaben ausgestatteten Töchter Pandareos' von den Harpyien hinweggeraubt und den verhassten Erinnyen zum Dienste geschenkt worden an dem Tage, da Aphrodite zum hohen Olympos emporstieg, um den Mädchen von Zeus den Tag der holden Vermählung zu erflehen. Wie hier Penelope den in der Verzweiflung ausgesprochenen Fluch exemplificirt, so Achilleus den Trost, womit er den um seinen unglücklichen Sohn weinenden Priamos zum Essen auffordert, durch Hinweisung auf die Sage der Niobe (Ω 602). Denn auch diese, die nun auf einsamen Berghöhen des Sipylos das von den Göttern gesendete Leid versteinert nährt, dachte endlich, von Thränen müde, des Mahles, nachdem sie im Palaste ihre zwölf blühenden Kinder durch die Rache der von ihr beleidigten Leto verloren hatte. Seiner Mutter Thetis, die er zur Verwendung für ihn bei Zeus bestimmen will, nämlich dahin zu wirken, dass von nun an, bis er gerächt sei, die Troer obsiegen, bringt er gleich aus der Göttergeschichte ein die Bitte bei Zeus unterstützendes Motiv bei, indem er (Α 400) an die Empörung der übrigen Götter gegen Kronion erinnert, die Thetis allein durch die Lösung der Bande und Herbeirufung des hundertarmigen Briareus vereitelt habe; denn dieser gewaltige Riese setzte sich kühn an die Seite von Zeus und schreckte durch seinen Trotz die Unsterblichen von weiteren Gewaltthätigkeiten ab. — Auch die Götter greifen, wie wir schon oben an Dione gesehen haben, exemplificirend auf frühere Ereignisse zurück. Hephaistos fordert sich selbst um so mehr zu freundlicher Aufnahme der ihn besuchenden Mutter des Peliden auf, als diese ihn (Σ 395) im Meeresschoosse empfangen und neun Jahre lang in einer Grotte beherbergt hatte, da er von der sich seiner Lahmheit schämenden Mutter vom Himmel hinabgeworfen worden war. Beim Göttermahle, das durch den Streit Here's mit Zeus eine unangenehme Unterbrechung erlitt, tröstet er seine Mutter und bewegt sie zum Nachgeben durch die Erinnerung an einen ähnlichen früheren Auftritt, wobei er mit seiner Gutmüthigkeit, ihr zu helfen, schlecht genug weggekommen sei; Zeus habe ihn nämlich (Α 590) in seinem Zorn beim Fusse gepackt und von der göttlichen Schwelle hinabgeworfen, so dass er den Tag hindurch flog und gegen Sonnenuntergang, kaum mehr ein wenig athmend, auf Lemnos niederfiel. Zeus selbst droht seiner Gemahlin, nachdem er von ihr überlistet worden war, mit einer schon einmal an ihr ausgeführten Strafe (Ο 18).

Wie die Götter im Olympos, erneuern auch die Helden in charaktervollem Gespräch bei wohlbegründeten Anlässen das Andenken ihrer eigenen Erlebnisse. Hiezu kann aber niemand mehr berufen sein als diejenigen, welche eine lange Reihe von schicksals- und thatenreichen Jahren hinter sich haben und schon durch die Ehrwürdigkeit ihrer Erscheinung bedeutungsvoll auf das jüngere Geschlecht einwirken. Die Reife des Urtheils, der durch mancherlei Lebensverhältnisse geschärfte Blick, das Bewusstsein, mehr als andere erlebt und gethan zu haben, und das Uebergewicht, welches das Alter selbst gibt, berechtigen diese, aus dem reichen Schatze ihrer gesammelten Erfahrungen Jüngeren mitzutheilen und zur Erregung der Nachahmung oder zur Warnung ihrer Jugend- und Kraftleistungen in umständlichen Reden zu gedenken. Daher haben Männer, wie der alte Priamos, der ehrwürdige Phoinix, Nestor, der schon drei Alter der Menschen gesehen, in allen Fällen Beispiele aus ihrer früheren Lebenszeit oder aus der Vorwelt

überhaupt in Bereitschaft. Wie Priamos den stattlichen Helden Agamemnon von der Mauer aus in Mitte seiner Schaaren erblickt, kommt ihm die Erinnerung an den Feldzug der Amazonen (Γ 188), da auch er als Helfer im Streit im zahllosen Heere rosstummelnder Phrygier sich befand, das an den Rebenhügeln des Sangarios das Lager aufgeschlagen. Nestor hat ein so hohes Selbstgefühl, dass er die ersten der Achaier, als sie sich entzweiten, einfach auffordert (Α 259) ihm zu folgen, weil sie jünger seien als er. Um aber seine Forderung zu begründen, führt er die stärksten der sterblichen Männer, wie den Peirithoos, Polyphemos, Dryas, Theseus und andere vor, die im grauenvollen Kampf die Bergkentauren vertilgten und mit den Gewaltigsten sich im Streite massen, gleichwohl aber von ihm, den sie aus Pylos herbeigerufen, Rath und Mahnung angenommen hätten. Als die griechischen Helden sich besannen, den von Hektor angebotenen Zweikampf anzunehmen, wünschte er sich die Jugend und Kraft von damals (Η 133), als er den mächtigen Riesen Ereuthalion, der in der Wehr des ehernen Ares die Edelsten zum Kampf herausforderte, wenn gleich viel jünger an Jahren, auf weitem Raume hinstreckte, mit den Füssen wild da und dorthin zappelnd. Seine Begeisterung reisst ihn fort, auch noch den Kampf des Lykurgos, des Genossen von Ereuthalion, mit dem Keulenschwinger Areithoos, von dem die herrliche Rüstung herstammte, zu reproduziren, so dass wir hier eine Episode in der Episode haben. Die Leichenspiele des Patroklos, bei denen er von Achilleus zum dauernden Andenken an dessen Freund eine Doppelschale erhielt, wecken in ihm das glorreiche Andenken an die Kämpfe am Grabe des Amarynkeus (Ψ 630), wo kein Mann des epeiischen Volkes, auch kein Pylier oder Aitoler, weder im Faust- und Ringkampf, noch im Laufe und Speerwurf es ihm gleich thun konnte; er besiegte sie alle mit Ausnahme von Aktors Söhnen, die ihm mit den Rossen den Rang abgewannen, weil sie vereint ihm zuvorkamen im Verlangen nach dem Siege. Es muss aber nicht immer ein bestandenes Abenteuer oder eine Grossthat sein, die der dreialterige Nestor behaglich erzählt, auch ruhigere Scenen greift er aus seinem Gedächtnisse zu anderer Nutzen und Frommen. Auf den von Achilleus in sein Zelt geschickten Patroklos, der sich nach dem Namen des Verwundeten erkundigen sollte, wirkt er nicht ohne Erfolg dadurch ein (Λ 786), dass er auf die feierliche Stunde zurückgeht, in welcher jener vor Aufbruch in den Feldzug vom Vater Menoitios gemahnt wurde, als der ältere mit dem jüngeren, aber stärkeren Freunde zur rechten Zeit ein verständiges Wort zu reden.

Ebenso weckt Phoinix (Ι 447 ff.), ob er vielleicht dadurch seinen vormaligen Zögling mürbe machen könne, in Achilleus die Erinnerung an die Kindeszeit, da dieser ihm auf den Knieen sitzend von der vorgeschnittenen Speise ass, und in ächter Kindesmanier Wein mit dem Munde aussprudelnd dem Erzieher das Gewand über der Brust befeuchtete. Und wie er vorher durch Erwähnung der heimischen Verhältnisse und durch Erzählung seines eigenen unglücklichen Looses, der auf Bitten seiner Mutter vollzogenen Frevelthat, der Verfluchung von Seiten des Vaters, der Flucht aus der Heimat und der endlichen Aufnahme im Hause des Peleus eine Erweichung im harten Gemüthe seines Lieblings anstrebte, so führt er weiter, um zu zeigen, was Trotz und Hartnäckigkeit nütze, das Beispiel des Helden Meleagros an, der, nachdem schon viel des Wehes geschehen, sich zuletzt doch noch von den Seinen erbitten liess, und entrollt dabei glänzende Bilder von der Eberjagd, dem über dem Haupt und Felle des Thieres entstandenen Getümmel, der Bestürmung der Stadt Kalydon durch die Kureten, der Verwünschung der Mutter Althaia, den Bitten der aitolischen Greise, der Verwandten und seiner Gemahlin Kleopatra, das Verderben von der Stadt abzuwenden.

Das weiteste Feld zur Gestaltung individueller Bilder eröffnet sich übrigens dem Dichter durch den Besuch des Odysseus in der Unterwelt. Hier wo ganze Schaaren berühmter Frauen, die Mütter der trefflichsten Helden, sich an die blutgefüllte Grube drängen, und im Hintergrunde die Erscheinungen aus grauer Vorzeit sichtbar werden, kann er nach Herzenslust seinen und seines Volkes Drang nach Sagen und Mythen befriedigen. Er entwickelt demnach (λ 235 ff.) eine lange Reihe von Genealogien und lässt die hehren Frauengestalten der Tyro, Antiope, Alkmene, Epikaste, Chloris, Leda, Iphimedeia, Phaidra, Prokris, Ariadne, Eriphyle, nachdem er sie mit wenigen Strichen geformt und den Sagenkreis, den sie vertreten, mit leichten Umrissen gezeichnet hat, an Odysseus und durch diesen an den Phaiaken vorübergleiten. Wie in der Perspective zeigt er ferner (λ 568) den mit goldenem Stabe dasitzenden Minos, wie er den Gestorbenen das Urtheil spricht; diesem zunächst den ungeheuren Orion, der den Schatten der von ihm getödteten Thiere nachjagt; den auf neun Hufen Landes ausgestreckten Tityos, der vergeblich die beiden Geier von seiner Leber verscheucht; den zwischen Wasser und den mit Birnen, Feigen, Granaten und Oliven belasteten Bäumen hungernden und dürstenden Tantalos, den mit Hand und Fuss sich stemmenden Sisyphos, um den schweren Marmorblock immer von neuem zur Anhöhe emporzuwälzen.

Homer führt aber durch diese Nekyia nicht auf die älteste Heldengeschichte allein zurück, sondern macht uns auch mit dem Schicksal solcher Heroen bekannt, die zum trojanischen Sagenkreis gehören. Er lässt Agamemnon (λ 409) ein grauses Gemälde von seinem tückischen Weibe und dem buhlerischen Aigisthos, von seiner und der Kassandra kläglichen Ermordung bei den kostbeladenen Tafeln, und im Kontraste dazu (λ 446) das anmuthige Bild von der jungen Penelope mit dem Knäblein an der Brust entwerfen; er klingt durch die finstere Erscheinung des schweigenden Aias (λ 544) an den unseligen Wettstreit über die Waffen des Achilleus an, in welchem dieser erste Held nach dem untadeligen Peliden zu seinem Verderben unterlag, und legt Odysseus (λ 506) eine lebendige Schilderung von Neoptolemos, dem Sohn des Achilleus, seiner Beredtsamkeit im Kriegsrath, seiner Tapferkeit in der schrecklichen Waffenentscheidung, sowie namentlich von seinem Kampfe mit Eurypylos und seinem mannhaften Verhalten im hölzernen Rosse in den Mund.

Ueberhaupt weiss er Ereignisse, die mit dem Zug und Kampf gegen Troja oder mit den Hauptpersonen der Epopöen in Zusammenhang stehen, immer am rechten Orte einzuflechten, und zwar meist im lebendigen Gespräche und im Gange der Handlung. Agamemnon durchbohrt die Söhne des Antimachos mit den Worten (Λ 139):

> Nun denn mögt ihr büssen den schändlichen Frevel des Vaters,
> Welcher im troischen Volk einst rieth, Menelaos zu tödten,
> Als er gesandt hinkam mit dem göttlichen Helden Odysseus,
> Und ihn nimmer zurück in's Heer der Achaier zu lassen.

Achilleus erwähnt im Gefühle der ihm widerfahrenen Kränkung (I 326) seine Eroberungen; den gegen ihn stehenden Aineias erinnert er daran, wie er ihn (Υ 188) einst mit seinen Rindern von den Höhen des Ida verscheuchte und aus der erstürmten Festung Lyrnessos, wohin er sich geflüchtet, die Frauen als Beute hinwegführte, den heiligen Tag der Freiheit ihnen raubend. Wie Nestor und Phoinix Momente aus seiner frühesten Kindheit und von seiner Abfahrt nach Troja in Begleitung des Patroklos hervorgehoben haben, davon ist schon oben Erwähnung geschehen. Dasselbe ist mit Odysseus der Fall. Denn nicht nur entrollt er selbst am Phaiakenhofe in einer langen Episode ein glänzendes Bild nach dem andern von den Abenteuern, die er bestand, seit er von Troja weggegangen, sondern auch andere feiern durch Gesang und Erzählung manches Ereigniss seines vielbewegten Lebens. Athene in Gestalt des Taphierkönigs gedenkt bewundernd seines heldenkräftigen Aussehens (α 260), als er von Ephyre heimkehrte, wo er sich Saft zur Vergiftung seiner Pfeile holen wollte. Antenor aber (Γ 205) seines edlen Anstandes und seiner Beredtsamkeit, die er gelegentlich seiner Gesandtschaft nach Troja kennen gelernt hatte. Helene ergötzt Telemachos bei seinem Besuche in Sparta (δ 245) mit der Schilderung des Handstreiches, den Odysseus als Bettler verkleidet gegen Troja unternahm, während Menelaos (δ 272) die Scene zum besten gibt, da dieser im hölzernen Pferd die Helden zurückhält und dem Antiklos den Mund zusammendrückt, um der das Gehäuse rings betastenden und die Namen der edelsten Danaer rufenden Helene nicht erwiedern zu können. Denselben Stoff, nämlich die Eroberung Trojas durch Odysseus' List behandelt auch (θ 500) der Aöde Demodokos am Hofe der Phaiaken.

Die Epitheta. Die bildende Kraft Homers bewährt sich wie im Grossen so auch im Kleinen. Haben wir diese bisher verfolgt, wie sie aus dem vorhandenen Sagenmaterial die zwei vollendeten Kompositionen schuf, in ihnen die Charaktere der Götter und Menschen mit aller Schärfe ausprägte, die Erscheinungen der Thierwelt und leblosen Natur mit unverfälschter Wahrheit wiedergab, durch die Gleichnisse und Episoden mannigfaltige Einzelnbilder gestaltete, so wenden wir uns jetzt zu einzelnen Wörtern, die mehr als irgend etwas geeignet sind, von der Plastik des Dichters Zeugniss abzulegen, ich meine nämlich die Epitheta. Durch diese malerischen Beiwörter, die endlos aus dem Borne seines Genius herausquillen und so vielfältig und wechselnd wie das Leben selbst sind, markirt er wie mit einem einzigen gelungenen Strich eine Person, Sache oder ein Verhältniss und liefert greifbare, plastisch abgegrenzte Objekte, deren sich die Phantasie des Lesers nothwendig bemächtigen muss. Sie bekunden wieder so recht den in die ihn umgebenden Dinge versunkenen Dichter und sein für alle Erscheinungen scharfes Auge; denn mit dem feinsten Gefühle sind sie der Natur abgelauscht, so dass man sich sagen muss, das jedesmal gewählte ist auch das stets treffendste. Die Epitheta sind entweder einfach oder zusammengesetzt. Letztere führen uns auf die schon bei anderen Gelegenheiten erörterte plastische Beschränkung des Dichters, insoferne er sich nicht damit begnügt, irgend etwas einfach schön, gut und gross zu nennen, sondern vom Allgemeinen zum Besonderen übergehend einen einzelnen Theil des Gegenstandes, irgend eine Aeusserung desselben, in welcher sich sein Wesen am meisten manifestirt, hervorhebt und zum klaren Ausdruck bringt. Wir

sehen dieses wohl am meisten, wenn wir uns unmittelbar zur Betrachtung der Epitheta selber wenden und aus der ungewöhnlichen Masse derselben die bezeichnendsten herausgreifen.

Götter und Menschen, Thiere und landschaftliche Objekte wie Stadt und Land, Baum und Felsen, Berg und Thal, Meer und Strom, Hain und Fruchtfeld, alle Arten von Waffen und Geräthen, Einrichtungen und Verhältnisse des Lebens erscheinen mit oft stereotypen, ihrem Wesen am meisten entsprechenden Epitheta versehen. Wunderbar ist aber auch die im Deutschen unnachahmliche Mannigfaltigkeit, womit der wort- und formengewandte Dichter einen und denselben Begriff in verschiedenen Wendungen und Zusammensetzungen auszuprägen versteht.

Um zuerst von der körperlichen Erscheinung der Götter und Menschen zu sprechen, so spielen da die Haare nach Schnitt und Farbe keine geringe Rolle. Mit Andeutung des Alters nennt er im Gegensatz zu den kraftvoll blühenden (grünenden) Knaben die Greise grau, halbgrau, mit grauhaarigen Schläfen; Hades ist dem ihm vom Dichter übertragenen Charakter gemäss dunkelbehaart; die Helden sind blondgelockt wie Achilleus, Menelaos und Odysseus, oder schwarzlockig und dunkles Barthaar tragend. Die Thraker bezeichnet er als Leute, die nur auf dem Scheitel behaart sind, die Abanten als solche, die das Haupthaar nach hinten hinabwallen lassen, die Achaier stets als die hauptumlockten. Die sterblichen und unsterblichen Frauen werden mit den Prädikaten „schönhaarig, wohlgelockt, mit schönen Haarflechten ausgestattet" beehrt, nicht als ob damit Homer die Haare auf Kosten der übrigen körperlichen Theile hervorheben wollte, sondern sein nach Veranschaulichung strebender Sinn erfasst eben das Einzelne, um daraus das Ganze zu konstruiren, und begrenzt hinwieder den allgemeinen Begriff des καλός durch eine Spezialität. So begegnen wir sehr häufig den Bezeichnungen „schönwangig und schönknöchelig." Unsere Phantasie wird sich aber dabei nicht auf die beiden Begriffe der Wangen und Knöcheln beschränken, sondern von ihnen ausgehend in demselben Momente die volle Figur schon aufgebaut haben. Auch von den andern Körpertheilen hebt er noch manchen hervor, sei es für sich oder in Zusammensetzungen. Wie er seine Helden mit festem und gedrungenem Halse, starken Schultern, gewaltigen Hüften, breiter Brust, hurtigen Füssen, derben, nervigen Händen und furchtbarem, finsterem Gesichte ausstattet, so zeichnet er die Frauengestalten mit zartem Nacken, weichen, kraftlosen Händen und reizendem, holdseligem Antlitz. Besondere Aufmerksamkeit schenkt er den Augen. Er sieht dieselben in schöner Wölbung und heisst Amphitrite schwarz- oder dunkeläugig, die majestätische Here ochsenäugig, Athene die Göttin mit den funkelnden Augen, eulenäugig. Auch die Haut und ihre Farbe bleibt von ihm nicht unerwähnt. Während er den Kriegern dunkles Teint zutheilt, lässt er Here als weissarmige, Eos als rosenfingerige, Thetis als silberfüssige Göttin auftreten und bezeichnet überhaupt die Haut der Frauen als weiss, lilienfarbig, sehnsuchterregend.

Mit diesem letzten Epitheton sind wir bei einer sehr häufig vorkommenden Ausdrucksweise des Dichters angelangt, die darin besteht, dass er die Erscheinung durch die Wirkung charakterisirt. Will er die körperlichen und geistigen Vorzüge einer Frau recht versinnlichen, so ergeht er sich nicht etwa in breitschilderigen Lobeserhebungen, sondern nennt sie einfach „vielverlangt, vielumworben, mit vielen Geschenken heimgeführt, ein Wunder dem Anblick," wie er in ähnlicher Weise die Tapferkeit der Helden durch die blutbefleckten, unnahbaren, männermordenden Hände ausdrückt. Uebrigens gibt er auch oft in allgemeinen Umrissen wie hier die Wohlgestalt der Frauen durch das Prädikat der ausgezeichneten Schönheit und durch Vergleichung mit den Göttinnen, so dort die Vorzüglichkeit der Helden durch die Beinamen des Göttergleichen, des vor allen Ausgezeichneten, des Aresgeliebten, des Ungeheuren (πελώριος), wie namentlich Aias und Agamemnon heissen.

Eine Hauptgrundlage für die Epitheta bildet die Bekleidung und Bewaffnung. Eos erscheint im Safrangewand, Iris mit goldenen Flügeln, Here mit goldenen Sandalen, Charis mit glänzendem Schleier, Artemis mit schönem Kranze; die irdischen Frauen tragen schöne Stirnbänder, lange Gewande, sind schön- und tiefgegürtet, tiefbusig; die Achaierinnen werden durch das schöne Übergewand (εὔπεπλος), die Trojanerinnen durch das Schleppkleid (ἑλκεσίπεπλος) ausgezeichnet. Aehnlich heissen die Jonier ἑλκεχίτωνες, das lange Untergewand nachschleppend. Sonst sind es naturgemäss die Schutz- und Trutzwaffen, woher die Männer ihr Prädikat erhalten. Demnach führen die Kämpfer die Epitheta „bepanzert, erzbepanzert, leinenbepanzert, in schimmernder Rüstung, wohlbeschient, in Beinschienen von Erz, schildgewappnet, weissbeschildet, helmschüttelnd, mit wogendem Helmbusch." Diejenigen Angriffswaffen, deren sich ein Volk, oder dasjenige Geräth, dessen sich ein Individuum gewöhnlich bedient, und ohne die man sich dasselbe gar nicht denken kann, geben ebenso für es den Stoff zur Bildung von Epitheta ab, wie die Waffen und Attribute für die Götter. Wie Homer die Paionen Männer mit gekrümmten Bogen und langen Lanzen, die Könige regelmässig sceptertragend nennt, so heisst er Hermes den Gott mit goldenem Stabe, Artemis die Göttin mit goldener Spindel und gibt ihr nebst Here und Eos das Beiwort goldenthronend, der letzteren auch schönthronend, wie ihrem Bruder Apollon (auch ihr selbst) das des Bogentragenden oder Silberbogners, dem Zeus das des Aigishaltenden.

Besonders plastisch und geeignet, die Einbildungskraft anzuregen, sind diejenigen Bezeichnungen, die Götter und Menschen mitten in der lebendigen Handlung und Bewegung erfassen. Hieher gehören die im Dunkeln wandelnde Erinnys, die völkererregende, städteschirmende, an Rath und Weisheit reiche Athene, der den Sterblichen leuchtende, die Menschen erheiternde Helios, der die Erde haltende und erschütternde Poseidon, der wolkenversammelnde, schwarzwolkige, am Blitze sich freuende, blitzsammelnde, hochdonnernde Zeus, der bluttriefende, lautbrüllende, mauerstürmende, schilddurchbrechende, todbringende Ares, der Ferntreffer Apollo, der städtezerstörende, männermordende, männerschaarendurchbrechende Achilleus, der Schildschwinger Tydeus, der Getümmel und Flucht erregende Rossebändiger und Lanzenschwinger Diomedes, der süssredende Rossetummler Nestor und alle die andern speerewerfenden und dicht neben einander kämpfenden, gaulgerüsteten und pferdestachelnden Helden. Zu erwähnen ist hier ferner der helltönende, luft- und stadtdurchrufende Herold, der zügelhaltende, wagenlenkende Begleiter, die im Schlafgemache aufwartende Dienerin. Wir sehen, wie der Dichter stets diejenige That oder Beschäftigung hervorhebt, die mit dem Wesen der betreffenden Person untrennlich verbunden ist.

Das nämliche richtige Gefühl leitet ihn auch bei der Darstellung der Zustände und inhärirenden Eigenschaften, indem er die Herolde als mit mächtiger Stimme begabte und einem Gott an Stimme gleiche Menschen bezeichnet, die Diener hurtig und geschäftig, die Bettler traurig, im ganzen Volk bekannt, schlechtgekleidet nennt, den Frauen kunstverständigen Sinn, den Helden und Göttern Berühmtheit oder Kunde in irgend einer Waffengattung oder auf anderem Gebiete zuschreibt. Artemis ist pfeilfroh, Apollo durch den Bogen, Hades durch Pferde gefeiert; die Achaier und Troer sind speerberühmt, speergewohnt, ausgezeichnet mit den Lanzen, pfeilgewandt, des Krieges und der Schlachten kundig; die Phaiaken schiffsberühmt, ruderkundig, ruderliebend.

Nicht minder finden auch Gemüthsstimmungen, geistige Eigenschaften und Charakterzüge nebst ihren Aeusserungen geeigneten Ausdruck. Die Gemahlinnen und Dienerinnen werden als verständig und treu gesinnt, als züchtig, geschämig und holdlächelnd bezeichnet; die Helden sind hochherzig und muthvoll, löwenmuthig, auf ihre Stärke pochend, mit anstürmender Kraft bekleidet, sich am Kampfe freuend, kriegsliebend, im Kampfe ausharrend, am Kriege ungesättigt, wuthschnaubend, wüthend, ein unerweichbares Herz besitzend, aber auch wieder sanften Sinnes und freundlichen Gemüthes.

Nicht unerwähnt mag hier bleiben, mit welchen Titeln sich Götter und Helden in gereizter Stimmung gegenseitig beehren. Ares nennt Athene (Φ 394) die schamloseste Fliege, voll stürmischer Dreistigkeit, in unbändigem Muthe tobend, diese hinwieder jenen (Φ 410) einen trotzenden Thoren und die ihm beistehende Aphrodite eine dreiste Fliege (Φ 421); Here zürnt die ihren Bruder aufstachelnde Artemis (Φ 480) mit dem Prädikate „schamloseste Hündin" an; Achilleus zieht gegen Agamemnon ein ganzes Register von Schimpfwörtern und nennt ihn (Α 149) habsüchtig und auf Vortheil sinnend, den schamlosesten Mann, in Unverschämtheit gehüllt, volkverschlingend, vom Weine beschwert (Α 225), mit dem Blicke des Hundes und dem Muthe des Hirsches. Richtiger trifft noch Hektor, wenn er seinem Bruder Alexandros ausser den wohl verdienten Bezeichnungen „Bogenschütz, pfeilprangend" auch die Epitheta (Λ 385) „Lästerer, Mädchenbeäugler, (Γ 39) Held an Gestalt, weibsüchtiger, loser Verführer" beilegt.

Unter den bisher aufgeführten Beiwörtern sind manche dem Thiergebiete entnommen, indem Eigenschaften, welche den Grundzug im Charakter eines Thieres ausmachen, wie das Muthige des Löwen, das Scheue des Hirsches, das Schamlose des Hundes und der Fliege auf den Menschen übertragen erscheinen. Homer beschränkt sich jedoch nicht auf die blosse Definirung der gemüthlichen Seite der Thiere, sondern als aufmerksamer Beobachter derselben und als gründlicher Kenner aller ihrer Eigenthümlichkeiten prägt er ähnlich wie beim Menschen in vielfältigen Epitheta bald die Form ihres Körpers oder einzelner Körpertheile, bald ihre Farbe, bald ihre Bewegung und Thätigkeit, ihre Stimme, die Nahrung, die sie geniessen, den Ort, wo sie sich aufhalten, oder andere diesen ähnliche Momente aus. Die Adler und Geier sind nach seiner Zeichnung krummkrallig, krummschnabelig, glänzend; die Pferde wohlbehaart, gleichhaarig und über den Rücken schnurgleich, schönbemähnt, dunkelmähnig, falb, weisser als der Schnee, gedrungen, stolzhalsig, einhufig, starkhufig; die Ziegen zottig; die Schafe dickwollig, schönwollig, wollschürig, hochbeinig, schönglänzend, schwarz, violenfarbig; die Rinder krumm-, gerade- und hochgehörnt, breitgestirnt, dunkelroth, ganz schwarz; die Hirsche gehörnt, mit hohem Geweihe versehen; die Schweine weisszahnig; die Hunde weiss- und scharfzahnig; die Wölfe und Löwen wildfunkelnden Auges; die Panther buntfarbig; die Schwäne langhalsig; die Vögel breitgeflügelt. Von der Stimme nennt er die Pferde hochwiehernd, die Stiere lautbrüllend, die Ziege meckernd, den Hund stets bellend.

Dieses Wörtlein „stets" führt uns hinüber zum Berufe und zur Thätigkeit der Thiere, zu den Bewegungen, die sie machen, den Arbeiten, die sie verrichten, zum Schmuck, den sie tragen, zur Nahrung, die sie zu sich nehmen. Es werden aber nicht nur diese Verrichtungen selbst, sondern auch die hiefür nöthigen Vorbedingungen und Eigenschaften, wie die aus ihnen entspringenden Wirkungen und durch sie erzielten Erfolge in Epitheta gegeben. Das Pferd ist beweglich mit den Füssen, windfüssig, schnellfüssig, hochtrabend oder die Füsse hebend, leicht dahinspringend, schnellfliegend, daher auch sieggekrönt und Preisträger, in Folge der Anstrengung schnaubend, keuchend, schwitzend; in anderer Funktion tritt es auf als wagenziehend, als zwei- und einfach gespannt, mit dem Stachel angetrieben, mit goldenem Stirnband geschmückt; ebenso ist der Hund schnellfüssig und jagdkundig, der Adler hochfliegend und jagend, die Ziege schnellkletternd, das Rind schwerhinwandelnd oder die Füsse nachschleppend, das Schwein erdaufwühlend. Von dem Gewinn der Nahrung heisst es saatabweidend und in Folge dessen fett und gemästet, wie auch die Ziege und das Schaf wohlgenährt; der Löwe raubverschlingend. Von dem Orte, wo sich dieser aufhält, hat er das Beiwort „die Berge durchstreifend und im Gebirge hausend"; darnach heissen auch die Ziegen in den Bergen weidend, die Rinder auf dem Felde lagernd, die Wespen am Wege sich aufhaltend.

Wie sehr es Homer verstanden hat, jeden Gegenstand durch das ihn am klarsten darstellende Epitheton zu beschreiben und dadurch das bestimmteste Bild in der Phantasie des Lesers hervorzurufen, geht wohl aus dieser Zusammenstellung schon unzweifelhaft hervor; es wird dieses aber noch deutlicher werden, wenn wir weiters auch diejenigen Beiwörter der Reihe nach durchgehen, welche er der leblosen Natur und den verschiedenen Objekten in ihr beilegt. Wir machen den Anfang mit der Erde, welche er von der Farbe schwarz und dunkel, von der Ausdehnung unbegrenzt, von den Produkten, die sie spendet, nahrungsreich, vielernährend, lebenerzeugend nennt. Land, Stadt und die meerumflutete, weithin sichtbare Insel erhalten den Beinamen vom Reichthum an gewissen Produkten; daher das an schönen Frauen reiche Hellas, das rossereiche Ilios, das rossebeweidete Argos, Thrake, die Mutter von Schafen, das ziegen- und rinderbeweidete Ithaka, das taubenumflatterte Thisbe, das wasserarme aber weizenreiche Argos, das reben- oder traubenumsäumte Arne, das grasreiche Haliartos, das goldblinkende Mykene, das erzreiche Sidon; oder sie heissen nach der Gestaltung, Beschaffenheit und Fruchtbarkeit des Bodens klüftereich, Anhöhen habend, reich an Waldschluchten und ausgedehnten Ebenen, sandig, felsig, steinig, waldig, grossschollig, wiesenreich, gut zur Weide, oder von der aus all diesen Eigenschaften hervorgehenden Beschaffenheit des Aufenthaltes lieblich, wohlzubewohnen, unwirthlich, einsam. Die Stadt wird weiter veranschaulicht durch die Lage als hochragend, windumweht, am Gestade, auf einem Felsen, im Thale gelegen, durch die Farbe als weiss, weissschimmernd, durch den Verkehr als menschendurchwimmelt, durch ihre Bauart als breitstrassig, geräumig, weite Plätze einschliessend, wohlgebaut, siebenthorig, hochthorig, durch ihre Befestigung als stark- wohlummauert, wohlumthürmt, durch Thürme befestigt. Aehnlich wie die Stadt wird das Haus mit seinen Theilen charakterisirt; denn wir lesen von einem wohl- und festgebauten, hochragenden, breitthorigen, hallenden, wohlzubewohnenden Hause, einem wohlgebauten, mit vieler Arbeit gemachten, aus Cedernholz bestehenden, hochgewölbten, schattigen, duftenden, rauchigen Gemache, einer Echo weckenden, geglätteten Halle, einem tiefen, ringsherumlaufenden, wohlumzäunten Hofraum, einer unbrechbaren, hohen oder niederen Mauer, einer aus Eichen- oder Eschenholz, von Stein und Erz gebauten, polirten Schwelle, einer festgefügten, wohlverwahrten, wohlverschlossenen, zweiflügeligen Thüre. Das Feld ist nach der Folge der Fruchtentwicklung frisch bewässert, sehr grünend, hochsaatig, weizentragend, golden, früchtereich, die Wiese feucht und blumig, der Hain baumreich, dichtschattend, die Grotte silberglänzend, hoch, gewölbt, luftig, die Thalschlucht tief und grasreich. Berge und Bäume nehmen von ihrer Höhe und Form, von dem, was sie tragen, von der Feuchtigkeit, die sie lieben, das Prädikat. Daher die glatte, schlanke, hohe, wasserliebende Pappel, die hochbelaubte, hochwipfelige, windgenährte Eiche, der windige, in Blättern grünende Feigenbaum, die hoch- oder in den Himmel ragende Fichte, der langblätterige Olivenbaum, die fruchtabwerfende Weide; der quellenreiche, waldige, wildbergende Ida, das waldüberzogene, blätterrauschende, weithin sichtbare Neritongebirge, der vielschluchtige, vielgipfelige, schneebeladene Olympos, überhaupt die hohen, windigen, rings erscheinenden, dichtbelaubten, schattigen, zackigen, steilen Berge. Auch der Weg ist steil, rauh, weithin laufend, der Stein schwarz, scharf gezackt, glatt, der Felsen dunkel, hoch, schroff aufsteigend, überhangend, das Felsengestade in das Meer hineinragend, vorspringend, abgerissen, schroff, ausgehöhlt, weit ausgedehnt, vom Anschlag der Wellen vieltönend. Ebenso heisst das Meer selbst von dem Wogenschlag klangreich, lautbrausend, vielwogend, wellenschlagend, aufgeregt, von dem Inhalt fischwimmelnd, von der Tiefe grossschlundig, der Tiefe nahe, von der Ausdehnung weitbefahren, breitrückig, unermesslich, von der Farbe leuchtend, flimmernd, grau, luft- wein- veilchenfarbig, schwarz, purpurn. Vom Flusse wird das ruhige Dahingleiten der Gewässer und die Wirbelbewegung, die Breite des Bettes, die Richtung der Strömung, das Tosen der Wellen, die Beschaffenheit der Ufer gemalt; daher die Epitheta schön- und breitfliessend, tiefwirbelnd, silberstrudelnd, meerzurauschend, laut donnernd, mit Binsen tief bewachsen, schön umbordet, mit hohem zum Lager einladenden Gras. Die Wellen werden nach der Gestalt als gewölbt, gekrümmt, nach der Bewegung als zurückströmend, sich hinwälzend, blasenwerfend, angeschwollen, aufschäumend, die Winde und Stürme nach dem Tone als hellwehend, brausend, lärmend, hellsausend, nach der Richtung als wirbelnd, hochherbrausend, über das Meer hinrauschend, nach der Kälte und Feuchtigkeit als winterlich und nasswehend, nach der Kraft und Wirkung als reissend, hereinstürmend, schwellend, hinwegraffend, weitverschlagend, die Wolken nach der Farbe als schwarz und schattig, nach der Massenhaftigkeit als dicht und unzerreissbar definirt.

Uebergehend auf Einrichtungen, Attribute und Verhältnisse des menschlichen Lebens, auf geistige Zustände und Begriffe, denen nichts Körperliches zu Grunde liegt, bemerken wir, dass Homer bei der Schaffung von Epitheta dafür von demselben Trieb zu anthropomorphiren geleitet wird, womit seine lebendige Phantasie die moralischen Begriffe der Tugenden, Laster und Leidenschaften zu göttlichen Wesen umgeformt hat, indem er ihnen durch die Beiwörter Handlungen und Funktionen, Zustände und Eigenschaften beilegt, die eigentlich nur von Personen ausgesagt werden können. Dieses ist der Fall, wenn er den Krieg harthinbettend, widrig tosend, tobend, die Schlacht hitzig, männertilgend und männerehrend, den Tod sanft, hart- und langhinbettend, lebenzerstörend, den Schlaf die Glieder lösend, alles bändigend, den Wein erheiternd und bethörend, das Erz ohne Mitleid, kalt, grausenvoll, den Gesang seufzend und verhasst, den Schlachtenruf stöhnend, rauh, furchtbar, das Wort und die That erzürnt, jammernd, feindselig, sanft, die Furcht blass, die Thräne zart, weich und mitleidvoll nennt. Am häufigsten aber erscheinen diese und ähnliche Begriffe in Gesellschaft von solchen Beiwörtern, welche, in Beziehung auf ein Subjekt gedacht, dessen Verhältniss zum Begriff, den dadurch bewirkten Zustand oder die sich ergebende Folge ausdrücken. So ist beim Gastmahl das „Zuerst, Jetzt und Dann" durch die Epitheta viel erwünscht, üppig, ehrend, gemeinsam, wohlschmeckend, das Verlangen befriedigend, bei der Hochzeit durch vielverlangt, sehnsuchterregend, blühend, verhasst dargestellt. Aber auch sonst liebt es der Dichter, verlebendigend und versinnlichend gerade den Einfluss, die Wirkung und den Erfolg der Phantasie nahe zu bringen. Wir erwähnen da den unheilvollen, verderblichen Krieg, die vielbeweinenswerthe, thränenreiche Schlacht, den süssen, honigsüssen, gelinden, ehernen, herzerquickenden und die Herzenssorgen lösenden Schlaf, ebenso den honigsüssen, männerstärkenden, die Begierde befriedigenden Wein, das schmerz- und zornstillende, männertödtende, lebenzerstörende, alle Uebel vergessen machende φάρμακον, den süssen, sehnsuchterregenden Gesang, das beflügelte, herzschmerzende, keinen Gewinn und keine Vollendung bringende Wort, den unheilbaren, nicht nachlassenden, unermesslichen, unerträglichen, scharfen, traurigen, am Herzen nagenden, entstellenden Schmerz, die thränenreiche, schauerliche, jammervolle Klage, die warme, bittere Thräne.

Ebenso wird den Waffen und Kleidern, den Schmucksachen und Werkzeugen, dem Hausgeräthe und anderen Geräthschaften, die zum täglichen Bedarfe gehören, gleich als wären es belebte Wesen, durch die Epitheta selbstständige Thätigkeit und Bewegung zugeschrieben, oder sie werden nach ihrer natürlichen oder zufälligen Form, nach der Farbe, dem Stoffe, der Grösse und anderen Eigenschaften, nach einzelnen Theilen besonders häufig aber nach der Arbeit geschildert, die uns gleichsam in die Werkstätte des τέκτων versetzt, wo wir das Werk unter seiner kunstgeübten Hand wohl verfertigen und glätten und poliren sehen. Mit der nämlichen Lebendigkeit stellt uns die Erwähnung des Passendseins von einem Instrumente handelnden Individuen in dem Augenblicke, da sie davon Gebrauch machen, gegenüber. So heisst der Gürtel wohl passend, Ruder und Beil wohl in die Hand sich fügend, der Panzer mit Gelenken befestigt, die Beinschienen mit silbernen Spangen festgemacht; nach der Arbeit heisst die Rüstung kunstreich gefertigt, neu geglättet, das Schwert silberbebuckelt, lang gespitzt, scharf, zweischneidig, der Speer wohlpolirt, wohlgespitzt, geschärft, mit Erz bewehrt oder beschwert, der Pfeil scharf- und langgespitzt, der Bogen wohlgeglättet, der Helm künstlich, dicht mit Rosshaaren besetzt, ringsum mit Buckeln versehen, dreigeplattet, gekegelt, der Schild künstlich gearbeitet, wohlgerundet, gehämmert, mit Quasten besetzt, vielfach belegt, genabelt, die Aigis rings mit wohlgeflochtenen Troddeln versehen; das Stirnband blank, kunstvollendet, das Ohrengehänge mühevoll gearbeitet, der Gürtel gestickt, das Kleid gewebt, feingesponnen, der Mantel wohlgewaschen, das Bett durchbrochen, rund gedrechselt, der Riemen wohlgeschnitten, Bogensehne und Saiten wohlgedreht, Kessel und Mischkrug mit Blumen ciselirt, der Korb geflochten, ebenso der Wagensessel wohlgeflochten, festzusammengefügt, der Wagenreif festangeschlossen, der Wagen neu zusammengesetzt, festverbunden, wohlpolirt, schöngebildet, mit Zinn und Gold geziert.

In vielen Epitheta fällt Arbeit und Form zusammen; letztere ist immer der natürlichste Ausdruck des Gegenstandes. Angelhaken, Pflug, Rad, Schiff, Bogen sind gekrümmt, das Fischernetz ist vielmaschig, der Schwamm vieldurchlöchert, der Wagen gebogen, das Schiff gewölbt und gehöhlt, der Korb rund, der Pfeil dreizüngig, der Panzer mächtig gewölbt, der Helm erzwangig, der Bogen kreisförmig. Die Erzwangen des Helmes führen uns zum Stoffe. Da lesen wir von goldenen und steinernen Urnen, silbernen Körben, ehernen Dreifüssen, Schwertern, Speeren, und Panzern, von Beilen aus Olivenholz, eschenen Spiessen, stierledernen Schienen, Schilden von Rindsfell und aus sieben Rindshäuten bestehend, wieder von erzglänzenden Schilden, von elfenbeinschimmernden Zügeln, silberglänzenden Kleidern. Ausser durch Stoff und Form äussert sich nämlich ein Gegenstand auch durch die Farbe und den Glanz der Erscheinung; daher so häufig die Beiwörter purpurn, ganz bunt, buntschimmernd, weiss von Kleidern, Mänteln, Decken und Gürteln, schönfärbig und blutroth von Fellen, schimmernd, glänzend, prangend, leuchtend, flimmernd und glitzernd von Waffen und Kleidungsstücken.

Nach einzelnen Bestandtheilen findet sich dem Beschränkungstriebe des Dichters angemessen das Ganze bezeichnet in dem hundertruderigen, zwiefach geruderten, langruderigen, mit Ruderbänken versehenen, schwarz- und hochgeschnäbelten Schiffe, dem vierräderigen, schöngeräderten Wagen, dem achtspeichigen Rade, dem zweigeöhrten Becher, dem griffversehenen, gehenkelten Dreifuss, dem Tische mit dunkelblauen Füssen, dem gefäss- und hefthabenden Schwerte, dem rossschweiftragenden Helm, dem langröhrigen und langschaftigen Jagdspiess.

Die letzten zwei Epitheta drücken zugleich die räumliche Ausdehnung aus; diese wird sonst entweder durch die einfachen Beiwörter gross, lang, breit, hoch, tief, ausgedehnt, oder wie im rings deckenden, bis auf die Füsse oder die Erde reichenden Schilde, im weithinschattenden Speere durch das lebendigere Moment der Wirkung gegeben.

Die Lebendigkeit wird noch mehr gesteigert durch den Ausdruck der den Instrumenten und Waffen beigelegten Bewegung und Thätigkeit, durch die Personifikation. Die Schiffe sind schnellgehend, gleichschwebend, meerdurchschneidend, das Beil ist holzfällend, der Dreifuss über dem Feuer stehend, badausgiessend, das Oberkleid windabwehrend, der Schild anstürmend, beweglich, die Abwehr der Wurfspiesse, die Lanze gerade fortfliegend, hautzerschneidend, der Köcher pfeilhaltend, der Bogen zurückschnellend, das Geschoss ohnmächtig, durchdringend, rasch, seufzerverursachend, schnell das Geschick bringend.

Detailschilderung. Lessing sagt in seinem Laokoon: „Die Malerei kann in ihren coexistirenden Compositionen nur einen einzigen Augenblick der Handlung nutzen und muss daher den prägnantesten wählen, aus welchem das Vorhergehende und Folgende am begreiflichsten wird. Ebenso kann auch die Poesie in ihren fortschreitenden Nachahmungen nur eine einzige Eigenschaft der Körper nutzen und muss daher diejenige wählen, welche das sinnlichste Bild des Körpers von der Seite erweckt, von welcher sie ihn braucht. Hieraus fliesst die Regel von der Einheit der malerischen Beiwörter und der Sparsamkeit in den Schilderungen körperlicher Gegenstände. — Für Ein Ding, sage ich, hat Homer gemeiniglich nur Einen Zug. Ein Schiff ist ihm bald das schwarze Schiff, bald das hohle Schiff, bald das schnelle Schiff, höchstens das wohlberuderte schwarze Schiff. Weiter lässt er sich in die Malerei des Schiffes nicht ein. — Ich finde, Homer malt nichts als fortschreitende Handlungen, und alle Körper, alle einzelnen Dinge malet er nur durch ihren Antheil an diesen Handlungen, gemeiniglich nur mit einem Zuge." Wie Homer durch den Einen sinnlichsten Zug die Gegenstände malt, d. h. wie er diese stets durch das natürlichste Epitheton auszeichnet und dadurch von ihnen die richtigste Vorstellung in der Phantasie des Lesers oder Hörers erweckt, haben wir in dem oben behandelten Abschnitte der Epitheta ersehen. Indessen lässt er es beim Erhaschen des charakteristischsten Merkmals nicht immer bewenden, sondern kommt der Phantasie dann und wann durch mehr oder weniger ausführliche Schilderungen zu Hilfe, allerdings nicht an jeder beliebigen Stelle — nil molitur inepte —, wohl aber da, wo die Bedeutung der Handlung gehoben, auf das Auftreten und Wirken der Götter und Helden in nachdrücklicher Weise aufmerksam gemacht werden soll. Diese Detailschilderungen sind mitunter wahre Gemälde, so dass Cicero die Sage, dass Homer blind gewesen sei, Lügen strafend bemerkt: „At eius picturam, non poesin videmus. Quae regio, quae ora, qui locus Graeciae, quae species formaque pugnae, quae acies, quod remigium, qui motus hominum, qui ferarum non ita expictus est, ut, quae ipse non viderit, nos ut videremus effecerit?"

Die Waffen, um mit diesen wieder zu beginnen, erfahren eine gründliche Behandlung, wenn die Götter und Helden, denen sie gehören, den Anlass zu besonderen Leistungen nehmen, oder wenn sie selbst entscheidend in die Geschicke, wenn auch nur als Mittel, eingreifen. So malt er die Aigis der Athene als den mit Troddeln prangenden, grausvollen, vom Schrecken in allen Gestalten umkränzten Schild, auf welchem Kampf, Waffengewalt und die grimme Verfolgung, weiter auch das Scheusals Haupt, der entsetzlichen Gorgo, das furchtbare, schreckenverbreitende Graunbild abgebildet ist, in jenen Momenten, da die Göttin (*B* 447) die Achaier in den Kampf trieb, und da sie (*E* 740) mit Here den Olympos verliess, um ihnen in ihrer Bedrängniss gegen Ares Hilfe zu gewähren. Idomeneus deckte gegen Deiphobos' verhängnissvollen Wurfspeer der Schild mit gerundeter Wölbung (*N* 405), welcher aus Stierhäuten und strahlendem Erz tüchtig gewölbt und innen mit zwei Querstangen befestigt war. Meriones gab Odysseus zu seinem nächtlichen Streifzug ins troische Lager seinen aus Rindsfellen gemachten Helm (*K* 261); dieser war in der inneren Wölbung mit häufigen Riemen straff bespannt, auswendig umglänzten ihn die Hauer vom weisszahnigen Schweine, hierhin und dorthin schön und künstlich gereiht, und innen war ein Filz befestigt. Die genannte Schilderung gibt Homer von den Waffen Agamemnon's (*Λ* 17 ff.) gleichsam als Einleitung und Vorbereitung zu seiner *ἀριστεία*. Die Konstruktion der einzelnen Waffenstücke ist hier so klar gegeben, dass es einem tüchtigen Waffenschmied keine Mühe wäre, nach ihrem Muster ähnliche nachzubilden

Verhältnissmässig trifft es sich jedoch selten, dass Homer in der eben angeführten Weise das Porträt von Körpern liefert; ungleich häufiger lässt er uns das Bild im lebendigen Gang der Handlung nacheinander gewinnen, indem er z. B. die Waffen vor unsern Augen aus der Hand des Künstlers hervorgehen lässt oder, wie wir in einem früheren Abschnitte gesehen haben, eine Geschichte an sie knüpft und in diese dann manchen charakteristischen Zug verstreut. Zum Zweikampf mit Hektor, auf dessen Ausgang beide Heere mit der grössten Spannung sahen, nahte sich Aias mit dem siebenhäutigen Stierschild (*H* 219), den, thurmähnlich und ehern, die Kunst des Tychios ihm gefertigt hatte, welcher in Hylai wohnte, der trefflichste Lederbereiter, der ihm den leuchtenden Schild aus den Häuten von sieben gemästeten Stieren schuf und zum achten mit einer ehernen Decke überzog. Sarpedon hielt beim wüthenden Lagerkampf den wohlumründeten Schild vor (*M* 294), aus Erz stattlich geformt, den gehämmerten, welchen der Erzschmied hämmerte, auch von innen mit vielen Rindshäuten vernähte, und ringsher um den Rand mit goldenen Stäben belegte. Wie Pandaros' Bogen aus den ungeheuern Hörnern eines Steinbockes geschnitzt (*Δ* 105), von einem hornarbeitenden Künstler zierlich gedrechselt, rings geglättet und am Ende mit goldenem Rande gefasst worden, haben wir schon oben erwähnt.

Da der über seine Mittel mit der grössten Feinheit verfügende Dichter das Maass der Schilderungen nach dem Grade der Bedeutung der auftretenden Helden abstuft, so muss, auch was Schilderung der Waffen betrifft, der grösste und schönste Theil nothwendig auf Achilleus fallen. So sehen wir denn auch seine Beinschienen, seinen Helm und Panzer, besonders aber den weltberühmten Schild in einer langen Reihe von Versen mit einer in das kleinste Detail gehenden Umständlichkeit beschrieben (*Σ* 478). Wir werden da nicht nur mit dem Stoffe und der Form, sondern auch mit den zahlreichen seine Fläche in kunstreicher Ordnung deckenden Gebilden bekannt; denn Erde, Meer und Himmel mit seinen Gestirnen, zwei blühende Städte, durch Friedens- und Kriegsscenen, wie durch Hochzeit und Gerichtsversammlung, durch Belagerung und Ueberfall illustrirt, ein Brachfeld mit vielen ackernden Männern, ein Saatfeld mit Schnittern und Garbenbindern, ein Rebengefilde mit rosigen Mädchen und Knaben, die theils die liebliche Frucht in zierlich geflochtenen Körben tragen, theils an Leierspiel und Tanz sich ergötzen, eine Weide mit hochhörnigen Rindern, der Schauplatz eines Anfalles von zwei grässlichen Löwen, eine Schaftrift in reizender Thalschlucht, ein von Jünglingen und Jungfrauen aufgeführter Reigen, um den eine grosse Menge zuschauenden Volkes wogt, waren auf den Lagen des Schildes angebracht. „Homer malt aber, sagt Lessing (Laokoon XVIII.), den Schild nicht als einen fertigen, vollendeten, sondern als werdend. Er hat also auch hier sich des gepriesenen Kunstgriffes bedient, das Coexistirende seines Vorwurfs in ein Consecutives zu verwandeln und dadurch aus der langweiligen Malerei eines Körpers das lebendige Gemälde einer Handlung zu machen. Wir sehen nicht den Schild, sondern den göttlichen Meister, wie er den Schild verfertigt. Er tritt mit Hammer und Zange vor seinen Ambos, und nachdem er die Platten aus dem gröbsten geschmiedet, schwellen die Bilder, die er zu dessen Auszierung bestimmt, vor unseren Augen, eines nach dem anderen, unter seinen feineren Schlägen aus dem Erze hervor. Eher verlieren wir ihn nicht wieder aus dem Gesichte, bis alles fertig ist. Nun ist es fertig,

und wir erstaunen über das Werk, aber mit dem gläubigen Erstaunen eines Augenzeugen, der es machen sehen."

Ganz ebenso verfährt Homer auch mit anderen Gegenständen, die wir ganz genau bis auf den letzten Zug kennen lernen, aber nicht durch Naturmalerei, sondern aus dem dramatischen Gang der Handlung. Der Floss, auf dem Odysseus nach langem Aufenthalte endlich die Insel der Kalypso verlässt, entsteht unmittelbar vor unseren Augen (*ε* 234 ff.). Wir sehen ihn von der Göttin eine grosse, doppelschneidige Axt aus Erz, die, für den Schwung der Hände geschmiedet, im Oehre einen zierlichen Stiel von Oelbaum hat, auch ein geschliffenes Beil dazu erhalten und an das Gestade der Insel zu einer luftigen Waldung von Erlen, Pappeln und Tannen gehen. Da fällt er zwanzig Stämme, schlichtet sie dann mit dem Beil und ordnet sie scharf nach der Richtschnur. Mit dem Bohrer, den die Göttin bringt, bohrt er die Balken und fügt sie wohl aneinander, heftet dann mit Nägeln und bindenden Klammern den Floss. An vielen Rippen legt er die Bohlen zum Bord übereinander und schliesst das Verdeck mit weitreichenden Brettern. In der Mitte erhebt er den Mast und bindet die Rahe kreuzweise an. Nachdem er ferner das Steuer fertig gemacht hat, schirmt er die Seiten gegen die rollende Flut mit Flechtwerk aus Weiden und füllt den Raum mit Ballast. Aus Tüchern fertigt er dann kunstgerechte Segel, verbindet Taue, Stränge und wendende Seile und wälzt endlich den Floss mit Hebeln in die heilige Salzflut. Wie hier Odysseus Stück an Stück fügt, bis das Ganze gelungen, so baut auch unsere Phantasie, mit dem Fluss der Rede gleichen Schritt haltend, das Bild des Flosses aus den einzelnen Theilen vollends auf. Das Nämliche begegnet uns, wenn wir den Wagen der Here von Hebe zusammensetzen sehen (*E* 722 ff.).

„Hebe fügte geschwind die gerundeten Räder des Wagens
Mit acht ehernen Speichen umher an die eiserne Achse.
Dran sind Felgen von Gold, nie alternde, oben darüber
Eherne Reife gelegt, anschliessende, Wunder dem Anblick.
Rings geh'n silberne Naben umher an den Enden der Achse.
Aber in goldenen Bändern und silbernen hängt das Gestelle
Schwebend gespannt und umgeben von zwei Randlehnen im Kreise.
Vornhin streckte von Silber die Deichsel sich; aber an's Ende
Band sie das Joch, schön strahlend von Gold, an dem sie die schönen
Riemen von Gold durchschlang."

Lessing bemerkt dazu: „Auf die Räder allein verwendet der Dichter mehr als einen Zug und weiset uns die ehernen acht Speichen, die goldenen Felgen, die Schienen von Erz, die silberne Nabe, alles insbesondere. Man sollte sagen: Da der Räder mehr als eines war, so musste in der Beschreibung ebensoviel Zeit mehr auf sie gehen, als ihre besondere Anlegung deren in der Natur selbst mehr erforderte." In derselben Absicht verweilt er auffallend lange bei der Schilderung des Bogens von Odysseus und der Scene überhaupt, in der Penelope zum entscheidenden Kampfe die Werkzeuge aus der Kammer holt, um nämlich dadurch das Widerstreben ihrer Seele bei dem verhängnissvollen Gang und das Bestreben, die ihr unerwünschte neue Verbindung auch so noch möglichst spät hinauszuschieben, dem Bewusstsein des Lesers nahe zu bringen (*φ* 5 ff.). Zuerst lässt er sie den schöngebogenen Schlüssel, aus Erz zierlich gebildet und mit elfenbeinernem Griff, in die Hand nehmen und in die Kammer hinab eilen, wo nebst anderem Kleinod von Erz, Gold und schöngeschmiedetem Eisen auch das schnellende Horn und der pfeilgefüllte Köcher aufbewahrt lag. Gleichsam um die Zeit auszufüllen, während welcher Penelope zur Kammer hinabsteigt, gibt er eine ausführliche Geschichte des Bogens mit manchen antiken Reminiscenzen, die sich daran knüpfen. Als sie dann die Kammer erreicht hat, beschreibt er mit eben so grosser Genauigkeit die eichene Schwelle, welche einst der Meister mit Kunst schnitzte und scharf nach der Richtschnur ordnete, ebenso die Pfosten und die glänzenden Flügel. Nun erst löst sie den Riemen vom Ringe der Pforte, steckt den Schlüssel hinein und schiebt mit vorschauendem Blick wegdrängend die Riegel, dass die Flügel, vom Schlüssel aufgedrängt, laut krachen und sich auseinander breiten. Jetzt steigt sie zur Höhe der Bühne auf, wo die Kasten mit den wohlduftenden Kleidern stehen, nimmt, sich empor streckend, den Bogen sammt Behälter vom Nagel, setzt sich nieder und weint, die Waffen auf ihre Kniee gelegt, laut auf. Welch fruchtbare Momente für bildliche Darstellung sind nicht in dieser Scene allein schon gegeben! Wenn übrigens Homer hier so gründlich auf das Einzelne eingeht, so thut er es wohl besonders auch deswegen, um diese entscheidende That mit allem Nachdruck zu veranschaulichen.

Dasselbe gilt auch in allen denjenigen Fällen, wo er den gewöhnlichen Akten des Sich-Bekleidens und Rüstens, Waschens und Badens eine ausführlichere Behandlung angedeihen lässt. Blosse Schilderung der Kleider findet sich in der Erzählung des verstellten Odysseus (τ 225 ff.); hier aber hat sie den Zweck, die Sehnsucht der Penelope mit aller Gewalt zu wecken und die Wahrhaftigkeit des Erzählers anderen, Schwindlern gegenüber zu sichern. Denn wenn der Fremdling das purpurne Gewand mit dem prangenden Stickwerk so genau beschreibt, dass er selbst den zappelnden Rehchens nicht vergisst, welches sich umsonst abmüht, den Vorderklauen des wild anstarrenden Hundes zu entfliehen, ferner die goldene mit doppelten Röhren schliessende Spange, den wunderköstlichen Leibrock, zart und weich, wie die Schale um eine getrocknete Zwiebel, und hellschimmernd wie die Sonne: so muss Penelope, welche diese Kleider ihrem Gemahle selbst gegeben, sich nothwendig von der Treue des Fremdlings überzeugen. Um ferner die traurige Stimmung, in welcher Laertes aus Schmerz um den verlorenen Sohn draussen auf dem Felde Knechtsarbeiten verrichtet, und die unerwartete Begegnung energischer hervorzuheben, wird jener (ω 227) in grobem und oft geflicktem, schmutzigem Leibrock, in ein paar geflickten, stierledernen Bein-Schienen, in groben Handschuhen und mit einer Kappe von Geisfell vorgeführt.

Somit lernen wir die Kleider aus dem Akte des Anziehens selbst kennen; wir sehen sie, indem der Dichter die Handlung des Bekleidens malt und die Personen in plastischer Klarheit Stück für Stück sich umlegen lässt. Um des Nachts zu den Herden hinauszugehen und bei ihnen zu wachen, wirft sich der Sauhirt (ξ 528) das Schwert um die rüstigen Schultern, hüllt sich dann in den dichten, windabwehrenden Mantel, nimmt das zottige Fell der grossen gemästeten Ziege und den scharfen Speer. Hieher gehört auch Odysseus' Verwandlung unter dem Zauberstabe der Athene (ν 432):

> Statt der Gewand' umhüllt' ihn ein hässlicher Kittel und Leibrock,
> Beide zerlumpt und schmutzig, von hässlichem Rauche besudelt;
> Auch ein grosses Fell des hurtigen Hirsches bedeckt' ihn,
> Kahl von Haar; und sie reicht' ihm den Stab und den garstigen Ranzen,
> Häufig geflickt ringsum, und daran ein geflochtenes Tragband.

Als Agamemnon vom Schlafe erwachte, in welchem er das trügerische Traumbild sah, setzte er sich aufrecht hin (Β 42), zog sein weiches Gewand an, sauber und neu, warf den gewaltigen Mantel darüber, befestigte unter die glänzenden Füsse stattliche Sohlen, warf sein silberbebuckeltes Schwert um die Schulter und nahm auch den vätererbten Stab von ewiger Dauer. In jener Nacht, da ein Streifzug in das troische Lager unternommen werden sollte, konnte er vor Kummer und Sorgen nicht schlafen; er steht denn auf (Κ 21 cf. 177), umhüllt die Brust mit dem Untergewand, bindet an die Füsse die stattlichen Sohlen und deckt sich mit des funkelnden Löwen blutiggefleckten Vliess, das bis an die Knöchel herabhing. Nicht besser geht es dem Menelaos; schlaflos steht auch er auf (Κ 29), umhüllt sich den gewaltigen Rücken mit dem gesprenkelten Felle des Panthers, deckt das Haupt mit dem ehernen Helm und ergreift mit der Rechten den Speer. Aehnlich kleiden und rüsten sich auch andere Helden, welche der Reihe nach von beiden geweckt werden. Nestor (Κ 131) heftet mit Spangen über das Untergewand um die Schultern den Purpurmantel, doppelgewirkt, weitbauschig, von gekräuselter Wolle umblüht, und nimmt die gewichtige Lanze; Diomedes aber und Odysseus, die Unternehmer der Expedition, erhalten die Rüstgegenstände von andern. Jenem verleiht (Κ 255) Thrasymedes Schwert und Schild und deckt sein Haupt mit dem Helme von Stierhaut, den nicht Busch noch Bügel verziert; diesem gibt Meriones Bogen, Köcher und Schwert und umschliesst sein Haupt mit dem berühmten, aus Rindsfellen gemachten Helm. Auf der anderen Seite hängt (Κ 333) Dolon sein krummes Geschoss um die Schultern, deckt sich aussen umher mit graunzottigem Wolfsfell, deckt das Haupt mit dem Helme von Iltis und eilt dann den Wurfspeer noch fassend zu den Schiffen der Danaer.

Wie sich Here kleidet und schmückt (Ξ 175), um ihren Gemahl zu berücken, und Athene rüstet (Ε 736; Θ 384), um den bedrängten Griechen als Helferin zu erscheinen, haben wir bei der Darstellung der Götter schon behandelt. Auch hier werden durch die in's genaueste gehende Schilderung bedeutende Ereignisse vorbereitet, wie wir von den Helden Kraftleistungen zu erwarten haben, wenn sie sich umständlich vor unsern Augen wie Alexandros (Γ 328), Agamemnon (Λ 16), Patroklos (Π 131), Achilleus (Τ 364) waffnen. Das Thema:

> Erst denn fügte der Held Beinharnische sich um die Füsse,
> Schön und umher an den Knöcheln mit silbernen Spangen befestigt;
> Weiter umschloss er die Brust ringsher mit dem stattlichen Panzer,
> Warf hierauf um die Schultern das Schwert mit den silbernen Buckeln,
> Strahlend von Erz, und darüber den Schild, den gewaltigen, starken,
> Deckte das mächtige Haupt mit dem stattlichen, mähnenumwallten
> Helm, und grauenvoll nickte der Busch von der Spitze des Helmes;
> Endlich ergriff er den Speer, der stark und den Händen gerecht war,

liegt der Bewaffnung stets zu Grunde und enthält beim Panzer des Alexandros und Patroklos nur die kleine Modifikation, dass jener vom Bruder Lykaon geliehen und dem dermaligen Träger gerecht war, dieser aber, der Panzer des göttlichen Renners Achilleus, hell wie Sterne glänzte. Die Bewaffnung Agamemnons aber, des mächtigen Königs und Oberfeldherrn, und des Achilleus, der an Tapferkeit alle weit hinter sich liess, muss noch besonders ausgezeichnet werden. Daher knüpft der Dichter an die Waffen Agamemnons die oben erwähnte Detailschilderung und an den Panzer speziell noch eine kurze Geschichte, woher er stamme; Achilleus' Waffen aber, die wir erst zuvor unter den Hammerschlägen des Hephaistos haben entstehen sehen, hebt er durch einfache Vergleichungen und ein malerisches Gleichniss, ihn selbst lässt er während der Rüstung mit den Zähnen knirschen und zornfunkelnde Blicke umherwerfen, dann aber, nachdem er fertig war, sich in der Rüstung versuchen, ob sie bequem anschlösse und die Glieder sich leicht bewegten. Und als sich der Held darin wie durch Fittige emporgehoben fühlte, da nahm er aus dem Gehäuse den starken, vom Vater ererbten Speer hervor, den kein anderer Achaier schwingen konnte und der, aus einer Esche des Pelion gefällt, von Cheiron Peleus geschenkt worden war. Automedon aber und Alkimos schirren (Τ 392) während dem die Rosse in die stattlichen Riemen des Joches, legen Zaum und Gebiss um die Wangen der Rosse und fesseln hinten die Zügel straff an dem Wagenrande. Automedon fasst die blanke Geissel und springt in den Wagensessel; hinter ihm schwingt sich der Pelide auf, im Waffenglanze leuchtend.

Wechselnder, wenn auch nicht immer so ausführlich wie die auf Kleidung und Bewaffnung sich beziehenden Bilder sind jene Gemälde, welche, wie das unmittelbar vorausgehende, die beweglicheren Scenen des Anschirrens und Abspannens von Wagen, das Abfahren und Anlanden von Schiffen, das Baden und Schmausen, die Bewirthung von Gastfreunden, die Verrichtung von Opfern, die geschäftige Thätigkeit der Mägde und andere ähnliche Vorwürfe behandeln. Unsere Phantasie wird durch die Schilderung dieser Vorgänge vollkommen in Anspruch genommen und verfolgt die stets wechselnden Situationen in einer Reihe von plastischen Bildern, wenn es zum Beispiel von Telemachos und seinem Gefährten Peisistratos heisst (γ 492), dass sie beide ihr Gespann rüsteten, den prächtigen Wagen betraten und aus dem Thor und der dumpftönenden Halle unter dem Schwunge der Geissel lenkten, und später (δ 38), dass aufwartende Diener die schäumenden Rosse unter dem Joche lösten, an Rosskrippen des Stalles banden und, nachdem sie ihnen Spelt hineingeschüttet und gelbliche Gerste gemengt hatten, den Wagen empor an die schimmernden Wände stellten. Lebendiger geht es bei Nausikaas Abfahrt nach dem Meeresgestade zum Reinigen der Wäsche her (ζ 71). Da rüsten Diener der Last schönräderigen Wagen, führen Mäuler davor und spannen sie an die Deichsel. Die Jungfrau aber trägt die feinen Gewande aus der Kammer und legt sie in den Korb des schöngeglätteten Wagens. Auch die Mutter legt ihr labende Speise mancher Art in ein Kästlein und Gemüse dazu und gibt ihr Wein im geisledernen Schlauch und geschmeidiges Oel zum Salben in goldener Flasche. Wird hier aber nur im Allgemeinen das Bild vom Einspannen geweckt, so wird dieses durch die Rüstung des Wagens, auf welchem Priamos nächtlich in Achilleus' Zelt Geschenke zur Loskaufung der Leiche Hektors bringt, bis in die kleinsten Züge erleuchtet (Ω 266). Seine Söhne schaffen den vollendeten Maulthierwagen heraus und binden den Korb darauf; dann nehmen sie von dem Pflocke das buxbaumene Joch, mit Buckeln erhöht und mit Ringen wohl befestigt, legen dieses an die Deichsel vorn am äussersten Rande, fügen den Ring am Pflocke an, schlingen an jeder Seite das Band dreimal um den Nabel, knüpfen es an den Enden fest und machen unten an der Schlinge einen Knoten. Nun werden die reichen Geschenke, die zwölf Feiergewande, ebensoviele einfache Gewänder, Decken, Mäntel und Unterkleider, zehn Talente Gold, Becken, dreifüssige Kessel und ein schöner Pokal, die (Ω 229) der König selbst nach Oeffnung des zierlichen Deckels aus der Kiste genommen hatte, auf den Wagen gehoben, die starkhufigen Mäuler ins Joch geschirrt und zuletzt zwei Rosse für Priamos unter das Zugjoch geführt, welche der Greis an der blanken Krippe als eigene gepflegt hatte. Unter dem Trauergeleite der Seinen lenkt er dann und Idaios zum Thore hinaus.

Mit derselben Lebendigkeit malt Homer die einzelnen Momente der fortschreitenden Handlung, wenn er ein Schiff in See stechen oder landen lässt. Da sehen wir es (δ 577) in die heilige Salzflut hinabziehen, die Seile am Ufer lösen, den fichtenen Mastbaum (β 424) in die mittlere Höhlung des Bodens hoch aufrichtend stellen und mit Halttauen fest anbinden, schimmernde Segel mit wohlgeflochtenen Riemen ausspannen; wir sehen die Ruderer, wie sie die (δ 782) Ruder ordnungsmässig in lederne Wirbel langen, auf den Bänken sich niederlassen (ι 104), flugs zum Geräthe greifen und damit die graue Meereswoge schlagen (ι 104); wir hören (β 427) den schwellenden Wind in die Segel sausen und um den Kiel des dahingleitenden Schiffes die purpurne Welle laut rauschen. Ebenso sehen wir dann wieder (Α 432) das Fahrzeug in die tiefgründige Bucht hineinschweben, die Segel lösen und im Schiffsraum bergen, den an Tauen niedergelassenen Mast in den Behälter legen, das Schiff mit den Rudern zur Anfuhrt schieben, die Anker auswerfen, am Ufer das Tauwerk anbinden, vollends das Schiff (Α 485) an die Veste des Landes auf sandigen Grund ziehen und durch mächtige Balken stützen.

Dann führt uns Homer wieder in die Gemächer eines Palastes und entfaltet da vor uns das bunte Treiben dienstbarer Geister bei verschiedenen Anlässen. Der Gebieterin Penelope stellen sie den Sessel zum Feuer (τ 55), der mit Silber und Elfenbein ausgelegt unten einen Schemel zur Stütze für die Füsse hatte und mit einem mächtigen Schafvliess bedeckt war. Eine andere Schaar weissarmiger Mägde räumt die Tische mit den Speisen und Gefässen hinweg, schüttet auf die Erde die Glut der Geschirre hin und häuft von neuem Holz darauf. Eurykleia kommandirt ihnen (υ 149), den Saal mit dem Besen zu kehren, zuvor aber auch zu sprengen, dann auf die schöngebildeten Sessel Teppiche hinzulegen; andere sollen alle Tafeln umher mit Schwämmen scheuern, die Mischkrüge und Doppelbecher sauber reinigen, wieder andere schleunig Wasser von dem Brunnen holen.

In Kirke's Palast deckt (κ 352) die eine von den Mägden sorgfältig schönprangende, oben purpurrothe Polster auf die Sessel, drunter Teppiche von Leinwand; die andere stellt silberne Tische vor diese Throne und setzt goldene Körbe darauf; eine dritte mengt den Wein im silbernen Mischkrug und vertheilt Becher von Gold; die vierte giesst Wasser, das sie von der Quelle holt, in den mächtigen Dreifuss und häuft unten die Glut hoch auf. Nachdem das Wasser erwärmt ist, setzt sie Odysseus in die Wanne und wäscht ihn, aus dem Dreifuss angenehm einmischend, über Haupt und Schultern. Nach dem Bade und der Salbung mit kostbarem Oele hüllt sie ihn in einen Leibrock und prächtigen Mantel und setzt ihn auf den silberbeschlagenen Stuhl mit dem stützenden Schemel. Eine Dienerin bringt in goldener Kanne Wasser auf silbernem Becken daher, besprengt ihm zum Waschen seine Hände und stellt die blanke Tafel vor, die Schaffnerin aber legt Brod hin und nöthigt, manches Gericht hinzufügend, eindringlich zum Essen. Aehnliche liebevolle Behandlung erfährt Odysseus (δ 434, 454 ff. ψ 172 ff.) von den Mägden der Phaiakenkönigin Arete, Athene (α 130) in Gestalt des Taphierkönigs Mentes und der Seher Theoklymenos (ρ 85 ff.) im Hause des Telemachos, dieser selbst (δ 48) bei seinem Besuche in Menelaos' Palaste. Hier sehen wir die Mägde in voller Thätigkeit ihre Herrin Helene und den Gast bedienen. Adraste stellt (δ 123) jener den schöngebildeten Sessel hin, Alkippe bringt den weichen wolligen Teppich, Phylo den silbernen Korb mit darüber gehäuftem Garn und einer mit violenfarbiger Wolle umlegten Spindel. Für Telemachos müssen sie ein Lager zurechtmachen; da enteilen sie (δ 297; conf. ξ 336) dem Saale, eine leuchtende Fackel in der Hand, stellen das Bett unter die Halle, legen prächtige Purpurpolster darauf, breiten Teppiche darüber und legen zur oberen Hülle noch zottige Mäntel hin. Zu Hause begleitet ihn die Schaffnerin Eurykleia mit brennenden Fackeln zu Bette (α 428), welche das ihr in die Hände geworfene Gewand des Lieblings wohl in Falten schmiegt und am Pflocke zur Seite des schöngebildeten Bettes aufhängt, dann aus der Kammer hervorgeht, mit silbernem Ringe fest die Pforte anzieht und den Riegel mit den Riemen davorschiebt. Im Zelte Nestors waltet die lockige Hekamede. Vor diesem und seinen Wagengenossen Eurymedon rückt sie (Λ 628) den blanken Tisch mit stahlblauem Gestelle und setzt mitten darauf ein Gefäss aus Erz mit trunkeinladenden Zwiebeln, auch gelblichen Honig und Mehl von heiliger Gerste; in einem Pokal aber mischt sie pramnischen Wein und reibt mit einer ehernen Raspel Ziegenkäs darauf; nachdem sie dann noch Gerste darüber gestreut, war das Weinmus fertig, und sie nöthigte nun zum Trinken. Bei dieser Gelegenheit wird uns auch der bedeutungsvolle Pokal mit seinen goldenen Stiften, den vier stattlichen Henkeln, von denen jeder mit zwei pickenden Tauben von Gold geschmückt war, und dem doppelten Boden beschrieben. Noch einen anderen Pokal von kunstreicher Arbeit erwähnt Homer in einem feierlichen Moment, den Achilleus (Π 221) aus einem mit Decken, Gewanden und Mänteln gefüllten Schranke herausholt, mit Schwefel reinigt und in den lauteren Wellen des Wassers wäscht. Ausser ihm hatte daraus keiner funkelnden Wein getrunken, er auch keinem der Götter als nur Zeus gesprengt. Mit diesem trat er in die Mitte des Hofes, betete und brachte Zeus ein Trankopfer auf Sieg und glückliche Wiederkehr seines Freundes Patroklos.

Das Opfer überhaupt und das daran geknüpfte Opfermahl ist auch nicht selten bei Homer der Gegenstand eingehender Schilderung. Wenn die Freier in Odysseus' Haus kommen, legen sie (υ 249) ihre Mäntel auf die Sessel und Lehnstühle, opfern Schafvieh und feiste Ziegen, braten die Eingeweide und vertheilen; andere mischen in Krügen den Wein geschäftig. Der Sauhirt reicht die Becher, Philoitios das Brod rings herum in zierlichen Körben, den Wein schenkt Melanthios. Und alle erheben dann die Hände zum leckeren Mahle. — Zu Ehren des Odysseus lässt Autolykos ein Mahl von seinen Söhnen bereiten (τ 420). Die führen einen fünfjährigen Stier herein, schlachten und ziehen ihn ab, zerlegen alles geschäftig, schneiden das Fleisch rasch

in Stücke, stecken es an die Spiesse, braten vorsichtig und reichen dann die geordneten Theile. Achilleus bewirthet die Abgesandten der Achaier also (Ι 206): Durch Patroklos lässt er die gewaltige Fleischbank in den Schimmer der Glut tragen und darauf den Rücken eines Schafes, einer Ziege und eines Mastschweines in der Blüthe des Fettes legen. Während ihm Automedon hält, schneidet Achilleus, zerlegt alles geschickt und bohrt das Fleisch an die Spiesse. Patroklos entflammt mächtig die Glut. Und sobald die Flamme erloschen war, schichtet jener die Kohlen und hält die Bratspiesse darüber, streut heiliges Salz und hebt es auf die stützenden Gabeln. Und nachdem er es so gebraten und auf die Bretter hingeschüttet, nimmt Patroklos das Brod und bietet es in schöngeflochtenen Körben um den Tisch rings an, während Achilleus das Fleisch austheilt. Gleich ausführlich ist die Schilderung des Opfers von Chryses (Α 456) und Agamemnon (Β 421):

Als sie gefleht und die Gerste gestreut, da bogen sie rückwärts
Erst dem Stiere den Hals und schlachteten, zogen die Haut ab,
Schnitten die Lenden heraus, umhüllten sie dann mit dem Fettnetz
Doppelt umher und belegten sie rings mit Stücken der Glieder.
Dieses verbrannten sie nun, auf entblätterte Scheiter es legend,
Spiessten sodann das Gekrös und hielten es über die Flamme.
Als sie die Lenden verbrannt und die inneren Theile gekostet,
Schnitten sie klein in Stücke das Uebrige, steckten's an Spiesse,
Brieten es dann sorgfältig und zogen es wieder herunter.
Aber nachdem sie vollendet das Werk und gerüstet die Mahlzeit,
Schmausten sie froh, Nichts misste das Herz an dem köstlichen Mahle.
Aber nachdem sie des Trankes Gelüst und der Speise gesättigt,
Füllten die Jünglinge flugs mit Getränk bis oben die Krüge,
Schöpften daraus in die Becher zur Spend' und reichten es allen.

Bei der Opferhandlung Nestors werden selbst die Vorbereitungen mit grosser Umständlichkeit beschrieben (γ 430). Man treibt das Rind vom Gefilde her, es kommt der Meister mit Ambos, Hammer und Zange, um die Hörner des Rindes mit Gold, welches Nestor gibt, zu umziehen. Stratios und Echephron führen die Kuh am Horn. Aretos trägt aus dem Gemache in der einen Hand ein blumiges Becken mit Weihwasser, in der anderen heilige Gerste in einem Korbe, während Thrasymedes mit der geschliffenen Axt, Perseus mit einer Schale herzutritt, um sie dem Blute unterzuhalten. Nestor nimmt Weihwasser und Gerste und wirft das Stirnhaar in die Flamme. Thrasymedes naht sich und schlägt mit Gewalt, dass die Axt die Sehnen des Nackens alle durchschneidet, und die Kuh hintaumelt. Während das anwesende Frauenvolk jammert und fleht, schlachtet Peisistratos schnell und lässt das schwarze Blut strömen; das Rind wird zerlegt, die ausgesonderten Schenkel mit Fett zwiefach umwickelt und verbrannt, und die Handlung nimmt den gewöhnlichen, oben beschriebenen Verlauf. Die Darstellung dieses Aktes findet sich noch öfter, manchmal kurz gefasst, immer aber mit einiger Modifikation und durch einen neuen Zug varirt. Eumaios opfert für seinen Gast den erlesensten Eber (ξ 418). Zu dem Zwecke zerspaltet er Holz, wirft von dem Schweine, welches mittlerweile seine Genossen hereingeführt und an den Herd gestellt hatten, das Stirnhaar unter Gebeten in die Flamme und schlägt es mit einem Eichenscheit, welches er beim Spalten eigens aufgehoben hatte, hoch auslangend. Jene schlachten, sengen und zerlegen; der Sauhirt weiht die Erstlinge von den Gliedern ringsumher, mit strotzendem Fette sie umhäufend, und wirft sie mit dem Kerne des Mehles besprengt, in das Feuer. Das Uebrige schneiden die Genossen klein, stecken es an Spiesse, braten vorsichtig, ziehen alles herunter und legen es auf die Anrichtebretter, wo nun der Sauhirt siebenfach alles nach richtigem Maasse zertheilt und den Männern darreicht, ohne der Nymphen und des Hermes bei der Theilung zu vergessen. Odysseus ehrt er mit einem Stücke des langausreichenden Rückens.

Schildereien auch von anderen immer bedeutsamen Handlungen und Verhältnissen finden sich zahlreich in beiden Gedichten verstreut. Wir erinnern Beispiels halber an jene Scenen, da Machaon (Δ 213) dem von Pandaros verwundeten Menelaos das Geschoss herauszieht, den geschmeidigen Gurt und die blecherne Binde löst und die Wunde, nachdem er das Blut gesogen, mit linderndem Balsam salbt; da der Kyklope (ι 231) seine Herden in die Höhle treibt, sie da melkt und die Milch theils trinkt, theils in geflochtene Körbe zum Ablauf schüttet, oder da Hephaistos (Σ 372) in seiner Werkstätte glänzende Werke schafft, beim Besuche der Thetis (Σ 469) seine Geräthe wegräumt, und wieder, wie er sich dann zu den zwanzig Bälgen und zur Arbeit wendet, um Achilleus die göttlichen Waffen zu schmieden. Wie lebendig malt ferner Homer jene Handlungen des Peliden, welche auf die Verunglimpfung der Leiche Hektors (Χ 395) und die Verherrlichung der Leiche seines Freundes (Σ 344) Bezug haben! Hier sehen wir ein grossen Badegeschirr auf flammendes Feuer gehoben, die Flammen um den Bauch des Gefässes lecken und das Wasser allmählig sieden; es wird der Leichnam gewaschen und gesalbt, die Wunde mit der Kraft neunjährigen Balsams gefüllt, und er dann hingebettet und vom Haupte bis zu den Füssen in köstliche Leinwand gehüllt und mit blendendem Teppich bedeckt. Weiter folgen wir (Ψ 111) den Maulthieren und den mit Beilen und geflochtenen Seilen ausgerüsteten Achaiern fort aus den Gezelten hinauf und hinab, quer und in Krümmungen umher nach den Höhen des Idagebirges, wo diese mit mächtigen Schlägen die Bäume hinstrecken, zerhauen und fest anbindend auf den Rücken der Mäuler laden. Die durch dichtes Gebüsch nach der Ebene hinabgeschleppten und am Seestrand in Reihen aufgeschichteten Stämme sehen wir bald darauf (Ψ 164) zu einem gewaltigen Todtengerüst, je hundert Fuss in das Gevierte, aufgebaut, zu oberst mit dem theueren Leichnam belastet, rings umher mit verschiedenen Opfern umhäuft und vom eisernen Grimme des Feuers verzehrt werden. — Ebenso veranschaulicht wird uns die Arbeit von den Begleiterinnen der Nausikaa (Ζ 90), die alle Gewande in die Wasserbehälter tragen, da im fröhlichen Wettstreit rasch mit den Füssen stampfen und, nachdem sie jeglichen Flecken gereinigt, die Wäsche am Meeresufer ausbreiten, wo der reinste Kies lag; das Verhalten des Odysseus und seiner Gefährten beim Vorüberfahren an der Seirenen-Insel (μ 175): wie jener die grosse Wachsscheibe mit dem Erze klein schneidet und mit dem unter dem Drucke seiner Hand und dem Strahle Helios' erweichten Wachse der Reihe nach die Ohren der Freunde verklebt, diese ihn im Schiffe aufrecht unten am Mastbaum an Händen und Füssen anbinden und die Seile herumschlingen; ferner jene Scenen, welche dem entscheidenden Bogenkampfe vorangehen (φ 114). Es wirft Telemachos Schwert und Purpurmantel von den Schultern, gerade auffahrend, stellt die Aexte in eine Reihe nach der Richtschnur in das aufgefurchte Estrich und versucht an die Stelle tretend dreimal die Kraft des Bogens. Melanthios entflammt (φ 181) ein mächtiges Feuer, stellt den Sessel davor und breitet ein Schafvliess darüber; dann bringt er eine grosse Fettscheibe aus der Kammer, um den Bogen mit Fett und Wärme zu erweichen. — Das Geheimniss des Bettes ist entscheidend für die Erkennung. Was ist natürlicher, als dass Odysseus der zurückhaltenden Gemahlin gegenüber genau beschreibt (ψ 190), wie er um einen weithin schattenden Oelbaum das Gemach erbaut, dessen Krone gekappt, den Stamm von der Wurzel behauen, ringsum geglättet und mit dem Bohrer ihn ganz bohrend dem Bette zum Fuss gebildet habe, wie er dann das Bett darangefügt, gemeisselt, mit Gold, Silber und Elfenbein künstlich durchwirkt und schliesslich mit Riemen von purpurschimmernder Stierhaut gespannt habe? Wir bringen hier noch das wohlgerundete Jagdbild bei, welches Odysseus in lebendiger Schilderung den Phaiaken vorführt (ι 157):

> Jetzt erbarmte sich mein, des Einsamen, einer der Götter,
> Der den gewaltigen Hirsch mit hohem Gehörn in den Weg mir
> Sendete. Nieder zum Bach entsprang aus der Weide des Waldes
> Jener vor Durst; denn mit Macht schon drängt' ihn die strahlende Sonne.
> Aber ich schoss ihn im Lauf, und grad' in der Mitte des Rückgrats
> Traf ich, dass unten im Bauch die eherne Lanze hervordrang;
> Und er entsank in den Staub mit Geschrei, und das Leben entflog ihm.
> Gegen ihn stemmt' ich den Fuss, und die eherne Lanz' aus der Wunde
> Zog ich zurück; dann liess ich sie dort auf der Erde gelehnet
> Stehn und brach mir schwankes Gespross vom biegsamen Weidig,
> Draus ein Seil, wie die Klafter erreicht, von gedoppelter Drehung,
> Flocht ich und band die Füsse des mächtigen Ungeheuers;
> Ging und trug's um den Nacken gehängt zum dunkelen Schiffe,
> Stützend den Gang mit dem Speer; unmöglich ja war's auf der Schulter,
> Einer Hand es zu tragen; denn gar zu gross war das Waldthier.
> Vor dem Schiffe nun warf ich es ab.

Alle diese Schilderungen regen unsere Phantasie mächtig an und erzeugen selbst von einem einzigen Vorgang eine fortgesetzte Reihe von Bildern, insoferne er in verschiedene fruchtbare Momente mit stets wechselnder Situation zerfällt. Dabei sind es namentlich die plastischen Stellungen und Bewegungen der Figuren, deren Eindruck wir uns gar nicht entschlagen können, und welche die Natur der Handlung selbst mit sich bringt, oft auch vom Dichter geflissentlich mit wenigen, aber treffenden Strichen gezeichnet werden. So haben wir in dem oben stehenden Jagdstück den zielenden, sich anstemmenden, den Gang mit dem Speere stützenden, den das Wild hinwerfenden Odysseus. Wie ist ferner, um auf diesen Punkt näher einzugehen, die Plastik der Situation so klar ausgeprägt, wenn die Helden herangeschritten kommen! Alexandros marschirt (Γ 16) an der Spitze der Troer, mit dem Pardelvliess, dem Schwert und dem krummen Geschosse um die Schultern rings bewehrt, und rafft, zwei Lanzen

schwingend, die Gewaltigsten von Argos zur blutigen Entscheidung hervor. Sobald er aber seinen Gegner Menelaos mit den Waffen vom Wagen zur Erde springen und im vordersten Treffen erscheinen sieht, zieht er sich bebend hinter die trojanischen Schaaren zurück. Aineias tritt (Ε 161) mit gewaltigen Schritten drohend heran; der Busch nickt hoch her vom gewichtigen Helm; vorne deckt er sich die Brust mit dem Schilde und schwingt die gediegene Lanze. Der riesige Aias stürmt heran (Η 211); furchtbares Lächeln umspielt sein Antlitz; mächtigen Ganges schreitet er einher, den langhinschattenden Wurfspeer wiegend, dass Hektor selbst das Herz im Busen zu klopfen beginnt. Dieser aber war es gewesen, welcher auf den Rath des Helenos zuerst den tapfersten Achaier zur Fehde gefordert; denn in die Mitte hervortretend (Η 55) und den Wurfspeer im Mittel fassend hatte er die Schaaren der Troer zurückgedrängt, während auch Agamemnon dem achaiischen Volke sich zu lagern gebot. Die darauffolgende Scene des Looseschüttelns ist besonders plastisch. Auf Nestors Rede hin erbieten sich neun Helden zum Zweikampf mit Hektor (Η 175) und werfen jeder sein Loos in den Helm Agamemnons. Nestor schüttelt ihn; es springt Aias' Loos heraus. Dieses trägt der Herold durch die Versammlung, rechtshin es allen zeigend; aber niemand erkennt es. Als er indess zu Aias kommt, hält dieser die Hand offen, und der Herold wirft es ihm dann hinein. Aias aber erkennt das Loos, freut sich herzlich darüber und wirft es sodann vor die Füsse zur Erde. Der Zweikampf selbst bietet ebenfalls manche fassbare Situation. Die zwei Helden ziehen (Η 260) mit ihren Händen die im Schild und Harnisch steckenden Lanzen heraus und rennen wild wider einander; Hektor weicht zurück und ergreift mit der markigen Rechten einen Stein, um ihn auf Aias' Stierschild zu schleudern; dieser ein noch viel grösseres Felsstück hebend schwingt es umher und wirft es endlose Gewalt anstrengend. Getroffen sinkt Hektor zu Boden, ohne den Schild, den er krampfhaft hält, zu lassen. Beim Sturm auf das Lagerthor trägt er einen Stein zu den Flügeln (Μ 457), stemmt sich, wirft in die Mitte, die Füsse weit auspreitend, damit sein steinern Geschoss nicht kraftlos sei; der Steinblock fällt schwerwuchtend hinein, das Thor dröhnt laut, die Riegel halten nicht, und die zersplitterten Bohlen fliegen weit umher unter der Gewalt des Steines. Und Hektor stürmt furchtbar hinein, zwei Lanzen schwingend, im Getümmel sich wendend, den Troern zurufend, mit dem Blicke der Nacht. Schaum steht ihm um die Lippen (Ο 607), unter den trotzigen Brauen sprühen die Augen Zornglut hervor; mit grausem Gedröhne klirrt der Helm um seine Schläfe. Im letzten Kampf mit Achilleus biegt er wohl vorschauend dem Wurfspeer seines Gegners aus (Χ 274), indem er rasch in die Knie sinkt, so dass die Lanze über ihn weg sich in die Erde bohrt. In anderer Situation erscheint er (Χ 306), als er die geschliffene Klinge zieht, sich zusammenbiegt und wie ein Adler heranschiesst, und wieder, wie er (Χ 337) in den Staub gesunken und nur noch schwach aufathmend den unbarmherzigen Peliden bei den Knieen beschwört, seinen Leichnam nach Ilios zu senden. Aehnlich ist die Situation Lykaons (Φ 67). Wie der Pelide mit gewaltigem Speer sich anlegt, bereit ihn zu durchstossen, duckt er sich schnell und umfasst ihm die Kniee; der Speer fliegt über die Schultern weg tief in den Grund. Flehend nun umschlingt er mit der einen Hand Achilleus' Kniee, während er mit der anderen die Lanze umfängt und hält. Auf die mitleidslose Rede des Peliden aber bricht ihm das Herz (Φ 114), brechen ihm die Kniee; kraftlos lässt er den Speer und breitet sitzend die beiden Hände nach ihm. Der zückt das Schwert, schwingt es und haut in des Halses Gelenk, dass der Arme niedergestreckt vorwärts am Boden liegt. Jener packt ihn am Fusse und wirft ihn in die Strömung des Xanthos hinab.

Die Schlachtscenen sind überhaupt sehr reich an fruchtbaren Momenten für die Plastik. Menelaos stürmt dem Alexandros (Γ 369), nachdem sein Schwert an dessen Helmkamm in Trümmer zersprungen war, nach, ergreift ihn oben am Helmbusch, wendet herum und reisst ihn gegen das Heer der Achaier, dass ihn am Halse der unter das Kinn gebundene Riemen beengte. Und als Aphrodite dieses bemerkend den Riemen zerriss, wirft der Held den in seiner Hand hängen gebliebenen Helm mächtigen Schwunges in das Achaierheer. — Während Teukros nach Hektor zielt, zerreisst die Bogenschnur (Θ 403), der Pfeil mit der Schwere des Erzes schwirrt seitwärts davon, und die Hand lässt den Bogen sinken. Glücklicher ist Alexandros. Hinter die Säule am Grabmal des Ilos gelehnt (Λ 370) spannt er seinen Bogen, zieht ihn am Griff an und trifft Diomedes in die Fusssohle. Und dieser setzt sich (Λ 397), zieht, während Odysseus zu seinem Schutz sich vor ihn hinstellt, den beschwingten Pfeil unter brennender Qual aus dem Fusse und springt in den Wagen, dem lenkenden Freund gebietend, nach den Schiffen zurückzufliehen.

Eines der täuschendsten Bilder ist die Schilderung des schiessenden Pandaros (Δ 105). Er enthüllt das glatte Geschoss und spannt es, indem er es geschickt an der Erde niedergelehnt hält. Jetzt erschliesst er den Köcher, nimmt sich einen der Pfeile heraus, legt das herbe Geschoss dann schnell an der Sehne sich zurecht. Hierauf zieht er die Kerbe zugleich mit der Sehne des Rindes, hält dann dicht an der Brust die Sehne, an den Bogen das Eisen. Und als er so den gewaltigen Bogen kreisförmig gespannt, schwirrt das Horn, laut dröhnt die Sehne, und der spitzige Pfeil fährt zischend davon, in den Haufen hineinzufliegen verlangend. Später richtet er mit Glück sein krummes Geschoss auf Diomedes (Ε 107). Dieser steht vor dem Wagen und Gespann; sein Lenker Sthenelos springt vom Wagen zur Erde herab, naht sich ihm und zieht das beschwingte Geschoss aus der verwundeten Schulter heraus. Wie lebendig ist ferner nicht dieses Bild (Ζ 37): den Adrastos erfasste Menelaos, da dessen Rosse, im Schrecken das Feld durchrennend, in einem Tamariskengesträuche sich verwickelten; vorn brach an der Deichsel der Wagen entzwei; sie flohen der Stadt zu, wohin mit ihnen im Schrecken noch andere Rosse rannten. Aber er selbst stürzte aus dem Wagen und sank neben dem Rade vorwärts auf das Gesicht in den Staub. Menelaos trat neben ihn, und Adrastos umschlang ihm mit jammerndem Flehen die Kniee. Gereizt durch seines Bruders harte Rede stösst ihn aber Menelaos weg von sich mit der Hand (Ζ 62); Agamemnon bohrt ihm den Speer tief in die Weichen; und als er zurücksank, stemmt der Atride ihm den Fuss gegen die Brust und reisst den Speer heraus.

Die Scenen des Wegziehens und Zurücktragens der Getödteten und Verwundeten vom Kampfplatz zeigen mitunter auch herrliche plastische Motive. Agamemnon springt auf Koon mit stürmender Lanze heran (Λ 258), wie er eben seinen getödteten Bruder Iphidamas eifrig am Fusse fortzieht und die Edelsten alle herruft. Den von Aias' Stein getroffenen Hektor nehmen die Genossen auf (Ξ 429), tragen ihn vom Kampf hinweg zu den Rossen, die ihn schwer aufstöhnend im schnellen Gespann zur Furth des Xanthos führen; da heben sie ihn sanft vom Wagen zur Erde und sprengen Wasser über ihn her; bald athmet er auf und blickt zum Himmel, dann kauert er in die Kniee und speit rothschäumendes Blut aus. Doch bald sinkt er wieder zur Erde zurück, und finstere Nacht umhüllt seine Augen. Den von Tlepolemos verwundeten Sarpedon legen (Ε 693) die Freunde unter die stattliche Buche des Zeus. Dort zieht ihm Pelagon mit der tapferen Rechten den eschenen Speer aus der Hüfte heraus; es schwinden ihm die Sinne, und Nacht umhüllt sein Auge. Doch er athmet wieder; der Hauch des Nordwinds belebt rings anwehend von neuem die mattarbeitende Seele. Als er unter Patroklos' Händen gefallen war und seiner Rüstung beraubt auf dem Schlachtfeld lag, wird er (Π 676) von Phoibos ferne aus den Geschossen hinweggetragen, darauf in dem Strome gewaschen, mit himmlischem Oel gesalbt und in unsterbliche Gewande gehüllt, dann den behenden Geleitern, Schlaf und Tod, übergeben, dass sie ihn von dannen nach dem fruchtbaren Lykia brächten. Die Götter selbst müssen sich manchmal verwundet zurückziehen. Aphrodite wird von Iris windschnell ergriffen (Ε 358) und aus dem Gewühle geführt, während durchzuckender Schmerz ihr die rosigen Wangen entfärbt. Vor ihrem Bruder Ares sinkt sie ins Knie und erbittet sich von ihm sein Gespann. Als sie damit in Iris Begleitung, die mit geschwungener Geissel die rasch hinfliegenden Rosse trieb, schnell in den Olymp gekommen war, sinkt sie ihrer geliebten Mutter Dione in den Schooss; und diese umschlingt und hält die Tochter in den Armen, streichelt sie mit der Hand und spricht tröstende Worte zu ihr. Auch Artemis kommt (Φ 505), von Here übel zugerichtet, zum Olymp in das eherne Haus des Kronion und setzt sich weinend und mit bebendem Gewande zu den Knieen des unsterblichen Vaters, der sie herzlich umarmt und sich freundlich mit ihr unterhält.

Diese letzten Situationen führen uns zur fussfällig bittenden Thetis und zu den friedlicheren Scenen des Empfanges. Achilleus' Mutter steigt zu den Höhen des Himmels empor (Α 497), setzt sich vor dem auf der erhabensten Kuppe sitzenden Zeus nieder, umschlingt mit der Linken des Gottes Knie und fleht ihn an, während sie zugleich mit der Rechten ihn unter dem Kinn berührt. Als er aber noch lange verstummt sass (Α 512), hält sie das Knie fester umklammert und bittet von neuem. Da winkt der Kronide mit den dunklen Brauen (Α 528), und die ambrosischen Locken des Königs wallen von dem unsterblichen Haupt hernieder. Als dieselbe Göttin sich dem Palaste des Hephaistos nahte (Σ 381), sah sie vortretend dessen Gattin, die feinumschleierte Charis, welche sie freundlich bei der Hand fasst, in die Wohnung einführt und im kunstreich prangenden Stuhl sich setzen heisst. Auf Odysseus' Ruf tritt Kirke unter die strahlende Pforte ihres Hauses (κ 311), nöthigt den mit Unmuth Folgenden und setzt ihn auf den silberbebuckelten Thron mit dem Fussschemel. Als sie ihn aber mit dem Zauberstabe schlägt, reisst er sich das Schwert von der Hüfte und rennt auf Kirke los, die nun laut schreit und gebückt hineilt, ihm die Kniee zu umklammern. Telemachos eilt schnell zur Pforte (α 120), wie er dort einen Gast stehen sieht, fasst ihn bei der Rechten und nimmt ihm die Lanze aus der Hand. Als sie dann hineingekommen waren, stellt er die Lanze im Speerverschloss an die ragende Säule empor, führt jenen zum Thron und setzt ihn, ein künstlich gewirktes Polster hinbreitend; zunächst stellt er sich selber einen schönen Sessel. Während dem erfreuen sich die Freier (α 107) mit Steinschieben, auf Rindshäute hingestreckt, und Diener mischen in mächtigen Krügen Wein, stellen die gesäuberten Tische vor und zerlegen eine Fülle von Fleisch.

Beim Mahle gedenken wir des lieblichen Bildchens, das Phoinix seinem früheren Zögling vorführt, indem er zu ihm sagt (Ι 485):

Du wolltest ja nimmer mit andern,
Weder zum Gastmahl geh'n noch Speise daheim im Palaste
Nehmen, bevor ich selber zu mir auf die Kniee dich setzte,
Von der zerschnittenen Speise dir bot und den Becher dir vorhielt.
Manchmal befeuchtetest du das Gewand mir über dem Busen,
Wein mit dem Mund aussprudelnd in lästiger Weise des Kindes.

Aehnlich spricht Andromache in ihrer Klage von ihrem Sohn Astyanax (Χ 491). Diesen sieht sie in Zukunft mit gesenktem Blick darbend bei den Freunden des Vaters umhergehen, den einen am Rock, den andern am Mantel fassen, ob sich vielleicht einer erbarme und ihm den Becher reiche; sie sieht ihn vom Mahle weggestossen und unter höhnenden Worten mit Fäusten geschlagen, der sonst auf den Knieen seines Vaters Mark und Fett genoss und, wenn ihn Schlaf befiel, von den Spielen gesättigt, auf sanftem Pfühle, in den Armen der Amme gewiegt, im schönen Gestelle schlief.

Schlafscenen finden sich viele in beiden Gedichten. Wir heben jene bedeutungsvolle heraus (σ 188, δ 487), da Athene über Penelope lieblichen Schlummer ergoss; sie entschlief hinsinkend, und es lösten sich ihr alle Gelenke, im Sessel sanft hingestreckt. Und als ihr durch das Geräusch der Mägde der Schlummer entflohen war, rieb sie sich mit den Händen die Wangen und stieg dann in den Saal hinab. Wie hier Penelope im sanften Schlafe befangen ist, ein anderes Mal (υ 58) im weichen Bette sich aufsetzt und laut weint, so sehen wir ihren Gemahl (υ 2, 24) auf einem Lager von ungegerbter Stierhaut und Schaffliessen schlaflos und tief nachdenkend sich hierhin und dorthin wälzen, bis endlich der Schlummer seine Glieder sanft auflöst.

Noch andere Situationen von Odysseus, deren sich unsere Phantasie unmittelbar bemächtigt, sollen hier einen Platz finden. Als er von den Begleiterinnen der Nausikaa Mantel und Leibrock zur Umhüllung und geschmeidiges Oel zum Salben erhalten hatte, wusch er sich (ζ 224) im Strome den Leib rein von Salz, das ihm Rücken und Schultern umherbedeckte, auch vom Haupte rieb er den Schaum des Meereswassers weg. So gebadet und mit Oel gesalbt zog er die Kleidung an und setzte sich, zur Seite gewandt, am Meergestade hin, in Schönheit und Reiz strahlend, also dass Nausikaa ihn mit Bewunderung schaute. Als er sich von der Hütte des Sauhirten auf den Weg zur Stadt machte, warf er (ρ 197) den unansehnlichen Ranzen, der ringsum arg geflickt war und ein geflochtenes Tragband hatte, um die Schulter. Eumaios reichte ihm den herzerfreuenden Stab hin; und stadtwärts führte er den Herrscher, der, einem bekümmerten Bettler und einem Greise von Ansehen gleich, am Stabe hinwankte, den Leib mit hässlichen Lumpen bekleidet. Im nämlichen Anzug setzte er sich inwendig der Pforte, die zum Saale der schmausenden Freier führte, auf die eschene Schwelle (ρ 336) und legte da auf seinen unansehnlichen Ranzen vor die Füsse alles nieder, was er empfing. Wie herrlich ist er vollends in jenem Augenblick gemalt, in dem er von Eumaios den Bogen dargereicht erhält (φ 394)! Er dreht den Bogen überall umher, versucht ihn hier und dort, ob etwa Würmer das Horn während der Abwesenheit des Eigenthümers zernagt hätten. Dann spannt er ihn nachlässig, versucht mit der rechten Hand die Sehne, die ihm gar lieblich erklingt, fasst den hurtigen Pfeil, der vor ihm entblösst auf dem Tische liegt, zieht die Sehne und die Kerbe, so wie er dort auf dem Sessel sass, und schnellt mit vorschauendem Blick den Pfeil ab; keine von den Aexten verfehlt er; ganz vom vordersten Oehre bis hindurch zum letzten stürmt das eherne Geschoss. Nicht weniger plastisch ist sein Zweikampf mit Iros dargestellt: wie er sich mit den Lumpen gürtet (σ 67) und seine gewaltigen Gliedmassen zeigt, wie der nun zitternde Iros (σ 70) von den Dienern mit Gewalt umgürtet und vorgeführt wird, wie ihn Odysseus in den Hals unter das Ohr schlägt (σ 96), dass er mit Geschrei in den Staub sinkt und an der Erde mit den Füssen zappelt, dann, am Fuss ihn fassend, von der Pforte bis zum Vorhof zieht und an der Hofmauer angelehnt hinsetzt, mit derben Worten den Stab ihm reichend. Bei den Leichenspielen des Patroklos rang er mit Aias. Homer schildert den Kampf folgendermassen (Ψ 710):

Als sich die beiden gegürtet, erschienen sie mitten im Kreise,
Fassten sich dann und umschmiegten sich fest mit den markigen Armen,
So wie Sparren im Dach, die der kundige Zimmerer einfügt,
Ein hochragendes Dach vor Sturmesgewalt zu bewahren.
Alsbald knirschten die Rücken, vom Griff kühntrotziger Hände
Mächtig gedrückt und gezerrt; nass strömte der Schweiss von den Gliedern;
Häufige Striemen zugleich an den Seiten umher und den Schultern,

Dicht vom Blute geröthet, erhoben sich; aber sie rangen
Rastlos, dürstend nach Sieg. —
Da hob Aias den Odysseus empor; doch dieser
Stiess ihm hinten die Kehle des Knie's und löste die Glieder.
Rückwärts schlug er zu Boden; ihm sank mitfallend Odysseus
Ueber die Brust; das sahen erstaunt und verwundert die Völker.
Jenen erhob dann wieder der göttliche Dulder Odysseus;
Doch nur wenig vom Boden entrückt' er ihn, nicht in die Höhe,
Bog ihm aber das Knie; da stürzten sie beide zur Erde
Dicht an einander hinab, ringsher sich im Staube besudelnd.
Und nun sprangen sie wieder empor, zum dritten zu ringen.

Ist es hier nicht, als ob wir uns mitten unter den Zuschauern befänden und als folgten wir mit Spannung jeder Bewegung der Kämpfenden? Ebenso klar und plastisch werden uns die Faustkämpfer Epeios und Euryalos dargestellt (Ψ 684):

Wider einander zugleich mit gedrungenem Arm sich erhebend,
Stürzten sie an und mengten die Wucht der gewaltigen Fäuste.
Grausvoll hallte der Backen Geknirsch; von den Gliedern der Kämpfer
Strömte der Schweiss. Und Epeios, der göttliche Held, sich erhebend,
Schlug an Euryalos' Wange, des spähenden, dass er zu steh'n nicht
Länger vermocht'; ihm brachen die blühenden Glieder zusammen.
Wie vor dem Schauer des Nordes ein Fisch am Gestade des Meeres
Aufschnellt, bis ihn wieder bedeckt die gewaltige Woge:
Also schnellt' er empor von dem Faustschlag. Aber Epeios
Hob mit den Armen ihn auf; rings traten um ihn die Genossen,
Führten ihn durch das Gewühl, der kaum nachschleppte die Füsse,
Dickes Geblüt ausspeiend, indess zur Seite das Haupt hing,
Setzten bewusstlos dann, wie er war, ihn zwischen sich nieder.

Wenn wir Homer's Meisterschaft, Handlungen und Vorgänge plastisch darzustellen, namentlich seine Kunst, die mannigfachsten Stellungen und Bewegungen naturgetreu zu vergegenwärtigen und dadurch an dem Leser oder Hörer gleichsam lebende Bilder vorüberziehen zu lassen, in den vorangehenden Schilderungen, besonders aber in den ausgeführten Wettkämpfen bewundern müssen, so nöthigt uns der Reichthum der von ihm gelieferten Schlachtenbilder, mögen sie nun vollständiger gezeichnet oder nur mit knappen Zügen und wenigen Strichen gegeben sein, fast noch mehr Erstaunen ab. Wieviel Einzelnmomente der Feldschlacht und wieviele Mordscenen er auch bringt, selten ist eine der anderen ganz gleich; denn da er dabei mit der grössten Gewissenhaftigkeit zu Werke geht und genau beschreibt, welcher Theil des Körpers, welche Schutzwaffe und welche Stelle der Schutzwaffe vom Wurfspiess, Schwerte, Pfeile getroffen wird, was der Schuss, Hieb und Stoss für eine Wirkung hat, ferner wie und wohin der Verwundete oder Getödtete fällt, so ergibt sich eine ungemeine Mannigfaltigkeit in den Wendungen und Bewegungen und ein steter Wechsel der Situation. Und eben diese Detailarbeit, diese gelungene Nachahmung des Lebens ist es, die uns in den Kampf unwillkürlich hineinreisst. Wir hören das Klirren der Rüstung, das Schwirren des Speeres, das Zischen des Pfeiles, das Röcheln und Stöhnen der Getroffenen, das Hohn- und Triumphgeschrei der Treffenden, das Rasseln der Räder und Stampfen der Rosse; wir sehen die Kämpfer sich zurücklehnen und auslegen, den Stein schwingen und die Lanze wiegen, das Schwert zücken und den Schild schützend vorhalten, sich vorwärts stemmen und zurücktaumeln, sich auf die Kniee niederlassen und seitwärts neigen, vom Wagen fallen, in den Staub sinken, die Arme ausbreiten, mit den Füssen zappeln, mit Blut und Schmutz befleckt, durch das Gewühl gezogen und gezerrt. Wir geben in dem Nachfolgenden eine Zusammenstellung von solchen anschaulichen Auftritten und Scenen.

Agenor durchstösst (Δ 463) dem Elephenor, der den gefallenen Echepolos an den Füssen greifend sofort den Geschossen entzog, um ihm ohne Verzug die Rüstung zu rauben, mit eherner Lanze die Seiten, die sich im Bücken hinter dem Schild entblössten, und löst ihm die Glieder. Antiphos trifft (Δ 491) mit seinem Speere Leukos in die Scham, als er den todten Simoeisios fortschleppte; über diesen stürzt der Getroffene zusammen und lässt den Leichnam hinsinken. Den Diores wirft Peiroos (Δ 518) mit einem scharfkantigen Feldstein neben dem Knöchel rechts in den Fuss und zermalmt ihm Knochen und Sehnen; Diores stürzt rücklings nieder in den Staub, nach den Freunden umher die Arme ausbreitend und den Geist matt aushauchend. Doch Peiroos eilt heran und durchbohrt ihm den Nabel; alle Gedärme quillen zur Erde heraus, und Nacht umhüllt sein Auge. Als aber Peiroos zurückspringt, trifft ihn das Geschoss des Aitolers Thoas (Δ 527) über der Warze in die Brust; das Erz bohrt sich tief in die Lunge ein. Thoas tritt nahe zu ihm heran und zerrt des Speeres mächtigen Schaft aus der Brust; dann greift er zum schneidenden Schwerte, haut ihn damit quer über den Bauch und nimmt ihm das Leben, aber nicht die Rüstung; denn er weicht voll ängstlicher Eile, weil die Thraker mit den ragenden Speeren ihn hinwegtrieben. Tlepolemos und Sarpedon holen zugleich mit den Lanzen aus (Ε 656). Dieser trifft in den Nacken mitten hinein; die zerfleischende Spitze dringt ganz hindurch, und jenem umhüllt die Nacht mit finsteren Schatten das Auge. Tlepolemos jedoch hatte Sarpedon links in die Hüfte getroffen; die Spitze schoss wüthend hindurch und bohrte in den Knochen hinein. Beide Helden werden aus dem Gewühle getragen, wobei Sarpedon den noch im Körper steckenden Wurfspeer nachschleppt. Iphidamas fehlt (Λ 233) Agamemnon; denn die Lanze flog ihm seitwärts; aber in den Gurt trifft er ihn unten am Harnisch, dann stemmt er sich selbst an, dem starken Arme vertrauend; doch kann er ihm den geschmeidigen Gürtel nicht durchbohren; die Lanze stösst zuvor auf Silber und biegt sich an der Spitze wie Blei um. Und Agamemnon erfasst den Speer, zieht ihn mit Gewalt heran, entreisst ihn den Händen des Jünglings und schwingt ihm, die Glieder lösend, das Schwert in das Genick. Da tritt seitwärts, ohne dass Agamemnon etwas ahnt, dessen Bruder Koon heran (Λ 251) und trifft ihn mit dem Speer mitten am Arm, gerade an der Beugung, dass an der andern Seite die Spitze hervordringt. Wüthend springt der Verletzte auf Koon heran, wie er seinen Bruder am Fusse packend durch das Gewühle hinzieht, trifft ihn mit des Erzes Schärfe unter dem Schild, eilt herbei und schlägt ihm das Haupt über dem Bruder ab. Sokos trifft (Λ 434) im Kampfe mit Odysseus in die Fläche des schönrundigen Schildes; der Speer durchfährt den Schild und bohrt sich in den kunstreichen Harnisch hinein, dass er ihm die Haut von den Rippen abreisst; aber Athene wehrte dem Erze noch tiefer in den Leib zu dringen. Helenos naht sich dem Deipyros (Ν 576), trifft ihm die Schläfe hoch mit dem Thrakerschwert, und schlägt ihm den Helm ab, dass er weit weg in den Staub hinfällt; ein Achaier hebt ihn, als er zwischen die Füsse der Kämpfenden rollte, vom Boden auf. Wider Helenos schreitet Menelaos heran (Ν 582), den Speer schwingend; Helenos spannt den Bogen und trifft die Brust seines Gegners mit dem Bolzen hoch an dem Panzergewölbe; der bittere Pfeil prallt ab. Der Atride aber trifft ihn in die Hand, mit welcher er das glatte Geschoss hält und durchbohrt zugleich Hand und Bogen. Helenos birgt sich im Schwarm der Seinigen mit schlaff hängender Hand und schleppt den Speer nach. Diesen zieht Agenor heraus und verbindet dann wohlkundig die Hand mit geflochtener Schleuder von Schafwolle, die der geleitende Diener bereit hielt. Peisandros trifft (Ν 607) dem Atriden mitten den Schild, aber der Speerschaft bricht an des Erzes Oese; da nimmt er die geschliffene Streitaxt, am langen Stiele von Oelbaum blinkend, unter dem Schilde hervor und rennt gegen Menelaos, der seinerseits mit gezücktem Schwerte auf ihn heranspringt. Peisandros trifft den Kamm des Helmes gerade an den Busch, Menelaos aber schlägt die Stirne über der Nase; da splittern und krachen die Knochen, die Augen fallen ihm vor die Füsse in den Staub blutig hinab; rückwärts sinkt er gekrümmt hin, und Menelaos stemmt ihm den Fuss gegen die Brust, um die Rüstung zu entreissen. Peneleos sticht (Ξ 493) dem Ilioneus unter der Braue tief in das Auge, dass ihm der Stern ausfloss; und der Speer, sich durch das Auge bohrend, fährt am Genicke heraus; er sitzt und streckt die Arme von sich. Peneleos reisst das Schwert von der Seite, trifft ihm mitten den Nacken und schmettert das Haupt sammt dem Helme zur Erde nieder; er hebt es auf, obgleich noch die Lanze fest in das Auge gebohrt war, und zeigt es frohlockend dem Troervolke. Thrasymedes kommt dem Maris im Stosse zuvor (Π 322) und trifft ihn mit dem Erze rasch in die Schulter; der Wurfspeer reisst ihm oben am Arme die Muskeln weg und zerschmettert den Knochen völlig. Tosend stürzt der Held, und Dunkel umzieht sein Antlitz. Aias, der Sohn des Oileus, ergreift (Π 330) vorspringend den im Gedränge verwickelten Kleobulos lebend und löst ihm schnell die Kraft, indem er ihm mit dem Schwert den Nacken durchhaut. Aias' Klinge trieft warm vom Blut; um die Augen des Feindes aber legen sich die Schatten des Todes. Lykon und Peneleos bestürmen sich mit dem Schwerte (Π 337), nachdem sie beide vergeblich mit den Lanzen geworfen. Ueber des Helmes Kamm haut Lykon; aber die Klinge springt ihm um das Heft entzwei; doch Peneleos trifft unter dem Ohr den Hals; tief taucht sich das Schwert ein; das Haupt, zur Seite sich senkend, hängt nur an der Haut, und die Glieder erschlaffen. Automedon trifft (Ρ 518) dem Aretos den geründeten Schild, der die Lanze nicht aufzuhalten vermochte; der Erzspiess stürmt ganz durch und dringt ihm unten durch den Leibgurt in den Bauch hinein. Der Getroffene springt empor; dann sinkt er zurück, und der Wurfspeer fuhr im Schwunge die Gedärme hindurch. Polydamas trifft (Ρ 598) den Peneleos, indem er vordringt, mit der streifenden Lanze oben an der Schulter und ritzt ihm das Fleisch bis an den Knochen. Der Verwundete wendet sich fliehend. Polypoites trifft (Μ 183) das

Haupt des Damasos durch die ehernen Wangen des Helmes; völlig hindurch fährt das Erz und zersprengt ihm schmetternd den Schädel; das Gehirn wird innen ganz vom Blute gefärbt: so gewaltig war der Wurf. Leonteus trifft (Μ 189) mit dem Speere Hippomachos unten am Leibgurt; dann die geschliffene Klinge des Schwertes aus der Scheide reissend stürmt er im Gewühle hin und schlägt den Antiphates rückwärts zu Boden nieder. Teukros trifft (Μ 387) mit seinem Geschosse Glaukos, als dieser auf die ragende Mauer steigt, wo er ihm den Arm entblössen sah; der Verwundete springt still von der Mauer herab, dass kein Argiver ihn sehe und sich mit Worten stolz erhebe. Dem an der Brustwehr zerrenden Sarpedon durchschiesst Teukros (Μ 400) mit dem Pfeile das Riemengehenk am Schild, das um die Brust ihm glänzte. Dem um die Rosse beschäftigten und sie in das Gewühle der dichtesten Reihen hineinlenkenden Kleitos bohrt er (Ο 445) den schmerzenden Pfeil von hinten in den Nacken; sogleich sinkt dieser vom Wagen, und die Rosse am leeren Geschirre rasselnd, beben rückwärts. Die von Deiphobos abgeschleuderte Lanze fliegt (Ν 405) über das Haupt des unter dem Schilde sich ganz duckenden Idomeneus hin, streift den dumpfdröhnenden Schild und dringt dann Hypsenor unter der Brust in die Leber, ihm jählings die Kniee brechend. Aineias wirft sich (Ν 541) auf Aphareus und durchsticht ihm mit dem Speer die Gurgel, als er sich nach ihm wendet; da sinkt das Haupt zur Seite, Helm und Schild folgt nach, und der entseelende Todesschauer umfängt ihn. Sarpedon trifft (Μ 394) Alkmaon mit der Lanze und zieht dann wieder heraus; der fällt, dem Speere nachfolgend, auf sein Antlitz nieder, von der ehernen Rüstung umdröhnt. Als er sich (Π 466) zum Wurf gegen Patroklos erhob, verfehlte er diesen; doch dem Handross Pedasos schwingt er den Speer rechts in die Schulter: das Leben mit Gestöhn verröchelnd lag es, sich weit hinstreckend, im Staub, und das Leben entflog ihm. Das Gespann zerstob scheuend; das Joch knarrte laut, und die Zügel wirrten sich, als das Handross sich sterbend im Staube wälzte. Aber Automedon reisst sein Schwert von der Hüfte, stürmt heran und zerhaut dem getödteten Rosse das Lenkseil; und wieder gerade stand das Gespann, in den Strängen ziehend. Pandaros' Geschoss lenkt Athene gerade dorthin (Δ 132), wo die goldenen Spangen des Leibgurtes sich berührten, und der Harnisch zwiefach wehrte. Rasch saust das Geschoss in den Gürtel, durch den künstlichen Gürtel dringt die Spitze stürmend hindurch, bohrt sich sofort in den prangenden Harnisch und das Blech, das als Schutzwehr gegen die Lanzen stets am meisten geschirmt; auch dieses durchbohrt die Waffe, und so ritzt der Pfeil den Atriden an der obersten Haut. Bald rieselt aus der Wunde das Blut in dunkelm Strome. Auch den Diomedes trifft Pandaros (Ε 98) in's Gewölbe des Harnisches rechts von der Schulter, als er sich daher schwang; der bittere Pfeil stürmt durch, bohrt in die Schultern hinein, und Blut umströmt den Harnisch. Später schleudert er (Ε 281) den Wurfspeer gegen ihn, der durch den Schild hindurchfahrend gegen den Harnisch schmettert. Antilochos trifft (Δ 459) Echepolos am umflatterten Helmbügel; die Lanzenspitze durchbohrt die Stirne und dringt tief ein in den Schädel, so dass Nacht sein Auge umhüllte. Den Zügellenker Mydon wirft er (Ε 580), wie er den Wagen umwendet, mit dem Feldstein gerade an das Armgelenk, dass ihm die Zügel zur Erde in den Staub hingleiten. Jener springt hinan und trifft seine Schläfe mit dem Schwert. Mydon sinkt aufröchelnd vom Wagen kopfüber in den Staub, auf Scheitel und Schultern gestellt. Und so steht er lange, in die Tiefe des Sandes gebohrt, bis das Gespann ausschlagend ihn zur Erde hinabwirft, als es Antilochos geisselnd in das Achaierheer davontreibt. Dem sich eben wendenden Thoon zerschneidet er (Ν 545) ganz die Ader, welche den Rücken entlang bis zum Nacken emporläuft; Thoon taumelt rückwärts in den Staub nieder, zu den Freunden umher die Arme ausbreitend. Meges durchbohrt Pedaios mit spitzer Lanze hinten den Nacken; das Geschoss durchschneidet ihm unten die Zunge zwischen den Zähnen; er sinkt vorwärts zu Boden und knirscht am schaurigen Erze. Amphiklos bohrt er (Π 314) zuvorkommend den Speer in den oberen Schenkel, wo die dichtesten Muskeln sich umherziehen, dass die Spitze des Erzes ihm die Sehnen sprengt, und Nacht sein Antlitz umhüllte. Eurypylos erschlägt (Ε 79) nachrennend den vor ihm hinfliehenden Hypsenor, gerade in die Schulter schwingt er ihm rasch anspringend das Schwert und haut den gewaltigen Arm ab, der voll Blut in das Gefilde hinsank. Des Phausias' Sohne schleudert er (Λ 578) die Lanze in die Leber unter der Brust, springt dann schnell hinan und nimmt ihm die Rüstung von den Schultern. Alexandros trifft mit dem Pfeile ein Ross vom Gespann Nestors hoch in die Spitze des Hauptes (Θ 83), wo die vorderste Mähne oben den Pferdschädel bedeckt. Tief in das Gehirn drang das Geschoss; da bäumt sich schmerzvoll das Ross und verwirrt, am Erze sich windend, das Nebengespann. Während Nestor anstürmt, um mit erhobenem Schwert rasch die Stränge zu zerhauen, saust Hektors Doppelgespann im Getümmel heran. Dem Diomedes schiesst Alexandros (Λ 377) einen Pfeil rechts in die Fusssohle, wie er eben dem Agastrophos des Panzers Geflecht, Schild und Helm entreisst; der Pfeil durchbohrt die Sohle und schlägt in die Erde hinein. Machaon verwundet er (Λ 507) mit dreizackigem Bolzen rechts an der Schulter; Eurypylos trifft er (Λ 583) in die rechte Hüfte mit dem Pfeile, dessen Rohr zerknickt und die Hüfte verletzt. Euchenor aber (Ν 671) am Ohr unter dem Backen; und eilend schwand das Leben von den Gliedern, und schauriges Dunkel umfing ihn. Agamemnon wirft (Ε 39) Hodios vom Wagen nieder; kaum dass dieser sich wendet, stösst er ihm das Erz in den Rücken zwischen die Schultern durch, dass es vorn an der Brust hervordringt. Tosend stürzt er in den Staub, und die Rüstung dröhnt über ihm. Den vom Gespann herabspringenden und gegen ihn stürmenden Oileus trifft er vorn an die Stirne (Λ 94), und der gewaltige Helm hemmt den Speer nicht, sondern er dringt durch Erz und Gebein, und alles Gehirn wurde innen von Blut gefärbt. Isos trifft er in die Brust an der Warze mit dem Speere (Λ 108); Antiphos haut er mit dem Schwert an das Ohr und wirft ihn vom Wagen (Λ 109). Peisandros stösst er mit der Lanze die Brust durch (Λ 143), dass er vom Wagen herabstürzt und rücklings zur Erde schlägt; den vom Sitz sich schwingenden Hippolochos tödtet er unten (Λ 145), schlägt ihm mit dem Schwerte die Arme vom Leib und das Haupt von der Schulter, dass der Rumpf wie ein Mörser im Gewühle hinkollert. Menelaos' Lanze fährt durch Paris' strahlenden Schild (Γ 357) und bohrt sich sofort in den kunstreichen Harnisch hinein und zerschlitzt den Leibrock in der Nähe der Weichen. Paris beugt sich seitwärts und meidet so sein dunkles Verhängniss. Da zieht der Atride flugs sein Schwert, schwingt es und trifft ausholend den Helmkamm; aber dort bricht und zerkracht und zerspringt das Schwert in Trümmer und entfällt ihm. Und Menelaos wehklagt, zum weiten Himmel gewandt. Den beherzten Pylaimenes durchsticht er, während er hoch dastand, mit der Lanze (Ε 579), indem er ihn am Schultergelenk durchbohrt. Gegen Euphorbos legt er sich mit dem Wurfspiess aus (Ρ 45) und ruft zum Vater Zeus. Er zuckt zurück; flugs in die Tiefen des Schlundes stösst er und stemmt sich an, dem gewaltigen Arm vertrauend, und das Geschoss dringt hinten durch das weiche Gehirn hinaus. Der Held stürzt, und seine Haare und zierlichen Flechten triefen rings von Blut. Meriones ereilt Phereklos im Laufe (Ε 65) und trifft ihn rechts in das Gesäss; des Erzes Spitze saust hindurch, die Blase durchbohrend, und ringt sich an dem Hüftbein hervor. Jammernd sinkt er in das Knie, und des Todes Dunkel umfängt ihn. Deiphobos, gegen den er behende anrennt, durchsticht er den Arm (Ν 528), und die längliche Sturmhaube, die jener gerade von Askalaphos' Haupt gerissen hatte, entgleitet der Hand und schlägt dumpf dröhnend an die Erde hinab. Aber Meriones springt von neuem hin und zieht ihm am Oberarm die Lanze heraus, um sofort wieder im Schwarm seiner Genossen sich zu verbergen. Dem in die Reihen der Seinigen sich zurückziehenden Adamas folgt er und trifft den Flüchtling mit der Lanze zwischen Scham und Nabel (Ν 566); Adamas windet sich am Speer, doch nicht lange; denn Meriones naht, die Lanze ihm aus dem Leibe zu ziehen; da umzog Dunkel sein Antlitz. Ebenso sendet er dem flüchtigen Harpalion einen ehernen Pfeil (Ν 651), welcher ihn rechts am Gesässe verwundet, dass ihm das Geschoss vorn, die Blase durchbohrend, unter dem Schambein hervordringt. Dort sass er gebeugt im Arme seiner Freunde, bis er den Geist aushauchte; dem Wurme gleich lag er am Boden niedergestreckt; schwarz strömte das Blut und tränkte den Erdboden. Die paphlagonischen Helden waren um ihn beschäftigt und hoben ihn schnell in den Wagen, um ihn zur heiligen Stadt zu bringen, schmerzlich bewegt, und der Vater, der für den trauten Sohn keinen Ersatz fand, folgte mit thränenden Augen. Auch den Akamas holt Meriones im Laufe ein (Π 342), wie er auf den Wagen steigt, und trifft ihn rechts in die Schulter, so dass er sterbend vom Wagen stürzt. Laogonos durchsticht er unten an Backen und Ohr (Π 606), dass sein Leben schnell aus den Gliedern entschwand. Idomeneus zielt mit der blinkenden Lanze nach Othryoneus (Ν 370), wirft und trifft ihn, wie er hoch herschreitet; und der eherne Panzer, den er trug, half nichts; sie dringt in die Mitte des Bauches, und tosend stürzt er hin; Idomeneus frohlockt und zieht den Erschlagenen am Fusse durch das Schlachtgetümmel. Asios, der, ihn zu rächen, vor seinem Gespann einherschritt, das ihm, vom Wagengenossen gelenkt, über den Schultern schnob (Ν 385), trifft sein Geschoss unter dem Kinn in die Kehle; hinten dringt der Wurfspeer heraus, und Asios stürzt dahin und liegt vor seinem Gespann und dem Wagen ausgestreckt, knirschend und heulend und im blutigen Staube mit den Händen wühlend. Alkathoos bezwingt er mit Hilfe Poseidons (Ν 434), der seinen Blick täuschte und die rüstigen Glieder umstrickte. Während jener bewegungslos wie eine Säule oder ein Baum dasteht, ohne zurückzufliehen oder auf die Seite zu weichen, trifft ihn Idomeneus mit dem Speer mitten durch die Brust und zersprengt den Harnisch, welcher sonst ihm das Verderben mit dem schirmenden Erze fernhielt, jetzt aber rauh erklang und um die Lanze in Stücke riss. Tosend sinkt er zur Erde; der Speer bleibt im Herzen haften, dass der eiserne Schaft von dem pochenden Schlage zittert; doch bald ruht die Kraft des Erzes. Oinomaos trifft er mitten im Bauche (Ν 506), sprengt des Panzers Gewölbe und treibt das Erz durch die Gedärme; dieser sinkt in den Staub und fasst den Boden mit seinen Händen; Idomeneus aber zerrt den langen Wurfspeer aus dem Leibe des Erschlagenen. Erymas stösst er das unbarmherzige Erz in den Mund (Π 346): der Wurfspeer stürmt unter dem Hirne hinten am Haupt hindurch, und die blendenden Knochen zerschellen. Die Zähne entfallen splitternd dem Munde; und die finstere Wolke des Todes deckt ihn. Patroklos trifft den Paionenführer Pyraichmes rechts in die Schulter (Π 289); laut jammernd sinkt er zur Erde rücklings in den Staub hinab: seine Paionen fliehen rings erschreckt. Areïlykos trifft er mit der spitzigen Lanze an der Hüfte (Π 309), wie er sich eben zur Seite wendet; die Spitze schiesst stürmend durch, sprengt den Knochen entzwei, und er sinkt vorwärts auf die Erde. Nachdem er Pronoos neben dem Schilde in die offene Brust tödtlich getroffen hatte (Π 400), stürmte er gegen Thestor an, der im geglätteten Wagensessel niedergeduckt sass; denn der Schrecken hatte ihn betäubt, und die Zügel waren seinen Händen entglitten; jener fliegt heran, sticht ihm den Speer rechts in die Wange, zerschlägt durchbohrend die Zähne, zieht ihn dann am Speere über den Rand heraus vom Wagen nieder und schleudert ihn auf das Gesicht. Eryalos trifft er mit einem scharfen Stein in die Mitte des Hauptes (Π 411), das unter dem lastenden Helme oben und unten barst; der Getroffene stürzt zur Erde auf das Gesicht, und Todesschauer umfängt ihn. Den Speer schwingend trifft er weiter Sarpedon da (Π 481), wo das Zwerchfell sich dicht um das Herz windet; der stürzt dahin, vor seinem Gespann und dem Wagen ausgestreckt, knirschend und mit den Händen im blutigen Staub wühlend: Patroklos aber stemmt ihm die Ferse gegen die Brust, und entzieht ihm den Speer, und die Hülle des Zwergfelles folgt sofort; so reisst er ihm das Erz und zugleich die Seele aus. Die Myrmidonen ergreifen Sarpedons schnaubende Rosse, die, vom Wagen losgetrennt, zur Flucht fortstrebten. Sthenelaos trifft er mit einem mächtigen Feldstein in den Nacken (Π 586) und sprengt ihm alle Sehnen. Vom Wagen sich zur Erde schwingend (Π 733) ergreift er, während die Linke den Speer hält, mit der Rechten einen zackigen Stein, stemmt sich an, wirft und trifft Hektors Wagenlenker, Kebriones, der die Zügel gefasst hat, an die Stirne, dass er ihm beide Brauen zerriss; des Hauptes Knochen hemmt den Stein nicht; erdwärts in den Staub fallen die Augen vor des Helden Füsse hinab; und er stürzt sterbend hoch vom Sitze herunter. Diomedes trifft den aus den Reihen hervorstürzenden Phegeus in die Brusthöhle (Ε 19) und wirft ihn vom Wagen. Astynoos durchstösst er mit der Lanze über der Brust (Ε 144). Hypeiron haut er mit dem Schwerte in das Schultergelenk und trennt mit einmal die Schulter von Hals und Rücken. Im Kampfe mit Pandaros richtet Athene seinen Speer in dessen Nase neben dem Auge (Ε 290), dass er die schimmernden Zähne durchfährt. Das Erz zerschneidet die Zunge hinten an der Wurzel, und die Spitze dringt ziehend zu unterst am Kinn hervor. Er sinkt mit seiner rasselnden Rüstung vom Gespann, Odem und Leben aufgebend, und seine Rosse scheuen wild zurück. Wie den Gefallenen Aineias schützend umgeht und Speer und Schild über ihm hält (Ε 300), schwingt der Tydide einen grossen Stein gegen ihn, trifft damit Aineias am Hüftblatt, wo das Schenkelbein sich in der Hüfte bewegt, zermalmt die Pfanne, zerreisst ihm die Sehnen und schindet die Haut ab. Aineias sinkt halb stehend in das Knie und stemmt, von Nacht umdunkelt, die markige Rechte gegen den Grund. Kypris, die er im dichten Gewühle nachrennend ereilt, verwundet er oben an der schönen Hand (Ε 334). Durch das ambrosische Kleid stürmt sein Speer in die Haut ein über der Fläche am Gelenke. Laut wehklagend lässt die Göttin ihren Sohn Aineias nieder aus ihren Armen fallen, den nun Apollon empfängt und in schwarzblauem Gewölke rettet. Dem Dolon haut Diomedes mit geschwungenem Schwerte den Nacken mitten durch (Κ 455) und zerschneidet ihm beide Sehnen, dass, noch während er flehte, sein Haupt sich mit dem Staube mischte. Nach dem Haupte Hektors zielend trifft er dessen Helmkuppel (Λ 350); doch prallt das Erz, ehe es in die blühende Haut eindrang, von dem Erze ab; Hektor springt in Eile weit zurück und verschwindet im Gewühle, sinkt in's Knie und stemmt die Rechte gegen den Boden. Während indess Diomedes dem Fluge der Lanze fern durch das Vordergewühl nachstürmt, wo der Speer in die Erde fuhr, athmet Hektor wieder auf, schwingt sich wieder auf den Wagen und jagt in das Gewühle hinein. Der Telamonier Aias trifft dem vorn in den Reihen daherschreitenden Simoeisios die Brust rechts an der Warze (Δ 480), und der eherne Speer saust ihm gerade an der Schulter hindurch. Akamas trifft er den umflatterten Helmbügel (Ζ 11) und durchbohrt ihm die Stirne, die eherne Lanzenspitze tief in den Schädel hineintreibend. Im Zweikampfe mit Hektor fährt seine Lanze durch dessen Schild (Η 252), bohrt sich in den Harnisch hinein und zerschlitzt ihm in der Nähe der Weichen den Leibrock; zum zweiten Mal fährt sein Speer schmetternd völlig hindurch und schneidet streifend in den Hals ein, so dass das schwarze Blut wegspritzt; schliesslich bricht er ihm mit einem mühlsteinähnlichen Felsblock den Schild und verletzt seine Kniee, dass er zu Boden sinken muss. Mit einem nicht weniger gewaltigen, scharfzackigen Steine, den Aias wirft und hoch emporschwingt, zertrümmert er Epikles den buschigen Helm (Μ 383) und zermalmt ihm alle Knochen des Hauptes auf einmal. Wieder mit einem Feldstein trifft er dem fliehenden

Hektor die Brust am Schildrande in der Nähe des Halses (Ξ 411), dass dieser rundum wie ein Kreisel sich dreht und jählings zur Erde sinkt: seine Hand lässt den Speer sinken, Schild und Helm folgt nach; rings klirrt die Wehr, von Erz buntschimmernd. Seine Lanze trifft Archelochos da (Ξ 465), wo Haupt und Nacken am obersten Wirbel sich vereinen: da bohrt der Speer sich ein und zerschneidet ihm die Sehnen, dass Haupt, Mund und Nase viel eher die Erde im Fall berühren, als Schenkel und Kniee ihm zu Boden schlagen. Hippothoos, der Patroklos' Leiche, unten am Knöchel mit einem Riemen umschlungen, durch das tosende Waffengetümmel hinzog, trifft der heranspringende Telamonier (Ρ 290) durch die ehernen Wangen des Helms, dass dieser, von Mähnen umflattert, unter dem Stoss des Speeres und des markigen Armes barst, und das Gehirn, von Blut triefend, an der Röhre des Schaftes aus der Wunde hervorquoll. Schnell brach ihm die Kraft; seine erschlaffende Hand lässt Patroklos' Fuss zur Erde gleiten, und ihm zunächst sinkt er über den Leichnam auf das Antlitz. Hektor trifft Kiones (Η 11) unter dem ehernen Rand des Helmes mit dem scharfen Speere in das Genick und löst ihm die Glieder. Als er mit Aias rang, traf er seinen siebenhäutigen Stierschild (Η 216) hoch in das äusserste Erz, das zum achten noch oben darauf lag. Und seine unhemmbare Lanze dringt durch sechs Fellschichten und zerreisst sie, im siebenten Fell aber haftet sie fest. Mit dem Stein trifft er den Schild mitten gerade auf den Nabel (Η 267), dass das Erz ringsum dröhnt. Später schleudert er ihm die Lanze an die Brust (Ξ 404), wo zwei Riemengehenke sich herbreiteten, das eine vom Schild, das andere vom Schwert; und diese Riemen beschirmten seinen Leib. Teukros trifft er mit einem Felsstück an der Schulter (Θ 325), da wo das Schlussbein Brust und Nacken scheidet, in dem Augenblicke, wie er die Sehne anzieht; dort verwundet er ihn, während er zielt, mit dem Stein, dass die Sehne ihm zerriss, und am Knöchel die Hand erstarrte. Er sinkt in's Knie, und der Bogen gleitet sinkend aus der Hand. Dem neben Aias stehenden Lykophron trifft Hektor mit dem Speer (Ο 433) das Haupt über dem Ohr; dieser sinkt rückwärts in den Staub, und es starren ihm die Glieder. Periphetes erliegt dem Hektor (Ο 645), wie er sich wenden will; er stösst sich nämlich am Rande des Schildes, der, ihn vor Geschossen schützend, bis tief an die Füsse herabreichte: da wird er am Fuss verstrickt, taumelt rückwärts, und der Helm schallt beim Fall fürchterlich um die Schläfe des Helden. Hektor, es wahrnehmend, naht sich rasch und bohrt ihm den Speer tief in die Brust. Schedios trifft er die Mitte des Schlussbeins (Ρ 309), dass die äusserste Spitze des Erzes an der Schulter oben hervordringt. Leitos verwundet er am Knöchel der Hand (Ρ 601) und hemmt ihn mitten im Kampf; bang umschauend entflieht dieser. Den die geflügelten Rosse schnell dahertreibenden Koiranos durchsticht er am Ohr unter dem Backen (Ρ 617), dass die Spitze des Geschosses die Zähne ausstiess und ihm die Zunge mitten entzwei schnitt. Gleich sinkt er vom Wagen, und die Zügel gleiten zur Erde hin. Meriones bückt sich eilig, rafft sie vom Feld mit den Händen empor und übergibt sie Idomeneus, um das Gespann schnell hinwegzutreiben. Achilleus trifft Aineias' Schild am äussersten Saume (Υ 274), wo das Erz und die Stierhaut ihn am dünnsten deckt: der Schild kracht vom Stosse laut. Jener erschrickt und duckt sich schnell und streckt den Schild hoch über sich hin: so saust der Speer ihm über den Rücken weg tief in den Grund und zersprengt den doppelten Rand des Schildes; er aber stand, der mächtigen Lanze ausweichend, wie betäubt, um die Augen ergoss sich unendliches Grauen, weil dicht neben ihm das Geschoss einschlug. Den heranstürmenden Iphition trifft des Achilleus Speer mitten in das Haupt (Υ 386), dass es ganz von einander berstet. Demoleon durchstösst er den Schlaf an den ehernen Wangen seines Helmes (Υ 397); das Erz fährt lechzend hindurch und zersprengt ihm den Schädel; so schlug er den Stürmenden nieder. Dem rasch vom Wagen herabspringenden Hippodamas stösst er (Υ 401), als er dahinflieht, den Speer zwischen die Schultern, und stöhnend und wie ein Stier brüllend verhaucht dieser sein Leben. Polydoros, den jüngsten Sohn des Priamos, trifft er (Υ 411), als er aus kindischer Lust, seine gelenkigen Füsse zu zeigen, im Vordergewühl stürmte und sich vorüber schwang, mit der langen Lanze in den Rückgrat, wo die goldenen Spangen des Leibgurtes sich berühren, und der Harnisch zwiefach wehrt: die Lanzenspitze fährt durch ganz bis vorn an den Nabel; von der Todeswolke umhüllt sinkt er heulend ins Knie und zieht sinkend die Gedärme mit den Händen an sich heran. Dryops sticht er tief in den Nacken (Υ 454), dass er ihm sofort zu den Füssen hintaumelt. Demuchos trifft er mit der Lanze das Knie (Υ 458), die Flucht ihm wehrend. Laogonos und Dardanos stürzt er im Anlaufe zugleich vom Wagen auf den Boden herab (Υ 401). Dem seine Kniee umfangenden Tros trifft er mit dem Schwert die Leber (Υ 469); diese gleitet heraus, schwarz strömt das Blut hin, den Schooss ihm ganz erfüllend, und Dunkel umhüllt sein Antlitz. Mulios trifft er mit der Lanze mitten in das Ohr (Υ 472); und durch das andere Ohr dring; sofort bohrend die Erzspitze. Echeklos schwingt er darauf das Schwert in den Schädel (Υ 475), und die Klinge dampft warm vom Blut. Deukalion durchsticht er den Arm (Υ 478), wo unter dem Buge das Geflecht der Sehnen sich vereinigt; am Arme gelähmt steht er da, den Tod vor sich schauend; dann schwingt er ihm das Schwert in den Nacken; weithin fliegt das Haupt mit dem Helme; das Mark spritzt aus den Wirbeln des Rückgrates: so lag er da, sich im Staube des Gefildes streckend. Rhigmos stürzt er (Υ 486), die Brust durchstechend und das Erz tief in die Lunge bohrend, vom Wagen. Seinen Gefährten Areithoos durchstösst er (Υ 488), als er die Rosse umwandte, von rückwärts und wirft ihn vom Wagen herab, und die Rosse stürmen wild dahin. Asteropaios nahm Achilleus das Leben (Φ 176), wie er sich vergeblich abmühte, die in das Gestade bis zur Hälfte hineingefahrene Lanze des Helden herauszureissen oder durch Biegen zu brechen; denn er durchhaut ihm den Bauch am Nabel; alle Gedärme quillen zur Erde heraus, und des Röchelnden Augen in Nacht brechend erstarren. Achilleus springt ihm gegen die Brust, nimmt die herrlichen Waffen und lässt ihn im Sande liegen, von der dunkeln Welle umspült und von Aalen und anderen Fischen rings umschlängelt. Odysseus schnellt den Wurfspeer (Λ 502), erst im Kreise umschauend, und trifft Demokoon gegen den Schlaf so, dass die Spitze hindurch bis zum andern Schlafe stürmt. Deïopites sticht er (Λ 420) oben in die Schulter hinein. Dem schnell vom Wagen springenden Chersidamas (Λ 423) stösst er den Speer unter dem buckligen Schilde tief in den Nabel. Dem zur Flucht gewendeten Sokos (Λ 447) treibt er die Lanze in den Rücken zwischen die Schultern hinein, dass sie an der Brust vorne hervordringt. Tosend stürzt er in den Staub. Beim Kampfe mit den Freiern innerhalb des Saales schnellt er den Pfeil Antinoos (χ 15) gerade in die Gurgel, dass die eherne Spitze aus dem zarten Genick hervordringt, und zwar in dem Moment, da dieser eben das zweigeöhrte Trinkgefäss zum Munde führen wollte. Er sinkt zur Seite nieder, und der Becher entstürzt der Hand; ein dicker Strahl von Blut fährt schnell dem Erschossenen aus der Nase, und mit dem Fusse stösst er ausschlagend den Tisch weg und wirft die Speisen zur Erde, dass sich Brod und Gebratenes besudeln. Dem mit grausvollem Geschrei gegen ihn emporspringenden Eurymachos (χ 82) trifft das Geschoss die Brust an der Warze. Der stürmende Pfeil bohrt tief in die Leber hinein; das Schwert sinkt ihm aus der Rechten zur Erde, und mit dem Tische übergewälzt taumelt er schwindelnd hinab und wirft die Speisen sammt dem Doppelbecher zur Erde; er schlägt das Estrich mit der Stirne, voll entsetzlicher Angst, und rüttelt den Sessel mit zappelnden Füssen weg, und Dunkel umzieht seine Augen. Telemachos rennt dem zu Odysseus heranstürmenden und das Schwert in der Rechten zückenden Amphinomos (χ 92) den ehernen Speer zwischen der Schulterbucht in den Rücken, dass er vorn aus der Brust vordringt; im Falle kracht er dumpf hin und schlägt das Antlitz auf den Boden. Leiokritos (χ 296) sticht er die Lanze mitten in den Bauch und drängt das Erz hinten durch; vorwärts sinkt er nieder. Die Freier haben weniger Glück. Nur Telemachos wird leicht am Knöchel seiner Hand verwundet (χ 277), indem das Erz die obere Haut streift, und Eumaios (χ 279) über dem Schild an der Schulter geritzt. Die übrigen Speere sinken, des Zieles verfehlend, auf die Erde (χ 257), oder durchbohren die Pfosten und die festgefügte Pforte des Saales, oder fahren tief in die Mauer hinein.

Gruppirung und Symmetrie. Wir haben diese Schlachtenbilder in ihrer stets wechselnden Gestaltung der Reihe nach vorübergeführt, um den Eindruck des vollen Lebens und der Unmittelbarkeit zu gewinnen, aus welcher schöpfend Homer Stellung und Bewegung, Angriff und Flucht, die Vorgänge der Verwundung und des Falles mit so anschaulicher Klarheit und plastischer Fassbarkeit vergegenwärtigt. Dabei kann in gar mancher Scene die schöne Gruppirung und die Symmetrie nicht entgehen, mit welcher der künstlerische Genius des Dichters die Figuren ordnet. Auf der ilischen Tafel, die im Capitol zu Rom aufgestellt ist, lesen wir die Inschrift: „Lerne die Ordnung Homers, damit du sie erkennend das Maass aller Weisheit habest". Diese weise Ordnung Homers erscheint vor allem, wie wir zu Anfang dieser Schrift auseinandergesetzt haben, in der Anlage des Ganzen und in der organischen Entwicklung des Gesammtplanes der beiden Dichtungen. Dort wurde erörtert, wie der Meister einerseits die beiden Hauptfiguren in die Mitte des grossen Bildes gestellt, auf das treffendste gezeichnet, mit der grössten Sorgfalt ausgeführt und durch das glänzendste Kolorit gehoben hat, andererseits die zahlreichen Nebenfiguren auf untergeordneten Feldern rings um die Centralpunkte herum gruppirt und sie in eine solche Beleuchtung gesetzt hat, dass dadurch die Wirkung der Hauptfiguren und des gesammten Bildes nur erhöht wird. Lasst uns nun Scenen aus dem reichen Gemälde herausheben und an ihnen das Gesetz der Schönheit und Symmetrie erkennen, das den Dichter wie im grossen Ganzen, so auch in den einzelnen Theilen geleitet hat. Wir unterscheiden hier einfache, nur aus zwei Figuren bestehende Gruppen, die nach dem ihnen zu Grunde liegenden Vorgang durch den Kontrast der Gegensätze, durch Lebendigkeit der Bewegung oder maassvolle Haltung, durch Heftigkeit des Affektes oder durch ruhige Würde und Anmuth wirken. Es sei in dieser Hinsicht der Scene gedacht, da Achilleus, abwärts von den Freunden gesondert, am grau wogenden Strande sitzt (Α 350, 360) und weinend in die dunkle Meerflut schaut, aus

welcher auf seinen Ruf Thetis emporsteigt, um sich nahe vor den Thränenbenetzten niederzulassen und, ihn sanft mit der Hand streichelnd, zu trösten; auch die schon oben erwähnten Gruppen (Α 500) der Kronions Knie umfassenden und sein Kinn mit der Rechten berührenden Meergöttin, der sich weinend auf den Knieen ihres Vaters niederlassenden und von ihm herzlich umarmten Artemis (Φ 506), des in verschiedenen Bewegungen vor Achilleus sich windenden Lykaon (Φ 67 ff.), so wie des seiner Mutter vor dem Palast begegnenden und sie zu Opfern und Gebeten auffordernden Hektor mögen da ihre Stelle (Ζ 251) finden. Von der Odyssee sind ausser einigen andern besonders die Begegnungs-, Empfangs- und Erkennungsscenen anzuführen. Wir erinnern an die Begleitung Telemachos' durch die Schaffnerin Eurykleia in seine Schlafkammer (α 436), wie er sich da auf das Lager niedersetzt und sein weiches Gewand auszieht, welches die wohlbedächtige Alte in Falten schmiegt und am Pflock neben dem Bette aufhängt, an ihr Hinabsteigen in die geräumige Vorrathskammer (β 376), wo die Alte dem geliebten Zögling schwört, der Mutter von seiner Abreise nichts zu sagen, und dann Wein in gehenkelte Krüge schöpft und Mehl in wohlgenähete Schläuche schüttet, an ihren frohlockenden Eintritt in den Söller (ψ 1) und ihr Erscheinen zu Häupten der schlafenden Penelope, um ihr die Rückkehr des Gemahls und den Mord der Freier zu verkünden, ferner an Hermes' Erscheinung (ω 91) in der Grotte der an einem Gewebe mit goldener Spule wirkenden Kalypso, an die Begegnung des Odysseus mit Hermes (κ 302), der das heilige Kraut vom Boden reisst und ihm überreicht, sein Eintreten in den Palast der Kirke (κ 314), sein Eindringen auf die Zauberin mit dem Schwerte, seine Unterredung mit Kalypso (ε 151), die ihn am Gestade sitzend und mit dem thränenreichen Blick über die endlose Meeresfläche schweifend trifft, seine Begegnung mit Athene zuerst (ν 222) in Gestalt eines jugendlichen Hirten, dann (ν 304) eines schönen Mädchens, mit dem er die Geschenke der Phaiaken in der Nymphengrotte birgt und hierauf sich am Stamm des heiligen Oelbaums niederlässt, an die verschiedenen Scenen (ξ), die ihn im Verkehr mit dem Sauhirten darstellen, an den spannenden Moment, da er sich in der Hütte des Eumaios seinem Sohne Telemachos (π 214), und in dem Fruchtgarten seinem ein Bäumchen umgrabenden Vater Laertes (ω 347) zu erkennen gibt, endlich an die Situationen gegenüber seiner Gemahlin Penelope, indem er das eine Mal (τ 211) ihr, der in Thränen Aufgelösten, als kalter Erzähler mit unbewegten Wimpern und starr wie Horn stehenden Augen gegenübersitzt, das andere Mal (ψ 205) durch genaue Angabe des Bettgeheimnisses sie mit zitterndem Herzen und bebenden Knieen an seine Brust fesselt.

Weit häufiger treffen wir aber in Homer auf das Gesetz der Dreitheilung, sei es nun dass in einer Scene drei Personen figuriren, die beim Vorgange entweder alle gleich interessirt sind, oder von denen die eine oder andere Figur nur dekorativen, dem Gesetze des Rhythmus und der Symmetrie dienenden Zweck hat, oder dass zwei und mehr Nebengruppen, die mit dem Objekt der Darstellung im innigsten Zusammenhange stehen, sich um die eine Hauptfigur oder Hauptgruppe wie um den Kern herumlegen, wodurch es dann geschieht, dass häufig das hiedurch erzeugte Bild sich in pyramidaler Form aufbaut, stets aber durch geschickte Anordnung der Massen, angemessene Vertheilung des Lichtes und klare Durchsichtigkeit befriedigt. Es ist nicht ohne Bedeutung, dass wir so oft den Worten begegnen: „Er (sie) ging nicht allein, sondern es folgten ihm (ihr) . . . . ". Die Frauen erscheinen in Begleitung von zwei Dienerinnen: so Helene (Γ 143), als sie voll Sehnsucht nach ihrem ersten Gemahl nach dem Thurme ging, wo Priamos mit den Greisen sass, Andromache (Χ 461), als sie von einer schlimmen Ahnung erfasst aus der Kammer stürmte, um von der Mauer aus nach ihrem Hektor zu sehen. Penelope (α 335, π 415, σ 211), so oft sie, des Hauptes hellschimmernden Schleier vor die Wangen hingesenkt, sich an der Pfoste des wohlgebühnten Saales zeigt, wo die übermüthigen Freier zechen. Das letzte Mal, da sie im Schlafe von Athene mit allen Reizen körperlicher Schönheit übergossen war, bemerkt der Dichter ausdrücklich, dass ihr an den Seiten eine der weissarmigen Jungfrauen in Sittsamkeit stand. Dieselben Mägde tragen ihr, wie sie in der Hand Odysseus' Bogen und pfeilgefüllten Köcher haltend in den Saal hinabging, den Rüstkorb (φ 61) mit dem Kampfgeräthe des Königs nach und geleiten sie (φ 356, ψ 601) zum Söller empor, wo sie um den trauten Gemahl weint, bis ihr Athene in Schlummer sanft die Augen schliesst. Zwei dienende, mit der Chariten Schönheit geschmückte Mägde (ζ 18) ruhen auch an jeder Pfoste des prangenden Gemaches, in welchem die reizende Nausikaa schläft, als Athene in Gestalt der Tochter des Dymas ihr zu Häupten tritt, um sie zum Ausflug nach dem Meeresufer zu bestimmen.

Bei den Herrschern sind es die Herolde, welche dann und wann paarweise mit ihnen auftreten. Agamemnon gibt dem Talthybios und Eurybates (Α 320), „die Herold' ihm waren und rasch aufwartende Diener", mit drohenden Worten Auftrag, Briseis' rosige Tochter aus dem Gezelte des Peliden an der Hand herzuführen. Der aus drei Köpfen bestehenden Gesandtschaft, die Achilleus' Zorn erweichen sollte, folgte das Heroldpaar Hodios und Eurybates (Ι 170). Als Priamos auf das Schlachtfeld fahren will, bringen die Herolde (Γ 240) zwei Lämmer und Wein im geisledernen Schlauch; Idaios trägt einen blinkenden Krug und goldene Becher in der Hand.

Der nämliche Herold begleitet ihn auch (Ω 149) in das feindliche Lager; als dritter gesellt sich ihnen (Ω 352) Hermes unten am Strome bei, wo sie ein wenig hielten, um die Rosse und die Mäuler zu tränken. Mit einem Herold und einem weiteren Genossen (κ 59) geht Odysseus zur Burg des Aiolos und lässt sich dort mit ihnen als Schutzflehende an der Schwelle des Saales nieder. Zwei auserkorne Freunde nebst einem begleitenden Herolde (κ 102) entsendet er zur Erkundigung der Laistrygonenstadt.

Aber auch abgesehen von dieser immer auf die Dreiheit abzielenden Begleitung, bei welcher Gelegenheit nicht unerwähnt bleiben mag, dass Telemach (β 11, ρ 62, υ 145), wenn er zur Versammlung geht, von schnellfüssigen Hunden gefolgt wird, wie um seine Erscheinung voller und lebendiger zu machen, bauen sich gar häufig die Gruppen aus drei Figuren auf. Wir wollen hier nicht einmal auf die oben erwähnten Schlachtscenen eingehen, welche in dieser Hinsicht eine reiche Ausbeute geben würden, sondern begnügen uns mit der Hervorhebung anderer, verschiedenen Lebenssituationen entnommener Motive. Vor allem gedenken wir der lieblichen Episode, welche Hektors Begegnung mit Andromache und der sein unmündiges Knäblein an der Brust tragenden Dienerin malt (Z 399): wie er die Hände nach dem schreienden, an den Busen der Amme sich schmiegenden Knaben ausstreckt (Z 466), nach abgenommenem Helm das Kind sanft in den Armen wiegt und der mit Thränen im Blicke lächelnden Gattin hinreicht; klar ist auch die Gruppirung in der Scene gegeben (Γ 425), da Kypris mit Helene in das Gemach von Alexandros tritt und diese auf einem herbeigebrachten Sessel dem Helden gegenüber Platz nehmen lässt; ferner da sie, von Diomedes verwundet (E 355), zugleich mit Iris ihren Bruder Ares auf der linken Seite der Schlacht sitzend findet und auf die Kniee vor ihm hinfallend um die goldgeschirrten Rosse fleht, um damit zum Olympos zu fahren. Nicht weniger klar gruppiren sich Diomedes und Odysseus um den im Laufe eingeholten Dolon (K 375), der starr vor Schrecken mit bebendem Kinn dasteht und um sein Leben fleht, und in friedlicherer Begegnung (Σ 390) Charis und ihr Gemahl Hephaistos um die bei ihnen Besuch machende Thetis; der Feuergott naht sich (Σ 422) mit einem schimmernden Sessel, wo Thetis sitzt, und frägt, sie bei der Hand fassend, nach ihrem Verlangen. In ähnlicher Situation finden wir Odysseus nach dem Freiermord (ψ 60): er sitzt mit gesenkten Augen an der ragenden Säule; ihm gegenüber nimmt im Glanze des Feuers Penelope an der anderen Wand Platz und sieht ihren Gatten verstummt an, so dass der heissblütige Telemachos, über ihr Misstrauen ungehalten, in Vorwürfe ausbricht. Von andern dreifigurigen Gruppen heben wir die Erscheinung der Athene bei den vor dem Palaste des Menelaos zum Schlafe gelagerten Telemachos und Peisistratos hervor (ο 9), das Hinabsteigen des Menelaos in Begleitung der Helene und des Megapenthes in die Kammer (ο 99), um für die Gäste Geschenke von dort zum Abschiedsschmaus heraufzuholen, die gleichzeitige Ankunft des Herolden und des Sauhirten bei Penelope (π 335), um ihr die glückliche Heimkehr des Sohnes zu melden, den Ueberfall des Geishirten durch seine Collegen Eumaios und Philoitios in dem Augenblicke (χ 167), da er auf geheimem Pfade Waffen zu den bedrängten Freiern hinabtragen wollte.

Um aber von den Gruppen zu sprechen, die Odysseus selbst zum Mittelpunkt haben, betrachten wir ihn im Gehöfte des Eumaios. Bei Telemachos' Eintreten weicht er vom Sitze (π 42); allein dieser begnügt sich mit einem vom Sauhirten improvisirten Lager von grünlaubigem Gesprossˈ und einem darüber gebreiteten Schafvliess. Während der nach der Stadt abgehende Eumaios noch in Sicht ist, winkt Athene (π 155) in Gestalt eines jungen Mädchens Odysseus vor die Wohnung hinaus und verwandelt ihn durch Berührung mit dem Stabe. Mit Telemachos und dem wieder zurückgekommenen Sauhirten bereitet er (π 453) die Nachtkost vom geopferten Schwein. Am Brunnen nahe der Stadt erleidet er vom Ziegenhirten durch einen Fusstritt schändliche Misshandlung (ρ 233), während Eumaios den Frechen ins Antlitz scheltet und zu den Quellnymphen um Rache fleht. An der Schwelle seines Palastes sehen wir ihn (ρ 107) von den beiden treuen Hirten, Eumaios und Philoitios, herzlich begrüsst, bald darauf ausserhalb des Vorhofes mit Vorzeigung seiner Narbe (φ 221) sich ihnen zu erkennen geben, wie er schon früher in unmittelbarer Nähe der abgewandten Penelope bei der Fusswaschung (τ 467) von Eurykleia erkannt worden war. Hier ist noch der schönen Gnadenscene zu erwähnen, die den Racheakt an den Freiern würdig abschliesst (χ 340). Der Sänger Phemios legt die Harfe zwischen einem mächtigen Krug und Sessel zur Erde und umschlingt flehend die Kniee des furchtbaren Mannes; der rasch herzuspringende Telemachos legt für ihn Fürbitte ein und rettet ihm das Leben. Noch viel ergreifender ist die verwandte im Zelte des Peliden sich darstellende Scene (Ω 474): Achilleus zwischen Automedon und Alkimos, die ihm gesellt dienten, von der Mahlzeit ruhend, vor ihm auf den Knieen liegend und seine schrecklichen Hände küssend der greise

Priamos. Der durch dessen Rede gerührte Achilleus fasst ihn sanft bei der Hand (Ω 508) und drängt ihn zurück; dann springt er vom Sessel empor und hebt den Greis voll Mitleid auf. Mit den zwei Genossen eilt er zur Pforte der Wohnung hinaus (Ω 571), um den Wagen abspannen und die Lösegeschenke für Hektors Leichnam herunterheben zu lassen.

Wenn wir uns nun die reicheren Scenen bei Homer näher anschauen, so finden wir das oben berührte Gesetz der Dreitheilung, oder wegen grösserer Fülle der Gruppen der ungeraden Theilung auch hier angewendet, indem er den oder die Hauptträger der Handlung in die Mitte stellt, so dass sich naturgemäss die übrigen Figuren und Gruppen zu beiden Seiten entfalten. Der Dichter deutet diese symmetrische Anordnung selbst oft mit den Worten an, dass die in Rede stehende Person in der Mitte gewesen sei, und dass die übrigen beim Vorgange irgendwie Betheiligten sich ringsum gelagert oder gestellt hätten. Da man aber die Hauptfigur oder Gruppe als Trägerin der Handlung möglichst in den Vordergrund gerückt sich denken muss, die nebengeordneten Massen als solche sich etwas zurückschieben, so ergibt sich daraus oft weniger, oft mehr ausgeprägt die giebelähnliche Entfaltung des Bildes.

Indem wir eine Auswahl von diesen Gruppenbildern vorführen wollen, steigen wir zunächst in die hohe Wohnung der Götter empor, um die Seligen in ihren Versammlungen zu beobachten. Eine der schönst gruppirten Scenen treffen wir gleich im ersten Gesange der Ilias (A 535, 570, 596, 603). Zeus, von den Unsterblichen allen, die sich von den Sitzen erheben, um ihm entgegenzutreten, bewillkommt, naht dem Thron und setzt sich. Die daneben befindliche Here beginnt mit ihm wegen seiner geheimen Unterredung mit Thetis einen argen Wortwechsel, der von Seite des erzürnten Kronion in Thätlichkeiten auszuarten droht; da erschrickt die hoheitblickende Here und sitzt nunmehr schweigend, des Herzens Stürme bezwingend; und rings trauern im Saale die Bewohner des Himmels. Der naive Hephaistos aber erhebt sich zur Seite mit dem Doppelpokal und reicht ihn begütigend der Mutter und den übrigen Göttern dar, dem Mischkrug immer entschöpfend und unter dem unermesslichen Lachen der Seligen im Saale emsig hinhumpelnd. Neben andern Gruppen, die beim köstlichen Mahle gelagert sind, erblicken wir auch den Chor der Musen und darin Apollon, seine Lyra handhabend. Ein anderes Mal, da die Götter wieder neben Zeus auf goldener Flur herumsassen (Δ 1), um über Trojas Untergang zu berathen, schenkt die herrliche Hebe ringsher Nektar ein; aus goldenen Bechern thun sie sich einander Bescheid und schauen auf Troja nieder, die einen, wie Aphrodite, ihr zu helfen bereit, die anderen, wie die neben einander sitzenden Here und Athene, auf Unheil sinnend und gegen Vater Zeus murrend und zankend, dass er die Stadt noch immer stehen lassen wolle. Mit umgeschlagener Stimmung sehen wir bald darauf die verwundete Kypris im Schooss ihrer Mutter Dione liegen (E 370, 419, 427) und die schadenfrohen Göttinnen Athene und Here von der andern Seite her mit stichelnden Worten Zeus erregen, der sich an Aphrodite sanft lächelnd mit der Bemerkung wendet, sich um etwas anderes als um Krieg zu kümmern. Als der ergrimmte Zeus nach seinem Erwachen auf dem Ida Here in den Olymp sendet, findet diese im Saale alle Unsterblichen versammelt (O 84, 101, 113, 125, 142). Bei ihrem Eintreten springen alle, besonders Themis, von den Sitzen auf, um sie mit Bechern zu begrüssen. Mit den Lippen lächelnd, aber die Stirne um die dunkeln Brauen in finstere Falten legend, setzt sie sich, und rings trauern im Saale die Unsterblichen. Auf ihre Nachricht vom Tode des Askalaphos, eines Sohnes des Ares, schlägt sich dieser trauernd mit der Fläche der Hand die nervichten Hüften und sieht sein Waffengeschmeide an; Athene aber entreisst ihm Helm, Schild und Lanze und setzt ihn scheltend auf seinen Thron. Von der andern Seite beruft Here Apollon und Iris und befiehlt ihnen, unverzüglich auf den Ida zu Zeus hinabzusteigen. Die von Zeus abgeschickte Iris, um Thetis aus der Meerestiefe zu holen, findet diese (Ω 83) in der wölbigen Grotte mitten unter den übrigen Meergöttinnen sitzend und das Schicksal ihres Sohnes beweinend. Im Olymp angekommen, finden sie rings um Zeus die andern seligen Götter zum Rathe gesellt (Ω 99). Die Gruppen gestalten sich nun so, dass Thetis bei Zeus sich niederlässt, Athene zur Seite weicht, und Here unter freundlichen Worten ihr den goldenen Becher kredenzt. Nicht vergessen dürfen wir noch die grosse Götterversammlung (Υ 6, 32), zu der Themis selbst die Nymphen der Haine, Quellen und Thäler, so wie alle Stromgötter berief, und in welcher sich, während der unparteiische Zeus, wie immer, in der Mitte thront, auf der einen Seite Here, Athene, Poseidon, Hermes und Hephaistos gegen, auf der andern Phoibos und Artemis, Leto, Xanthos und die holdlächelnde Kypris für Troja sich zusammengruppiren, um sofort zum Kampfe wegzueilen. Aus diesem heben wir folgende Gruppenbilder heraus: Athene schlägt Aphrodite (Φ 410, 424, 484), während sie den mit einem Stein getroffenen Ares an der Hand wegführen will, anstürmend so gegen die Brust, dass diese sammt ihrem Begleiter auf den Boden hinstürzt; Athene jauchzt triumphirend, Here lächelt sanft dazu. Diese selbst ergreift (Φ 488, 469, 498) mit der Linken die beiden Hände der Artemis an dem Knöchel, entzieht ihr mit der Rechten die Jagdgeschosse und gibt ihr damit unwürdige Streiche um die Ohren, dass dem Köcher alle Pfeile entsinken; rechts von dieser bewegten Scene gruppiren sich Poseidon und Apollon, der sich in Ehrfurcht scheut, wider den Bruder seines Vaters den Arm der Gewalt zu erheben, links Leto und Hermes, dem ebenfalls der Kampf mit den Frauen des schwarzumwölkten Kronion nicht geheuer dünkt.

Da wir einmal auf dem Schlachtfelde sind, so wollen wir auch Gruppen von sterblichen Kriegern vergegenwärtigen und zwar nicht bloss eigentliche Kampfscenen, sondern auch solche, welche dem Kampfe unmittelbar vorangehen oder nachfolgen. Diese Bilder sind um so reicher, da zu den Seiten und im Hintergrunde häufig Heeresgruppen gelagert sind, die an dem, was inmitten vorgeht, den lebendigsten Antheil nehmen. Vor dem Zweikampfe Menelaos' mit Paris, der im Angesichte beider sich in Ordnung setzenden Heere stattfindet (Γ 326), haben wir das Abmessen des Kampfraumes durch Hektor und Odysseus (Γ 315) und das Schütteln der Loose im ehernen Helm, namentlich aber die reiche Opferhandlung Agamemnons (Γ 267, 274, 295), der zunächst von Odysseus und Priamos, dann von stattlichen Herolden umgeben, durch diese das abgeschnittene Haupthaar der Opferlämmer rings an die Gebieter der Troer und Danaer vertheilen und aus goldenen Bechern Wein austheilen lässt. In ähnlicher Anordnung denken wir uns die Scene, da der greise Nestor die neun Loose der Helden (Η 181, 277), die sich zum Zweikampf mit Hektor gemeldet haben, im Helm schüttelt, und den Kampf selbst, den zuletzt die beiderseitigen Herolde Idaios und Talthybios durch Dazwischenstrecken ihrer Stäbe beilegen. Von dem durch Pandaros' Pfeil verwundeten Menelaos sagt Homer (Δ 211, 218), dass er blutend dastand, um ihn die Edelsten alle rings versammelt, er selbst in der Mitte; die Gruppe wird belebter durch das Herantreten des Talthybios und Machaon, welcher das Geschoss herauszieht, das quellende Blut saugt und lindernde Salbe auf die Wunde legt. Gruppenreich und voll Bewegung ist auch der lange, hartnäckige Kampf um Patroklos' hin- und hergezerrte Leiche (Ρ 755, 747), besonders aber der Rückzug zu den Schiffen, indem voran Menelaos und Meriones den Leichnam auf den Armen tragen, die beiden Aias aber die hinten nachdrängenden Troer, unter diesen Hektor und Aineias, mit grosser Gewandtheit abwehren.

Betrachten wir nun die Zuschauergruppen auf der Mauer von Troja. Da gewahren wir auf dem skaiischen Thore (Γ 146, 161) die Aeltesten der Troer, unter ihnen Priamos; es naht sich Helene, die der König freundlich heranruft und zu sich setzen lässt, damit sie ihm die unten in der Ebene auftretenden Helden nenne. Helene war aus dem Gemache des Palastes gekommen, wo sie an einem grossen Gewande gearbeitet hatte. Dort trifft sie wieder Hektor (Ζ 321) unter den Weibern sitzend und die Dienerinnen umher zur Fertigung von künstlichen Arbeiten antreibend, während zur Seite Alexandros seine Waffen visitirt und das Horn des gebogenen Geschosses glättet. Ebenso finden wir Andromache im Kreise schönlockiger Mägde (Χ 440), die eben zum Zweck eines Bades für Hektor ein grosses dreifüssiges Geschirr auf das Feuer stellen, an einem purpurhellen Gewande weben. Das Jammergeschrei vom Thurme her macht ihre Glieder beben, das Webschiff sinkt ihr zur Erde, und sie eilt fort auf die Mauer. Da gab es bewegte Scenen. Als Hektor ausserhalb des Thores blieb, voll Begier mit dem Peliden den Kampf aufzunehmen, wehklagt oben in Mitten von angsterfüllten Zuschauern der alte Priamos (Χ 33, 79), bald sein Haupt mit den Händen schlagend, bald sie hoch emporhebend; ihm zunächst wehklagt Hekabe, Thränen vergiessend und das Busengewand trennend, um den Sohn durch den Anblick der Brust, die ihn einst gestillt, zu rühren. Als dann Achilleus (Χ 369, 406) unter dem Herandrängen der Achaier, die den gefürchteten Gegner in der Nähe sehen wollten, aus dessen Leichnam die Lanze zog und die Leiche unwürdig behandelte, rauft sich die Mutter das Haar aus und wirft den Kopfschleier weit hinweg; der Vater aber, kläglich weinend, will zum Thore hinaus und wälzt sich, als er mit Mühe von den Anwesenden gehalten wird, auf dem schmutzigen Boden. Hektor wird eben fortgeschleift, da tritt Andromache auf die Mauer (Χ 466, 515), und

> Alsbald hüllte sich ihr dichtschattende Nacht um das Antlitz;
> Rückwärts sank sie zur Erde, den Geist ausathmend in Ohnmacht.
> Weithin flog ihr vom Haupte das glänzende Lockengeschmeide,
> Stirnschmuck, Haube zugleich, das geflochtene Band und der Schleier.
> Ringsum standen die Schwestern des Manns und die Frauen der Schwäger,
> Fest in den Armen sie haltend, die ganz wie im Tode betäubt lag.

Als sie wieder zu athmen begann, stöhnt sie wehklagend auf und rings seufzen die Weiber mit.

Iris, die Priamos von Zeus den Auftrag bringen soll, Hektors Leiche bei Achilleus auszulösen, findet im Vorhof des Palastes (Ω 161) mitten unter den ringsher sitzenden und sich die Gewande feucht weinenden Söhnen jenen nachlässig in den Mantel gehüllt und mit Schmutz, den er vom Boden mit seinen Händen emporwirft, Nacken und Haupt sich bedeckend. Die Scenen seiner Abfahrt in das Danaerlager und seiner Zurückkunft von demselben bieten ebenfalls

schön geordnete Gruppenbilder. Priamos steht (Ω 282, 302, 320) mit dem Herold Idaios in der Mitte des Hofes vor dem bereits bespannten Wagen; die Schaffnerin naht sich mit Kanne und Waschbecken, dass der Opfernde sich wasche; von der nebenstehenden Hekabe empfängt er den weingefüllten Becher, womit er gegen Himmel blickend Zeus das Opfer ausgiesst; rechts und links die Seinen, die mit freudigem Herzen zu dem rechtshin über die Veste sich schwingenden Adler emporschauen. Als er nach Troja mit dem Leichnam zurückkommt (Ω 700), stürzen auf den Mahnruf der Kassandra Andromache und Hekabe zum Wagen heran, raufen ihr Haar und umfangen das Haupt des Todten; und die Menge stand weinend rings herum. Hier haben wir besonders den pyramidalen Aufbau des Bildes, da Priamos und sein Herold oben auf dem Wagen sich befinden. Wenige Minuten später sehen wir Hektors Leiche auf ein Paradebett gelegt (Ω 720, 776), ihr zur Seite Sänger, die mit jammernden Tönen einen Trauergesang anstimmen, indess die Frauen Andromache, Hekabe, Helene wehklagen und ein zahlloses Volk ringsherum seufzt.

Bei Achilleus, dem Urheber all dieser Trauer, stossen wir auf verwandte Scenen. Als ihm Antilochos die Nachricht vom Tode des Patroklos bringt, ergreift er schmutzigen Staub mit den Händen (Σ 23, 28) und liegt mit bestreutem Haupt und Antlitz gross da, das Haupthaar sich zerraufend; die Sklavinnen umringen ihn hastig voreilend und schlagen sich alle jammernd die Brust; zugleich wehklagt Antilochos, der dem grauenvoll stöhnenden Peliden die Hand hält, dass er sich in seinem Schmerze nicht etwa die Kehle abschneide. Zu gleicher Zeit erhebt seine Mutter Thetis in ihrer Silbergrotte am Meeresgrund umgeben von allen Nereiden (Σ 50), die sich zugleich die Brust schlagen, lautjammernd die Klagen. Als sie ihm die göttlichen Waffen bringt, findet sie ihn um den trauten Patroklos geschmiegt (Τ 4, 12), hellauf weinend, und zahlreich stehen seine Freunde jammernd umher. Thetis fasst ihm freundlich die Hand und legt die Wehr vor ihm nieder, die der ergrimmte Held anfangs kaum schaut, dann aber freudig erhebt und empfängt. Wieder findet die Meergöttin ihren Sohn (Ω 121) im Zelte vor Schmerz laut stöhnend, und um ihn rüsten seine Gefährten in geschäftiger Eile das Frühmahl von einem eben geschlachteten Schafe. Die Mutter setzt sich zu ihm und streichelt ihn tröstend mit der Hand. Patroklos war indessen schon bestattet. Den Leichenzug (Ψ 132) eröffneten die Wagenkämpfer und Lenker in voller Wehr; dann folgte das dichte Fussvolk; im mittelsten Haufen trugen die Freunde den Leichnam Patroklos', der rings mit geschornen Locken bedeckt war, und dessen Haupt hinten Achilleus schmerzlich bewegt hielt.

Fruchtbare Momente für symmetrische Gruppirung enthält besonders auch Achilleus Zwist mit dem Oberfeldherrn. Gleich zu Anfang der Ilias führt uns Homer Apollons Priester vor (Α 14, 22), der die Lorbeerzweige seines Gottes um den goldenen Stab tragend vor den Atriden und allen Danaern erscheint, um seine Tochter zurückzufordern. Agamemnon tritt heraus und weist ihn schnöde fort, während die rings gruppirten Achaier einmüthig die Erfüllung seiner Bitte wollen. Es folgt der verhängnissvolle Auftritt zwischen Agamemnon und Achilleus (Α 197, 220, 245, 247). Dieser, von Pallas rückwärts bei den Locken gefasst, stösst das gegen den Atriden gezückte Schwert in die Scheide zurück und wirft ergrimmt das Scepter zur Erde nieder; von der andern Seite erhebt sich der begütigende Nestor; die anderen Fürsten und die Achaier hören dem Streite mit verschiedenen Gefühlen zu. Das Pendant hierzu bietet die Aussöhnung (Τ 55, 48, 76, 78): Alle Danaerhelden sind versammelt, in den vordersten Reihen sitzen Diomedes und Odysseus, die von ihren Wunden noch nicht geheilt auf Speere gestützt herangehinkt waren; Achilleus tritt hervor in die Mitte und entsagt dem Grolle; Agamemnon, ebenfalls noch von der Verwundung matt, erhebt sich vom Sitze, um seinen Missgriff zu bekennen und reiche Geschenke anzubieten; die blankumschienten Achaier vernehmen diese versöhnlichen Reden mit dem Ausdruck der Freude. — Zwei sich entsprechende Bilder liefern auch die bei Achilleus zu entgegengesetztem Zwecke eintreffenden Gesandtschaften. Die beiden Herolde Talthybios und Eurybates (Α 329, 346) treffen ihn am Zelte und an dem dunkeln Schiffe sitzend; Patroklos führt des Brises Tochter aus dem Zelte heraus und gibt sie ihnen dahin, die den beiden nur ungern folgt. Das andere Mal (Ι 169, 166, 190) treten Phoinix, Odysseus und Aias in das Zelt, und die Herolde Hodios und Eurybates folgen ihnen; Achilleus labt das Herz an der tönenden Laute; vor ihm sitzt stillschweigend Patroklos. Wir erinnern noch an eine weitere Sendung, die ebenfalls Odysseus besorgt, nämlich die Ueberführung der Chryseis zu ihrem Vater in Chryse (Α 440, 447). Odysseus geleitet die Tochter zum Altar, wo Chryses nach Waschung der Hände laut betet; während dem stellen die Achaier Sühnhekatomben für den Gott um den schönen Altar gereiht auf. Die darauf folgende Schlachtung des Stieres und das Opfermahl leiten uns in die an solchen friedlicheren Scenen reichere Odyssee hinüber. Auch hier werden wir in den meisten Fällen nach den eigenen Angaben des Dichters die Dreigruppirung herstellen können.

Die auf Pylos landenden Mentor und Telemachos kommen eben zu einem vom Volke dargebrachten Opfer recht (γ 5, 33). Freunde rüsten emsig das Mahl, hier das Fleisch spiessend, dort bratend; als sie die Fremdlinge sehen, reichen sie ihnen die Hände und nöthigen sie zum Sitze; vor allen fasst sie Peisistratos beide an der Hand und setzt sie auf dickwollige Vliesse am Uferrande zunächst dem Bruder Thrasymedes und dem Vater Nestor; dann legt er ihnen Eingeweide vor und füllt einen goldenen Becher mit Wein. Noch um vieles lebendiger und gruppenreicher ist die oben angezogene (γ 430 ff.), nach den einzelnen Momenten gemalte Opferhandlung, die vor der Abreise des Telemachos und Peisistratos nach Sparta stattfand. Klar gruppiren sich beim Opfermahl in der Hütte des Sauhirten (ξ 437, 447, 456) um den mit dem Rückenstück des Schweines ausgezeichneten Odysseus Eumaios, Wein darreichend, und Mesaulios, Brod vertheilend, und um diese die übrigen hütenden Männer. In Kalypso's Grotte (ε 196) sitzt ihm die Nymphe gegenüber, und während er von dieser irdische Nahrung dargereicht erhält, bringen die Dienerinnen Ambrosia und Nektar ihrer Herrin. Am Phaiakenhofe (θ 469) hat er beim Mahle seinen Platz an des Königs Alkinoos Seite unter den Fürsten; rechts und links wird von den Dienern Fleisch zertheilt und Wein gemischt. Auch vom Sänger Demodokos heisst es (θ 66, 473), dass er, an eine ragende Säule gelehnt, mitten im Kreise der Gäste gesessen sei; von Odysseus bringt der Herold, um den Sänger zu ehren, ein Rückenstück und fügt es ihm in die Hände. Am glücklichsten wäre wohl die Darstellung jenes Momentes (θ 499, 532), in welchem der blinde Sänger den Gesang von der Einnahme Trojas anhebt, die Phaiaken ringsum lauschen, Odysseus aber die herabstürzenden Thränen zu verbergen sucht. Wir stellen diesen idyllischen Motiven das grause Gastmahl gegenüber, womit der von Troja heimkehrende Agamemnon empfangen ward (λ 410, 419, 422). Unter den mörderischen Händen Klytaimnestras und ihres Buhlen Aigisthos sank er hin; und über seinem Leibe tödtete das entsetzliche Weib Kassandra, während die Freunde um den Mischkrug und die speisebeladenen Tafeln hingestreckt wurden und im Blute schwammen. Von den Gelagen der Freier im Palaste des Odysseus nehmen wir zwei Scenen heraus: die eine (ρ 343, 356), da Eumaios diesem von Telemachos ein ganzes Brod und ein Stück Fleisch überbringt, welches er mit beiden Händen empfängt und vor sich auf den unansehnlichen Ranzen niederlegt, während der Sänger Phemios auf der andern Seite seinen Gesang anstimmt; die andere (σ 395), da Eurymachos in seiner Wuth den Fussschemel schleudert, Odysseus sich rasch zu den Knieen des Dulichiers Amphinomos niederlässt, um dem Wurfe auszuweichen, und dafür der Schenk, an der rechten Hand getroffen, sammt der Kanne rückwärts in den Staub heulend niederfällt.

Mit den Gastmählern sind sehr häufig, abgesehen von Gesang und Lautenspiel, andere Unterhaltungen verbunden, die Veranlassung zu reicher Gruppirung geben. So ergötzen sich die Freier vor des Hauses Doppelthor (α 107, 120; δ 626), auf Rindshäute gestreckt, an Steinschieben und Jägerspiesswerfen; Diener und Herolde mischen in mächtigen Krügen Wein, säubern und stellen die Tische vor und zerlegen das Fleisch. Die Mittelgruppe bildet hier der bei Athene's Erscheinen schnell aufspringende und hineilende Telemachos, dort Noemon, welcher sich Antinoos und Eurymachos naht und zu ihrer höchlichen Verwunderung die Frage an sie richtet, wann Telemachos von Pylos heimkehre. Eine seltene Abwechslung bot ihnen Odysseus' Kampf mit dem von den Dienern mit Gewalt umgürteten und vorgeführten Iros (σ 76, 110, 118); wie jener siegreich mit seinem Ranzen zur Schwelle zurückkehrt, gruppirt sich alles um ihn; Antinoos legt ihm einen fett- und blutgefüllten Magen vor, Amphinomos hebt zwei Brode aus dem Korbe und reicht den goldenen Becher. Hiemit verwandt sind die Wettkampfscenen am Phaiakenhofe (θ 110, 186), namentlich jene, da der von Euryalos verhöhnte Odysseus mit sammt dem Mantel sich erhebt und die im Wirbel geschwungene Scheibe über die sich zur Erde bückenden Phaiaken wegschleudert. Auch die Tanzgruppen dürfen nicht vergessen werden (θ 372), welche einerseits die in oft wechselnder Stellung sich schwingenden Laodamas' und Halios mitten im Kreise der Zuschauer bilden, andrerseits die hochgewachsene Nausikaa (ζ 100) mit ihren Dienerinnen nach Ablegung der Schleier auf dem lieblichen Wiesengrunde darstellt.

Die Anordnung in drei Gruppen ist ferner oft klar ausgesprochen bei Versammlungen. Odysseus spricht in der Unterwelt mit Agamemnon, umringt (λ 388) von anderen, welche zugleich mit ihm in Aigisthos' Saale dem Verhängniss fielen. Minos sitzt da (λ 569) mit goldenem Stab, den Gestorbenen das Urtheil sprechend; diese erforschen rings das Recht von dem Herrscher, die einen hier sitzend, dort die anderen stehend. Vom Kampfspiel ruhend sitzen die Freier (δ 659) rings gesellt da, und Antinoos, über die Abfahrt von Telemachos erzürnt, entwirft vor ihnen den Mordplan. Auf die Kunde von seiner Ankunft gehen sie bestürzt und unmutherfüllt aus dem Saale vor die Hofmauer (π 343, 361) und lassen sich da umher auf die Bänke am Thore nieder; Eurymachos bespricht in ihrer Mitte, später Antinoos auf dem Markte die zu treffenden Massregeln. In der Versammlung, welche Telemach zum Zwecke der Ausweisung der Freier

aus seinem Hause beruft, tritt er, während der Herold Peisenor ihm das Scepter in die Hand reicht, in die Mitte des Volkes, spricht im Zorne und wirft mit herabstürzenden Thränen den Stab zur Erde hin. Mit grosser Regelmässigkeit erheben sich auf der einen Seite für ihn sprechend Aigyptios, Halitherses, Mentor, auf der anderen gegen ihn Antinoos, Eurymachos, Leiokritos, während über der Mitte der Versammlung zwei zusammengesandte Adler sich mit den Klauen Wangen und Hälse zerkratzen (β 37, 80, (15, 158, 225, 243).

Mehr Bewegung herrscht in den Abschieds-, Empfangs- und Wiedersehensscenen. Nach eingenommenem Mahle betreten Telemachos und Peisistratos (ο 145, 159) den Wagen und lenken das Gespann aus dem Thore. Menelaos tritt mit einem Becher Weins vor die Rosse, den letzten Gruss entbietend; Helene folgt nach; ein rechts auffliegender Adler mit einer Gans in den Klauen lockt von allen Seiten lautschreiende Männer und Frauen herbei. Odysseus erhebt sich bei seinem Abschiede von den Phaiaken (ν 53), während Pontonoos im Saale herumgehend allen Wein austheilt, und diese von ihren Sitzen aus den Göttern sprengen, und reicht der Arete unter Segenswünschen auf sie und ihre Familie den schönen Doppelbecher. Nicht weniger malerisch sind die Gruppirungen bei seinem ersten Auftreten im Saale (ζ 305); Arete gegen die Säule gelehnt und am Feuerherde der Wolle Gespinnst drehend, hinter ihr die Mägde sitzend, daneben Alkinoos sich am Weine labend, im Hintergrunde rings die Phaiakenfürsten Hermes vor Aufbruch sprengend. Odysseus selbst (η 138, 142, 153, 169) nun der Königin Kniee umschlingend, nun am Herde in die Asche sich niedersetzend, dann an Alkinoos' Hand zum schimmernden Sessel des Laodamas geführt und von den Dienerinnen nach Gebühr bewirthet. Sein Aufenthalt an dem dortigen Hofe bietet überhaupt viele malerische Scenen, wie auch sein und seiner Genossen Schicksal auf der Insel der Zauberin Kirke. Wir erinnern hier an die Verwandlung der Unbesonnenen in Schweine (κ 237), an Eurylochos' Zurückkunft zum Schiffe mit der Trauerbotschaft (κ 245), an dessen fussfällige Bitte (κ 264), nicht mit zum Palaste der Zauberin zurückgehen zu müssen, an den Empfang und die Bewirthung des Helden (κ 348) durch Kirke und ihre vier Mägde, an die überschwengliche Freude (κ 415), womit die vorher wehklagenden und weinenden Freunde an ihn heranstürzten, als er glücklich zum Schiffe wiederkam, an das fröhliche Wiedersehen aller Genossen in Kirkes Palast (κ 453), an den Ausdruck der höchsten Trauer (κ 567), womit sie sich setzend Klage erhoben und ihr Haupthaar rauften, als Odysseus ihnen den Entschluss kundgab, in das Schattenreich zu fahren, an die Bestattung Elpenors (μ 11), an die Erscheinung der Zauberin (μ 17) in Begleitung ihrer Brod, Fleisch und Wein tragenden Jungfrauen im Kreise der kühnen Abenteuerer.

Wir reihen noch einige Familienbilder an, in welchen das Gesetz der Dreigruppirung zu klarer Anschauung kommt. Penelope ist mit ihren Mägden in der Kammer mit Arbeit beschäftigt (δ 683, 742); der Herold Medon tritt herein, um die niederschmetternde Nachricht sowohl von der heimlichen Abreise Telemachos', als auch von dem Plane der Freier auf sein Leben zu bringen; auf der andern Seite rückt Eurykleia in den Vordergrund, um ein volles Geständniss abzulegen. Inmitten der Jungfrauen (δ 718, 760) sinkt Penelope jammervoll wehklagend auf die Schwelle des Gemaches nieder, steigt in den Söller empor und bringt dort Athene ein Opfer. Als der zurückkehrende Telemachos seine Lanze an die ragende Säule gelehnt hatte und die Schwelle des Saales betrat (ρ 30), eilte von der einen Seite Eurykleia heran, welche so eben die Throne mit Vliessen bedeckte, von der andern Penelope, um den Geliebten zu umarmen; es versammeln sich auch rings die übrigen Mägde, ihn froh willkommen heissend und ihm Antlitz und Schultern küssend. Gleich darauf treffen wir ihn (ρ 91) mit Theoklymenos beim fröhlichen Mahle von den Mägden bedient, ihnen gegenüber sitzt die Mutter an des Einganges Pfoste, auf den Sessel hingelehnt und feines Gespinnst umdrehend. Recht klar gruppiren sich auch in der nächtlichen Scene (σ 307 ff.), da Odysseus von Melantho geschmäht wird, um den Misshandelten, der den Mittelpunkt des Gemäldes bildet, auf der einen Seite die unverschämte Dienerin, auf der andern die sie bedrohende Penelope, im Hintergrunde und auf den Nebenfeldern die Mägde, theils Tische und Gefässe wegräumend, theils die Glut der Geschirre zur Erde schüttend, theils von neuem Holz darauf häufend, um Licht und Wärme durch die nächtlichen Räume zu verbreiten.

Es wäre nicht schwer, die Zahl malerischer Scenen in das Unendliche zu vermehren; wir haben uns aber hier auf die Auswahl gerade von solchen beschränkt, in denen der Dichter gleichsam selbst die Anordnung der Figuren und Gruppen diktirt. Sehr oft regt er indess schon durch einen oder wenige fruchtbare Verse die Phantasie mächtig an und liefert in ihnen eine Fülle von Stoff zur plastischen Darstellung; es ist dann der bildnerischen Energie des Individuums anheimgegeben, das Material zu ordnen und zu gestalten. Wie dieses geschieht, lernen wir wohl am besten dadurch kennen, wenn wir kurz die Werke der bildenden Kunst aus alter und neuer Zeit überblicken, welche aus der unerschöpflichen Quelle der homerischen Gedichte geflossen sind.

Die auf den homerischen Gedichten beruhende Kunst. Wenn wir das Verhältniss der beiden Epen zu den bildnerischen Reproduktionen der antiken Kunst vergleichen und die Art und Weise betrachten, in welcher die Poesie durch die bildende Kunst zum Ausdruck kommt, so bemerken wir, dass diese mit Verzicht auf die Darstellungsweise jener, zu welcher ihr ohnehin auch theilweise die Darstellungsmittel fehlen würden, nur den Stoff, den wesentlichen Inhalt der Poesie ergreift und mit grosser Freiheit und Eigenthümlichkeit der Auffassung, nicht aber im Sinne unserer modernen, bestimmten Stellen aus Gedichten und Romanen auf das genaueste angepassten Illustrationen, darstellt. Dieses ergibt sich aus einer einfachen Vergleichung mehrerer dasselbe Motiv behandelnden Bildwerke, die, wenn sie auch auf den ersten Blick das nämliche Thema verrathen, doch in Bezug auf Anordnung und Auffassung weit auseinander gehen. Das Epos als älteste Kunstgattung einerseits, andrerseits als die beliebteste, überall und häufig rhapsodirte, im Munde des Volkes auch dann noch am meisten lebende Sagenpoesie, als selbst die Tragödie auf dem Gipfel ihres Ruhmes stand, musste naturgemäss besonders auf die ältere Kunst und ferner auf diejenige Kunstart wirken, welche mit dem täglichen Leben auf das innigste zusammenhing, die Vasenmalerei, die, wenn sie auch, wie O. Müller in seiner Archäologie der Kunst S. 434 bemerkt, bei den Griechen selbst kaum für einen eigenen Kunstzweig galt, da von Vasenmalern nirgends mit Auszeichnung eines einzelnen die Rede ist, nur um desto mehr den Kunstgeist der griechischen Nation in das Licht setzt, der auch an so geringen Waaren seine Herrlichkeit entfaltet. Die Hauptniederlagen von diesen bemalten Thongefässen, die, weil viele zum Schmuck der Gräber bestimmt in Folge dessen im Dunkel der Verborgenheit der verwüstenden Hand barbarischer Jahrhunderte entrannen, in zahlloser Menge auf unsere Zeit gekommen und in allen Museen der gebildeten Welt, besonders aber massenweise im museo nazionale zu Neapel aufgestappelt sind, waren zu Korinth und Athen, Städte, welche schon in frühester Zeit durch lebhaften Betrieb der Töpferkunst sich ausgezeichnet haben. Die Grundfarbe der Gefässe ist roth; auf diesem Grunde sind die Schattenrisse der männlichen Figuren in schwarz, die der weiblichen in weiss gegeben, und während hier die inneren Linien mit schwarzer Farbe aufgesetzt erscheinen, sind sie dort mit einem scharfen Instrumente eingerissen, so dass sie grosse Aehnlichkeit mit den nunmehr ausser Kurs gekommenen Silhouetten zeigen. Bei einer anderen Klasse von Gefässen erscheint die Masse schwarz gefärbt; die Figuren aber treten aus diesem dunkeln Hintergrund, ausgespart, in rother Farbe hervor, während die inneren Contouren mit schwarzer Farbe aufgetragen sind. Wenn nun auch alle diese Produkte nur dem Handwerke angehören, und selbst die gelungensten von ihnen kaum das Gepräge der Kunstvollendung tragen, so offenbaren sie doch das allgemeine künstlerische Gefühl des Volkes, seine sich nie erschöpfende Originalität und Ursprünglichkeit in der Auffassung, sein Verständniss für Klarheit der Form, seinen Sinn für Anmuth und Grazie; und wenn sie auch mit den verschiedenen Kunstschulen nicht in unmittelbarer Verbindung standen, so konnten sie sich doch dem Einflusse des Geistes, den die einzelnen Perioden der griechischen Kunstentwicklung athmen, nicht verschliessen, so dass in charakteristischer Weise die einen die grösste Schroffheit und Strenge der alterthümlichen Kunst, die anderen den hohen Adel, die ruhige Würde und schlichte Schönheit des perikleischen Zeitalters, wieder andere den weicheren Zug, das Streben nach Pracht und Fülle, die flüchtigere Technik und die anderen Merkmale der darauffolgenden Entwicklungsstufen bis zur vollständigen Entartung der Kunst an der Stirne tragen.

Die grösste Masse der älteren Kunstwerke ruht auf epischer Grundlage, und es spiegeln diese bildlichen Reproduktionen den Charakter der epischen Darstellung der Begebenheiten, welcher bei allem Schmuck der Bilder und der Sprache in ruhiger und objektiver, ohne alle Nebenrücksichten nur auf die Sache selbst gerichteter Erzählung besteht, durch ihre Einfachheit und Klarheit unmittelbar ab. In der Begebenheit selbst, nicht in ihrer ethischen Bedeutung oder in der Ausprägung der Charaktere liegt der Zweck. Hieher gehört besonders die unabsehbare Reihe von Kampfscenen, welche durch Naivetät der Auffassung und Darstellung ausgezeichnet ohne Zweifel auf den Kreis des Epos bezogen werden müssen, wenn ihnen auch bestimmte Charakteristika, wie zum Beispiel die Namensbeischriften bei den einzelnen Helden, mangeln, die uns sonst zwingen würden, die Bildwerke an besondere berühmte Darstellungen der Poesie zu knüpfen. Ein tendenziöses Moment aber macht sich in jenen Vasenmalereien geltend, welche sich mit der einfachen Darstellung der Handlung als solcher nicht begnügen, sondern auf Gehalt und innere Bedeutung der Begebenheit gerichtet sind, oder auch nicht so fast die Begebenheit selbst darstellen, als vielmehr in ihr das heroische Vorbild allgemein menschlicher Zustände oder die Charakteristik eines sittlichen Verhältnisses geben. Zu dieser

Gattung gehören namentlich die Avers- und Reverskombinationen d. h. die Verbindung von zwei sich entsprechenden, auf beiden Seiten der Vase befindlichen heroischen Scenen, insoferne zwei Scenen derselben Begebenheit, zwei unmittelbar auf einanderfolgende Handlungen, durch gleiches Ethos verbundene Parallelakte oder Verbindungen, in welcher sich ein ethischer Gegensatz ausspricht, endlich Scenen von solcher Beschaffenheit mit einander verknüpft werden, die sich wie Anfang und Ende zu einander verhalten, eine aus mehreren Akten bestehende Handlung also in ihren Begegnungspunkten fixiren. Als nothwendige Folge dieses Strebens aber ergibt sich strenger Bezug der Komposition, symmetrische Anordnung der Glieder, Zusammenrücken der einzelnen Akte. Wir erinnern in dieser Beziehung an Vasen, deren Bilder beispielsweise eine Kombination von Hektors höchstem Glanz im Kampfe um die Schiffe und Trojas tiefster Erniedrigung in dem vor Achilleus auf den Knieen liegenden Priamos vorstellen.

Von Meisterwerken der eigentlichen griechischen Malerei ist leider fast gar nichts auf unsere Zeit gekommen; ja selbst die Nachrichten über die Leistungen in diesem Fache bis zum Zeitalter des Perikles sind nur sehr dürftig; vermuthlich waren diese weder zahlreich noch auch besonders hervorragend. Höheren Aufschwung nahm aber auch diese Kunstthätigkeit in der Mitte des fünften Jahrhunderts, und Pausanias erzählt uns namentlich ausführlich (X c. 25–31) von einer grossartigen Schöpfung des Thasiers Polygnotos, eines Zeitgenossen des Pheidias, welcher in der von den Knidiern zu Delphi erbauten Halle die Eroberung von Troja und den Abzug der Griechen, auf der entgegenstehenden Wand Odysseus' Besuch in der Unterwelt in einer figurenreichen Komposition, die in eine grosse Anzahl von neben- und untergeordneten Gruppen zerfiel, gemalt habe. Dem ersten Meister der etwas später blühenden jonischen Schule, Zeuxis, gelang insbesondere die Darstellung weiblicher Zartheit und Grazie. Man sagte von ihm, er habe in seinem Bilde der Penelope die Zucht und Sitte selbst verkörpert; noch mehr Bewunderung aber fand seine Helene, zu deren Modellirung ihm die Bewohner von Kroton fünf der schönsten Jungfrauen der Stadt zu Modellen gegeben haben sollen, damit er auf der Grundlage der vollendetsten Gebilde der Natur das Ideal weiblicher Schönheit schaffen könne.

Diese und die übrigen Werke der selbstständigen griechischen Malerei sind verloren gegangen; ihren Mangel ersetzen uns einigermassen einzig die Wandmalereien von Herculanum und Pompeji, von denen viele im wesentlichen das Gepräge einer wirklich griechischen Auffassung tragen und zweifelsohne als Nachbildungen älterer Meisterwerke und als Reminiscenzen einer vergangenen Blütheperiode betrachtet werden müssen, schon aus dem Grunde, weil die Flüchtigkeit der Ausführung mit der Grossartigkeit der Komposition in gar keinem Verhältnisse steht, und ein und dasselbe Motiv mit oft nur sehr geringer Abweichung sich wiederholt. Die bedeutenderen Malereien, welche die Hauptstellen der Wände einnehmen, behandeln vorzugsweise Themata der griechischen Mythe und zeichnen sich nicht selten trotz der sichtbaren Eilfertigkeit, womit sie hingeworfen wurden, durch Harmonie der Komposition und durch schönes, vollkommen durchgebildetes Kolorit aus. Als solche Leistungen, die an die edelsten Werke griechischer Kunst erinnern, führen wir an die Entführung der Briseis aus Achilleus' Zelt, die Zurückgebung Helene's an Menelaos, Cheiron und Achilleus.

Eine unendlich reichere Kunstwelt eröffnet sich uns in den geschnittenen Steinen; wir meinen die Gemmen (tief geschnitten) und Cameen (erhaben geschnitten), jene zierlichen Arbeiten des Alterthums, die zumeist für äussere Bedürfnisse, anfänglich zum Versiegeln kostbarer Gegenstände bestimmt, nachher aber, besonders nach der Zeit Alexanders des Grossen am Hofe der syrischen Könige, zu den mannigfaltigsten Schmuckgeräthen verwendet zahlreiche Motive aus der vielgestaltigen Mythenwelt und darunter nicht wenige aus dem Kreise der homerischen Dichtungen behandeln.

Während aber diese Steine in der Regel nur aus zwei oder drei Figuren bestehende Gruppen darstellen, entfaltet sich in den Reliefen, welche die Metopen und den Fries der griechischen Tempel schmückten, die Seiten der Sarkophage und Altäre, die Untersätze der heiligen Dreifüsse deckten, oder als Weihgeschenke in Tempel gestiftet wurden, wie auf einem Gemälde ein grosser Reichthum von Figuren und Gruppen, durch deren Anordnung nicht selten auch zwei oder mehr Scenen kombinirt erscheinen.

Endlich dürfen wir die freigearbeiteten Statuen und grossartigen Skulpturen nicht vergessen, welche wie die Gruppen der Aiakiden, der Heroen Aiginas, die durch das Epos zu voller nationaler Bedeutung erhoben worden waren, von den Tempelgiebeln herab über Stadt, Land und Meer erglänzten.

Indem wir nun an die Zusammenstellung der zum Kreis der Ilias und Odyssee gehörigen antiken Bildwerke gehen, machen wir den Anfang mit jenen umfassenderen Kompositionen, welche mehrere Begebenheiten zusammennahmen oder selbst den Gesammtinhalt darzustellen versuchen; an diese reihen wir die einzelne Scenen zum Ausdruck bringenden Denkmäler, und zwar in der Ordnung, dass wir zuerst diejenigen Bildwerke aufzählen, welche mit dem Hauptinhalt des Gedichtes in strengem Verbande stehende Begebenheiten behandeln, dann aber solche, die losere Theile desselben, Episoden und Reminiscenzen der älteren Heldensage illustriren.

Ein wichtiges Zeugniss dafür*), dass die Darstellung troischer Scenen in grösserer Reihenfolge nichts ungewöhnliches war, gibt Vergil (Aen. I. 456) in seiner Beschreibung von Bildwerken, die er in den Tempel der Here zu Karthago setzt:

videt Iliacas ex ordine pugnas
Bellaque jam fama totum vulgata per orbem,
Atridas, Priamumque, et saevum ambobus Achillem.

Wenn er weiter in den folgenden Versen viele Einzelnheiten genau schildert, die Flucht der Griechen, das Andrängen der trojanischen Schaar, das Zurückweichen der Phryger vor Achilleus' Angriff, die Metzelei des Tydiden in den weissen Zelten des Rhesos, die Wegführung seiner berühmten Pferde in das griechische Lager, die Prozession der troischen Frauen zum Tempel der ihnen nicht gewogenen Pallas, die Schleifung Hektors um die Mauern der Stadt, die Herausgabe seines Leichnams an den die Hände ausstreckenden Priamos u. s. w., so ist wohl die Annahme berechtigt, dass dem Dichter Malereien wirklich vorgeschwebt haben. Vitruvius VII. 5 nennt auch als gewöhnliche Motive der Megalographie in Wandgemälden ausser Götterfabeln troische Kämpfe und Irrfahrten des Odysseus, und ebenso bezeichnet Petronius cap. 29 die Ilias und Odyssee als die Quellen, aus denen Gegenstände für die Gemälde einer Halle genommen worden seien. An eine Reihenkomposition von zusammenhängenden troischen Scenen haben wir wohl auch bei der Notiz des Plinius zu denken, der h. n. XXV 40. sect. 40. ein bellum Troianum pluribus tabulis, quod est in Philippi porticibus, nebst einigen anderen heroischen Scenen: die Ermordung von Klytaimnestra und Aigisthos durch Orestes, Kassandra, erwähnt, und bei der Beschreibung, die Athenaios V. 207 von den Mosaikfussböden in Hieron's II. Prachtschiff mit folgenden Worten liefert: „das Schiff hatte drei Säle, von denen der nach dem Schiffsschnabel zu liegende die Küche war. Alles dieses hatte Fussböden aus Mosaik von buntfarbigen Steinen zusammengesetzt, in denen der ganze um die Ilias angelegte Mythus bewunderungswürdig dargestellt war."

Von den erhaltenen Bildwerken erwähnen wir vor allem die Fragmente der römischen Schultafeln, die aus dem dritten oder vierten christlichen Jahrhundert stammend in einer Folge übereinander liegender und zum Theil ein Hauptbild umschliessender Streifen die hervorragendsten Begebenheiten des ilischen Mythus in mehreren durch Namensbeifügung kenntlich gemachten Personen darstellen. Da es sich bei ihnen ausgesprochener Massen weniger um künstlerische Ausbildung als vielmehr um den Zweck handelte, den Hauptinhalt des ganzen Sagenkreises in klarer und leichtfasslicher Uebersicht dem Gedächtniss und der Phantasie der Schüler nahe zu bringen, so bieten sie mehr kulturhistorisches, als eigentlich artistisches Interesse. Ein kleineres Fragment der Art haben wir in einem Stuccorelief zu Verona, dessen Mittelfeld, von dem leider nur die linke obere Ecke erhalten ist, die Zerstörung Trojas enthielt. Man erkennt noch einen Theil der Mauern, den Kopf des Aineias neben einem Tempel, eine Frau mit einem Kinde, von der sich ein Bewaffneter rasch entfernt. Auf der Rahmenleiste des Mittelfeldes steht oben „Ilias", seitwärts befinden sich die Zahlzeichen des 1.—5. Gesanges neben den entsprechenden Figurenstreifen. Der Rest davon enthält Chryse's Bitte vor Agamemnon. Links ist die Versammlung der Fürsten dargestellt, von denen Achilleus und Diomedes mit Beischriften versehen sind, dann Chryses vor Agamemnon knieend, rechts auf einem Karren die dargebrachten Lösegeschenke. Der folgende Streifen enthält den Streit der Fürsten, der dritte ausser einem mit der Unterschrift „Priamos" versehenen Fragment Alexandros' Rettung durch Aphrodite nach dem Zweikampf mit Menelaos, der vierte die Vertragsspenden vor dem Zweikampf und Pandaros' treubrüchigen Pfeilschuss, der unterste Aphrodite's Verwundung durch den von Athene angefeuerten Diomedes. Der Rest fehlt.

Bedeutender ist die schon oben erwähnte, im museo Capitolino zu Rom befindliche tabula Iliaca, die ebenfalls aus Stucco gearbeitet in drei durch zwei Pfeiler getrennte Abtheilungen zerfiel, von denen aber die linke fehlt. Die mittlere, breitere Columne zwischen den zwei mit einer prosaischen Inhaltsangabe der Ilias von der Teichopoiia bis zu Hektors Begräbniss beschriebenen Pfeilern enthält im Mittelbild das Motiv der Zerstörung mit besonderer Beziehung auf Aineias, den Gründer Roms. Da sehen wir innerhalb der Mauern das hölzerne Pferd, und unter verschiedenen Kampf- und Zerstörungsscenen Priamos' Tod, Menelaos' und Helene's Begegnung, Aithra mit ihren

*) Die folgenden Notizen sind zumeist dem Werke Overbecks „heroische Bildwerke der alten Kunst" entnommen.

Enkeln, Aineias unter Führung des Hermes, mit Ascanios an der Hand und seinem die Heiligthümer tragenden Vater Anchises auf den Schultern; vor der Mauer links am Grabe Hektors trauernde Troerinnen, Andromache mit Astyanax, Kassandra, Hekabe und Helenos, rechts Polyxena's Opferung an Achilleus' Grabe; darunter die Einschiffung des Aineias und links entsprechend die griechische Flotte. Der über dem Mittelfelde laufende Streifen gibt von links nach rechts folgende Scenen des ersten Gesanges: Chryses bei Apollon um Rache flehend, die Pest im Lager, Kalchas' Wahrsagung und der Streit der Fürsten in dem Momente, wo Achilleus sein Schwert gegen den Oberfeldherrn ziehen will und von Athene zurückgehalten wird, Darbringung der Hekatombe an Apollon, und Chryses seine zurückgegebene Tochter umarmend. Ueber dem die Inhaltsangabe der Ilias tragenden Pfeiler erblicken wir Thetis vor Zeus, den sie um Rache für ihren Sohn fleht. Die Streifen rechts vom Hauptbild enthalten mit den Zahlzeichen der Gesänge und Namensbeischriften der Personen versehen, von unten nach oben die Hauptbegebenheiten der zweiten Hälfte der Ilias, von denen wir Hektors erfolgreichen Kampf bei den Schiffen, Achilleus' Klage um Patroklos und die Waffenschmiede Hephaistos', die Verfertigung des Schildes in Gegenwart von Thetis und einer begleitenden Nereide, endlich diejenige Scene hervorheben, wo Priamos vor Achilleus als Flehender platt auf dem Boden sitzt, während Hermes diesem mit erhobener Hand ermahnend zuredet; links wird Hektors Leiche herbeigetragen, und die Lösung vom Karren abgeladen; neben dem mehr nachdenklich als bewegt dasitzenden Achilleus gewahren wir den greisen Phoinix. Die unter dem Hauptfelde befindlichen zwei Streifen enthalten Darstellungen aus den die Ilias ergänzenden und fortführenden Gedichten, Aithiopis und Kleine Ilias, nämlich: Penthesileias Tod, Thersites' Züchtigung, Memnons Tod, Achilleus' Tod, Odysseus und Aias Achilleus' Leiche rettend, Achilleus von Thetis und den Musen beklagt, Aias im Wahnsinn; Paris' Tod durch Philoktetes, Eurypylos und Neoptolemos, Palladienraub, Einbringung des hölzernen Pferdes, Priamos und Sinon, Kassandras Entehrung durch Aias. — War auch bei dieser Art von Bildwerken die Kunst so zu sagen nur Nebensache, und fehlt es ihnen deshalb meistens an künstlerischer Auffassung und Durchbildung, so weisen doch manche von ihnen durch die effektvolle Komposition auf schöne Vorbilder einer älteren Kunstentwicklung hin.

In einem noch viel höheren Grade gilt dieses von den sechs Gemälden, welche die Wände in dem Tempel der Venus und in der casa omerica oder del poeta tragico zu Pompeji schmücken. Das erste derselben stellt die Scene dar, in welcher Achilleus gegen Agamemnon das Schwert ziehen will (Α 194). Der Pelide, nackt bis auf das abfallende und um den linken Arm und den rechten Schenkel flatternde Gewand, ist eine kühne und schöne Figur, in welcher die durch Athene veranlasste Gehaltenheit im Zorne ebenso meisterhaft wie in Homer ausgedrückt ist. Der Oberkönig, eine ebenfalls gut gezeichnete Figur, sitzt auf einem Throne, das lange Scepter in der Hand, mit unmuthsvoller Geberde vor Achilleus, als sei er zweifelhaft, ob er aufspringen solle. Ein bärtiger Greis, wohl Nestor, hält ihn zurück. Hinter ihm befinden sich vier Krieger. Ein zweites Gemälde, vielleicht das bedeutendste aller pompejanischen Produkte, behandelt die Uebergabe der Briseis durch Achilleus an die Herolde Agamemnons (Α 346). Weinend tritt das schöne Mädchen von Patroklos geleitet aus dem Zelte, vor welchem der auf einem Thronsessel sitzende Pelide mit der rechten Hand das Zeichen gibt, sie den Herolden zuzuführen, die bescheiden warten, während zugleich der Held seinen glühenden, ebenso deutlich den Zorn wie die Liebe ausdrückenden Blick auf dem Mädchen ruhen lässt. Auf dem dritten Bilde erkennen wir Chryseis Einschiffung nach Α 310, die, in schöner Gewandung und von einem Knaben pagenartig gefolgt, über einen schmalen Steg vom Lande in ein Schiff von einem Manne vorsichtig geleitet wird, während im Hintergrunde zwei Helden von verschiedenem Alter, Diomedes und Odysseus, ihr nachschauend stehen. Eines der merkwürdigsten Gemälde wegen seiner sinnigen Einfachheit und keuschen Zurückhaltung ist das vierte, welches Zeus und Here's Begegnung auf dem Ida Ξ darstellt. Die anderen Bilder endlich reproduziren den Kampf Hektors mit Achilleus in dem Augenblick, da dieser unter Beistand der hinter ihm stehenden Athene (Χ 326) den Stoss unter seines Gegners Schild weg in dessen Hals führt, und Hektors Schleifung, ferner die Demüthigung des greisen Priamos vor dem Mörder seines Sohnes (Ω 478). Da sitzt Achilleus, die Linke auf die Lanze gestützt, auf einem zierlichen Sessel, Priamos anblickend, der in stürmischem Flehen zu seinen Füssen liegt. Mit der rechten Hand ergreift er fest die Armlehne des Stuhles, als wolle er, vom Gefühle des Mitleids übermannt, im nächsten Augenblicke aufstehen, um den Greis zu sich emporzuziehen.

Wir gehen auf diejenigen Denkmäler über, welche uns die einzelnen Begebenheiten der Ilias in ziemlich vollständiger Reihenfolge reproduziren, wobei wir die zahlreichen unbezeichnenden Kampf- und Rüstungsscenen auf gemalten Vasen und anderen Monumenten, die ohne Zweifel auch in den Kreis unseres Epos gehören, ausser Acht lassen, und nur diejenigen Bildwerke aufzählen, die durch Namensbeischriften bestimmt oder durch die Komposition selbst schon charakteristisch genug sind, um auf ilische Scenen bezogen werden zu müssen.

Genau dem Faden der Erzählung folgend eröffnen wir die Reihe dieser Schöpfungen mit einem feinen dreigruppigen Relief von parischem Marmor, das jenen Augenblick vergegenwärtigt, wo Chryses durch die Worte: „Dass ich dich nimmer, o Greis, an den räumigen Schiffen betreffe," angedonnert (Α 26) schweigend zum Strande des vielaufrauschenden Meeres geht. Agamemnon, in energischer Stellung, den rechten Fuss vorsetzend, die linke Hand am Schwertgriff, weist mit der ausgestreckten Rechten den Priester von dannen, der, den Schleier über den Kopf gezogen und auf seinen Stab gestützt, langsam und gesenkten Hauptes wegschreitet. Neben Agamemnon stehen, mit diesem die Mittelgruppe bildend, Menelaos, die Arme über die Brust gekreuzt, und Odysseus, Schild und Bogen haltend. In ihrer ruhigen Stellung, den gebeugten Häuptern, der ernsten Miene ist der Gedanke ausgeprägt, der ihr Inneres beschäftigt, dass das grausame Wort des Oberfeldherrn unheilvolle Dinge nach sich ziehen könne. Rechts befinden sich zwei jugendliche Helden, Achilleus und Diomedes (?), von bewegterer Haltung im lebhaften Gespräch. So hat hier der Künstler fein den Unterschied des Alters bei gleicher Ansicht und Beurtheilung des unbesonnenen Schrittes ausgeprägt.

Ein Relieffragment aus Capri stellt Achilleus dar, wie er das Schwert in die Scheide zurückstösst (Α 219), nachdem Athene seinen in der Heeresversammlung gegen Agamemnon auflodernden Zorn gebändigt hat. Auf diese Versammlung passen auch einige alte Vasenbilder und das alterthümliche Relieffragment aus Samothrake, auf welchem Agamemnon sitzend, Talthybios und Epeios hinter seinem Stuhle stehend abgebildet sind.

Das trauliche Zusammenleben Achilleus' mit der liebenswürdigen Briseïs illustriren zwei im brit. und vatic. Museum befindliche Amphoren mit äusserst zarten Gemälden, die den Helden sorgfältig gerüstet, die schöne Gefangene in zierlicher Kleidung zeigen, das eine Mal eine Blume, das andere Mal Kanne und Schale in der Hand, um ihrem Herrn den Trank einzuschenken.

Im britischen Museum ist auch eine Kylix aufgestellt, deren Aussenseiten zwei um Briseïs sich drehende Scenen kombiniren. Das Motiv des Aversbildes nämlich ist die Wegführung derselben von Achilleus (Α 346). Dieser sitzt in seinem Zelte, tief in den Mantel gehüllt und mit der Rechten sich vor Schmerz die Stirne haltend. Briseïs wird von zwei gleich gekleideten Herolden, von denen der eine mit der linken Hand sie fest am Arme packt, mit der rechten aber seinen Stab schwingt, als wolle er sie mit Gewalt weiter treiben, fortgeführt. Vor und hinter Achilleus steht ein bärtiger Mann, der eine auf sein langes Scepter, der andere in noch mehr ruhender Stellung auf sein Schwert gestützt. Das Reversbild stellt die Heimführung der Sklavin aus Agamemnons Zelt dar, die des Parallelismus halber, abweichend von Homers Erzählung, ebenfalls durch zwei Herolde besorgt wird.

Die Zeus um Rache für ihren Sohn flehende Thetis (Α 500) haben wir in einem Relief zu Paris, nur dass diese Komposition von Homers Darstellung insoferne abgeht, als Zeus auf einem behauenen Steine sitzend sich zu Thetis zuwendet, die stehend ihren rechten Arm vertraulich auf seine linke Schulter legt, und um die Dreitheilung herzustellen, Here links in etwas affektirter Haltung ihr Obergewand mit der Rechten über die Schulter emporhebend mit eifersüchtiger Aufmerksamkeit dem Gespräche der beiden zuhorcht.

Vom dritten Gesange besitzen wir ausser den oben erwähnten Darstellungen des Vertragsopfers und der Entrückung Alexandros' durch Aphrodite auf der tabula Veronensis ein in der Münchner Glyptothek aufgestelltes Reliefbruchstück mit drei vortrefflich modellirten Köpfen, in denen der Ausdruck der Bewunderung liegt und die allein von dem ganzen Werke übrig geblieben sind, das wahrscheinlich die sämmtlichen bei Homer aufgezählten Greise auf dem skaiischen Thore (Γ 145), sowie ihnen gegenüber Helene im Geleite ihrer Dienerinnen umfasst hat.

Weniger bedeutend nach Komposition und Ausführung ist ein den Streit zwischen Zeus und Here (Δ 25) behandelndes Marmorrelief und ein die Forttragung des verwundeten Aineias durch Aphrodite (Ε 312) darstellender Karneolscarabäus, auf welchem wir den Helden mit wankenden Knieen neben der sehr roh geschnittenen Göttin gehen sehen, die mit der Stephane im Haar in einen unförmlich grossen Mantel eingewickelt ist. Dasselbe Motiv behandelt eine besser geschnittene Gemme des Poniatowsky'schen Cabinets. Die im Verhältniss zu der neben ihm schreitenden Göttin riesige Figur des Aineias stützt sich, eben im Begriffe zusammenzubrechen, mit der Rechten auf einen kurzen Speer, während die Linke den runden Schild an die Seite legt.

Zahlreicher sind die an Scenen des 6. Gesanges sich anlehnenden Bilderwerke. Dem Waffenaustausch des Diomedes und Glaukos (Ζ 216) begegnen wir in einer äusserst naiven Darstellung auf einer alterthümlichen attischen Oelflasche: die beiden Helden, freundlich

einander zugeneigt, kreuzen ihre mit den Lanzen bewährten Hände, während zwei phrygische Bogenschützen, zu den Seiten symmetrisch geordnet, mit dem Ausdruck des höchsten Erstaunens davon eilen; ferner auf zwei feingeschnittenen, zu Florenz und Berlin aufbewahrten Gemmen, die uns die Umarmung der beiden gerüsteten Helden mit mehr oder weniger theatralischem Vortrag zeigen. — Hektors Begegnung mit der Mutter in der Stadt (Ζ 254), als Diomedes draussen furchtbar wüthete, kehrt auf mehreren Amphoren wieder, von denen wir zwei herausheben, welche in München und in der vatikanischen Sammlung zu Rom aufgestellt sind. Hektor steht, um zuerst von dieser zu reden, im vollen Waffenschmuck, den runden Schild an der linken Schulter aufgehängt und in der linken Hand den Speer haltend, in der Mitte des schön gezeichneten Bildes und reicht die Trinkschale der jugendlich dargestellten Hekabe hin, die mit der Kanne, woraus sie ihm den Wein gespendet hat, daneben steht und das schön profilirte Gesicht nach ihrem Sohne wendet; der Hekabe entsprechend sehen wir auf der anderen Seite hinter Hektor die ehrwürdige Gestalt des Priamos, nachdenklich auf seinen Stab gelehnt und die linke Hand zum Haupt erhoben. Dieselbe Gruppirung treffen wir auf der Münchner Amphora, nur dass dieses Gemälde abgesehen von der Herbeiziehung des Priamos, von dem Homer in jener Scene nichts erwähnt, und der hier greisenhaft auf seinen Stab gestützt die rechte Hand wie zur Belehrung seines Sohnes erhebt, die blühende Hekabe statt des Abschiedstrankes den Helm Hektor darreichen lässt, der, eine sehr jugendliche Gestalt, sich die Achselklappen des Panzers festzuziehen scheint.

Mit derselben Freiheit, womit hier Hektors Begegnung mit Hekabe in einen Abschied des Helden von beiden Eltern verwandelt worden ist, kombinirte der Künstler einer bei Volci ausgegrabenen Schale Hektors Besuch (Ζ 321) in der Behausung der Helene und seines Bruders mit seinem Abschied von Andromache (Ζ 405). Denn nach den sämmtlichen Figuren beigesetzten Namen erkennen wir Helene gegenüber Paris mit dem Bogen in der Hand und dem Köcher auf dem Rücken, dann Andromache verschleiert dem in voller Rüstung prangenden Hektor gegenüber, dahinter einen jungen Knappen mit zwei Pferden, Kebriones.

Das schöne Motiv „Hektors Abschied von Gattin und Sohn" hat vielfache Bearbeitung gefunden. Plutarch berichtet Brut. c. 23 von einem berühmten Gemälde zu Velia in Lucanien, das den Augenblick darstellte, wo Andromache ihren Knaben von Hektor zurückerhält und den Gemahl lächelnd mit Thränen im Blick anschaut (Ζ 482), das durch gemüthvolle Auffassung Porcia zu Thränen gerührt haben soll. Eine Amphora von Volci enthält auf dem Avers Hektor in griechischer Rüstung, die Rechte auf den Speer gestützt, mit lange herabwallenden Locken, auf dem Revers Andromache mit langem Chiton und Peplos bekleidet, den die Hände nach dem Vater ausstreckenden Astyanax auf dem linken Arm. Auf einem Relief in der Villa Mattei in Rom stehen die Gatten, ohne Astyanax, ruhig neben einander; Hektor völlig nackt, nur mit Helm und Schwert bewaffnet, spricht mit etwas erhobenem linken Arm zu Andromache, die nach ihrem Gemahl zurückschauend sich gerade entfernen zu wollen scheint. Eine gestreifte Sardonyxgemme zeigt uns den Helden mit abgelegtem Schilde die Arme zum Empfange seines Sohnes bereit halten; dieser aber streckt nach dem Wortlaut der homerischen Verse durch den Helmbusch des Vaters erschreckt die kleinen Hände nach dem Busen der Mutter aus. Auf einer braunen Paste dagegen langt das auf Andromache's Arm sitzende Knäblein nach dem Barte des eben zum Weggehen sich wendenden Vaters. Auf einer Karneolgemme endlich sehen wir die Thürme und Mauern von Troia und vor dem skaiischen Thore Andromache mit dem sich an sie schmiegenden Kinde auf dem Arm; Hektor in unverhältnissmässig riesiger Gestalt schreitet mit vorgehaltenem Schild und gezücktem Schwert heftig stürmend wie zum Kampfe aus; links an der Mauer ist die zukünftige Schleifung des Helden in kleinem Massstabe dargestellt, nach welcher Hektor sowohl als auch seine Gattin zurückschaut.

Der im 7. Gesang folgende Zweikampf Hektors mit Aias (Η 245) war nach dem Zeugniss des Pausanias V, 19, 1 nebst andern mythischen Darstellungen auf der berühmten Lade der Kypseliden angebracht. Dieser nämliche Schriftsteller berichtet von einem grossartigen, als Weihgeschenk von den Achaiern in Olympia aufgestellten Erzguswerk des Onatas, einer auf gemeinsamer Basis ruhenden Gruppe von neun Figuren, die neun Helden ausprägend, welche auf Zureden Nestors sich erhoben und zum Kampf mit Hektor sich bereit erklärten (Η 162); ihnen gegenüber, die wahrscheinlich im Halbkreis aufgestellt waren, befand sich auf eigener Basis Nestor mit dem Helm, in welchem die Loose geschüttelt wurden.

Mit Uebergehung des fast nur Kämpfe enthaltenden achten Gesanges, auf die sich keine bestimmten Bildwerke beziehen lassen, wenden wir uns zu Achilleus in seiner Einsamkeit und zu der mit Aussöhnungsvorschlägen an ihn abgeordneten Gesandtschaft. Drei Gemmen stellen den leierspielenden Peliden dar (Ι 186). Der Held sitzt nackt bis auf ein über den Rücken fallendes oder über den Schenkel gelegtes Chlamydion auf einem Felsen oder kunstvoll behauenen Steinsitz, den Kopf entweder schwermüthig gesenkt oder, offenbar zum Ausdruck, dass er zum Leierspiel auch singe, in empor gerichteter Haltung; seine Waffen befinden sich rings auf dem Felsen liegend und an einem Baumstamm aufgehängt und angelehnt. Eine vierte Gemme zeigt uns den Helden in ähnlicher Umgebung, nur dass er hier, statt die Laute zu spielen, in bezeichnender Geberde der Trauer das linke Knie mit den Händen umfasst. Auf einem pompejanischen Wandgemälde sehen wir Achilleus, auf einem mit Sphinxen verzierten Sessel sitzend, zur Laute singen. Patroklos hört an den Sessel gelehnt aufmerksam zu; im Vordergrund aber singt von zwei Sklavinnen eine, auf einem Stein sitzend, mit, während die andere mit erhobener Hand sie auf Achilleus hinzuweisen scheint. — Die Darstellung der Gesandtschaft treffen wir auf zwei Vasenbildern, die sich durch merkwürdige Anordnung auszeichnen. Das erste, auf einem Krater zu Neapel, zerfällt in zwei Abtheilungen, von denen die obere in der Mitte den leierspielenden Achilleus, vor und hinter ihm regelmässig gruppirt den greisen Phoinix, Aias, Odysseus und einen vierten der Gesandtschaft beigegebenen Mann, von dem Homer nichts erwähnt, erblicken lässt, die untere den leichtbekleideten Patroklos im Gespräche mit den beiden Herolden zeigt und zwar so, dass die Figuren genau unter einander gereiht sind; den zwei äussersten Figuren der oberen Reihe aber entsprechen unten zwei Pferde, vielleicht um die Aussöhnungsgeschenke anzudeuten. Auch das zweite Vasenbild von viel edlerer Zeichnung, auf einer Amphora im Vatikan, trennt sich in zwei Reihen, welche zwei äusserlich weit auseinander liegende Scenen kombiniren. Oben sitzt Achilleus in einem eleganten Sessel, die linke Hand auf eine Leier (?) gestützt und den Kopf nach dem rechts von ihm stehenden Aias gewendet, welcher ihm in etwas theatralischer Bewegung aufmunternd einen Schild weist, während links Odysseus und Phoinix dem Helden lebhaft zureden; unten bringt Thetis mit leicht gesenktem Haupte auf einem Flügelross die göttliche Rüstung, gefolgt von einer Nereide (?); der rechts zwischen den zwei Reihen sitzende junge Krieger, der den Zusammenhang von beiden Momenten vermitteln soll, ist wohl kein anderer als Patroklos.

Die nächtliche Expedition von Odysseus und Diomedes hat in den verschiedensten Epochen das Objekt stets erneuerter Kunstthätigkeit abgegeben. Einige darauf bezügliche Monumente, Vasengemälde und Gemmen sind uns erhalten. — Eine besonders treffliche Zeichnung und Gruppirung der Figuren treffen wir auf der Kylix des Euphronios. Der in das dem Körper enge anliegende Wolfsfell gekleidete Dolon wird noch in der Bewegung des eiligsten Laufes zu beiden Seiten rücklings theils an den ausgestreckten Armen, theils an der Schulter von den Helden gepackt und bedroht (Κ 376), während auf den äussersten Flügeln Athene als Göttin der Tapferkeit, die Odysseus (460) vor allen Göttern anruft in ruhiger Haltung, und ihr correspondirend Hermes als Gott der List in der Situation eines Wegeilenden angebracht sind. Dieser Darstellung ist nach Anordnung am ähnlichsten das Bild auf einem apulischen Krater. Während aber dort die Figuren die äusserste Raschheit in der Bewegung ausdrücken, schleichen hier die Helden mit grosser Heimlichkeit und fast komischen Gestikulationen zwischen vier Baumstämmen umher, so dass zwischen je zwei eine Figur zu stehen kommt. Dolon in der Mitte erhebt mit der Linken den Köcher und hält mit der Rechten den geschwungenen Speer gegen den von rechts her schleichenden Diomedes bereit, der ihn schon hinten am zottigen Mantel erfasst. Links schleicht Odysseus mit gezücktem Schwert heran und hält seine um den linken Arm gewickelte Chlamys wie einen Schild vor. Zwei archaische Vasengemälde drücken genau die Situation aus, welche Homer im Rathe des Odysseus folgender Massen gibt (Κ 344):

> Auf, wir lassen zuerst ihn vorübergeh'n im Gefilde,
> Wenig nur, dann stürmen wir nach und erhaschen den Flüchtling
> Eilenden Laufs.

Auf der berühmten Blacas'schen Gemme kniet Dolon zwischen beiden Helden und wendet sich mit dem Oberkörper zu Odysseus, dessen Kinn er mit der Linken berührt, während seine Rechte das Knie umfasst; Diomedes, der seinen Mantel nach rückwärts geschlagen, so dass er völlig nackt erscheint, hat den linken Fuss auf die Schenkel des Flehenden gesetzt und ihn hinten beim Haar gepackt, um ihm mit dem Schwerte den Kopf vom Rumpf zu trennen. Dieselbe Situation, freilich nicht in so gelungener Ausführung, stellen ein Skarabäus und zwei antike Pasten dar. Eine eigenthümliche Gemmendarstellung ist die, welche Diomedes mit dem abgeschlagenen Haupt des Dolon in der Hand, wodurch vielleicht die Beraubung des Leichnams (Κ 458) angedeutet sein soll, im Gespräch mit Odysseus zeigt. Beide Figuren sind nackt bis auf den Helm und sehr fein geschnitten. Die Ermordung der Thraker und die Wegführung der berühmten Rosse ihres Königes Rhesos (Κ 469-525) haben wir an einem apulischen Eimer aus Ruvo. Auf des Gemäldes Hintergrund erblickt man, theilweise in der Stellung von Schlafenden, drei Krieger hingestreckt; nach eben vollbrachtem Mord will Diomedes mit erhobenem Schwert

nach links enteilen; Odysseus aber hat mit den Pferden, die er zu beiden Seiten mit starker Gewalt bändigt und führt, die Richtung nach rechts eingeschlagen und winkt, da er den Weg nach (Κ 467) besser wissen muss, seinem Genossen, ihm zu folgen.

Auf Scenen des kampferfüllten eilften Gesanges trifft möglicher Weise wieder eine Menge von geschnittenen Steinen mit Kampf- Verwundungs- und Verbindungsdarstellungen. Da ihnen aber die Charakteristika fehlen, so führen wir, alle diese bei Seite lassend, nur ein Terracottarelief im brit. Museum an, in welchem man die Stärkung des verwundeten Machaon im Zelte Nestors erkennt (Λ 624). Der Alte beugt sich zu dem vor ihm auf einem Stuhle sitzenden Krieger nieder und ist bemüht, eine Arzneischale, die der Verwundete in seiner Hand hält, diesem mit zum Munde führen zu helfen. Drei Sklavinnen, von denen die hinter Machaon befindliche wohl Hekamede ist, bilden die Seitengruppen.

Dass der *Kampf bei den Schiffen* in der alten Kunst ein beliebtes Thema war, ersehen wir aus einer Bemerkung des Lucilius, der in einem Epigramm ausdrücklich hervorhebt, dass dieses Motiv oft behandelt zu werden pflegte; auch Pausanias berichtet von einem Bilde ähnlichen Inhaltes, das nebst der Rüstung des Patroklos Kalliphon aus Samos im Tempel der ephesischen Artemis gemalt hat. An einem zu München aufbewahrten Krug von Volci besitzen wir eine treffliche Darstellung des Moments, wo Hektor vordringend den Seinigen zuruft (Ο 718: „Feuer herbei! Stürmt alle voran mit vereinigtem Schlachtruf!" Zwei Krieger liegen da, in die Kniee gesunken; der eine davon hebt noch seinen Schild empor und schwingt das Schwert gegen die anstürmenden Feinde. Der letzte Gegner mit weit vorgehaltenem Schild und stark zurückgebeugtem Oberkörper weicht gegen das Schiff zurück, von dem der Schnabel sichtbar ist. Hinter Hektor, der im Begriffe ist, nach ihm die Lanze abzuschleudern, steht ein Troer den begehrten Feuerbrand darreichend. Rechts schliesst eine Gruppe von zwei Kriegern ab, unter denen wir den Bogenschützen, der gerade einen Pfeil abschnellt, als Paris bezeichnen dürfen. Dem Revers dieses Bildes werden wir unten begegnen. Von den Gemmen zeigt uns eine Hektor in heroischer Haltung mit gesenkter Fackel, als wolle er im nächsten Augenblicke das Feuer in das Schiff schleudern, an dessen Vordertheil er dicht steht; die übrigen stellen die Vertheidigung der Schiffe dar entweder durch Aias allein, der durch Steine die Feinde abzutreiben sucht, oder durch Aias in Verbindung mit dem fast um die Hälfte kleiner gegebenen Bogenschützen Teukros.

Auch mit der *Patroklie* könnte eine Reihe von Vasen und Gemmen in Verbindung gebracht werden; wir halten uns indessen auch hier nur an ganz sichere Anhaltspunkte und übergehen deswegen alle jene, welche seinen Auszug, Kampf und Tod darstellen, weil sie, ohne bestimmte Merkmale, ebensogut auch auf andere Helden bezogen werden können. Ganz sicher haben wir den Kampf um seine Leiche in mehreren Vasenbildern, so besonders an einer Kylix, deren Darstellung sich durch grosse Symmetrie in der Anordnung auszeichnet. Ueber der in der Mitte liegenden, der Waffen schon beraubten Leiche kämpfen Hektor und Aias, ferner beiderseits je zwei schwergerüstete Lanzenkämpfer und ein Bogenschütz; endlich schliessen rechts drei leichtgerüstete Reiter und links zwei nebst einem zurückweichenden Lanzenträger ab. Der Revers enthält Rüstung und Auszug, wohl von Patroklos. Ein anderes Vasenbild mit drei schwergerüsteten Kriegern auf jeder Seite, zwischen denen unmittelbar unter dem Henkel der Kylix die nackte Leiche liegt, hat das bei Homer erwähnte Hin- und Herziehen gut ausgeprägt, indem einer der Helden links sich niederbeugt und die Leiche an den Armen zu sich herüberzuziehen sucht. Eines der bedeutendsten Denkmäler archaischer Vasenmalerei im besten Stil ist eine Kylix von Volci in Berlin. Auf dem Aversbild sehen wir Aias und Diomedes im Kampfe mit Aineias und Hippasos um die waffenlose Leiche, lauter prächtig gezeichnete Figuren in lebendiger Bewegung; der Revers führt die Scene vor, da Antilochos das Viergespann besteigt, um die Trauerbotschaft Achilleus zu bringen. Der Künstler hat dieses Motiv aber mit grosser Freiheit und tief psychologischem Verständniss behandelt. Dem Antilochos hat er Phoinix, Achilleus' väterlichen Freund, als Wagenlenker beigegeben; die Götterbotin Iris bildet mit dem Viergespann die Mittelgruppe; links vor den Pferden sehen wir Nestor und Achilleus, im Gespräche sich die Hände reichend, ein Handschlag, der uns ahnen lässt, dass der Zornige jetzt seinen starren Sinn gebrochen hat. Von den geschnittenen Steinen erwähnen wir nur den Kameo Ludovisi, welcher den Augenblick wiedergibt, in dem Hippothoos ein Seil am Arme (bei Homer ist das Bein) des Patroklos befestigt, um ihn wegzuziehen; mit einem zweiten stürmisch kämpfenden Troer bildet er die linke Gruppe, während der in der Mitte anslegende Hektor drei die rechte Gruppe bildende Griechen zurückdrängt.

Die Waffenschmiede des Hephaistos war, wie Pausanias V. 19. 2 sagt, in einem Relief am Kypseloskasten angebracht. Eine launige Darstellung dieses Vorwurfes bringt ein Relief im Louvre. In der Mitte sitzt Hephaistos, eben beschäftigt, die Handhabe am Schilde zu befestigen, den ihm ein beschwänzter Schmiedegesell, ein Satyr, hält mit dem Ausdruck, als zu ihm die Last zu schwer; rechts sitzt auf dem Boden ein junger Geselle über dem Poliren einer Beinschiene, links ein älterer über der Bearbeitung des Helms; hinter dem Ofen beugt sich ein vierter Geselle hervor und ist im Begriffe, dem in seine Arbeit versenkten Alten die Mütze abzunehmen. Harnisch nebst Schwert, bereits fertig, sind hinter dem Gotte aufgestellt, während die zweite Beinschiene auf dem Boden liegt. Auf dem Relief eines Sarkophags im Capitol sehen wir Hephaistos sitzend den Schild auf den Ambos halten und drei Gesellen um ihn fleissig drauf hämmern. Zwei Gemmen zeigen Hephaistos, an den Waffen schmiedend, nebst Thetis, und zwar das eine Mal ihm beistehend, das andere Mal ihm gegenüber, traurig in einen Mantel gehüllt, mit einer Zofe hinter sich. Auch zwei gute pompejanische Wandgemälde stellen Thetis bei Hephaistos dar; auf dem älteren davon steht der Schmiedegott mit dem Hammer in der Hand ruhig da und hält den Schild auf einem Ambos in der Mitte, den die gegenübersitzende Thetis, das Kinn auf die Hand gestützt, mit dem Ausdruck der Trauer betrachtet; die übrigen Waffen liegen und lehnen in symmetrischer Ordnung an behauenen Steinen. Die Uebergabe der Waffen ist an einer volcenter Schale des Berliner Museums abgebildet: Thetis hat bereits Speer und Schild wie gerüstet in den Händen und steht vor dem dasitzenden Gotte, der, den Hammer noch in der Rechten, mit der Linken ihr den eben fertig gemachten zierlichen Helm darreicht.

Als der hinkende Künstler alles vollbracht und vor Achilleus' göttlicher Mutter aufgehäuft hingelegt hatte, sagt Homer (Σ 614), sprang diese schnell wie ein Habicht vom schneebedeckten Olymp herab und trug von Hephaistos das schimmernde Waffengeschmeide. Die Künstlerphantasie hat sich gerade dieses Momentes des Waffentragens bemächtigt und in einer fast zahllosen Reihe von Vasenbildern, Reliefen, Gemmen, Münzen, das Motiv dem jeweiligen Charakter der Kunstepoche entsprechend in freier Bearbeitung dargestellt, so dass Homer für die meisten dieser Bildwerke nichts als den mythischen Hintergrund bietet. Da sehen wir Thetis allein, halb oder ganz nackt, mit Schild und Lanze auf einem Delphin oder Hippokampen, auch auf dem Rücken eines bärtigen Triton, der den einen Arm zutraulich auf ihre Schulter legt, dort in Begleitung einer oder weniger Nereiden, die auf phantastischen Seethieren sitzend ihr die Waffen tragen helfen, oder auch in reicher Komposition und mit Einmischung von erotischen Motiven umgeben von malerischen Gruppen schöner Frauengestalten, die in mannigfaltigen Windungen und Stellungen, entweder nackt oder im flatternden, die üppigen Körperformen keineswegs verhüllenden Gewande mit den Meerungeheuern über das Meer hingleiten. Dahin gehört wohl auch das von Plinius erwähnte grossartige Skulpturwerk des Skopas, der Neptun, Thetis, Achilleus, auf Delphinen und Hippokampen sitzende und von Meerthieren umgebene Nereiden und Tritonen in reicher Marmorgruppe ausgeführt hat.

Der Uebergabe der Waffen an Achilleus und dessen Waffnung begegnen wir am häufigsten auf Amphoren in oft merkwürdiger Aehnlichkeit. Auf einer Amphora von Corneto sitzt Achilleus tief trauernd und den Mantel über den Kopf gezogen in der Mitte des Bildes; rechts vor ihm steht Thetis mit Schild und Lanze und eine den Helm darreichende Nereide; hinter ihm befindet sich Phoinix auf einen Stab gelehnt und daneben eine zweite Nereide, die Beinschienen präsentirend. Auf einem anderen Vasengemälde legt sich Achilleus um das auf den Helm gestützte Bein die Schiene an, während rechts Thetis mit Schild und zwei Speeren steht, links ein Myrmidone in voller Rüstung zum Fortgehen sich anschickt. Dieser Krieger ist in andern Bildern durch Phoinix und durch eine begleitende Nereide vertreten. Die Darstellung beschränkt sich auch auf Achilleus und Thetis allein, und zwar besonders auf geschnittenen Steinen, aber auch auf vielen Amphoren. Die Situation ist immer dieselbe, indem Thetis die Waffen in der Hand trägt oder irgend ein Stück dem Sohne darreicht, Achilleus um den irgendwo aufgestützten Fuss die Beinschienen anlegt. Nur ein Relief des oben erwähnten Sarkophags auf dem Capitol zeigt ihn in anderer Bewegung. Da hält ihm Phoinix den Schild hin, und der Pelide hat gerade seinen Arm durch dessen Riemen gesteckt; Thetis, hier selbst behelmt, reicht ihm das Schwert; hinter Phoinix eilt ein gewaffneter Krieger muthig zum Kampfe weg.

Hektors und Achilleus' Zweikampf bildet das Objekt von vielen Vasengemälden. Charakteristisch ist besonders die Darstellung auf einer Kylix. Ganz herum läuft die Mauer Ilions mit Zinnen und Thoren; Achilleus verfolgt anstürmend mit gefällter Lanze Hektor, der wenn auch im vollen Laufe sich doch mit dem Oberkörper umwendet und einen Stoss nach seines Gegners Haupt führt; zu beiden Seiten der Kämpfergruppe steht je ein phrygischer Bogenschütze in theilnahmsloser Haltung unter dem schmalen Thore. Auf der anderen Hälfte des Bildes dringt Athene mit Schild und Lanze vor, als wolle sie den ihr entgegenkommenden Hektor aufhalten; hinter ihr bewegen sich Priamos mit dem Scepter und Hekabe, mit dem Ausdruck des Schreckens und Schmerzes in ihren

Geberden. Die Komposition der übrigen Vasenbilder, von denen das einer Amphora aus Cäre durch vortreffliche Zeichnung der kämpfenden Figuren und durch Ausführung hervorragt, ist durchweg gleich. Achilleus stürmt mit Schwert oder Lanze auf Hektor ein, dessen Speer, um das Fehlgehen desselben durch Athenes Hilfe anzudeuten, entweder im Winkel gebogen oder auf den Boden abgelenkt erscheint. Hinter dem Peliden tritt Athene andringend und ermunternd auf, während hinter Hektor Apollon entweicht, sich nach seinem Schützling umsehend und die pfeilhaltende Rechte gegen ihn ausstreckend. Die eben erwähnte Amphora von Cäre trägt als Revers den Kampf Achilleus' mit Memnon.

Der dreimalige von Homer erwähnte Akt des Schleifens der Leiche Hektors zuerst von der Stadt zu den Schiffen (Χ 395), dann um Patroklos' Leiche (Ψ 25), und um Patroklos' Grab (Ω 16), erscheint meistentheils verbunden und vermengt ebenfalls auf einer Menge von Oelflaschen, Wassereimern, Kannen und Amphoren abgebildet. Fast alle diese Gemälde zeigen den weiss gemalten Grabhügel des Patroklos mit dem Grab- und Erdsymbol der Schlange und über oder hinter dem Gespann das gewöhnlich mit Flügeln versehene Eidolon des Patroklos in voller Rüstung hinstürmen. Achilleus lenkt allein die Rosse oder er steht neben Automedon, seinem Wagenlenker, der den Schild auf den Rücken zurückgeworfen hat, oder findet sich auch neben den Pferden. Nur auf Einem Bilde halten die Pferde still; Achilleus ist vom Wagensitz gesprungen und betrachtet niedergebeugt den geschändeten Leichnam seines Gegners mit dem Gefühle der Befriedigung. Hektors Leiche ist mit den Füssen an den Wagensitz oder auch an die Wagenachse gebunden. Neben dem Gespann laufen bald in der Richtung der Pferde, bald ihnen entgegen ein oder zwei gerüstete Krieger; auf einem Exemplar liegt auch ein Schwergewaffneter zu Boden unter den Hufen der Rosse, wohl um das Schlachtfeld anzudeuten, wo Achilleus zuvor getobt hat. — Die den Gegenstand behandelnden Steine enthalten entweder die Personen der Scene allein oder auch im Hintergrunde die Mauern Trojas mit den darüber ragenden Thürmen und Tempeln. Auf einem Jaspis zu Berlin sieht man ausserdem Priamos von den Mauerzinnen die Arme flehend herunterstrecken und Hekabe verzweiflungsvoll die Hände zum Himmel erheben. Diese Nebenscene, nämlich Priamos' Schmerzensausbruch auf der Mauer, oder auch die Erscheinung der Andromache mit zwei Dienerinnen ist regelmässig auf den Reliefen, selbst denen von zwei Thonlampen, angebracht. Auf einem Sarkophagrelief finden wir die eigenthümliche Darstellung, dass Hektor nicht mit den Füssen, sondern mit dem Kopfe an den Wagensitz angebunden ist. Indem wir noch eines hieher gehörigen Mosaiks Erwähnung thun, machen wir den Schluss mit der Silberkanne von Bernay, deren Bildwerk zwei durch eine grosse Maske getrennte Scenen, Hektors Schleifung und Achilleus' Tod kombinirt.

Im rasenden Galopp treibt Automedon das Zweigespann an der deutlich ausgeprägten Mauer vorüber, von der Priamos und Hekabe herunterjammern, und zwei Troer nach dem riesig dargestellten Achilleus Geschosse schleudern, gegen die sich dieser mit seinem über den Kopf gehaltenen Schild deckt; Hektor mit zusammengebundenen Händen liegt auf dem Angesicht; drei wohlgerüstete Myrmidonen laufen hinter dem Wagen drein.

Ein zweites bei Bernay gefundenes Silbergefäss bietet ebenfalls die Kombination von zwei schön gruppirten Reliefdarstellungen, wovon die eine sich wohl auf Patroklos' Tod und die Trauer der rings um seine Leiche klagenden Helden bezieht, die andere Hektors Lösung behandelt. Dessen Leiche wird in der Mitte unter einer grossen Maske, die den Ausgang des Henkels von der Kanne bildet, gegen goldene Gefässe aufgewogen; links sitzt Achilleus auf kostbarem Thron, von vier Helden umgeben, rechts gibt sich Priamos mit vier Troern dem heftigsten Schmerze hin. Hektors Lösung mit dem, was ihr vorangeht, scheint nach der Menge der erhaltenen Bildwerke überhaupt ein Lieblingsthema der Kunst gebildet zu haben. Diese einzeln zu besprechen, würde viel zu weit führen, und wir müssen uns deshalb begnügen, die gelungensten und eigenthümlichsten von ihnen herauszuheben. Auf einem der vollendetsten Vasengemälde erscheint Hermes vor dem in voller Rüstung dastehenden Peliden, ergreift seine Hand und schaut ihn mit einem innig-ernsten Blick an, den dieser mit dem Ausdruck des Schmerzes und der Wehmuth erwiedert. Hinter Achilleus steht die schöne Briseïs aufmerksam zuhörend. Gegen Homers Darstellung bringt hier Hermes statt Thetis Zeus' Auftrag, den Leichnam an Priamos zurückzugeben. Auf einem zweiten Vasenbild besteigt Priamos eben den bereits mit zwei Pferden bespannten Wagen zum Zwecke seines nächtlichen Besuches im feindlichen Lager, während das zweite Rosspaar von zwei nackten Männern herangeführt wird, um von dem Wagenlenker angeschirrt zu werden, und Paris am Ende lebhaft die linke Hand erhebt, als ertheile er beim Anspannen Befehle. Auf einem dritten Bild finden wir Priamos auf dem Wege zu Achilleus; er ist, in orientalischer Königstracht, eben von der Quadriga gestiegen, wie ihm Hermes in der Gestalt eines Myrmidonen begegnet; sein Genosse, ebenfalls halb vom Wagen gestiegen, hält diesen mit straffem Zügel für den König bereit. — In den Vasengemälden, die den vor Achilleus flehenden Priamos darstellen, offenbart sich grosse Kraft der Erfindung und poetischen Wiedergestaltung des dichterischen Stoffes. Das Reversbild des oben erwähnten Kruges von Vulci stellt Achilleus dar, wie er, tief in sein Gewand verhüllt, auf zierlichem Sessel sitzt und von allen Seiten zur Herausgabe der Leiche gedrängt wird. Priamos lässt sich gerade vor ihm auf das Knie nieder, die Hände auf seinen Schooss legend, ein anderer berührt ihm bittend das Kinn, von hinten redet ihm Automedon zu, rechts hinter Priamos steht mit erhobener Rechten, dem in Trauer versenkten Peliden ebenfalls zuredend, Hermes, hinter diesem ein Mann in ziemlich gleichgültiger Haltung. Ganz einzig ist die Auffassung des Reverses einer canino'schen Kylix. Da liegt Achilleus auf einem Ruhebette zechend in imposanter Haltung und unter diesem die Leiche Hektors; rechts von dem Zecher sehen wir Briseis, die ihn bekränzt, und einen jugendlichen Krieger, links tritt der greise Priamos flehend zu seinen Füssen heran, während Hermes, der im Fortgehen begriffen ist, sich umwendet und die linke Hand gegen ihn ausstreckt, als wolle er ihm sagen, er solle seine Sache recht machen; ein junger Troer trägt zur äussersten Linken zwei kostbare Gefässe als Andeutung des Lösegeldes herbei. Das bedeutendste Monument dieses Gegenstandes jedoch in Bezug auf Stil, Komposition, Figurenreichthum und Ausführung ist das Bild einer apulischen Amphora. Dieses baut sich in zwei Reihen übereinander auf, die durch den in der Mitte sitzenden, traurig vor sich hinstarrenden Priamos in reicher Kleidung äusserlich und geistig verbunden sind. Über ihm sitzt Achilleus auf reichem Bette, auf einen Stab gelehnt und ebenfalls stumm vor sich hinstarrend. Athene und Hermes treten von beiden Seiten hinzu und machen durch lebhaftes Zureden sein Herz weich. Seinen Freunden, Nestor und Antilochos, die es zuerst versucht, ist es nicht gelungen; das Aufgeben der Hoffnung liest man aus ihrer resignirten Haltung. Der Alte steht, auf seinen Stab gestützt hinter Athene, sein Sohn sitzt hinter Hermes. In der unteren Reihe wird Hektors Leiche von zwei unbekleideten Männern — eine herrliche Gruppe — zur Wage getragen, neben welcher ein dritter steht, um beim Abwägen behilflich zu sein. Rechts von Priamos sitzt Thetis, das Scepter in der Rechten, von Priamos das Gesicht abgewendet; neben ihr ist ein vierter Jüngling in Bewegung, der seine Schritte nach der Wage hin zu lenken scheint. Zu beiden Seiten sieht man ausserdem noch zwei Flügelknaben. — Die Reliefs dieses Gegenstandes zeigen viel mehr Uebereinstimmung unter einander. Sie stellen zumeist den Augenblick dar, wo der auf den Knieen liegende Priamos die Hand des Mörders seines Sohnes küsst, und dieser, theils aus Mitleid mit dem trauernden Alten, theils im Andenken an seinen greisen Vater zu Hause, bewegt und weinend sich abwendet. Nicht nur ist diese Gruppe durch einen oder mehrere Genossen des Achilleus und weinende Mädchen vermehrt, sondern es erscheint auch, wie auf dem capitolinischen und borghesischen Relief, als reiches Beiwerk das von verschiedenen Personen bediente Gespann des Priamos und der Lastwagen, von dem die Lösegeschenke herabgehoben werden. Noch erwähnen wir ein Sarkophagrelief von Ephesos, welches mit Hektors Lösung seine Schleifung verbindet und die überladene Komposition eines Reliefs im Louvre, welches in einer langen Reihe zugleich die fussfällige Bitte des Priamos, das Herbeischleppen reicher Geschenke durch Troer, das Forttragen der Leiche Hektors und das Entgegenkommen der Troerinnen, voran der Andromache, darstellt. — Die Lösung Hektors hat selbstverständlich auch die Steinschneider viel beschäftigt; von ihren Leistungen haben wir ein Carneolfragment mit einer Variation des Thema heraus, die darin besteht, dass Briseis sich bemüht, den Greis von der Erde zu erheben.

Die Todtenfeier des Patroklos findet sich auf einer Cista von Präneste eingeritzt. Achilleus hat einen vor dem Scheiterhaufen sitzenden Troer rücklings beim Haar gefasst und ihm mit dem Schwert den Hals durchbohrt. Andere Troer mit auf den Rücken gebundenen Händen werden von den Myrmidonen herbeigeführt oder sitzen auf dem Boden, um der Reihe nach dasselbe Schicksal zu erleiden. Einem von ihnen schneidet ein Krieger die Haare ab, als Opfer für den unterirdischen Hades ihn dadurch bezeichnend. Auf der äussersten Linken steht Athene in vollständiger Rüstung und schaut dem Treiben mit majestätischer Ruhe zu. Von ihr hinweg eilt ein unbekleideter Krieger mit Beinschienen in den Händen, um sie zum Scheiterhaufen zu tragen, auf dem bereits mehrere Waffenstücke aufgestellt sind.

Wir schliessen den Bilderkreis der Ilias mit einem Relief, das in zwei Hälften Hektors Bestattung enthält. Auf der einen Hälfte sehen wir die losgekaufte Leiche unter

Begleitung der aus der Stadt entgegenkommenden Verwandten in Priamos' Haus tragen, die andere Hälfte, fragmentirt, zeigt den einen Fuss einer getragenen Leiche, die alte daneben gehende Hekabe, den ruhig dastehenden Priamos und einen Jüngling, der Schild und Helm nachträgt.

Die Abenteuer des Odysseus bildeten ebenso wie die troischen Kämpfe einen Hauptvorwurf der antiken Kunst. Zwar besitzen wir weder eine Schultafel oder eine andere Komposition, welche die Odyssee im Zusammenhang bildlich dargestellt hätte, noch eine darauf bezügliche Notiz; ja selbst diejenigen Theile des Gedichtes, in denen, wie in den vier ersten Gesängen, der Hauptheld nicht selbst auftritt, können mit Sicherheit in Bildwerken nicht nachgewiesen werden; für die den Helden aber unmittelbar berührenden Schicksale, besonders für manches seiner Abenteuer ist eine ausreichende Menge von Monumenten vorhanden, die wir kurz aufzählen wollen.

Des Odysseus einsamen Aufenthalt auf Ogygia, wie er traurig am Meeresstrand sitzt und sein etwas erhobenes Haupt an den rechten Arm lehnt, als spähe er in die Ferne nach seiner Heimat, finden wir trefflich auf einer Gemme dargestellt. Nicht weniger als zehn geschnittene Steine geben den Floss- oder vielmehr Schiffsbau wieder; denn es erscheint immer der Schiffsschnabel abgebildet, an dem der Held in gebückter Stellung mit dem Hammer in der Hand arbeitet. Seine Rettung durch Leukothea findet sich, um von dem Mosaikfussboden im museo Chiaramonti zu Rom, der einer antiken Arbeit nachgebildet ist, nicht zu reden, auf dem Bilde eines Kantharos: Odysseus, von allem Gewand entblösst, mit verwildertem Haupt- und Barthaar, hat soeben den bindenartigen Schleier empfangen; die Göttin aber, nach ihm umsehend, biegt schon die Kniee und lässt die Arme herabsinken, um sofort in die Wellen zu tauchen.

Die Ueberraschung der Nausikaa und ihrer Mägde durch die Erscheinung des nackten Helden haben wir auf einem zu München befindlichen Amphorenbild. Odysseus nähert sich gehaltenen Schrittes, einen Zweig in jeder Hand, der Nausikaa, die zwar mit einer Begleiterin auf der Flucht begriffen ist, aber ihr Gesicht nach dem nackten Manne umwendet und im nächsten Augenblick stille stehen wird; denn Athene, die hier der Maler persönlich zwischen den zwei Hauptfiguren stehend dargestellt hat, gab ihr Muth in die Seele. Hinter Odysseus ist an einem Baume Wäsche zum Trocknen aufgehängt, von den drei Wäscherinnen der Kehrseite herrührend, die von dem Auftritte entfernt, in lieblicher Abwechselung und unter lebhaftem Gespräche ihrem Geschäfte obliegen.

Während das Kikonen- und Lotophagenabenteuer ohne Bildwerke ist, werden die Momente in der Höhle des Kyklopen durch eine um so grössere Zahl von Denkmälern jeder Art illustrirt. Ein Vasengemälde präsentirt Odysseus mit drei Gefährten, der dem vor ihm steif dasitzenden Unhold das Kissybion mit dem berauschenden Wein unter die Nase hält und zu gleicher Zeit den von ihm und den Seinigen auf den Schultern getragenen Pfahl in das Auge dirigirt. Auf einem andern sitzt Polyphemos mit gesenktem Haupt und erhobener Hand am Boden, und unter einem kolossalen Widder kommt Odysseus mit geschwungenem Schwerte gegen ihn heran. Die übrigen Vasenbilder lassen den Kyklopen weg und zeigen bloss den Widder sammt einem Manne unter seinem Bauche, das Thier mit den Armen umfassend oder mit Stricken an ihm festgebunden, oft auch das Schwert zückend, wie um sich zu vertheidigen. — In statuarischer Ausführung haben wir den ungeschlachten Riesen in folgender Situation: Mit schmunzelnder, weinseliger Miene auf einem Felsen sitzend lässt er den rechten Fuss auf den Beinen eines vor ihm liegenden Gastes ruhen und zieht mit der Linken dessen rechten Arm zu sich empor. Eine Bronzestatuette zeigt ganz ähnliche Anlage, nur dass hier der rechte Arm des Ungethüms, der in jener Marmorgruppe wahrscheinlich nach dem Weine ausgestreckt zu denken ist, schlaff am Leibe herunterhängt, um die alle Glieder lösende Betrunkenheit zu bezeichnen. Eine treffliche Marmorstatuette in der Villa Pamfili stellt Odysseus mit dem Kissybion dar, welches er dem Riesen mit furchtsamem Blick und in zurückhaltender Stellung, das rechte Knie etwas gebeugt, entgegenstreckt. Ebendort, wie auch in der Villa Albani, befindet sich eine Marmorgruppe, welche den Moment vergegenwärtigt, wo Odysseus in sehr bedrängter Lage sich unter dem kräftigen Widder mit Händen und Füssen anklammert. — Noch zahlreicher sind die das Abenteuer behandelnden Reliefs. In zwei Darstellungen, die sich in Paris und München befinden, sehen wir Polyphemos, schon stark angetrunken und taumelnd, einen Gefährten packen und unter seine Füsse treten, während er zugleich die rechte Hand nach dem von Odysseus hingehaltenen Weinschlauch ausstreckt. Auf dem Relief zu Catania ist er bereits im schweren Schlafe auf den Felsenboden hingesunken; zu seinen Füssen stehen noch zwei Gefährten mit dem Weinschlauch bereit; Odysseus aber steht hinter dem Riesen hoch aufgerichtet in gebietender Haltung und richtet den Blick nach rechts. Offenbar war hier eine Gruppe angebracht, die sich mit dem Glühendmachen des Pfahles beschäftigte. Ein Silberrelief von Bernay beschränkt die Darstellung auf die zwei Hauptfiguren. Der Kyklope streckt auf einem Felsen sitzend die Rechte lebhaft nach dem Becher aus, den der eilig herantretende Odysseus ihm darreicht. — Von den etruskischen Kunstwerken erwähnen wir die Reliefs von drei Aschenkisten, welche drei verschiedene Scenen unseres Abenteuers vorführen. Auf dem ersten sehen wir den Kyklopen auf dem Felsen seiner Höhle sitzen, wie er mit der Linken einen am Boden unter seinen Füssen liegenden Gefährten emporzieht, während er die Rechte nach dem henkellosen Becher aufhebt, den ihm Odysseus in hastiger Bewegung entgegenreicht. Zu beiden Seiten haben wir Nebengruppen: links schöpft ein Gefährte aus dem Schlauche Wein in einen grösseren Humpen, rechts ist die Flucht in der Weise gegeben, dass einer unter dem Widder aus der Höhle entschlüpft, während ein zweiter, vor dem Eingange knieend, das Thier am Kopfe streichelt, als wolle er es herauslocken. Das zweite Relief stellt die Blendung des auf dem Boden liegenden Ungethüms dar, die hier durch vier den Balken gerade nach dem Auge richtende Gefährten bewerkstelligt wird, während ein fünfter angstvoll einen Baum umfasst. Die Figur des Odysseus ist stark fragmentirt; er scheint in energischer Haltung aufgefasst worden zu sein, mit erhobener Hand die Seinen beim kritischen Akte anfeuernd und kommandirend. Links deutet ein Schiffshintertheil die spätere gelungene Flucht an, die das Motiv des dritten Reliefs bildet. Odysseus steht im bereits abfahrenden Schiff mitten unter seinen schildgewappneten Genossen und schreit dem Polyphemos die Lästerung zu, der, von einer etruskischen Furie angetrieben, eben einen Steinblock erhoben hat, um ihn den Flüchtlingen nachzuschleudern. — Was endlich die geschnittenen Steine betrifft, kann das Kyklopenabenteuer wenigstens auf einem Dutzend von Exemplaren nachgewiesen werden. Manche von diesen enthalten nur die eine Figur des den Becher hinreichenden Odysseus in gebeugter und knieender Stellung, oder auch den auf dem Felsen sitzenden Polyphemos mit dem Becher in der Hand; andere stellen in reicheren Gruppen die Berauschungscene nach den fortschreitenden Momenten dar, Kompositionen, die manchmal eine merkwürdige Aehnlichkeit mit den oben angeführten Denkmälern zeigen. Ein Karneol von altem Stil lässt den Riesen in dem Augenblicke, wo er einen Odysseusgefährten, der sich gegen ihn mit gezücktem Schwerte vertheidigen will, gepackt hat und das linke Knie auf einen Steinhaufen gestützt, diesen mit dem Kopf an den Felsen zu schlagen sich anschickt.

Odysseus mit dem Windschlauch des Aiolos findet sich auf mehreren Gemmen. Eine stellt den Helden dar, wie er den Schlauch zu halten strebt und mit erhobener Hand den unklugen Gefährten Vorwürfe macht.

Das Laistrygonenabenteuer ist der Vorwurf von drei Wandgemälden zu Rom, die indessen vorwiegend landschaftlichen Charakter haben und die Begebenheit selbst nur als Nebensache behandeln. Brunn sagt von ihnen, dass die vollkommenste Uebereinstimmung der landschaftlichen Scenerien mit der dargestellten Handlung herrsche. „Die Bilder sind stumme Poësie, ganz und gar aus Homer herauscomponirt, aber trotz dem überwiegt in ihnen das Landschaftliche, so dass wir sie mit demjenigen auf eine Linie stellen müssen, was wir historische Landschaft nennen."

Eine grössere Gruppe von Denkmälern bezieht sich auf das Abenteuer bei der Zauberin Kirke. Schon Pausanias berichtet von einem Relief am Kypseloskasten, welches Kirke und Odysseus in einer Höhle auf einem Lager ruhend darstellen und vor der Höhle vier Weiber, diejenige Arbeit verrichtend, von der bei Homer die Rede ist. Vier Vasengemälde, die uns erhalten sind, drehen sich um die Verwandlung. Eine sicilische Oelflasche zeigt eine unter Reben sitzende Figur, welche in einer Schale mit dem Stäbchen rührt, vor ihr einen Krieger, der drohend den Speer erhebt, neben ihr je zwei Personen, die den Kopf eines Ebers, Esels, Schwanes tragen; der Kopf der vierten Figur ist verloren gegangen. An die Stelle des Schwertes, das Odysseus bei Homer gegen die Zauberin zückt, ist also hier der Speer getreten. Am interessantesten ist eine zu Volci gefundene Amphora, von welcher das Reversbild die Ankunft eines der Gefährten von Odysseus an dem Palast der Zauberin darstellt, die ihn in Begleitung eines Hundes, der mit geöffnetem Maule und klugem Blick zum Ankömmling emporschaut, mit scheinbarer Freundlichkeit empfängt, das Aversbild aber die Entzauberung enthält, welche Kirke in feierlicher Weise an einem vor ihr auf dem Boden sitzenden Mann mit einem Eberkopf vornimmt, während Odysseus mit gezogenem Schwerte daneben steht, um die Erfüllung ihres Versprechens nöthigen Falls mit Waffengewalt zu erzwingen. — Das Relief im Palast Rondanini vereinigt nach

Art der Schultafeln drei Scenen unserer Begebenheit, die über einander gereiht erscheinen. Unten, nahe am Strand, wo man das Schiff erblickt, erhält Odysseus in lebhafter Bewegung von Hermes das Zauberkraut Moly; in der mittleren Reihe liegt Kirke vor ihm, da er in stürmendem Fluge auf sie eindringen will, innig flehend auf den Knieen; oben ruft in Gegenwart des staunenden Odysseus die Zauberin mit ihrem Stabe die mit verschiedenen Thierköpfen versehenen Gefährten aus dem Stalle hervor. Die mittlere Scene bildet auch das Thema eines gut ausgeführten pompejanischen Wandgemäldes, auf welchem Odysseus in ungestümer Bewegung und weit ausschreitend das Schwert gegen Kirke zieht, die eben vor ihm auf die Kniee fallen will und die Arme flehend gegen ihn ausstreckt, während im Hintergrunde zwei Dienerinnen mit der Geberde des Erstaunens sich entfernen. — Auf einer etruskischen Aschenkiste erblicken wir die schon geschehene Verzauberung, obgleich Kirke einem Manne den Zaubertrank in einer Schale erst darreicht. Originell ist hier der Thiercharakter in den Handlungen der Verwandelten ausgedrückt: der Gefährte mit dem Schafskopf nimmt in gutmüthiger Haltung den Trank entgegen, der mit dem Stierkopfe packt in heftiger Bewegung den Stamm eines Baumes, der einen Schweinskopf tragende aber hat sich, gravitätisch in seinen Mantel eingehüllt, auf dem steinigen Boden gelagert. — Von den Gemmen stellt ein Karneol Odysseus mit dem von Hermes gegebenen Zauberkraut in der Hand dar.

Der Besuch des Odysseus in der Unterwelt bildete, um die delphische Nekyia des Polygnotos zu übergehen, die sich nach Pausanias (X 28) in den Figuren des an der Grube zusammengekauerten Odysseus und seiner Gefährten an Homers Erzählung anlehnte, das Thema eines im Alterthume berühmten Gemäldes von dem jüngeren Nikias zu Athen. Vielleicht besitzen wir eine Kopie davon in dem vollendeten Vasenbilde eines Kraters, das den Helden mit vorgestreckten, ruhenden Beinen auf einem Steinhaufen sitzend darstellt, wie er das vom Schlachten der zu seinen Füssen an der Grube liegenden Schafe blutig gewordene Schwert an sich zieht und die linke Hand auf den Felsen stützt, um sich vor dem Schatten des Teiresias zu erheben, der mit geöffnetem Munde aus dem Boden auftaucht. Von den zu beiden Seiten angebrachten Gefährten lehnt sich der eine ruhig zuschend mit übergeschlagenen Beinen auf seine Lanze, der andere hat das erhobene Schwert rückwärts über den Kopf gezogen. — Auf einem Relief im Louvre ist Odysseus im Gespräch mit dem Seher abgebildet. Dieser sitzt oder lehnt vielmehr auf einem Thronsessel mit langem Scepter in reichem Gewand, das Haupt verschleiert; ihm gegenüber steht der Held, mit der rechten Hand das Schwert vorstreckend, während der linke Arm und der Obertheil des Körpers auf dem linken Beine ruht, das er auf einen hohen Felsblock stützt. Aehnliche Composition trägt eine Sardonyxgemme. — Zwei andere Steine zeigen Odysseus mit dem Ruder auf der Schulter und einer Fackel in der Hand, womit er vorsichtig einherschreitet, oder neben dem aufgepflanzten Ruder stehend, mit Bezug auf Teiresias' Prophezeibung über seine späteren Schicksale.

Vom Seirenenabenteuer findet sich eine eigenthümliche Darstellung auf einer Vase. Während nämlich der an den Mast gefesselte und in seinen Banden sich windende Odysseus und das von den Gefährten mit grossem Kraftaufwand fortgeruderte Schiff der Erzählung Homers genau entspricht, erscheinen die Seirenen, und zwar nicht zwei, sondern drei an der Zahl, als Vögel mit Frauenköpfen und singen von Felsen herunter das zwischen ihnen hindurch segelnde Schiff an; eine von ihnen stürzt sich eben aus Aerger über die Resultatlosigkeit ihres Gesanges in das Meer hinab. — Aus griechischem Kunstgebiet haben wir Reliefs auf einer volcentischen Schale, die des Odysseus Schiff viermal erscheinen lassen, und zwar zweimal im Vordergrunde der auf drei Felsen vertheilten Seirenen, das dritte Mal unter der Gewalt der Skylla, die einen Gefährten bereits ergriffen hat, während Odysseus gegen sie den Bogen spannt, und einer seiner Genossen Speer und Schild zum Kampfe bereit hält, das vierte Mal am Strande von Ithaka. Der glücklich gelandete Held hat, mit einem Fell umkleidet und auf einen Stab gestützt, auf dem Felsen Platz genommen und wird vom treuen Hunde Argos erkannt. — Von römischen Denkmälern ist vor allem das Mosaik im Vatikan zu erwähnen, welches nur eine Seirene in weiblicher Gestalt mit Vogelbeinen darstellt, die mit der Kithara ihren verführerischen Gesang begleitet, während Odysseus an ihrer Insel mit zwei Gefährten vorüberfährt. Das Relief einer römischen Lampe lässt im Hintergrund drei ähnlich gestaltete Seirenen in felsiger Landschaft erkennen, von denen die eine Kithara, die zweite die Doppelflöte spielt, während die dritte in der Mitte singt. Fast dieselbe Komposition trägt eine Gemme. Auf einem zweiten Lampenrelief sind die Seirenen weggelassen, und wir erblicken nur den angebundenen Odysseus mit zwei seiner Gefährten aufmerksam auf den Gesang lauschend. —

Viel zahlreicher sind die Darstellungen auf etruskischen Aschenkistenreliefen. Hier erscheinen die Seirenen immer als Frauen mit langem Gewande, in einer Gruppe entweder links oder in der Mitte auf Felsen sitzend und als Instrument eine Lyra, Syrinx und Doppelflöte führend.

Von den Darstellungen der Skylla führen wir mit Ausschluss aller derjenigen zahlreichen Monumente, welche das Meerungeheuer bloss zu dekorativem Zwecke enthalten oder in solchen Situationen zeigen, die der homerischen Dichtung fremd sind, nur die auf den Raub der Gefährten des Odysseus bezüglichen vor. Auf den einander sehr ähnlichen Reliefen von zwei etruskischen Aschenkisten ist Skylla ohne den Gürtel von Hunden mit langen Schlangenwindungen, in welchen bereits getödtete Gefährten liegen, abgebildet, wie sie gegen den links mit Schwert und Schild andringenden Odysseus mit einem Ruder gewaltig ausholt; auch von der rechten Seite her wird sie von einem Manne attaquirt; vom Schiffe ist keine Spur zu sehen. Die Skylla auf dem dritten Mosaik des Vatikans ist unter dem Leibe mit Flossen versehen, und aus diesen ragt zu beiden Seiten ein Hundskopf mit ausgestreckten Pfoten hervor, der einen Jüngling fasst. Ein herculanisches Wandgemälde stellt sie als wüthendes Weib dar, das mit beiden Händen ein Ruder gegen die Jünglinge schwingt; unter ihrem in einen doppelten Fischschweif auslaufenden Leib treten pferdähnliche Hunde hervor, welche drei Gefährten gefasst haben und zerfleischen. — Zwei Gemmen haben mit dieser Komposition grosse Aehnlichkeit. Ein schönes aber furchtbares Weib führt mit dem Ruder einen tödtlichen Hieb gegen einen von ihren Schlangenwindungen umschlungenen und von zwei Hunden angefallenen Jüngling. — Auf zwei Münztypen mit theilweise unsicheren Umrissen endlich ist Skylla zu einem grossen Ungethüm geworden, dessen doppelter Fischschweif sich mächtig emporrichtet, und das mit der Rechten den vordersten Mann packt, der sich mit dem Oberkörper wie ein Schlachtopfer niederbeugt, während ein zweiter Jüngling in kämpfender, ein dritter in ruhigerer Haltung dasteht.

Odysseus als Bettler ist das Motiv von drei Gemmen, die jedoch den Helden keineswegs in der Missgestalt präsentiren wie Homer. Durch den Pilos wohl kenntlich trägt er den Ranzen auf der linken Schulter und steht, auf den Stab gestützt, mit übergeschlagenem linken Bein und bettelnd erhobenem Arm vor Eumaios oder den Freiern. Ein Cameo in Wien behandelt eine idyllische Scene in der Hütte des Sauhirten. Dieser kniet vor dem Helden und schenkt ihm aus einem Schlauche Wein in eine Schale, während rechts ein nackter, aber mit einem Helm versehener Geselle einen Widder schlachtet, den er zwischen seinen Beinen eingepresst hält, und ein zweiter mit einem bereits getödteten Ferkel dasitzt und aufmerksam zuschaut. Odysseus selbst, neben dem Athene steht, hat in sitzender Stellung die Beine über einander geschlagen und schaut, das Kinn auf seinen linken Arm stützend, dem Treiben zu, während Pläne der Rache sein Gemüth bewegen. Dieses wird durch das zur Seite liegende Schwert und den angelehnten Schild angedeutet.

Die rührende Scene mit dem Hunde Argos findet sich sehr häufig auf Gemmen. Odysseus steht, das Gewicht des Körpers auf den linken Fuss stützend und die Hände kreuzweise auf den Stab gelegt, sinnend vor dem Hunde, der den Kopf und die linke Pfote zu seinem Herrn erhebt. Auf einer ist die Gruppe noch durch zwei miteinander sprechende Männer, die sich durch die über den Rücken geworfenen Schaffelle als Philoitios und Eumaios verrathen, erweitert.

Das Fussbad der Eurykleia ist sowohl in Relief- als Gemmendarstellungen auf uns gekommen. Die bildenden Künstler sind jedoch in freier Behandlung über Homers Wortlaut hinausgegangen und haben zur Hauptgruppe, welche des Dichters Verse 468—481 genau wiedergibt, in dem Hunde Argos, der ruhig neben dem Stuhle seines Herrn liegt oder mit freudiger Aufmerksamkeit zur Scene emporschaut, wie auch in dem hinter Odysseus stehenden Eumaios einen zartsinnigen Zusatz gegeben, um so alles um den Helden zu vereinen, was ihm während seiner Abwesenheit treu geblieben war.

Die einsame Trauer der Penelope gibt besonders gelungen eine in der Bibliothek zu Paris befindliche Reliefplatte. Die Frau sitzt hier auf einem bepolsterten Sessel, die Füsse auf einen Schemel gestützt und über einander geschlagen, das Haupt verschleiert und in tiefer Schwermuth gesenkt, während sie mit der rechten Hand wie nachdenkend an die Stirne greift; unter dem Sessel steht ein Korb mit Wolle; der Herrin gegenüber stehen, in leisem Gespräch begriffen, die zwei von Homer so oft erwähnten Dienerinnen. Auf einem Relief zu Rom, das grosse Aehnlichkeit mit dieser Darstellung hat, tritt hinter Penelope eine dritte ältere Dienerin, Eurykleia, mit verdriesslicher Miene heran. Ganz nach dem Motiv dieser Penelope aber ausgeführt erscheint eine ausgezeichnete Statue im museo Pio-Clementino des Vatikan.

Die Gesprächsscene zwischen Penelope und Odysseus erkennen wir in „einem Karneol, besonders aber in einem Wandgemälde von Pompeji, welches, wie Overbeck in seinem Werke „Pompeji II, 208" sagt, im milden Geiste der Poesie jenes erste von der Magd Melantho belauschte Gespräch zwischen Penelope und dem als Bettler verkleideten Ulixes darstellt, und besonders der edlen, duldenden Königin bedächtige und keusche Gestalt uns in einer wahrhaft vollendeten Weise vorführt." Odysseus sitzt in einer ausruhenden Haltung, den Knotenstock auf den Schooss gelegt, an einer Säule des Saales; Penelope steht vor ihm mit der Geberde des Nachdenkens; ihr linker Arm ruht mit dem straff angezogenen Oberkleid an der Hüfte; den rechten Ellenbogen aber stützt sie, die Hand zum Mund führend, auf die ruhende Linke, mit der sie als Weberin zwei Spulen hält; zum Fenster hinter der Säule schaut eine Dienerin, Melantho, herein.

Das Ergreifen und Prüfen des Bogens durch Odysseus, sowie der darauffolgende Tod der Freier liegt mehreren Gemmenbildern zu Grunde. Klarer ist das Motiv ausgedrückt auf einigen etruskischen Aschenkisten, von denen zwei fragmentirt sind. Das eine Fragment zeigt drei Freier auf üppiger Klisia von einem Knaben bedient und links Odysseus in Bettlertracht, eben einen Pfeil abschiessend. Auf dem andern Fragmente sehen wir nur die Hand mit dem Bogen; ebenfalls drei auf der Klisia ruhende Freier, vor denen ein Tisch mit zwei aufwartenden Knaben steht, schauen mit ängstlichen Geberden nach dem Schützen, während rechts eine Frau (Melantho?), erschreckt umsehend, zu einem zweisäuligen Tempelchen flieht, als wolle sie sich durch Erfassen des darin befindlichen Götterbildes gegen die Geschosse sichern. Aehnliches finden wir in der gelungensten Darstellung der Mordscene, nämlich ein hochgeschürztes Idol auf einer Stele, an das sich Melantho anklammert, während es der Herold Medon als Versteck benützt. Fünf Freier sind theils noch im Kampfe begriffen, theils schon verwundet hingestürzt. Einem von ihnen, Amphinomos, rennt eben Telemachos den Speer in den Leib; Odysseus aber handhabt neben ihm mit finsterem Gesichte den verderblichen Bogen. — Von den darauffolgenden Scenen ist uns kein Denkmal erhalten worden.

Wenn wir auf die Bilderreihen der beiden Dichtungen zurückblicken, so finden wir, dass die Zahl der Darstellungen zur Odyssee überhaupt eine viel kleinere ist, und dass gerade die Vasenmalerei auffallend wenig vertreten erscheint. Aus dieser Thatsache ergibt sich von selbst der Schluss, dass das meisterhafte Gedicht von des Odysseus Abenteuern und Rache bei weitem nicht zu der nationalen Bedeutung gelangte, deren sich die Ilias zu erfreuen gehabt hat.

In dem Nachfolgenden geben wir noch eine Reihe von Bildwerken, welche in den Kreis der beiden Dichtungen eingeschobene Episoden und solche Handlungen und Ereignisse darstellen, welche wohl mit den vor Ilion auftretenden Helden, aber nicht mit der eigentlichen Erzählung in strengem Zusammenhange stehend vom Dichter gelegentlich eingestreut werden. Dabei müssen wir uns versagen, damit nicht diese Schrift an Umfang allzusehr zunehme, auf den Charakter und die Beschreibung jener Denkmäler näher einzugehen, und uns mit der blossen Aufzählung derselben begnügen. Erreichen wir ja auch schon damit den Zweck, den wir uns vorgesetzt haben, nämlich den Nachweis zu liefern, wie gross Homers Einfluss auf die bildende Kunst bei den Alten gewesen sei. Freilich können die meisten dieser Darstellungen nach den einzelnen Momenten, die sie wiedergeben, mehr auf spätere poetische Bearbeitungen bezogen werden; nichts desto weniger sind wir berechtigt, sie auch an Homer zu knüpfen, da ja die späteren Epiker und die Tragiker ganz und gar auf den Schultern Homers stehen, und was bei jenen sich zur schönen Pflanze entwickelt hat, in diesem schon als Keim vorlag.

Homer lässt Thetis zu Hephaistos sagen (Σ 432):

Mich aus den Meergöttinnen dem sterblichen Manne gesellt' er,
Peleus, Aiakos' Sohn, und ich trug des Mannes Umarmung,
Sehr unwillig, aus Zwang.

Und Here spricht (Ω 59):

Aber Achilleus ist der Göttin Geschlecht, die ich selber
Nähret' und auferzog und dem Mann hingab zur Genossin,
Peleus, ihm, den vor allen zum Lieblinge koren die Götter.
Alle ja kamt ihr Götter zum Brautfest; du auch mit jenen
Schmausetest, haltend die Harf', o Genoss der Bösen, o Falscher!

Das erstere Thema, der Thetis' Liebeskampf, findet sich in nahezu zahllosen, meistens archaischen Bildwerken, welche die Meergöttin darstellen, wie sie sich mit oder ohne Verwandlungen der nicht gewünschten Verbindung zu entziehen sucht, zuletzt aber, namentlich durch die Bemühungen des weisen Kentauren Cheiron, in ihrem Widerstande gebrochen wird. Das zweite Motiv, die Hochzeit, hat ebenfalls vielfache Behandlung gefunden; wir heben allein die berühmte Amphora des Klitias und Ergotimos in Florenz hervor, welche in reicher Komposition den Zug der Götter zum Hochzeitfeste des Peleus darstellt.

Der Sprössling aus dieser Ehe, Achilleus, hatte (Λ 831) Cheiron, den gerechtesten aller Kentauren, zum Erzieher. Verschiedene Momente dieser Erziehung hat die antike Kunst verewigt, indem sie Scenen darstellt, da der junge Held von seinem Vater dem Lehrer zugeführt wird oder auf dem Rücken seines rossleibigen Meisters im gesprengten Galopp einen bereits durch einen Pfeil verwundeten Löwen verfolgt oder, wie wir auf einem berühmten pompejanischen Gemälde sehen, Unterweisung im Lyraspiel erhält.

Des Achilleus' und Patroklos' Abschied von Peleus und Menoitios (Ι 439, Λ 785) bildet das Motiv auf einem grossen Krater im Louvre.

Der letzte Auszug des Peliden (vergl. Τ 420), sein Tod durch Paris und Apollon (Χ 359), besonders aber der Kampf um seine Leiche und die Rettung derselben (ω 39) ist auf Vasen, Reliefen und Gemmen vielfach abgebildet. Die letzteren Scenen haben den herrlichsten Ausdruck gefunden in der unter dem Namen Pasquino bekannten Statuengruppe des Aias mit Achilleus' Leiche, wofür manche Menelaos mit Patroklos substituiren, und in dem grossartigen Denkmal der Aigineten, die ehedem den Giebel des Athenetempels von Aigina zierten, nun aber in der Glyptothek zu München aufgestellt sind.

Der Streit um die Rüstung des Achilleus (λ 546) war der Vorwurf von zwei Bildern des Timanthes und Parrhasios, welche in einem ἀγὼν γραφικός auf Samos gegen einander ausgestellt wurden. Erhalten sind uns als Kunstwerke desselben Gegenstandes ein Sarkophagrelief und das Relief einer Silberschale.

Von Aias' Tod, den das Waffengericht zur Folge hatte, sagt Homer nur (λ 549): „Solch ein Haupt ja war's, das um jen' in die Erde hinabsank." Eine grosse Reihe von Bildwerken, zumeist geschnittene Steine, zeigen uns den Helden in der Einsamkeit sitzend und, das kurze Schwert in der Hand, dumpf vor sich hinbrütend, oder auch in das auf dem Boden befestigte Schwert sich stürzend. Ein paar Gemmen enthalten seinen glücklichen Nebenbuhler, Odysseus nach dem Siege, wie er vor den ihm zugesprochenen Waffen nachdenklich dasteht.

Ohne Philoktetes' Pfeile konnte Troja nicht genommen werden. Homer berichtet von diesem Helden (Β 721):

> Aber er selbst nun lag in dem Eiland, Qualen erduldend,
> Dort in der heiligen Lemnos, wo Argos' Heer ihn zurückliess,
> Krank an schwärender Wunde, vom Biss der verderblichen Natter.

Die Verwundung des Philoktetes ist einigemal Gegenstand der Kunstdarstellung geworden. Erhaltene Gemmen zeigen den Verwundeten, wie er sich niederbeugt, um die Schlange zu fassen und wegzuschleudern, die unter dem Altar herauskriecht oder schon seinen Fuss umschlungen hat. Sein einsamer Aufenthalt auf Lemnos wurde ungleich öfter dargestellt. Die Schriftsteller berichten uns von berühmten Gemälden des Aristophon und Parrhasios, und von einer Erzstatue des Pythagoras. Diese verloren gegangenen Denkmäler vergegenwärtigten ebenso wie das auf uns gekommene Relief der Villa Albani und die zahlreichen geschnittenen Steine den schmerzdurchwühlten Helden auf einem Stein gelagert, oder wie er mit verbundenem Fusse und auf einen Stock gestützt hinkend einhergeht.

Das hölzerne Pferd (δ 272), die Eroberung von Troja (θ 500) und der damit zusammenhängende Untergang des Königshauses bilden wieder das Objekt einer Reihe von Kunstprodukten auf Vasen, Reliefen und geschnittenen Steinen. Die Darstellung des hölzernen Pferdes weicht von der Auffassung der modernen Kunst insoferne ganz und gar ab, als der Gegenstand mit Hervorhebung der handelnden Personen, nicht des Objektes, nur angedeutet, nicht aber den faktischen Verhältnissen gemäss in riesigen Formen vorgeführt wird. Da sehen wir das Pferd oben vollendet, den Meister Epeios mit Hammer und Werkzeug daneben; dort ziehen es Troer und Troerinnen an das Thor, während andere damit beschäftigt sind, Steine auszubrechen, um die Einfahrt zu ermöglichen; auf einer andern Gemme steigen die Helden eben aus dem Bauche. Die Mordscenen nach der Zerstörung von Troja haben wir in einem ganz einzigen fünfgruppigen Vasengemälde. In der Mitte hat Neoptolemos gegen die an einer Palme sitzende Hekabe, welcher der jüngste Sohn ermordet auf dem Schoosse liegt, das Schwert zum Todesstreich erhoben; zu seinen Füssen liegt der erwürgte Priamos. Zu beiden Seiten dieser Mittelgruppe erblicken wir Kampfscenen, links Aias, der Kassandra von einem Pallasbild, das sie umschlungen hat,

wegreisst, rechts eine Troerin, die auf einen in die Kniee gesunkenen Krieger mit einem Ruder (?) verzweifelt eindringt; die äusserste Gruppe links bildet Aineias mit seinem Vater, den er zur verwüsteten Stadt hinausträgt, rechts aber in sinniger Weise die Begegnung Menelaos' und der Helena.

Dieses letztere Motiv findet sich überhaupt noch in mehreren Vasengemälden, und zwar in ganz verschiedener Auffassung. Der eine Theil dieser Bildwerke nämlich zeigt uns Menelaos in strenger Haltung, mit gezogenem Schwerte, Helene wie eine Kriegsgefangene mit sich fortführend; die anderen bringen den plötzlichen Umschlag des Gefühles bei Menelaos zum Ausdruck, insoferne diesem in dem Augenblicke, wo Helene flüchtend auf ihn zurückschaut, und er ihre einst so sehr geliebten Züge erblickt, das Schwert entfällt.

Menelaos verlebte nach seiner Rückkehr von Troja mit seiner wiedervereinigten Gattin noch glückliche Tage (δ). Ein anderes Loos war seinem Bruder Agamemnon beschieden. Homer erzählt uns von ihm (γ 267), dass er bei seiner Abfahrt seine Gemahlin Klytaimnestra einem Sänger empfohlen habe; der Verführer Aigisthos aber habe diesen in Uebereinstimmung mit der verführten Frau auf ein wildes Eiland zur Beute für Raubvögel gebracht. In der Unterwelt erfährt Odysseus (λ 409) von Agamemnon selbst, wie er nebst Kassandra und seinen Freunden beim Festmahle von den Buhlen hingeschlachtet worden sei. Die Ermordung dieser hinwiederum durch den rächenden Orestes kennen wir, abgesehen von andern Stellen, besonders aus (α 300). Die erste Scene, nämlich die Empfehlung an den Sänger, treffen wir auf einem Relief des Vatikans, die Hinschlachtung Agamemnons auf einigen Vasengemälden und etruskischen Aschenkisten. Der Muttermord des Orestes aber und Aigisthos' Tod war ein Lieblingsthema der antiken Kunst. Eine Darstellung davon befand sich nach Pausanias (I 22, 6) unter den Bildern in der Pinakothek der athenischen Propyläen; auch der samische Maler Theon und der schon oben erwähnte Theodoros haben ihr Genie an demselben Gegenstande versucht. Von den erhaltenen Kunstwerken finden sich nur zwei hieher gehörige Vasen, dafür aber desto mehr Reliefs von Sarkophagen und etruskische Arbeiten.

Die Entführung von Helene durch Paris und das dieser vorangegangene Preisgericht, in welchem er (Ω 30) „Sie pries, die zum Lohn ihm verderbliche Ueppigkeit darbot", noch mehr aber die Entführung des Ganymedes (Υ 233),

> Welcher der schönste war der sterblichen Erdenbewohner,
> Ihn auch rafften die Götter empor Zeus Becher zu füllen,
> Wegen der schönen Gestalt, dass er lebte mit ewigen Göttern,

hat die Erfindungsgabe vieler Künstler des Alterthums herausgefordert. Das letzte Motiv sehen wir in zahlreichen Denkmälern dargestellt.

Auch die bei Homer kurz angedeuteten oder in Episoden ausführlich erzählten Schicksale früherer Heroen sind natürlich Gegenstand unermüdeter Kunstthätigkeit geworden. Wir erwähnen nur kurz die auf Sarkophagen abgebildete kalydonische Jagd (Ι 540) und den Kampf des Meleagros mit den Brüdern seiner Mutter Althaia, die in Vasengemälden und Gemmen dargestellte Besiegung der Chimaira durch Bellerophontes (Ζ 183) und die auf zahllosen Sarkophagen wiederkehrende Amazonenschlacht (Ζ 186), den Kampf des Peirithoos und der Lapithen gegen die Kentauren (Α 263, φ 296), die Verscheuchung des Dionysos und seiner Ammen vom Berge Nysaion durch Lykurgos (Ζ 133), die Heraufholung des Höllenhundes durch Herakles (Θ 362, λ 623), die Tödtung Tityos' durch Leto's Kinder (λ 580), die in der Unterwelt an Odysseus vorüberschwebenden Frauengestalten (λ 235), von denen manche mit dem an sie geknüpften Mythenkreise die Grundlage zu einer Reihe von Monumenten gebildet haben, besonders auch die Darstellungen der trauernden Niobe (Ω 601) und ihrer zwölf in der Blüthe des Alters von Apollons und Artemis' Bogen hingestreckten Kinder. Wollten wir auf diese und andere Bildwerke im Einzelnen eingehen, würden wir an kein Ende kommen. Wir verlassen daher den antiken Boden und begeben uns zum Schlusse in das Gebiet der modernen Kunst hinüber, um auch da eine wenn auch noch so kurze Umschau über die auf homerischer Grundlage fussenden Schöpfungen vorzunehmen.

Im Jahre 1793 erschienen in Rom John Flaxman's Umrisse zu Homer, welche 1817 von Riepenhausen in Göttingen nach der Grösse der Originalausgabe nachgestochen und seither durch die im kleineren Massstabe vorgenommenen Bearbeitungen von Schuler und Schnorr auch dem Unbemittelten zugänglich gemacht worden sind. Göthe sagt von diesen Darstellungen: „Unläugbar findet sich in Flaxman's Skizzen mancher glückliche Gedanke; er hat in den Gegenständen aus den griechischen Dichtern den Geschmack antiker Vasengemälde und Basreliefs nachzuahmen getrachtet; — demungeachtet ist selbst das gelungenste dieser Stücke immer blos als ein leicht hingeworfener Gedanke zu betrachten, und nur in solcher Hinsicht schätzbar." Wenn es auch wahr ist, dass Flaxmann die Antike ziemlich modern auffasste, dass er nicht immer den prägnantesten Moment gewählt und diesen Moment auf eine Art dargestellt habe, die nach keiner Seite Erweiterungen zuliesse, dass wir ferner in seinen Zeichnungen die individuellere Gestaltung und jene Formausbildung vermissen, wie sie den vollendeten Werken der griechischen Skulptur eigen ist: so offenbart sich doch in ihnen ohne Ausnahme eine unerschöpfliche Phantasie und ein feines Gefühl für griechische Schönheit, in einigen namentlich auch eine ungemein ansprechende, den Geist der homerischen Gedichte unmittelbar wiedergebenden Naivetät der Auffassung. Der Meister hat zur Iliade vierzig, zur Odyssee dreiunddreissig Blätter geliefert. Einige Darstellungen sind sehr einfach und bestehen nur aus einer oder zwei Figuren: so das Niederschweben der wohlgerüsteten Athene nach Ithaka (α 102), Mentors und Telemachos' Gang nach der Stadt Pylos (γ 12), Penelopes Traum (δ 803), Hermes' Erscheinen bei Kalypso (ε 78), Odysseus' Unterredung mit Eumaios (ξ 37), Apollon und Artemis, ihre Geschosse nach Syria sendend (ο 409), Odysseus vor dem Hunde Argos (ρ 291), Thetis' fussfällige Bitte bei Zeus (Α 501), Entsendung des Traumgottes durch Zeus (Β 16), das Niederstürmen der Eris mit dem Grauen des Krieges zu den achaiischen Schiffen (Λ 4), Here's Befehl an Helios, in die Fluten des Okeanos unterzutauchen (Σ 240); andere Darstellungen dagegen zeigen ziemlichen Figurenreichthum, nur fehlt den meisten derselben das organische Geschlossensein, einigen auch die Symmetrie in der Anordnung. Zu diesen reicheren Kompositionen gehören Achilleus' Streit mit Agamemnon (Α 197), Briseis Wegführung aus dem Zelte des Peliden (Α 348), die Götterversammlung (Δ 1), die Ankunft der Gesandten bei Achilleus (Ι 192), die Vertheidigung der griechischen Schiffe durch Aias (Ο 677), der Kampf um Patroklos' Leiche (Ρ 125), Achilleus' Trauer um seinen Freund und die Uebergabe der göttlichen Waffen durch Thetis (Τ 4), Andromaches Ohnmacht auf der Mauer (Χ 474), Priamos' und der Seinigen Trauer bei dem Erscheinen der Götterbotin (Ω 160), Hektors Bestattung (Ω 785); des Phemios' Gesang im Kreise der Freier (α 326), Nestors Opfer (γ 480), Nausikaa mit ihren Begleiterinnen Ball spielend (ζ 115), Odysseus, den Phaiaken seine Abenteuer erzählend (ι 240), Odysseus in der Unterwelt (λ 632), Odysseus im Kampfe mit den Freiern (χ 7). Zu den gelungensten und stilvollsten zählen wohl folgende Darstellungen: der Nausikaa Heimfahrt vom Meeresstrand (ζ 320), Odysseus' trügerische Bewirthung im Palaste der Kirke (κ 316), die Ueberbringung der odysseischen Waffen durch Penelope zum entscheidenden Bogenkampfe (φ 58), die Aufnahme des jungen Hephaistos durch Thetis und Eurynome (Σ 398), der Empfang der Thetis im Palaste des Hephaistos (Σ 390).

Ausser diesen Zeichnungen von Flaxman erwähnen wir noch eine andere, ebenfalls auf Homer beruhende Arbeit, nämlich ein Modell zu dem Schilde des Achilleus. Von diesem Schilde, der neun Fuss im Umfange und eine Wölbung von sechs Zoll hatte, wurden vier Abgüsse von vergoldetem Silber genommen, die der König von England, der Herzog von York, der Graf von Lonsdale und der Herzog von Northumberland erhielten.

Fünf Jahre nach dem Erscheinen der Flaxmanischen Umrisse wurde derjenige deutsche Maler in Rom an der Pyramide des Cestius begraben, der den Anfang der neuen deutschen Kunst bezeichnet und auf dem sichern Grund der Antike fussend bei den ersten Meistern Italiens, Michel Angelo und Rafael, in die Schule gegangen ist, nämlich Carstens. Seine Darstellungen, die er vorzugsweise aus der griechischen Götter- und Heroenwelt nahm, zeigen einen breiten grossen Stil, ziemlich weiche Formen von idealer, nie modellartig natürlicher Wahrheit, edle Proportionen und individuelle Charaktere vom sprechendsten Ausdruck. Von den Zeichnungen, die er meistens in Kreide oder Röthel, seltener in Aquarell ausgeführt hat, stellen wir „Homer vor dem Volke" an die Spitze, womit er den Eindruck schildern wollte, den die Kunst auf Naturmenschen aller Art, jeden Alters und Geschlechtes macht. Dasselbe Thema stellte auch Genelli dar, ebenso Kaulbach in einem seiner berühmten Gemälde, womit er das Treppenhaus des neuen Museums in Berlin schmückte. Die Gedichte selbst liegen folgenden Werken zu Grunde: Ganymedes vom Adler emporgetragen (Υ 233), die Lapithen oder das Gastmahl und die Schlacht der Kentauren und Lapithen (Α 263, φ 296), die Helden von Troja, Helene nebst Priamos und den Aeltesten auf dem skaiischen Thore, Aias, Phoinix und Odysseus im Zelte des Achilleus, Achilleus' Kampf mit den Flüssen, Priamos' nächtlicher Besuch beim Peliden, um des Sohnes Leiche zu erbitten.

Die bedeutendsten Kompositionen zur Iliade schuf der Altmeister deutscher Kunst, Cornelius, in den kolossalen Fresken der Glyptothek zu München, in welchen der geniale Künstler seine grossen Gedanken in gewaltigen Formen verkörpert hat, er, „ein Held, der

das Heldenhafte am liebsten und besten schildert, ein Maler nicht blos für das Auge und Gemüth, sondern auch für den Geist; ja das Geistige, Dichterische in der Auffassung und Erfindung ist das Höchste und Erste in ihm, die Conception seiner Bilder ist unübertrefflich, der Aufbau des Ganzen in der Harmonie der Theile, im Rhythmus der Linien stets bewundernswerth. Er ist von architektonischer Strenge, nur das Bedeutende, und dies ganz zu geben, ist sein Ziel, mit wenigem viel zu sagen, sein Vermögen. Er erfasst das Wesentliche in der Handlung, in den Charakteren und prägt es aus mit Ernst und Entschiedenheit. Er spielt keine Komödie, seine Figuren wollen nicht heilig oder leidvoll oder mannhaft scheinen, sie sind es vom Wirbel bis zur Zehe." (Carriere, Denkrede auf Cornelius). Bei ihm ist nichts überflüssig. Ueberall den Kern der Sache erfassend, drückt er in jeder Person, die er darstellt, einen tiefen Gedanken aus, gibt er mit jeder Figur gleichsam ein ganzes Bild, und zwar so, dass alles im strengsten äusseren sowohl, als inneren Zusammenhang mit einander steht. Er hat aus der Ilias die entscheidenden Momente gewählt und in geistvoller Anordnung der gruppenreichen Scenen zu einer Darstellung gebracht, deren Eindruck so mächtig ist, dass selbst die hie und da etwas allzu schroffe und derbe Modellirung der Form, die Härte und Unharmonie des Kolorits, sowie der Mangel eines geeigneten, die Figuren und Gruppen ebenmässig von einander abhebenden Helldunkels keinen besonderen Eintrag zu thun vermag. Diese Schöpfungen offenbaren das genaueste Studium der griechischen Antike, ohne dass dabei die deutsche Kraft und Eigenart verloren gegangen wäre. Die Helden, welche an den Wand- und Deckengemälden ihre reckenhaften Glieder im Schlafe ausgestreckt haben, oder in verwegenen Stellungen zum Wurf und Stoss ausholen, die Frauengestalten, welche voll keuschen Liebreizes und jungfräulicher Zurückhaltung ihre edlen Formen entfalten, sind aus echt deutschem Geiste geboren.

In der Mitte des Deckengewölbes, auf dem der Meister die Entstehung des Krieges und die Charaktere seiner bedeutendsten Helden darstellt, sehen wir Peleus und Thetis in zarter Umarmung, und in vier sinnreichen Gemälden ringsherum das Urtheil des Paris, die Verbindung der griechischen Fürsten, um die Ehe zwischen Helene und dem ihr Vermählten zu schützen, die Entführung der Helene und die Opferung der Iphigeneia. Die vier Doppelfelder des Kreuzgewölbes illustriren je eine Begebenheit von den acht hervorragendsten Helden: der schlaue Odysseus entdeckt den Peliden unter des Lykomedes Töchtern, Diomedes verwundet Ares und Aphrodite, Agamemnon wird im Schlafe durch das von Zeus geschickte Traumbild zum Kampf ermuntert, Menelaos verfolgt den unter Aphrodites Schutz stehenden Paris, Aias wirft Hektor im Zweikampf nieder, Nestor und Agamemnon wecken Diomedes aus dem Schlafe, Achilleus gewährt dem vor ihm knieenden Priamos die Leiche seines Sohnes, Hektor nimmt vor der Schlacht Abschied von Weib und Kind.

In den drei grossen Wandgemälden nimmt die Kunst des Meisters zusehends zu und feiert den Triumph in der Zerstörung von Troja. Die erste dieser Kompositionen, welche des Peliden Streit mit Agamemnon behandelt und die Fürsten der Achaier vereinigt vorführt, fasst mehrere Momente zusammen. In der Mitte stehen die beiden Atriden, rechts wird Achilleus in heftiger Bewegung von der über und hinter ihm schwebenden Athene besänftigt, links kniet Chryses bittend vor den Atriden; zu beiden Seiten dieser gewahrt man die Helden, von denen Odysseus mit bedeutungsvollem Grimme nach dem über die Mauer hereinlästernden Thersites zurückschaut; der Athene entspricht auf der andern Seite der lorbeerbekränzte, zu Apollon empordeutende Seher Teiresias, welcher so eben einen Pfeil in das im Hintergrunde sichtbare Griechenlager abgeschnellt hat; Chryseïs rüstet sich zur äussersten Linken, auf einem Maulthier sitzend, eben zur Abreise, während auf der andern Seite hinter Achilleus die schönwangige auf einer Stufe sitzende Briseïs von Agamemnons Herolden an der Hand gefasst und weggeführt wird. — Das mittlere Gemälde zeigt uns den wuchtigen Aias im Kampfe mit Hektor und den andrängenden Troern, während Meriones und Menelaos des Patroklos' Leichnam aus dem Getümmel tragen; im Hintergrund erscheint auf dem Walle Achilleus, einen gewaltigen Schrei ausstossend, und neben ihm Athene, Feuer über seinem Haupte ausgiessend. Das Bild ist voll Glut, Bewegung und Leben. — Die grossartigste Schöpfung indess ist das dritte Gemälde. Da sehen wir in der Mitte Hekabe in dumpfer, starrer Verzweiflung sitzen und ringsherum ihre Töchter mit dem Ausdruck des Schreckens und Jammers an sie angeklammert. Ueber der alten Königin spricht Kassandra geisterhaften Blickes und mit feierlich emporgehobener Rechten den Fluch über die Atriden aus, von denen sie links Agamemnon am Arme fasst, während rechts Menelaos Polyxena von der Mutter Seite mit Gewalt hinwegführen will. Unmittelbar neben ihm hat sich Helene reuevoll und mit abgewandtem Gesicht an eine Säule geworfen; ihr zu Füssen liegt Priamos hingestreckt und mit dem Rücken an den ebenfalls erschlagenen Polites gelehnt. Andromache, deren wunderbar schöne Züge wie im Schmerze erstarrt erscheinen, hält noch krampfhaft den Arm ihres Astyanax, den der im Vordergrund stehende reckenhafte Neoptolemos gepackt hat und im nächsten Augenblicke auf den Boden niederschmettern wird. Links ziehen die griechischen Helden das Loos um die Beute, rechts trägt Aineias seinen Vater aus der brennenden Stadt. „An Schönheit, sagt E. Förster, Klarheit und Abrundung im Aufbau, an Grösse des Styls in der Zeichnung, wie an Tiefe und sprechender Wahrheit des Ausdruckes hat die neuere Zeit nichts Aehnliches hervorgebracht, und selbst die beglückte Zeit Rafael's und Michel Angelo's hat nur Weniges als ebenbürtig daneben zu stellen."

Wir setzen dieser Komposition eine ähnliche Leistung von Benvenuti, welcher an der Spitze der Akademie von Florenz stand und dort 1844 starb, an die Seite. Dieser Künstler liess sich bei seinem Werke von Vergilius leiten, dessen Verse 506—554 lib. II. Aen. er ganz genau im Bilde wiedergibt. Wir gewahren in einem von Säulenhallen umschlossenen Hofraum den Altar unter einem Lorbeerbaum. An den Stufen desselben ist der von Neoptolemos verfolgte Polites todt niedergesunken. Der Furchtbare setzt den rechten Fuss auf die Leiche, fasst mit der linken Hand Priamos, der den kraftlosen Speer nach ihm geschleudert hat, bei den silbergrauen Haaren und holt mächtig zum tödtlichen Streiche aus. Voll Verzweiflung will rechts Hekabe mit ausgebreiteten Armen hinstürzen, wird jedoch von ihren schreckenstarren Töchtern zurückgehalten; links flieht der Priester nebst einer Troerin mit zwei Kindern entsetzt vom Opfertische; allein die Danaer sind schon von allen Seiten hereingedrungen und reissen die Troerinnen vom Altare, den sie todtenbleich umklammert halten. Die Darstellung des Entsetzens und der Verzweiflung in den Frauengestalten ist dem Künstler am besten gelungen. Der Kupferstich dieses Bildes ist nicht so verbreitet, wie er es verdiente. Während meines erstmaligen Aufenthaltes in Rom fand ich ihn im palazzo Massocchi und nahm eine Zeichnung davon mit nach Hause.

Im Todesjahre von Carstens 1798 wurde Genelli zu Berlin geboren. Der Einfluss jenes Meisters auf seine künstlerische Entwicklung, der schon in seinem Knabenalter begründet ward, ergibt sich sofort aus einer selbst oberflächlichen Betrachtung seiner eigenen Schöpfungen. Nur ist bei ihm, da er alles vermöge der Eigenthümlichkeit seiner Natur, die Herman Riegel eine „dionysische" nennt, von der sinnlich — poetischen Seite auffasst, an die Stelle des strengen Stiles Weichheit, Anmuth, Grazie und reizende Sinnlichkeit getreten, die aber doch immer keusch bleibt. Abgesehen von einigen gezwungenen, ja unnatürlichen Bewegungen, in denen er sich gefällt, von Verzeichnungen und Fehlern gegen die Proportion, fesselt seine Kunst durch Schwung der Begeisterung und Grossartigkeit der Gedanken, durch Fluss der Linien und Ebenmaass der Bewegung, durch volle und klare Gruppenbildung, durch strenge Gliederung und klassisch monumentale Anordnung. Gerade unter seinen Zeichnungen zu Homer befinden sich Darstellungen von unvergänglicher Schönheit. Er hat zu beiden Dichtungen je 24 Blätter geliefert, deren Inhalt wir kurz angeben. Ilias: Achilleus sitzt weinend am Meeresstrand und wird von seiner Mutter getröstet (Α 360); der Traumgott ermuntert Agamemnon in Nestors Gestalt zum Kampfe gegen die Troer (Β 16); Philoktetes, auf Lemnos zurückgeblieben, erweckt durch seine Klagen über die Wunde das Echo (Β 724); Diomedes hat Aineias und Aphrodite verwundet, von denen diese durch Iris geleitet, jener durch Apollon geschützt wird (Ε 297—351); Dione heilt Aphrodite mit linderndem Balsam in Gegenwart von Zeus, der durch die Ironie von Here und Athene gestachelt sie zu ihrem Berufe weist (Ε 416); Hebe badet den von Paieon geheilten Ares (Ε 905); Dionysos von Lykurgos in das Meer gejagt (Ζ 135); Hektor, in Helene's Gemach tretend, ruft seinen Bruder Paris zur Schlacht (Ζ 321—325); Hektors Abschied von Andromache und seinem Sohne Astyanax (Ζ 474); Bewirthung der achaiischen Abgesandten im Zelte des Peliden (Ι 224); Dolon bittet Diomedes und Odysseus fussfällig um sein Leben (Κ 455); Zeus, durch Schlaf und Liebe besiegt, entschlummert an Here's Seite auf dem Berge Ida (Ξ 353); Zeus hängt Here mit Ambosen an den Füssen im Luftraum auf (Ο 19); Schlaf und Tod tragen Sarpedons Leichnam in das ferne Lykierland (Π 681); der vor seines Freundes Leiche klagende Pelide empfängt von Thetis die neugefertigten Waffen, deren Glanz die Myrmidonen ringsherum blendet (Τ 5); Boreas und die Stuten des Erichthonios (Υ 223); Ganymedes, Zeus den Becher füllend (Υ 234); die Flussschlacht (Φ 298—380); Hektors Erlegung durch Athene und Achilleus (Χ 361); Achilleus streckt im Schlafe die Hände nach der Seele seines Patroklos aus (Ψ 99); Iris in der Behausung der Winde (Ψ 198); Thetis' Trauer in Mitten der Nereiden (Ω 85);

Priamos zu Füssen des Peliden (Ω 486); Klagen der Troerinnen an Hektors Paradebett (Ω 721). — Odyssee: Die Freier überraschen Penelope bei der Auftrennung des Gewandes (β 93); Aias wird von Poseidon in die Wogen geschleudert (δ 508); Menelaos' Unterredung mit Proteus (δ 460—569); Zeus erschlägt Jasion mit dem Blitz (ε 128); Odysseus schwingt sich rittlings auf einen Balken seines zertrümmerten Flosses in dem von Poseidon und den Winden aufgeregten Meere (ε 371); Odysseus folgt der heimfahrenden Nausikaa mit ihren Begleiterinnen (ζ 320); Hephaistos ruft die Götter als Zeugen der Untreue seiner Gemahlin zusammen (θ 266—358); Odysseus füllt dem schon berauschten Kyklopen von neuem die Schale (ι 359); Hermes zeigt dem Helden das Kraut Moly (κ 287); Kirke entzaubert die Gefährten (κ 388); Odysseus in der Unterwelt (λ 90—144); Ermordung Agamemnons und seiner Genossen (λ 410—424); Herakles und Hebe freuen sich der nektargefüllten Schale (λ 603); Vorbeifahrt an der Seirenen-Insel (μ 182); die Phaiaken legen den schlummernden Odysseus sammt Schätzen an Ithakas Strand (ν 115); Telemachos und Peisistratos scheiden von Menelaos und Helene unter dem Auffliegen eines Adlers (ο 171); Begrüssung des zurückkehrenden Telemachos durch Eumaios (π 14); die Scene mit dem Hunde Argos (ρ 300); das Fussbad der Eurykleia (τ 460); Penelope setzt sich mit dem Bogen ihres Gemahles nieder laut aufweinend (φ 56); Begnadigung des Sängers Phemios (χ 356); Wiedervereinigung der beiden Gatten (ψ 301); Hermes führt die Seelen der Freier in die Unterwelt (ω 1); Odysseus findet seinen Vater im Obstgarten mit dem Umgraben eines Bäumchens beschäftigt (ω 226). — Ausser diesem Cyklus von Umrissen zu Homer malte er in Oel für Baron von Schack die Schlacht des Lykurgos mit Dionysos und seinen Pflegerinnen (Ζ 130). Auf seinem Streitwagen treibt der Thraker die bacchische Schaar in die Flucht. Dionysos selbst springt, auf einem Kentauren reitend in die Fluten, aus denen Thetis mit den Nereiden auftaucht, um ihn zu empfangen. Die Dionysos begleitenden Musen entfliehen durch die Lüfte.

Der grösste Künstler unserer Zeit, der „Fürst und Gigant" des Basrelief, Thorwaldsen, welcher sich in verschiedenen Gebieten mit gleicher Leichtigkeit bewegte, hat zu wiederholten Malen auch das Feld der Heldensage beschritten und namentlich dem Kreise der Ilias eine Reihe der köstlichsten Reliefs entnommen. Nach dem Vorgange seines Meisters Carstens modellirte er Homer selbst, wie er, mit der Linken die Saiten der Lyra rührend und die Rechte zur Deklamation erhebend, dem Volke seine Gesänge vorträgt. Dieses Relief sollte das Fussgestell einer beabsichtigten kolossalen Achillesstatue zieren. Zu den schönsten Kompositionen gehören ausserdem das berühmte Bild von dem Zorne des Achilleus über die Entführung der Briseis, ferner Hektor, der Paris bei Helene trifft, Hektors Abschied, Priamos im Zelte des Achilleus u. s. w. Ganymedes allein ging nicht weniger als achtmal aus seiner Werkstätte hervor.

An diese aus dem Geist der Antike gebornen Werke reichen die Schöpfungen Schwanthalers nicht hin, wenn auch dieser Künstler einen unglaublichen Reichthum an Erfindungsgabe, einen feinen Sinn für Zartheit und Schönheit an den Tag legt, und wenn auch „seiner unerschöpflichen Phantasie eine begabte Hand zu Gebote stand, die ohne alle Anstrengung die Anschauungen der Seele niederschrieb." Von seinen an Homer angelehnten Bildwerken erwähnen wir zwei für ein kostbares Silberservice bestimmte Reliefe, welche des Achilleus Kampf mit den Flussgöttern und Hektors Sturm auf die Schiffe der Achaier darstellten. Im Trojanersaal der Glyptothek modellirte er auch über und zwischen den grossartigen Entwürfen des Cornelius die Kämpfe der Achaier. Er war es auch, der die Zeichnungen zu den Odysseebildern lieferte, womit Hiltensperger sechs grosse Säle im Erdgeschoss des Saalbaues zu München geschmückt hat.

In diesen Bildern haben beide Meister ihre Kunst bewährt, der eine in der Anordnung des Stoffes und Kraft der Komposition, der andere in der Behandlung der Farbe und Stimmung des Kolorits. Vollständiger und in organischerer Entwicklung als die Umrisse von Flaxman und Genelli bringt der Cyklus dieser farbenprächtigen, auf ausgedehnten Flächen sich entfaltenden Gemälde das homerische Gedicht zur Darstellung. Während nämlich jene Zeichner bei der Wahl der Motive sich von der Laune ihres Genius leiten liessen und mit Fortlassung entscheidender Momente oft einen Gedanken ergriffen, der mit dem Gange der Ereignisse in keinem festen Zusammenhange steht, folgt Hiltensperger genau dem Faden der Erzählung und gibt so eine fortlaufende Illustration von dem Gesammtinhalte der Odyssee. Im ersten Saal führt er uns in die reichgruppirte Götterversammlung, in der über Odysseus' Heimkehr Beschluss gefasst wird, von da in den Kreis der Freier und in das stille Kämmerlein, wo Penelope nächtlich das Gewebe wieder auftrennt; sodann lässt er uns mit Telemachos in Mentors Begleitung das Schiff besteigen, auf Pylos bei Nestor landen und bei Menelaos und Helene in Sparta freundliche Aufnahme finden die ihrer Kinder Hochzeit feiern, während Penelope daheim durch einen Troste Tröstung für ihr angsterfülltes Herz findet (α–δ). Im zweiten Saale sehen wir die Wirkung des Götterbeschlusses, indem Kalypso durch Hermes den Befehl erhält, Odysseus zu entlassen, der darauf in seinem Flosse von der Insel stösst. Die weiteren Gemälde zeigen uns den Helden nach erlittenem Schiffbruch in seiner Begegnung mit Nausikaa, welche die Linnenwäsche besorgt hat, und in seiner fussfälligen Bitte um Aufnahme bei den Phaiaken, die ihn zum nächtlichen Gastmahl ziehen. Kleinere Bilder stellen seinen Diskuswurf und Demodokos' Besingung des Unterganges von Troja dar (ε–θ). Der dritte Saal enthält des Odysseus Abenteuer: Die Uebergabe des aiolischen Windschlauches, die Flucht vor den Laistrygonen, die Ueberreichung des Heilkrautes Moly, den Aufenthalt bei Kirke und in der Unterwelt, seine Heimkehr auf dem Ocean, die Seirenen, Skylla, die Schlachtung der heiligen Rinder auf Thrinakia (κ–μ). Im vierten Saale werden wir auf verschiedene Schauplätze geführt, zuerst an den Hafen Phorkys, wo Athene dem erwachten Helden nach Zerstreuung des Nebels den heimischen Boden zeigt, dann in das Gehöfte des göttlichen Sauhirten zum Gastmahl, ferner in die Nähe von Scheria, wo Poseidon das zurückkehrende Phaiakenschiff versteinert, wieder an den Strand von Ithaka, wo Theoklymenos nach der Landung des Schiffes Telemachos das Vogelzeichen deutet, auf die gesegnete Insel Syria, von welcher Eumaios durch Phoiniker entführt wird, endlich in die Versammlung der Telemachos' Tod beschliessenden Freier (ν–π). Den Gemälden des fünften Saales liegen folgende Scenen zu Grunde: die Misshandlung des vermeintlichen Bettlers durch den Ziegenhirten, die letzten Augenblicke des Hundes Argos, der Faustkampf mit Iros, die Bezauberung der Freier durch Penelope's Erscheinen, die Fusswaschung, Odysseus' Verwundung bei der Eberjagd, die grausige Verwirrung der Freier beim Mahle, des Sehers Theoklymenos Verhöhnung (ρ–υ). Im letzten Saale sehen wir Penelope den Bogen aus der Rüstkammer holen, Odysseus den Pfeil zuerst durch die Eisen schnellen, dann gegen Antinoos und die Freier richten. Die Begnadigung des Sängers und Heroldes, die Reinigung und Räucherung des Saales, die Erkennungsscene und Wiedervereinigung des Helden mit Penelope und dem alten Vater, so wie die Hinabführung der erschlagenen Freier durch Hermes in die Unterwelt bilden den Vorwurf der übrigen farbenreichen Bilder (φ–ω).

An diese Werke der modernen Kunst reihen wir noch zum Schlusse die unvergleichlichen, in der Kunsthalle zu Weimar ausgeführten Odyssee-Landschaften von Friedrich Preller, in denen sich der geniale Künstler die Aufgabe gestellt hat, das Theater für das Epos aufzubauen und zu jedem Ereigniss den landschaftlichen Ausdruck zu finden. Die Landschaft, die hier, wie in den oben erwähnten antiken Wandgemälden zu Rom, welche das Laistrygonenabenteuer darstellen, Hauptsache ist, erscheint nicht etwa als blosse Illustration der Begebenheit, sondern beide sind zu einem untrennbaren Ganzen in Form und Stimmung geworden. Der mit einer Fülle von Phantasie begabte und „mit der Schöpfung bis zu Blättern und Wurzeln, zu Welle und Stein vertraute" Meister bedient sich der ihm geläufigen Naturformen, der Wolken und Wellen, der Schluchten und Grotten, der Baumgruppen und Waldpartien, der leicht sich schwingenden Hügel und starren Felsen nur, um ein mit dem epischen Tone harmonirendes landschaftliches Gebilde zu schaffen. „Preller lässt uns, um mit Carriere zu reden, in einem zusammenhängenden Cyklus den Helden von seiner Abfahrt von Troja bis zu seiner Ankunft in Ithaka begleiten, und das allgemein Menschliche, allgemein Ansprechende der verschiedenen Lagen und Zustände, in denen er vor uns auftritt, findet seine begleitenden Accorde in dem Himmel, welcher bald gewitterschwül und sturmerregt, bald morgenfrisch und klar über ihm sich ausspannt, in den Linien des Erdkörpers, wie sie bald sanft einladend sich ausbreiten, bald trotzig kühn emporsteigen, oder im Meer, das bald in ruhig spiegelnder Glätte, bald in empörtem Wogenschlag erscheint. Eine eigenthümliche Vegetation, eine sinnvoll angebrachte Architektur steht auf mehreren Bildern mit der Gestaltung des Landes in innigem Zusammenhang und verstärkt harmonisch ihre Wirkung. Und die menschlichen Gestalten schliessen sich so innig mit den Naturformen zu einem harmonischen Ganzen zusammen, dass sie wie die eigenen Genien dieser Gegenden erscheinen oder deren Eigenthümlichkeit personificiren. Niemand wird verkennen, wie sich hier Leukothea im gleichen Schwung der Linien aus den Wellen hervorhebt, als ob sie in ihr persönliche Gestalt gewönnen, Niemand in Polyphem den Sohn seiner Berge verkennen, deren Felsmassen wie eine riesige Versteinerung seiner trotzigen Kraft dastehen!"

Ueber die einzelnen Landschaften selbst, welche von dem Hofphotographen Albert in München nach den Original-Cartons photographirt und (leider zu etwas hohen Preisen) herausgegeben worden sind, wollen wir nur weniges anführen. Blatt I zeigt uns das verwüstete Troja mit abgebrochenem Thor und oben unheilvoll sich zusammenballende Rauchwolken; Odysseus kommandirt seine Genossen mit den gefangenen Troerinnen zu den Schiffen (ι 38). Auf Blatt II sehen wir über starren Bergen die festen Thürme und Tempel der Kikonenstadt; der Held besteht allein, während die Seinen flüchten, den Angriff der wilden Bewohner (ι 39—61). Blatt III

und IV versetzt uns in die zerrissenen Felsengebirge und das wilde Gestrüppe der Kyklopeninsel; dort sitzt Polyphemos noch tastend vor der Höhle, während die Entkommenen schon fette Böcke zu den Schiffen hinabtreiben (ι 465), hier schleudert der Kyklope den abfahrenden Fremdlingen einen gewaltigen Felsblock nach (ι 481). Blatt V trägt herrliche Baumgruppen; durch diese schreitet Odysseus mit dem erlegten Hirsche nach dem Meeresstrand (κ 169). Auf Blatt VI erheben Cypressen und Pinien ihre Wipfel über den giebelgekrönten Eingang zum Palaste der Zauberin Kirke; diese steht vor der Pforte, den Stab gegen die entsetzt Zurückfahrenden ausstreckend (κ 320). Blatt VII stellt uns Odysseus unter dem Laubdach prangender Bäume sitzend dar, die links und rechts Durchblicke in die zauberhaften Fernen der südlichen Landschaft eröffnen; Hermes gibt ihm das Heilkraut Moly (κ 302). Blatt VIII führt in eine tiefe, schauerliche Felsschlucht, an welcher Odysseus steht, um den Worten des Teiresias zu lauschen (λ 100). Blatt IX versetzt uns auf die Insel der reizenden, aber von Todtenschädeln und Schlangen umgebenen Seirenen, an der Odysseus vorüberfährt (μ 183). Blatt X zeigt sturmbewegte Fluten, die in die Bucht der Sonneninsel Thrinakia hereinbranden, und gewitterschwere, am Himmel heraufziehende Wolken; Odysseus verkündet den Genossen, die sich an den Rindern des Sonnengottes vergriffen haben, das hereinbrechende Strafgericht (μ 392). Eine herrliche Komposition! Nicht weniger gelungen sind Blatt XI und XII, die Perlen dieses Bildercyklus. Dort sehen wir den Helden am Strande sitzen und sehnsuchtsvoll über das Meer hinschauen, während Kalypso sich wehmüthig von ihm wendet (ε 206), hier schlagen die Meereswogen über seinem Flosse zusammen, und Leukothea taucht aus der höchsten Welle auf, um ihm den rettenden Schleier zu reichen (ε 346). Blatt XIII lässt durch hohe Baumgruppen den Blick auf die Phaiakenstadt, die Berge und das Meer streifen; in klarer Morgenfrische ergötzt sich Nausikaa mit ihren Jungfrauen am Ballspiel, da nähert sich der nackte Odysseus und appellirt an ihre Herzensgüte (ζ 146). Blatt XIV führt uns in den stillen Frieden der Bucht von Phorkys unter den Schatten des Oelbaums, wo die Phaiaken den schlafenden Helden mit reichen Geschenken zurückgelassen haben (ν 119). Auf Blatt XV sehen wir Odysseus auf der steinernen Bank in der Schattenkühle der Bäume sitzen; Eumaios eilt von ihm weg, um den zurückgekommenen Telemachos zu bewillkommen, der auf Kunde nach dem Vater ausgezogen war (π 14). Das letzte Blatt versetzt uns auf den ländlichen Hof und in den Garten, wo der greise Laertes im groben Gewand ein Bäumchen umgräbt. Odysseus bleibt in sinnender Wehmuth stehen, bis das Gefühl durchbricht und ihn in des Vaters Arme treibt (ω 236).

Wir können wohl nicht würdiger schliessen als mit den tiefgefühlten Worten von Richard Schöne: „Mit einem gewaltigen Ruck versetzt uns des Künstlers zaubernder Griffel in eine ideale Welt, zu der wir die Keime im irdischen Leben, in der irdischen Natur mit Entzücken wiederfinden. Bereichert um die innerliche Anschauung einer Herrlichkeit, die sonst nur in schwankender Unbestimmtheit uns vorschwebt und in unser Bewusstsein einzutreten zwar ringt, aber nicht vermag, entlässt uns sein Werk und senkt in die Tiefe des Gemüths den milden Stachel eines Gefühls, das ich am ehesten dem Heimweh vergleichen möchte."
